Hanni

BASTEI
LÜBBE

Lois Duncan

Wer hat meine Tochter umgebracht?

Aus dem Amerikanischen von
René Strien

BASTEI LÜBBE

BASTEI-LÜBBE-TASCHENBUCH
Band 61359

Die amerikanische Originalausgabe erschien 1992 unter dem Titel
WHO KILLED MY DAUGHTER?
bei DelacortePress, New York
Printed in Germany, April 1996
Einbandgestaltung: Manfred Peters
Titelfoto: Privatbesitz der Autorin
Druck und Bindung: Elsnerdruck, Berlin
ISBN 3-404-61359-7

Für Kaitlyn Clare Arquette
18. September 1970 – 17. Juli 1989
in Liebe

Dies ist eine wahre Geschichte. Die Tatsachen sind belegt. Zeitungsartikel und Protokolle der Séancen sind aus Platzgründen und um Wiederholungen zu vermeiden leicht gekürzt worden. Verschiedene Namen wurden geändert, um Informanten zu schützen, deren Identität nicht allgemein bekannt werden soll.

»Es ist kein Merkmal von Gesundheit, wohlangepaßtes Mitglied einer zutiefst kranken Gesellschaft zu sein.«

Krishnamurti

Vorbemerkung der Autorin

Unsere Tochter Kaitlyn, ein Teenager, wurde gejagt und schließlich erschossen, als sie an einem friedlichen Sonntagabend von einer Freundin nach Hause fuhr.

Für die Polizei war es ein »Zufallsmord«.

»Sie werden die Tatsache akzeptieren müssen, daß Kait nur deshalb sterben mußte, weil sie zur falschen Zeit am falschen Ort war«, sagte man uns.

Aber für unsere Familie waren die Umstände der Tat nicht so, daß es nach »Zufall« ausgesehen hätte, besonders nachdem wir die schockierende Entdeckung hatten machen müssen, daß Kait ein paar außerordentlich gefährliche Geheimnisse vor uns gehabt hatte.

Einige dieser Geheimnisse wurden in Séancen mit Medien offenbar.

Andere kamen durch Privatdetektive ans Licht.

Andere durch einen hartnäckigen Zeitungsreporter, der Spuren verfolgte, bei denen die Polizei sich geweigert hatte, weitere Nachforschungen anzustellen.

Nachdem wir zwei Jahre darauf verwendet haben, Kaits Tod zu untersuchen, ist es unserer Familie gelungen, genug Informationen zusammenzubringen; so können wir wenigstens ein fragmentarisches Bild von dem erstellen, was mit ihr geschehen sein mag. Allerdings fehlen in diesem Puzzle noch die wenigen Stücke, mit deren Hilfe man die Identität ihrer Mörder ermitteln könnte.

Ich habe die Hoffnung, daß sich unter den Lesern von Kaits

Geschichte potentielle Informanten finden könnten, die in der Lage wären, uns diese Stücke zu verschaffen.

Jeder, der dazu beitragen kann, möge sich über den Verlag an mich wenden.

Lois Duncan

Vorwort

Es war einmal in einem fernen, fernen Land, da lebte ein Mann, welcher fremdartige, seltsame Dinge lehrte.

Er lehrte, daß die Seele den Körper verlassen und fliegen könne, daß Menschen die Zukunft vorhersagen könnten, daß Liebe und Berührung zu heilen vermöchten, daß die Geister derjenigen, die in andere Dimensionen übergegangen waren, durch Visionen und Träume mit den Lebenden in Verbindung treten könnten.

Derartige Lehren wurden zu jener Zeit als Ketzerei angesehen, so daß der Lehrer gezwungen war, seine Schüler im geheimen zu unterrichten. Er traf sich mit einer kleinen Gruppe von ihnen in einem Garten, nahe einem Brunnen, und mahnte sie immer wieder, niemals offenbar werden zu lassen, was er sie lehrte.

Unter diesen Schülern waren drei junge Männer mit starkem Willen, die über die Dinge, die sie dort lernten, in höchstem Maße in Aufregung gerieten und die es mit Macht danach drängte, dieses Wissen mit anderen zu teilen.

Der erste ging fort, um in einem fremden Land zu unterrichten, damit er seinen Lehrer und die, die mit ihm gelernt hatten, nicht in Gefahr brachte.

Der zweite schloß nicht nur das Erlernte, sondern auch seine Ängste und die Furcht vor Verfolgung tief in seinem Inneren ein. Als vorsichtiger Bewahrer wachte er fortan über die Sicherheit der Gruppe und kämpfte stets darum, die anderen unter seiner Kontrolle und Obhut zu halten.

Aber der dritte junge Mann war ein Rebell, der sich nicht einschüchtern lassen wollte. Er hielt sich selbst für unbesiegbar, doch er verstand noch nicht zu urteilen, und er vertraute immer den falschen Menschen. Sein Handeln brachte das Verhängnis über ihn selbst und über seinen Lehrer.

Dies alles trug sich in einem fernen, fernen Land zu.

Jahrhunderte später geschah es aufs neue.

I

Unsere Tochter Kaitlyn Arquette wurde am Sonntag, dem 16. Juli 1989 in Albuquerque in New Mexico ermordet.

Sie erwischten sie in der Nacht.

Ich habe diesen Abend so oft in Träumen nacherlebt, daß er inzwischen zu einem Teil meiner selbst geworden ist. Wenn ich mich hinlege, spult er in meinem Kopf ab wie ein Videofilm: die Bilder sind scharf und präzise, die Dialoge ändern sich nie, mit der Ausnahme, daß ich bei jeder Wiederholung neue Dinge bemerke.

Der Schauplatz ist immer derselbe. Natürlich, es ist unser Wohnzimmer. Obwohl wir nicht mehr in diesem Haus leben, habe ich es in allen Einzelheiten vor Augen. Der Läufer in einem satten Rostton ist voller Tierhaare, weil unsere Katze und der Cockerspaniel dort den größten Teil ihres Winterfells lassen. Die braunweiße Couch und das kleine Zweiersofa haben Polster, die in den vielen Jahren, die sie die Körper hingelümmelter Teenager ertragen mußten, zu einer Landschaft voller Mulden und Löcher geworden sind. Da sind die Bücherregale mit den Alben voll von Fotos aller Skiausflüge, Zeltlager, Weihnachten, Schulabschlußfeiern und Geburtstagsparties. Ein Fernseher steht schräg gegenüber dem Sofa. An einer Wand hängt ein Navajo-Teppich, an einer anderen ein Gemälde, das meinen verstorbenen Vater zeigt – weißhaarig, mit Bart, ohne Hemd –, wie er auf der Veranda eines Strandhauses einen Köder für die Angel eines seiner Enkelsöhne vorbereitet. Es stammt von meiner Stiefmutter.

Ich verdiene mir meinen Lebensunterhalt als Schriftstellerin und habe Übung darin, Szenen nachzuschaffen. Es fällt mir leicht, mich selbst wieder in diesen Raum zurückzuversetzen. Hinter dem Erkerfenster liegt ein von Bäumen beschatteter Hof und dahinter ein verwilderter Rosengarten. Wenn ich durch das Glas nach draußen spähe, kann ich sehen, daß es regnet, und das sachte graue Tröpfeln ist schuld an der vorzeitigen Dämmerung.

Nun, da die Bühne bereitet ist, werde ich die Akteure einführen.

Kaitlyn, achtzehn Jahre alt, kommt herein. Ich höre das Zuschlagen der Haustür und das Geräusch ihrer Schritte im Flur. Sofort weiß ich, dies ist Kait und nicht einer ihrer Brüder. Ihr Schritt ist fest und bestimmt und von unverwechselbarer Eigenart.

Mein Mann Don und ich haben uns gerade auf dem Sofa niedergelassen, um *60 Minutes* zu sehen. Ich schaue vom Fernsehschirm auf und rufe: »Bist du das, Schatz?«

»Wer sonst?« antwortet Kait und erscheint in der Tür. »Ich habe gedacht, ich schau mal rein und sage kurz hallo; ich bin unterwegs zu Susan.«

»Wie ein Bumerang!« sagt ihr Vater. »Du bist doch den ganzen Morgen hier gewesen. Wir sehen dich jetzt häufiger als zu der Zeit, als du noch nicht ausgezogen warst!«

»Der Regen ist so deprimierend, und Dung ist mit seinen Freunden weggegangen«, sagt Kait. »Unsere Wohnung ist mir heute abend irgendwie unheimlich, und ich möchte lieber nicht dort sein.«

Sie kommt ins Zimmer und hockt sich auf die Lehne des Sofas. Sie hat einen kurzen schwarzen Rock und eine schwarzweiß gestreifte Bluse an. Um den Hals trägt sie eine Kette mit einem kleinen goldenen Kreuz, dazu die Sanddollar-Ohrringe, die ich ihr aus Florida mitgebracht habe, als ich das letzte Mal bei ihrer Schwester Robin zu Besuch gewesen bin. Die Ohrringe haben eine Fassung aus Gold, das denselben mattglänzenden Ton hat wie ihr Haar, dieses Haar, das sie immer wild entschlossen auf eine normale, überall gleiche Länge zu bringen versuchte, nachdem sie letzten Sommer diesen schrecklich verunglückten Friseurbesuch hat erleiden müssen.

Jedesmal, wenn ich diese Szene wieder abspiele, springen mir neue Details ins Auge. Wie vollkommen ihre Zähne sind, beispielsweise: gerade, weiß und gleichmäßig. Ihre Haut ist ebenfalls perfekt, nicht im geringsten von der Pubertäts-Akne gezeichnet, die ihre Freundinnen so quält, vollkommen makellos bis auf ein merkwürdiges kleines Loch auf dem linken Wangenknochen. Als ich sie im Kreißsaal zum ersten Mal sah, rief ich ganz erschreckt »Mein Baby hat ein Loch im Gesicht!« Aber der Gynäkologe versicherte mir, daß dieses Mal nichts Bleibendes wäre. Wie sich mit der Zeit herausstellte, war es doch etwas Bleibendes, aber wir gewöhnten uns daran, es als ein merkwürdig plaziertes Grübchen zu betrachten, und scherzhaft nannten wir es immer »Gottes Fingerabdruck«.

Kait zeigt ihr schelmischstes Lächeln, aber irgend etwas scheint mir nicht zu stimmen, und ich betrachte sie mißtrauisch. Ihre Augen sind rot und die Lieder unnatürlich geschwollen.

»Du hast geweint.« Ich sage es wie eine Feststellung, nicht wie eine Frage.

»Ich hab euch ja gesagt, der Regen deprimiert mich«, sagt sie abwehrend. »Außerdem bin ich sauer auf Dung, und ich weine immer, wenn ich auf ihn böse bin.«

»Habt ihr beide euch wieder gestritten?«

»Nicht nach dem Streit gestern abend, wenn du das meinst«, sagt Kait. »Deswegen habe ich heute morgen ja so lange hier rumgehangen. weil ich nicht nach Hause gehen und mit ihm reden wollte. Diese ganze Geschichte mit dem Zusammenleben ist das letzte. Das war alles viel besser, als wir bloß miteinander gegangen sind.«

»Warum ziehst du dann nicht wieder zurück nach Hause?« fragt Don vernünftigerweise. »Es hat doch keinen Sinn, mit einer Situation weiterzumachen, in der du dich elend fühlst.«

»Ich habe nicht vor, wieder zurück ins Nest zu kriechen«, antwortet Kait mit ihrer typischen Dickköpfigkeit. »Ich liebe meine kleine Wohnung. Ich bereue bloß, daß ich Dung jemals habe bei mir einziehen lassen. Seine seltsamen Freunde sind die ganze Zeit da. Ich habe das Gefühl, ich betreibe ein Asyl für die Hälfte aller Vietnamesen von Albuquerque.«

»Sag *ihm*, er soll ausziehen«, schlage ich vor. Die Lösung scheint so einfach.

»Das habe ich ja, aber er will nicht«, sagt Kait. »Er sagt, es ist auch seine Wohnung, aber das stimmt nicht, denn der Mietvertrag und alles läuft auf meinen Namen. Er begreift immer noch nicht, wie die Dinge in Amerika funktionieren. Er sagt, in Vietnam tun die Frauen das, was die Männer ihnen sagen. Ich habe ihm gesagt, er kann von mir aus bis zum Monatsende bleiben, aber ich will, daß er dann auszieht, damit Laura bei mir einziehen kann.«

»Was ist plötzlich zwischen dir und Dung so schiefgelaufen?«

»Ich will da jetzt nicht drüber reden, es ist einfach zuviel. Ich erzähle euch später darüber, vielleicht sogar irgendwann noch heute abend.« Sie schaut auf ihre Uhr. »Nun, ich fahre jetzt besser. Ich bin noch nie bei Susan zu Hause gewesen, und es kann eine Weile dauern, bis ich es finde. Ich dachte, ich halte unterwegs irgendwo und kaufe ein bißchen Eis. Sie kocht das Abendessen, also kann ich zumindest den Nachtisch mitbringen.«

»Wo wohnt sie?« fragt Don.

»Es ist irgendwo unten in der Altstadt. Ich werde entweder über Nacht dableiben oder hierher zurückkommen. Wenn Dung anruft und wissen will, wo ich bin, sagt ihm nichts.«

»Aber das ist doch grausam!« rufe ich, schockiert von dieser Gefühllosigkeit. »Du magst ja mit ihm Schluß machen, aber ihr seid jetzt anderthalb Jahre zusammengewesen, und was immer ihr für Probleme habt, du weißt, daß sich Dung um dich Sorgen macht. Wenn du nicht nach Hause kommst, wird er denken, du hättest einen Unfall gehabt.«

»Mutter, du verstehst nicht...

»Ich verstehe wohl! Aber *du* verstehst nicht, wie schrecklich es ist, sich um jemanden Sorgen zu machen!«

Ich halte mich auf diesem Gebiet für eine Autorität. Selbst als unsere fünf Kinder allesamt größer waren als ich, bestand ich noch darauf, daß Don und ich unsere Geschäftsreisen so aufeinander abstimmten, daß einer von uns beiden immer zu Hause war, um ein Auge auf alles zu halten. Als Kait noch ein

Baby war, litt ich die ganze Zeit an chronischem Schlafmangel, weil ich die ganze Nacht hindurch immer wieder ihre Wiege kontrollierte, um sicher zu sein, daß sie noch atmete, und trotz der Tatsache, daß meine Befürchtungen sich nie bewahrheiteten, ging es mir keinen Deut besser, als die Kinder zu Teenagern wurden. Sie wußten, daß sie, sollten sie den Zapfenstreich um ganze zehn Minuten überschreiten, fest damit rechnen konnten, mich im Hausflur rastlos auf und ab marschierend vorzufinden. Ich befand mich dann kurz vor einer hysterischen Krise, weil ich mir ein in lodernden Flammen stehendes Autowrack vorstellte, daneben die Körper meiner Lieben, mit zerschmetterten Gliedern und über den ganzen Highway verstreut.

Ich hatte damit gerechnet, daß meine Paranoia nachlassen würde, wenn das Nest sich erst einmal geleert hätte, aber als sich Kait jetzt auf die Tür zu bewegt, stelle ich fest, daß sie sich heute abend stärker bemerkbar macht, als sie dies jemals zuvor getan hat. Hier in diesem vertrauten Zimmer, an diesem stickigen, warmen Sommerabend, der gar nicht weniger bedrohlich erscheinen könnte, werde ich plötzlich von einem derartigen Anfall von Panik überwältigt, daß ich mein Herz bis in die Fingerspitzen klopfen fühlen kann. Ich spüre die Vibrationen einer riesigen Flutwelle, die auf uns zurollt, während wir mit dem Rücken zum Ozean an einem friedlichen Strand stehen.

»Geh nicht aus! Etwas Schreckliches wird passieren!«

»Was hast du gesagt?« Kait kann nicht glauben, daß sie mich richtig verstanden hat.

»Etwas Schreckliches wird passieren!« wiederhole ich gegen jede Vernunft und suche verzweifelt nach etwas, das diese Behauptung weniger absurd erscheinen lassen könnte. »Wir kennen diese Susan nicht einmal. Wer ist sie überhaupt? Dein Daddy und ich haben sie nie kennengelernt. Warum ist sie noch nie bei uns gewesen? Sie lebt schließlich ganz gewiß nicht gerade in einer guten Gegend.«

Kait starrt zu ihrem Vater hinüber. *Kannst du das glauben?*

»Der Grund, daß Susan noch nie hier war, ist – wenn du dich bitte erinnern möchtest, Mutter – einfach der, daß ich hier nicht mehr wohne.« Sie spricht mit übertriebener Geduld mit mir. »Sie ist ein sehr nettes Mädchen, das vor Pier One Eishörnchen verkauft. Ich habe sie in einer Mittagspause kennengelernt, und wir haben uns angefreundet. Wir wollten eigentlich zusammen ins Kino gehen oder so, aber das mit unseren Plänen klappt nie, weil ich diese Arbeitszeiten habe. Und was meinst du damit, daß die Altstadt keine gute Gegend ist? Du und Daddy, ihr habt doch Freunde, die da leben. Es ist doch nicht so, als wäre das eins von diesen Horrorvierteln wie Martineztown oder so.«

»Ich lasse dich nicht gehen«, sage ich mit Nachdruck.

Dann springe ich vom Sofa auf und schnappe sie mir, bevor sie noch Zeit hat, richtig zu begreifen, was ich gesagt habe, und aus dem Zimmer flieht.

Kait ist ein großes Mädchen, größer und schwerer, als ich es bin, aber das ist völlig gleichgültig; sie hat keine Chance gegen die verrückte, mittelalte Frau, die sich auf sie stürzt. Ich drücke sie auf das Sofa hinab und halte ihre Arme in einem Griff fest, der sich anfühlen muß wie ein Schraubstock. Sie kann sich nicht mehr rühren.

»Hol mir ein Seil!« rufe ich.

»Seil?« fragt Don verblüfft und blickt von seiner Nachrichtensendung auf, um sich dem Schlachtfeld zuzuwenden. So hat er mich noch niemals gesehen, und offensichtlich ist er entsetzt. Er blickt auf eine Frau, die mit einem Mal verrückt geworden ist.

»Da ist irgendwo ein ganzes Ende Seil in der Garage! Ich habe es gestern noch gesehen! Lauf schon und hol es her, ich kann sie so nicht ewig festhalten!«

Wir sind schon so lange verheiratet, daß Don automatisch reagiert. Er springt vom Sofa auf und läuft in die Garage.

Kait kämpft und windet sich, um aus meinem Griff frei zu kommen, aber dieselben knochigen, langfingrigen Hände, die sie in ihrem Kindersitz im Auto festgeschnallt haben, die sie von heißen Öfen weggerissen oder ihr Fahrrad aufgefangen haben, als sie einfach die Stützräder abmontiert hatte, diese selben Hände haben eine unglaubliche Kraft, wenn es um ihre Sicherheit geht. Um nichts in der Welt wird sie sich aus meinem Griff befreien.

»Nimmt das irgendwer auf für *Vorsicht Kamera*?« fragt sie halb lachend, halb weinend; sie versucht sich vorzumachen, daß alles nur ein Scherz sei. »Es ist ja nicht so, als hätten wir irgend etwas Gefährliches vor. Wir wollen zusammen zu Abend essen, und dann gehen wir nach nebenan und schmücken die Wohnung von Susans Freund. Er ist im Moment nicht in der Stadt, und sie will ihn damit überraschen.«

»Es tut mir leid«, sage ich. »Das ist für dich nicht der richtige Abend für so etwas.«

Don kommt mit dem Seil zurück, das wir beim Wasserski-Laufen benutzen, und will es mir geben.

»Du wirst mir dabei helfen müssen«, sage ich zu ihm. »Wickle es ihr um die Schultern, und arbeite dich dann nach unten. Es muß fest sein, aber paß auf, daß du ihr nicht die Blutzirkulation abschnürst. Das einzige, was wir wollen, ist, sie daran hindern, heute abend irgendwohin zu gehen.«

Don nimmt das Seil und fängt an, es um Kaits Körper zu schlingen. Er versucht sein Bestes, ihre entrüsteten Schreie zu überhören. Wir brauchen eine ganze Weile, aber schließlich ist die Sache erledigt. Als sie wie in einem Kokon verschnürt ist, prüfe ich noch die Knoten, um mich zu vergewissern, daß sie fest genug sind.

Kait liegt auf dem Sofa und starrt mich in hilfloser Wut an.

»Dafür werde ich dich in alle Ewigkeit hassen!« Ihre Stimme ist voller Gift.

»Das ist in Ordnung«, sage ich zärtlich und streichle ihr Haar.

Ich bleibe neben ihr sitzen und bewache sie die ganze Nacht.

So läuft die Szene ab, wenn ich sie in meinen Träumen abspule. In Wahrheit ist natürlich nichts dergleichen geschehen. Die Vernunft siegte über den Instinkt, und ich beschränkte meine Ermahnungen darauf, Kait zu sagen, sie solle vorsichtig fahren.

»Ich fahre immer vorsichtig«, sagte sie.

Das stimmte nicht, und wir wußten es beide. Kait war eine aggressive Fahrerin, die gern riskant fuhr, aber Sonntag abends gab es nur wenig Verkehr, und sie wollte ja schließlich nicht die Autobahn nehmen. Der kürzeste Weg in die Altstadt ging direkt über die Lomas, eine von Osten nach Westen führende Straße, die einen Block südlich von unserem Haus verlief. An einem Sonntag würden auch nicht viele Betrunkene auf der Straße unterwegs sein, und Kaits Pläne für den Abend waren in der Tat simpel und harmlos.

Ihr wird nichts passieren, sagte ich mir selbst. Ich mache mich ja lächerlich.

Und doch sagte ich: »Ich möchte, daß du uns Susans Telefonnummer hierläßt. Dann wissen wir wenigstens, wo wir zu suchen anfangen müssen, falls du nicht zurückkommst.«

»Wirklich, Mutter, manchmal bist du richtig irreal!« Sie tat mir den Gefallen und kritzelte eine Nummer auf die Rückseite einer Zeitschrift. »Jetzt mußt du aber auch etwas für mich tun. Ich will, daß du mir eins versprichst: Wenn Dung hier anruft, wirst du ihm nicht sagen, daß ich bei Susan bin.«

»Ich verspreche es«, sagte ich widerstrebend und behielt mir innerlich vor, für den Fall, daß Dung verrückt vor Sorge anrufen würde, zwar Susans Namen nicht weiterzugeben, ihm aber zu sagen, daß mit Kait alles in Ordnung war und sie bei einer Freundin schlief.

Kait hob ihre Hand, und mit einem Lächeln tat sie so, als salutierte sie.

»Bis später! Ich seh euch dann später!«

Dies waren die letzten Worte, die wir sie jemals sagen hören sollten.

Der Anruf aus dem Schockraum der Universitätsklinik von New Mexico kam kurz vor Mitternacht. Die Frau, die anrief, sagte, daß sie Kait dort hätten und daß sie verletzt sei, aber sie wollte telephonisch keine weiteren Informationen geben.

Don und ich warfen uns etwas über und fuhren zum Krankenhaus. Ich saß auf dem Beifahrersitz und hatte die Hände im Schoß verkrampft, so daß die Fingernägel auf dem jeweils anderen Handrücken tiefe Spuren hinterließen. Ich durchlebte einen Alptraum, an dem ich schon achtzehn Jahre gearbeitet hatte. Ich wollte beten, aber ich wußte nicht, worum ich beten sollte. Ich hatte Angst, mein Schicksal zu versuchen, indem ich Gott um zuviel bat und Ihn mit meiner Gier beleidigte, also konnte ich nicht darum bitten, daß der Anruf nur ein schlechter Scherz gewesen sein sollte oder daß Kait nur ein paar Kratzer abbekommen haben möge.

Ich entschloß mich schließlich, mein Gebet auf die Bitte zu beschränken, sie möge keine Kopfverletzungen haben. Zwei Jahre zuvor war der Sohn meiner Stiefschwester, auch im Teenager-Alter, in einen Unfall verwickelt gewesen, der bei ihm einen bleibenden Hirnschaden hinterlassen hatte, und Kait war regelrecht hysterisch geworden, als sie davon gehört hatte.

»Der arme Andy!« hatte sie unter Tränen gestammelt. »Er war immer so schlau!«

Kait ist zäh, sagte ich mir selbst. Sie kann mit fast allem fertig werden – Brüche, etwas, das sie entstellt, sogar mit einem Leben im Rollstuhl – *aber bitte, bitte laß nichts mit ihrem Hirn passiert sein!*

Der Platz vor dem Schockraum war für Rettungswagen reserviert, also setzte Don mich an der Tür ab und fuhr den Wagen hinüber zum Besucherparkplatz. Die Krankenschwester, die uns angerufen hatte, stand wartend im Eingang, und ich wußte, daß es schlimm sein mußte, als sie mich in ihre Arme nahm.

»Sind Sie sicher, daß es Kait ist?« flüsterte ich. »Gibt es keine Chance, daß es eine Verwechslung ist?«

»Es ist Kait«, sagte die Frau. »Sie hatte einen Ausweis mit ihrem Bild in der Brieftasche. Sie lebt, aber sie ist in einem kritischen Zustand. Sie müssen sich auf die Möglichkeit gefaßt machen, daß Sie sie verlieren können.«

»Ein Autounfall?« Ich konnte mir nichts anderes vorstellen.

»Ihre Tochter wurde in den Kopf geschossen«, sagte die Krankenschwester ruhig.

Der Sand des Strandes glitt mir unter den Füßen davon, als die Flutwelle das Ufer erreichte und mich fortriß.

Kaitlyn Clare Arquette im Alter von achtzehn Jahren, im Frühling des Jahres 1989 - des Jahres, in dem sie starb.

2

Don und ich saßen in einem kleinen Wartebereich beim Schockraum, Seite an Seite auf einer grünen Vinylcouch, und klammerten uns buchstäblich aneinander fest. Wenn einer von uns sich bewegt hätte, wäre der andere unweigerlich umgesunken.

Nach einer Weile sagte Don: »Wir sollten die Jungs anrufen.«

»Bitte, noch nicht«, flehte ich ihn an. Sobald wir damit anfingen, andere zu benachrichtigen, würde ich nicht länger in der Lage sein, mir einzureden, das alles müsse ein Stück aus einem schlimmen Fiebertraum sein. »Es hat keinen Sinn, sie zu dieser Nachtzeit hierherzuschleppen. Es ist ja nicht so, als könnten sie hier irgend etwas tun. Laß uns noch warten, bis wir ihnen etwas Konkretes sagen können.«

Ich konnte merken, daß Don nicht einverstanden war, aber er beharrte nicht darauf, und so saßen wir weiter dort, starrten über den Flur und warteten auf irgendeine Autoritätsperson, die uns Genaueres sagen konnte.

Irgendwann sahen wir, wie Kait vorbeigefahren wurde; man brachte sie in den Röntgenraum. Ihr Gesicht war ganz schlaff und wachsbleich, und ihr Kopf war dick bandagiert. Wenn man uns nicht gesagt hätte, daß sie es war, hätten wir sie nicht erkannt. Wir sprangen von der Couch auf und liefen hinter der Trage her, bis die grüngekleideten Pfleger sie durch eine doppelte Schwingtür in einen Bereich schoben, zu dem nur die Ärzte Zutritt hatten. Dann gingen wir zum Warteraum zurück und setzten uns wieder hin.

Wir fühlten uns nicht allein, weil Krankenhäuser selbst an

Sonntagen ziemlich belebt sind, und daher gab es ein ständiges Kommen und Gehen im Aufnahmebereich. Irgend jemand brachte uns Kaffee, den wir nicht hinunterbekommen konnten, und wir ließen ihn auf einem Tisch voller alter Zeitschriften kalt werden. Eine Schwester kam und brachte uns Kaits Tasche und einen Plastikbehälter mit den Dingen, die man bei ihr gefunden hatte, als sie eingeliefert wurde – ihre Uhr, die Kette mit dem Kreuz, die Sanddollar-Ohrringe.

Der nächste, der uns aufsuchte, war ein Detective der Mordkommission. Er fragte uns, wann wir Kait zuletzt gesehen hatten.

»Sie ist gegen Viertel nach sechs von uns zu Hause weggegangen und wollte zu einer Freundin zum Abendessen fahren«, sagte ich zu ihm.

»Ich habe mit Susan Smith gesprochen, der Freundin«, erklärte uns der Polizeibeamte. »Ihre Adresse und eine gezeichnete Wegskizze haben wir in Kaits Auto gefunden. Susan sagte, daß Kait vorgehabt habe, über Nacht bei ihr zu bleiben. Dann sei ihr plötzlich eingefallen, daß sie noch für morgen für eine Prüfung arbeiten mußte.«

»Sie besucht zwei Sommerkurse im College«, sagte ich. »Im Herbst will sie ganz aufs College gehen.«

»Wohnt sie bei der Adresse, die wir auf ihrem Führerschein gefunden haben?«

»Nein«, sagte Don. »Das ist unsere Wohnung. Kait wohnt in den Alvarado Square Apartments. Einen Monat vor ihrem Schulabschluß hat sie sich entschlossen, alleine zu wohnen.«

»Nicht ganz alleine«, sagte ich. »Sie lebt mit ihrem Freund zusammen.«

»Dung Nguyen? Wir haben seinen Namen von Susan. Gibt es irgend etwas, das wir über diese Beziehung wissen sollten?«

»Sie ist so ziemlich beendet«, sagte ich. »Sie haben sich in letzter Zeit sehr häufig gestritten. Trotzdem wird das hier Dung hart treffen, also bringen Sie es ihm vorsichtig bei.«

Der Detective ging, und ein Arzt kam rein, um uns die Ergebnisse des Computer-Tomogramms mitzuteilen.

»Es sieht nicht gut aus«, sagte er. »Kaitlyns Kopfverletzungen sind sehr schwer. Eine Kugel hat sie an der Wange getroffen, und eine weitere ist durch die Schläfe eingetreten. Wir versuchen, ihren Zustand stabil zu bekommen, und falls sie die nächsten achtundvierzig Stunden überlebt, können wir darüber nachdenken, ob wir auf chirurgischem Wege versuchen sollten, den intrakraniellen Druck zu senken. Davon abgesehen können wir nicht viel mehr für sie tun.«

»Hat sie Schmerzen?« fragte Don ihn.

»Ich würde davon ausgehen, daß sie keine hat.«

»Wenn sie überlebt, wird sie dann jemals wieder in Ordnung kommen?« fragte ich.

»Es ist möglich, aber nicht wahrscheinlich, daß sie wieder zu Bewußtsein kommt«, sagte der Arzt. »Wunder geschehen, und wir schließen so etwas niemals vollkommen aus. Was ich Ihnen allerdings mit absoluter Sicherheit sagen kann, ist, daß sie, falls sie überlebt, niemals wieder die Kaitlyn sein wird, die sie gekannt haben. Dafür ist zuviel von ihrem Gehirn betroffen, als daß dies möglich wäre.«

»Um was sollten wir beten?« fragte ich ihn.

»Ich weiß nicht, was ich Ihnen dazu sagen soll.«

Die Zukunft erstreckte sich plötzlich vor mir wie ein dünner grauer Läufer: Jahr um Jahr vergeht, einzig damit ausgefüllt, Kaits Körper zu versorgen, eine leere Hülle, aus der man den Kern des Bewußtseins entfernt hat. Ich durchlebte einen unverzeihlichen Augenblick des Selbstmitleids. Für den Rest meines Lebens würde mir die Rolle einer Pflegerin obliegen – baden, windeln, füttern, Krankengymnastik, und das alles mit jemandem, dem nicht mehr Persönlichkeit geblieben ist als einer Puppe. Unfähig zu arbeiten, zu reisen, meine Kinder und Enkelkinder zu besuchen, die in anderen Staaten lebten, würde ich den Rest meiner Tage als Gefangene von Kaits Körper zubringen.

»Ich werde es schaffen«, sagte ich.

Don wandte sich um und starrte mich an.

»Ich werde es schaffen«, wiederholte ich, und erstaunlicherweise meinte ich es so. Es gab eine ganze Menge Leute, die eine schwerere Last zu tragen hatten. Meine Liebe zu Kait beruhte nicht auf ihrem Intelligenzquotienten; mit oder ohne Gehirn würde sie immer meine Tochter bleiben.

»Jetzt ist es Zeit, den Jungs Bescheid zu sagen«, sagte Don fest. Diesmal widersprach ich ihm nicht.

Wir riefen unseren ältesten Sohn zuerst an. Mit seinen achtundzwanzig Jahren war Brett immer noch ein fröhlicher Single, der keine Party ausließ und einen Single-Ohrring und einen Pferdeschwanz trug. Obwohl es schon zwei Uhr morgens war, erwarteten wir nicht, daß er bereits schliefe, und wir waren nicht überrascht, daß sein Anschluß besetzt war. Nach etlichen Versuchen, ihn zu erreichen, entschieden wir, daß er vermutlich mit einem Mädchen zusammen war und deshalb den Hörer neben den Apparat gelegt hatte. Da er nur ein paar Blocks vom Krankenhaus entfernt wohnte, fuhren wir hin, um ihn abzuholen. Als wir vor dem Haus ankamen, das Brett sich mit zwei anderen Junggesellen teilte, stand er schon im Eingang.

»Wie schlimm ist sie verletzt?« wollte er wissen, als er in den Wagen sprang.

»Es sieht schlimm aus«, sagte Don. »Sehr schlimm. Woher weißt du Bescheid?«

»Ein Mädchen namens Susan hat mich angerufen«, sagte Brett. »Sie hat gesagt, daß die Polizei bei ihr gewesen ist und sie ausgefragt hat. Sie wollten ihr nicht sagen, was passiert ist, aber von der Art ihrer Fragen her vermutete sie, daß Kait einen Unfall gehabt haben muß. Sie hat versucht, euch anzurufen, und als sie keinen erreichen konnte, hat sie beschlossen, es bei dem einzigen anderen Arquette zu versuchen, der im Telefonbuch steht. Ich habe mir gedacht, daß ihr herkommen würdet, also bin ich rausgegangen, um auf euch zu warten. Wenn ihr nicht bald gekommen wärt, wäre ich losgefahren und hätte die Krankenhäuser abgeklappert.«

»Sie hatte keinen Unfall«, sagte Don. »Man hat auf sie geschossen.«

»Man hat auf Kait *geschossen*?« rief Brett ungläubig. »Meint ihr einen Überfall?«

»Wir wissen nicht, was passiert ist«, sagte Don. »Das einzige, was wir wissen, ist, daß sie in kritischem Zustand ist. Laß uns jetzt Donnie holen fahren, damit wir zurück ins Krankenhaus kommen.«

Donnie, unser einundzwanzig Jahre alter Sohn, war kurz

zuvor in eine eigene Wohnung gezogen. Wir riefen ihn an und fuhren hin, um ihn abzuholen. Als er die Scheinwerfer unseres Wagens in seiner Einfahrt sah, kam er schon auf uns zugerannt, und die Mähne seines weizenblonden Haares flatterte dabei im Wind.

Ich stieg aus dem Wagen und breitete meine Arme aus, und er warf sich hinein.

»Ich bin so wütend!« schluchzte er. »Ich bin so wütend! Es ist einfach nicht gerecht! Kait ist so nett! Warum sollte irgendwer Kait verletzen wollen?«

»Das war keine Absicht«, sagte ich. »Es muß ein Unfall gewesen sein. Irgendein verrückter Idiot hat mit einer Waffe rumgespielt.«

Ich setzte mich mit ihm nach hinten und versuchte, seine ganzen Einsneunzig auf meinem Schoß hin und her zu wiegen, als wäre er ein Baby und ich die allmächtige Mutter mit den magischen Kräften, die das, was weh tat, wegküssen konnte und für jeden alles wieder in Ordnung zu bringen vermochte. Ich fühlte seine Tränen, und ich sehnte mich danach, mit ihm zu weinen, aber alles in mir war zu Stein geworden.

Als wir wieder im Krankenhaus waren, brachte man uns auf die traumatologische Intensivstation, wohin man Kait inzwischen verlegt hatte. Sie lag reglos im Bett, um sie herum ein ganzes Netzwerk von Kabeln und Schläuchen, die ihren Körper mit Maschinen verbanden, die blinkten und piepsten wie die Monster in einem *Krieg der Sterne*-Film. Ein Monitor über dem Bett zeigte Schlangenlinien, die, wie wir vermuteten, höchst bedeutsam waren, aber niemand von uns brachte den Mut auf, zu fragen, was sie bedeuteten.

Ich lief in die Halle hinunter, um unsere beiden älteren Töchter anzurufen. Zuerst wählte ich die Nummer von Kerry, die mit ihrem Mann Ken und ihren beiden kleinen Mädchen in Dallas lebte. Unser Schwiegersohn kam an den Apparat, also informierte ich ihn zuerst. Als er Kerry den Hörer weiterreichte, hatte sie schon genug mitbekommen, um auf das vorbereitet zu sein, was jetzt kam.

»Man hat auf Kait geschossen«, sagte ich. »Ich glaube, du solltest herkommen.«

»Man hat sie erschossen?« fragte Kerry, zu geschockt, um irgendwelche Emotionen zu zeigen.

»Sie lebt«, sagte ich, »aber ich glaube, du solltest schnell herkommen, Liebes.«

Dann rief ich Robin in Florida an. Ich hatte mir diesen Anruf bis zum Schluß aufgespart, weil ich ihn so sehr fürchtete. Trotz der sechzehn Jahre Altersunterschied hatten sich die älteste und die jüngste unserer Töchter immer ganz besonders nahegestanden. Robin lebte alleine und hatte niemanden, der ihr soviel moralische Unterstützung gab wie Kait. Es war mir schrecklich, ihr diese Nachricht beizubringen, während sie allein war, aber ich hatte das Gefühl, daß ich nicht damit warten durfte, bis ich sie bei der Arbeit erreichen konnte. Zu meiner Erleichterung schaffte sie es, die Fassung zu bewahren, und sie sagte, sie werde alles regeln und sich sofort auf den Weg machen.

Als ich in den Raum zurückkam, wo Kait lag, sah ich, daß Dung gekommen war und neben ihrem Bett stand; er schien in einem Schockzustand zu sein.

»Es ist alles meine Schuld«, stammelte er.

»Nein«, sagte Brett, der Kaits Freund besonders gern hatte. Tröstend legte er einen Arm um die Schultern des jüngeren Mannes. »Dann habt ihr zwei euch also gestritten, aber damit bist du noch längst nicht verantwortlich für das, was passiert ist. Du hättest es nicht verhindern können; selbst wenn du bei ihr gewesen wärst.«

»Es ist alles meine Schuld«, beharrte Dung und machte sich los von ihm. Er ging hinüber zum Fenster und preßte sein Gesicht gegen die Scheibe; er starrte auf die dunklen Silhouetten der Berge, die dort draußen vor dem heller werdenden Himmel schnell Gestalt annahmen. Ich ging hinüber und trat neben ihn ans Fenster, und wir sahen zu, wie die Wolken im Osten erst pfirsichfarben wurden, dann golden, und dann schließlich weiß und wattig vor einem blauen Hintergrund. Der Regen war vorüber, und der Tag würde schön werden.

Ich habe diesen langen, seltsamen Tag als eine Reihe von Vignetten im Gedächtnis, eine Sammlung von Bildern, die dem Traum näher schienen als der Wirklichkeit. Die Morgennachrichten berichteten über die Schüsse, und immer mehr Freunde trafen im Krankenhaus ein. Susan Smith kam und stand weinend im Flur. Ich weiß, daß wir miteinander sprachen, aber ich kann mich nicht mehr erinnern, was wir sagten. Eine Gruppe von Kaits Kollegen bei Pier One schneite mit einem großen Genesungs-Strauß herein, und Kaits beste Freundin Laura kam mitsamt ihrem Freund und ihrer Mutter. Es gab nicht viele Gespräche, aber wir waren dankbar für die emotionale Unterstützung von Menschen, denen wir etwas bedeuteten. Ein Freund brachte einen ganzen Beutel voller Vierteldollar-Münzen mit, so daß wir problemlos aus der Telefonzelle anrufen konnten. Ein anderer, der zu Recht annahm, daß niemand von uns etwas gegessen hatte, brachte Milchshakes mit. Ein Nachbar, den wir kaum kannten, erbot sich, zu uns hinüber zu gehen und sich um die Tiere zu kümmern.

Kerry kam mit dem Flugzeug von Dallas, und ein Freund holte sie am Flughafen ab und brachte sie zum Krankenhaus. Robin rief an und sagte Bescheid, daß sie den frühen Flug nicht mehr bekommen hatte, aber am Abend bei uns sein würde. Sie bat uns, Kait zu sagen, sie solle durchhalten, bis sie da wäre.

Eine Schwester sagte uns, daß Kait zwar im Koma läge, es aber dennoch möglich sei, daß die vertrauten Stimmen ihr wohltäten. »Ich weiß, es klingt verrückt«, sagte sie, »aber es gibt Leute, die aus einem Koma erwacht sind und in der Lage waren, alles wiederzugeben, was in ihrem Krankenhauszimmer geschehen war, während sie scheinbar bewußtlos dalagen. Sie erzählten, sie hätten ihre Körper verlassen und irgendwo unter der Decke geschwebt, hinuntergeblickt und alles mitbekommen.«

Robin war eine berufsmäßige Sängerin, die ihre eigenen Songs schrieb. Da wir wußten, daß Kait auf ihre Stimme am ehesten reagieren würde, spielten wir den ganzen Tag über eine Kassette mit ihren sanftesten Liedern, immer und immer wieder.

Ich saß am Bett und hielt Kaits breite, starke Hand fest, die meiner eigenen Hand und den langen schlanken Händen ihrer Schwestern so wenig ähnelte, und ich sagte zu ihr: »Robin kommt. Robin ist unterwegs. Du kannst noch nicht gehen, du mußt noch warten, bis Robin da ist.« Ich beobachtete die Linien auf dem Monitor und hoffte, in der Abfolge der Muster irgendwelche Veränderungen erkennen zu können, aber sie blieben ewig gleich. Ich kam mir selbst dabei dumm vor, aber scheu blickte ich zur Decke hinauf; wenn Kaits Geist jedoch dort war, so war er nicht zu erkennen.

Die Medien stürmten auf uns ein, und die Sprecherin des Krankenhauses schlug vor, wir sollten eine Pressekonferenz abhalten, damit wir nicht mit jedem Reporter einzeln zu sprechen brauchten. Ein Freund nahm zu Hause unser Fernsehinterview auf und gab uns die Kassette. Man sieht Don und mich an einem Konferenztisch sitzen, Hand in Hand und mit glasigen Augen in die Kamera starrend, während wir uns durch einen Schwall von Fragen kämpfen.

»Nein, wir wissen nicht, wer das getan hat. Es kann nur ein Unfall gewesen sein.«

»Wie sie ist? Sie ist hübsch und lustig und intelligent. Sie möchte gerne Ärztin werden.«

»Nein, sie nimmt keine Drogen. Nein, sie trinkt nicht. Nein, sie ist nicht von einer Party gekommen. Nein, sie hatte keine alten Freunde, die wütend auf sie waren; sie hat seit anderthalb Jahren ein und denselben festen Freund.«

Die eine Frage, die mich wirklich getroffen hat, tauchte hinterher im Fernsehen nicht auf, und sie wurde auch in den Zeitungsberichten nicht erwähnt. Als die Pressekonferenz gerade zu Ende ging, wollte eine Reporterin wissen: »Fanden Sie es denn nicht gefährlich, ein blondes Mädchen in einem roten Wagen mitten durch eine Stadt voller Mexikaner fahren zu lassen?«

»Natürlich nicht«, erwiderte ich ihr. »Das kann wohl kaum der Grund gewesen sein für das, was ihr geschehen ist.«

Als wir zur Intensivstation zurückkamen, wartete Dung bereits am Aufzug auf uns.

»Schnell«, sagte er ganz außer sich. »Irgend etwas ist mit Kait los!«

Wir rannten los, und als wir den Raum erreicht hatten, in dem Kait lag, sahen wir, daß er voller Ärzte war. Im Flur davor stand Kerry.

»Die Linien auf dem Monitor haben plötzlich angefangen verrückt zu spielen«, erklärte sie uns. »Ich habe nach einer Schwester geschrien, und sie hat den Alarm ausgelöst. Sie vermuten, die plötzliche Beschleunigung ihres Pulses könnte die Folge einer massiven Hirnblutung sein.«

Nach und nach verließen die Ärzte den Raum, und wir konnten wieder zu Kait hineingehen. Die Kurven auf dem Monitor waren wieder deutlich flacher geworden, und Kaits Puls schien sich stabilisiert zu haben.

Vertreter des Organspender-Programms kamen und fragten uns, ob wir es eventuell in Betracht ziehen würden, Kaits Organe für Transplantationen freizugeben. Als redaktionelle Mitarbeiterin von *Women's Day* hatte ich vor kurzem einen Artikel über eine Frau geschrieben, die ihrem schwerkranken Mann eine Niere gespendet hatte. Kaits Reaktion auf die Geschichte hatte darin bestanden, daß sie sich einen Organspender-Ausweis besorgt hatte. Wir willigten also ein, ihre Organe als Spenderorgane freizugeben, und wir waren dankbar dafür, daß sie uns diese schmerzliche Entscheidung abgenommen hatte.

Wir beschlossen, daß es an der Zeit war, uns bei der Wache im Krankenhaus abzulösen. Kerry und Dung übernahmen die erste Wache an Kaits Bett, und wir übrigen fuhren nach Hause, um ein paar Stunden Schlaf zu bekommen. Als Don, unsere Söhne und ich hinaus auf den Parkplatz traten, erwartete uns ein grandioser Sonnenuntergang. Der Himmel war grell karminrot und orange und golden, und ein von Wolken gesäumter Pfad von Licht fiel direkt auf die Erde, gleich einer riesigen Treppe, die mitten ins Herz der Sonne führte.

Kait wird nie mehr einen Sonnenuntergang sehen können, dachte ich, aber Donnie überraschte mich, indem er sagte: »Schaut doch, was sie ihr für einen Empfang bereiten!« Er hatte nie irgendein Interesse für die organisierten Formen von Religion gezeigt, und mir war nicht einmal bewußt gewesen, daß er an ein Weiterleben nach dem Tode glaubte.

Als wir dann zu Hause waren, legten Don und ich uns hin und versuchten, ein wenig Schlaf zu bekommen. Doch das Telephon klingelte permanent, und wir hatten Angst, wenn wir nicht drangingen, könnte es das Krankenhaus sein. Nach einer Stunde gaben wir auf und entschieden uns, wieder zurückzufahren. Freunde hatten uns den ganzen Tag über Essen gebracht, und so nahmen wir ein Tablett davon mit.

Als wir diesmal aus dem Aufzug kamen, stand Kerry da und wartete auf uns.

»Ich habe überlegt, ob ich euch anrufen sollte oder einfach warten, bis ihr kommt«, sagte sie.

»Dann ist es also vorbei?« fragte ich.

»Ja, Mutter, ich glaube, es ist vorbei. Diese Blutung hat sich auf das Stammhirn ausgedehnt. Sie meinen, sie ist hirntot.«

Schweigend standen wir da und warteten auf die offizielle Benachrichtigung.

Irgendwann tauchte ein Arzt aus Kaits Zimmer auf und sagte uns: »Wir müssen noch einige abschließende Untersuchungen machen, bevor es offiziell ist, aber es gibt praktisch keinen Zweifel mehr, daß sie es hinter sich hat.«

Einer nach dem anderen gingen wir hinein, um Abschied zu nehmen. Ich küßte Kaits Wange, und sie fühlte sich auf meinen Lippen warm an. Als ich meine Hand auf ihre Brust legte und fühlte, wie sie sich im gleichmäßigen Rhythmus des Beatmungsgeräts hob und senkte, war es schwer für mich zu glauben, daß sie nicht mehr leben sollte.

»Schlaf gut, mein Baby«, flüsterte ich. »Geh mit Gott.«

Wir alle hatten Anrufe zu machen. Zuerst riefen wir Brett und Donnie an und sagten ihnen, sie sollten zurück ins Krankenhaus kommen. Kerry rief Ken an. Ich rief meinen Bruder in San Francisco an. Don telefonierte mit seinen drei Brüdern in Michigan und Ohio. Dung wollte auch anrufen, und ich sagte ihm, daß es am anderen Ende des Flures noch einen Apparat gebe.

Wir trafen uns erneut mit den Organspenden-Leuten, um die Papiere zu unterzeichnen.

»Sie können sie aber noch nicht gleich haben«, teilte ich ihnen mit. »Sie müssen warten, bis ihre älteste Schwester hier ist. Ihr Flugzeug landet um Mitternacht.«

»Ich weiß nicht, ob das möglich sein wird«, meinte eine Frau zweifelnd. »Der Empfänger für das Herz und die Lunge ist bereits unterwegs. Seine Eltern bringen ihn mit dem Wagen von Santa Fe her.«

»Wenn Sie sie anrühren, ehe Robin hier war, können Sie ihre Organe gar nicht haben«, sagte ich.

Inzwischen waren Kaits Brüder eingetroffen und standen im Flur; sie weinten und umarmten Kerry.

Dung stand ein Stückchen abseits, das Gesicht zur Wand gedreht. Ich ging zu ihm, drehte ihn zu mir um und legte meine Arme um ihn.

»Warum rufen wir nicht einen Freund an, der bei dir bleiben könnte?« schlug ich vor; ich dachte, er würde mit jemandem sein wollen, der seine Sprache sprach.

»Ich habe keine Freunde«, sagte er völlig gebrochen.

Ich strich das glänzende schwarze Haar zurück, das Kait so geliebt hatte, und konnte ganz schwach den Duft des Eau de Cologne riechen, das sie ihm zu Weihnachten geschenkt hatte.

»Dann bleib bei uns«, sagte ich. »Wir werden heute nacht alle zusammen sein.«

Wir trugen das Essen, das wir mitgebracht hatten, hinüber in ein freies Besprechungszimmer und versuchten, etwas davon hinunterzubekommen. Dann fuhren unsere Söhne und Dung zu uns nach Hause zurück, während Kerry sich mit Don und mir zum Flughafen begab, um Robin abzuholen und zum Krankenhaus zu bringen.

Kait war immer noch da, aber es war nur geliehene Zeit, da der Chirurg, der die Transplantation vornehmen würde, schon ungeduldig im Flur vor ihrem Zimmer auf und ab stampfte.

»So, dann habe ich jetzt also ein neues Herz«, sagte er triumphierend, als Robin hineinging, um sich von ihrer Schwester zu verabschieden.

»Ja,« sagte ich »Sie haben Ihr neues Herz.«

Robin blieb fünfzehn Minuten in dem Zimmer, während der Arzt weiter ungeduldig auf und ab marschierte und dabei andauernd auf seine Uhr schaute. Als sie schließlich wieder herauskam, war sie blaß, aber gefaßt.

»Ich wußte nicht, daß eine Kugel so ein riesiges Loch machen kann«, sagte sie.

»Du willst doch nicht etwa sagen, daß sie die Verbände abgenommen haben!« rief ich voller Entsetzen aus.

»Sie hatte einen Verband oben um den Kopf«, sagte Robin. »Aber das Loch, das sie auf der einen Seite von ihrem Gesicht hat, war nicht bedeckt.«

»O mein Liebes!« Ich wollte auf sie zugehen und sie in die Arme nehmen, aber sie hatte sich schon abgewandt und wanderte langsam den Flur hinunter.

»Ich bin in Ordnung«, rief sie mir über die Schulter hinweg zu. »Mach dir darüber keine Gedanken.«

Als wir endlich alle bei uns zu Hause versammelt waren, erfaßte mich solch grenzenlose Erschöpfung, daß ich gerade noch organisieren konnte, wo jeder schlafen sollte, und es dann kaum noch schaffte, nach oben in unser Schlafzimmer zu taumeln. Vollständig angezogen fiel ich auf das Bett, und kurz darauf kam auch Don herauf und legte sich neben mich. Wir schliefen in dieser Nacht einen derart schweren Schlaf, als hätte man uns mit starken Drogen betäubt, und hielten uns dabei aneinander fest wie die Überlebenden eines Schiffsunglücks, die verzweifelt versuchen, in einem Ozean der Dunkelheit nicht zu versinken.

Dennoch wurde ich im Morgengrauen wach und stand auf, um nach den Kindern zu sehen. Brett und Dung hatten sich im Wohnzimmer hingelegt, aber sowohl das große Sofa als auch das kleine, zweisitzige waren leer, also ging ich weiter, den Flur hinunter zu dem Zimmer, das an seinem Ende lag.

Dung war nicht da, aber unsere vier ältesten Kinder lagen auf Kaits riesigem Wasserbett, in einem Durcheinander wie ein Wurf junger Hunde in einem Korb.

Aber es müßten doch fünf sein, dachte ich. Warum sind es nicht fünf? Eins meiner Kinder fehlt!

»Es ist das Baby«, murmelte ich mit wirrem Kopf. »Meinem Baby ist etwas passiert!«

Ich stand viel zu sehr unter Schock, um die auf der Hand liegende Frage zu stellen: »Wer kann meine Tochter ermordet haben?«

3

Der Tag, der begonnen hatte wie ein surrealistischer Alptraum, ging auf die gleiche Weise weiter. Wir wankten umher wie Zombies – wir stießen zusammen, ließen Dinge fallen, machten Listen mit Dingen, die zu erledigen waren, nur um diese dann zu verlieren –, und wir waren von unseren mitfühlenden Freunden abhängig, die uns bei der Hand nahmen und halfen.

Die erste von ihnen, die an jenem Morgen bei uns eintraf, war eine kurz zuvor verwitwete Freundin, die nur zu gut aus der eigenen Erfahrung wußte, wie ein solcher Prozeß des Trauerns abläuft. Ein Blick auf unsere Gesichter genügte ihr, um zu erkennen, daß wir allesamt funktionsgestört waren. Sie packte uns kurzerhand in ihren Wagen und fuhr mit uns los, damit wir uns um eine Grabstätte kümmern konnten. Andere Freunde übernahmen den Telefondienst, öffneten die Tür, wenn es schellte, machten eine Liste der Leute, die etwas zu essen oder Blumen vorbeibrachten, und erboten sich, unsere Verwandten zu beherbergen, die von überall her zur Beerdigung angereist kommen würden.

Über Kaits Ermordung wurde ausführlich in den Medien berichtet. Sowohl die Morgenzeitung als auch das Blatt, das abends erschien, brachten groß aufgemachte Titelgeschichten – MUSTERSTUDENTIN IN IHREM WAGEN ERSCHOSSEN und GRANDIOSE ZUKUNFT ENDET IN TODESSCHÜSSEN –, beide mit einem großen Foto von Kait, das zu ihrem Schulabschluß aufgenommen worden war. Fernsehteams tauchten an unserer Tür auf; besonders auf Kerry hatten sie es abgesehen.

Als ehemalige Präsentatorin eines regionalen Fernsehmagazins kannte man sie in Albuquerque recht gut, und die Reporter drohten sich fast gegenseitig zu zertrampeln in ihrem Eifer, als erster mit ihr ein Interview zu bekommen.

Die Polizei respektierte unsere Trauer und meldete sich nicht bei uns. Wie jeder andere auch erfuhren wir die näheren Umstände von Kaits Ermordung durch die Zeitungen:

Albuquerque Journal, 18. Juli 1989:

Montag nacht erlag die achtzehn Jahre alte Kaitlyn Arquette den schweren Verletzungen, die sie durch zwei Schüsse in den Kopf erlitten hatte. Wie die Sprecherin der Polizeibehörde von Albuquerque, Mary Molina Mescall, auf unsere Anfrage mitteilte, hatten Polizeibeamte das Opfer etwa gegen 23 Uhr am Sonntag auf der Lomas, Höhe Broadway NE, aufgefunden, wo sie einen vermeintlichen Routineunfall bemerkt hatten.

Nach Frau Mescalls Worten hat sich offensichtlich jemand neben Kaitlyns fahrenden Wagen gesetzt und drei Schüsse durch das Seitenfenster auf sie abgegeben. Zwei der Kugeln trafen ihren Kopf. Der Wagen geriet außer Kontrolle und fuhr gegen einen Telephonmast.

Kaitlyn, eine Studentin der University of New Mexico, die erst vor kurzem an der Highland High School ihren Abschluß mit Auszeichnung gemacht hat, befand sich nach einem Abend bei einer Freundin auf der Heimfahrt.

Die Polizei hatte am späten Montagabend weder Zeugen noch Verdächtige noch eine Waffe oder eine Erklärung in diesem Fall, bei dem es sich dem Anschein nach um einen vollkommen willkürlichen Mord handelt.

Albuquerque Tribune, 18. Juli 1989:

Die Ergebnisse der landesweiten Hochschul-Aufnahmeexamen kamen mit der ersten Post am Montag. Wie erwartet, hatte Kaitlyn Arquette mit Glanz und Gloria bestanden.

Ihre Lehrerin Jo Colvard versuchte die Absolventin der Abschlußklasse dieses Jahres von der Highland High School an den

Apparat zu bekommen, um ihr zu gratulieren, aber sie konnte sie nicht erreichen.

Kaitlyn war in der Nacht zum Montag in den Kopf geschossen worden, als sie sich mit ihrem Wagen auf der Heimfahrt von einem Abendessen mit einer Freundin befand.

Die achtzehn Jahre alte Studentin, deren Mutter unter dem Namen Lois Duncan erfolgreiche Jugendliteratur schreibt, erlag Montag nacht in der Universitätsklinik ihren Verletzungen.

Die Polizei hat keinerlei Spuren in diesem Fall.

»Wenn solche Dinge geschehen, sagt man normalerweise, ›irgendwie wird diese Person sicher mit Drogen zu tun gehabt haben‹«, erklärte Kaits Schwester Kerry aus Dallas. »Aber Kait nicht. Sie war völlig normal und gefestigt. Während des ganzen Abschlußjahrs an der High School hat sie nebenher noch gejobbt, und trotzdem hatte sie immer die besten Noten.«

Kerry sagte, ihren Eltern gehe es »so gut, wie man unter solchen Umständen erwarten kann – miserabel«.

Jo Colvard, die Lehrerin von der Highland-Schule, qualifizierte den Mord als »die Tat von Verrückten, die bestimmt auch für diese ganzen anderen schlimmen Geschichten auf den Straßen verantwortlich sind«.

Es folgte eine Liste von Gewalttaten, die sich im Gefolge von Streitereien im Straßenverkehr zugetragen hatten.

Don und ich lasen einander die Artikel laut vor und versuchten, aus ihrem Inhalt schlau zu werden. Die Begriffe »Verrückte« und »willkürlicher Mord« erschienen uns als nicht passend für das, was man Kait angetan hatte. Sie hätten bedeutet, daß ihr Tod nur eine üble Laune der Natur gewesen wäre, so wie der Tod durch einen Blitzschlag oder das Ende desjenigen, der bei einem Erdbeben zermalmt wird.

»Keiner der Mordfälle, mit denen sie hier Kaits Fall vergleichen, war willkürlich und aufs Geratewohl«, bemerkte Don, als er die Liste durchlas. »Alle waren die Folge eines Streits. Kait hatte gar nicht mehr die Zeit, sich auf einen Streit einzulassen. Sie ist erschossen worden, als sie gerade erst ein paar Minuten Susans Haus verlassen hatte.«

»Und man hat *drei* Schüsse auf sie abgegeben«, fügte ich hinzu. »Das ist einfach zuviel für einen Zufall. Und die Schüsse wurden nicht einfach vom Bürgersteig aus abgefeuert. Jemand hat sich mit seinem Wagen neben sie gesetzt und auf sie geschossen.«

Die Tatsache, daß unsere Welt sich in ein Irrenhaus verwandelt hatte, erwies sich beinahe als Segen, da wir dadurch mehr Zeit bekamen, uns in das Unabänderliche zu fügen. Ununterbrochen klingelte das Telefon; Leute strömten ins Haus, um uns mit Beistand und Beileidsbekundungen zu überhäufen; Dons Brüder kamen mit ihren Frauen aus Ohio und Michigan hergeflogen, und mein Bruder aus Kalifornien traf ein. Wir mußten ankommende Flugzeuge abpassen, Kaits Todesanzeige aufsetzen, uns mit einem Geistlichen besprechen und eine Beerdigung organisieren.

Irgendwann fiel mir auf, daß ich meine Töchter schon einige Stunden nicht mehr gesehen hatte. Ich ging sie suchen und fand sie, in ein intensives Gespräch vertieft, in Kaits Zimmer.

»Was ist los?« fragte ich, »ist das eine Privatbesprechung?«

»Nein, ganz sicher nicht«, sagte Robin. »Wir müssen mit dir reden. Würdest du bitte reinkommen und die Tür hinter dir zumachen?«

Ich tat, worum sie mich gebeten hatte, und setzte mich zu ihnen aufs Bett.

»Mutter, Robin und ich haben über ein paar Sachen gesprochen, und – nun, also, wir finden nicht, daß Dung im Moment hier bei uns sein sollte«, sagte Kerry.

»Warum nicht?« fragte ich überrascht.

»Es gibt da ein paar Dinge, die uns beschäftigen. Wir haben keine Ahnung, wer Kait erschossen hat, aber wir wissen, daß sie mit Dung Probleme hatte. Sie haben sich sehr oft gestritten, und sie war auf der Suche nach einer anderen Person, mit der sie ihre Wohnung teilen wollte.«

»Das ist ja wohl kaum ein Grund, um ihn wegen Mordes zu verdächtigen«, rief ich aus.

Robin und Kerry wechselten bedeutungsvolle Blicke.

»Da gibt es noch etwas anderes«, sagte Robin. »Es ist da etwas ans Licht gekommen, das uns veranlaßt zu glauben, daß Dung nicht die schlichte, ehrbare Person ist, die du in ihm zu sehen scheinst. Erzähl es ihr, Kerry.«

»Eine Freundin von Kait hat mir etwas Unheimliches erzählt«, sagte Kerry. »Sie sagt, Kait habe ihr irgendwann letzten Sommer anvertraut, daß Dung in Kalifornien in irgendeinen Betrug mit vorgetäuschten Unfällen verwickelt war. Kait hatte nicht verstanden, wie die ganze Geschichte funktionierte, aber jedenfalls ist Dung mit einer ganzen Bande seiner Freunde nach L.A. gefahren, und sie haben mit Mietwagen Unfälle gebaut. Kait sagt, jeder von ihnen habe zweitausend Dollar dafür bekommen, soweit sie wisse.«

»Wer hat dir das erzählt?« wollte ich wissen.

»An ihren Namen kann ich mich nicht erinnern. Es war eins der Mädchen, die mit Kait zusammen gearbeitet haben.«

»Ich kann es gar nicht fassen, daß irgendwer solche Dinge verbreitet«, sagte ich, »besonders jetzt, wo wir sowieso schon derart verletzlich sind.«

»Aber wenn es stimmt?« beharrte Kerry. »Ich weiß, daß Dung ziemlich oft hiergewesen ist, aber was wissen wir wirklich über ihn? Als Ken und ich Weihnachten herkamen, war er da und verschlang den Truthahn wie jeder aus der Familie, aber niemand hat uns je erzählt, wo Kait ihn aufgetrieben hatte.«

Ich versuchte mich genau an alles zu erinnern, was Kait mir erzählt hatte.

»Sie haben sich in einem Café gegenüber der Uni getroffen. Er war einer von den Boat People und hat eine Weile in Kalifornien gelebt. Dann haben er und An, sein bester Freund, beschlossen hierherzuziehen. Er hat eine Schwester, die in Orange County einen Laden für importierte Sachen hat. Kait und er haben im März bei ihr gewohnt, als sie in Kaits Frühjahrsferien nach Disneyland gefahren sind. Der Rest seiner Familie ist noch in Vietnam.«

»Wie hat er sich sein Geld verdient?« fragte Robin. »Ich weiß, daß es da eine lange Zeit gegeben hat, in der er arbeitslos war, und der einzige Grund, daß er sich schließlich einen Job besorgt hat, war Kaits Drohung, sie würde ihn nicht bei sich einziehen lassen, solange er keine feste Arbeit hätte.«

»Er hatte wohl einen Job, als Kait ihn kennenlernte, aber sie haben ihn entlassen«, sagte ich. »Es ist nicht leicht, Arbeit zu finden, wenn man die Sprache nicht gut beherrscht. Kait hat uns erzählt, daß die Vietnamesen selbst füreinander sorgen. Dungs Schwester in Kalifornien schickte ihm Geld.«

»Nun, unter den gegebenen Umständen fühle ich mich bei der Sache nicht wohl, und ich denke, wir sollten dafür sorgen, daß er irgendwo anders bleibt, bis wir den Dingen auf den Grund gegangen sind«, sagte Robin.

»Das ist doch lächerlich«, meinte ich. »Und so oder so ist das Ganze müßig. Er ist jetzt nicht hier, und er war nicht hier, als wir heute morgen aufgestanden sind. Brett hat gesagt, daß einer von Dungs Freunden früh am Morgen vorbeigekommen ist und ihn abgeholt hat.«

»Ich habe gedacht, Dung hätte gar keine Freunde«, meinte Kerry.

»Dann hat ihn eben ein Bekannter abgeholt. Um Himmels willen, Mädchen, eure Schwester ist tot! Habt ihr denn nichts Besseres zu tun, als auf ihrem Freund herumzuhacken?«

Ich sprang vom Bett auf und stampfte aus dem Zimmer. Hinter mir blieben meine Töchter zurück, die mir mit betroffenen Gesichtern nachblickten. Drei Minuten später konnte ich mich schon nicht mehr daran erinnern, weshalb ich überhaupt wütend auf sie war.

Der Rest des Tages verstrich in einem einzigen bedeutungslosen Nebel, während ich mich wie in einem zähen, verschwommenen Traum von einer dringenden Erledigung zur nächsten hangelte. Spät am Nachmittag sank ich schließlich auf der Wohnzimmercouch zusammen, und als ich irgendwann aufblickte, stand Dung über mir und sah mich an.

»Ich hab Problem, Mom«, sagte er in seinem schauderhaften Englisch. »Ich komm gerade zurück von Wohnung. Der Mann hat Schlösser gewechselt, kann nicht rein. Können Sie sagen, daß in Ordnung ist, wenn ich noch schlafe in Wohnung?«

»Natürlich«, sagte ich. »Ich kann gar nicht glauben, daß er so etwas gemacht hat. Er hat kein Recht, die Schlösser auszutauschen. All deine Sachen und die von Kait sind in der Wohnung, und ich weiß, daß Kait noch bis zum Ende des Monats die Miete bezahlt hat.«

»Ich will noch schlafen in unserem Bett«, sagte Dung sanft. »Ich will riechen ihr Parfüm auf Kissen wie Rosen.«

»Mach dir keine Gedanken, ich werde anrufen und mich um die Sache kümmern«, erklärte ich ihm. »Es ist bloß ein dummer Fehler, den man leicht wieder korrigieren kann.«

Ich suchte mir die Nummer der Alvarado Square Apartments aus dem Telefonbuch heraus und ließ mich mit dem Verwalter verbinden.

»Ich bin Kait Arquettes Mutter«, sagte ich. »Ihr Freund erzählt mir eben, daß Sie ihn aus ihrer gemeinsamen Wohnung ausgesperrt haben. Ich rufe an, um Ihnen zu sagen, daß er unsere Erlaubnis hat, dort noch so lange zu wohnen, bis die Miete abgelaufen ist.«

»Ich weiß, daß es eine schlimme Zeit für Sie ist, Mrs. Arquette«, sagte der Verwalter entschuldigend. »Das letzte, was ich tun möchte, ist, Ihnen noch mehr Probleme zu machen, aber auf gar keinen Fall werde ich Mr. Nguyen wieder in diese Wohnung lassen.«

»Aber warum denn nicht?« fragte ich vollkommen verblüfft.

»Weil dieser Kerl jede Menge Ärger bedeutet. Ich habe die Wohnung an Ihre Tochter vermietet, nicht an ihn. Kait war ein wirklich süßes Mädchen – wir beide, meine Frau und ich, haben sie furchtbar gern gehabt –, aber Nguyen und seine Kumpane, das steht auf einem ganz anderen Blatt. Ich weiß nicht, was sich in dieser Wohnung abgespielt hat, aber mehr als einmal ist Kait zu uns gelaufen gekommen und hat uns angefleht, auf unserer Couch schlafen zu dürfen, weil sie Angst hatte. Sie hat mich gebeten, die Schlösser auszutauschen, um die Kerle draußen zu halten.«

Ich konnte überhaupt nicht glauben, was ich da hörte.

»Und haben Sie es gemacht?«

»Ja, aber sie haben ein Fenster eingeschlagen und sind so reingekommen. Ein anderes Mal hatte sie Nguyen ausgesperrt, und er hat die Tür eingetreten. Jetzt habe ich die Schlösser wieder erneuert, und wenn Nguyen versucht, daran rumzufummeln, oder wenn er durch das Fenster eindringt oder sonst irgendwas mit unserem Eigentum anstellt, werde ich ihn verhaften lassen. Er kann herkommen und seine Sachen abholen, wenn einer von Ihrer Familie dabei ist, aber ich will ihn nicht unbeaufsichtigt da drinnen haben, und ich will keinen seiner Freunde hier sehen. Wenn Sie zu mir ins Büro kommen, gebe ich Ihrer Familie den neuen Schlüssel.«

»In Ordnung«, sagte ich; ich war zu erschüttert, um mich mit ihm auf eine Diskussion einzulassen. »Einer meiner Söhne wird in ein paar Minuten bei Ihnen sein.«

Ich legte auf und wandte mich zu Dung um, der erwartungsvoll hinter mir stand.

»Es ist in Ordnung?« fragte er. »Hat er gesagt, er will mich jetzt lassen nach Hause gehen?«

»Es tut mir leid«, sagte ich. »Es ist komplizierter, als ich gedacht habe. Der Verwalter hat mir gesagt, daß dein Name nicht im Mietvertrag steht, und daher hast du juristisch nicht das Recht, dort weiter zu wohnen.«

»Aber ich höre, wie Sie sagen, es ist in Ordnung!«

»Ich nehme an, ich bin nicht dazu autorisiert, solch eine Entscheidung zu treffen«, sagte ich. »Ich habe den Mietvertrag auch nicht unterschrieben, wie du weißt, nur Kait. Ich glaube, das hat irgendwas mit der Haftpflicht-Versicherung zu tun. Ich bin sicher, wir können das morgen in Ordnung bringen. Aber heute nicht mehr. Deshalb ist es im Moment wohl das beste, wenn du bei einem deiner Freunde schläfst.«

Ich bat Brett, Dung hinüber zu Kaits Wohnung zu fahren, damit er seine Sachen abholen konnte, und ihn dann dorthin zu bringen, wo er zunächst bleiben wollte. Als Brett wieder zurück war, fragte ich ihn, was Dung aus der Wohnung mitgenommen hatte.

»Nicht sehr viel«, antwortete er mir. »Nur Anziehsachen und ein paar Bilder von Kait. Ich habe Kaits Videorecorder mitgebracht. Ich dachte mir, wir könnten ihn gebrauchen, um noch mehr Nachrichtensendungen aufzuzeichnen.«

»Ihr Videorecorder funktioniert nicht.«

»Wie kommst du darauf?«

»Als Daddy und ich im Mai nach San Diego gefahren sind, habe ich Kait gebeten, die letzte Folge von *L.A. Law* für uns aufzunehmen. Wie sich herausstellte, ging das nicht, weil ihr Recorder nicht funktionierte, also mußte sie jemanden darum bitten, der uns die Folge dann aufgezeichnet hat.« Ich machte eine Pause. »Wie hält sich Dung so? Ich habe ihn heute praktisch gar nicht gesehen.«

»Er ist ein Wrack«, sagte Brett. »Er hat Kait sehr geliebt. Letzte Nacht ist er weinend aufgewacht und konnte gar nicht mehr aufhören. Er hat mir erzählt, daß er einen furchtbaren Traum über Kait gehabt hat. Sie hat gesagt, sie hätte sich im Dunkeln verlaufen, und sie hatte Angst, und er sollte sie retten. Übrigens, ich finde, du behandelst ihn miserabel. Erst werfen sie ihn aus seiner Wohnung raus, und jetzt wirfst du ihn auch noch raus. Warum willst du nicht, daß er so lange bei uns bleibt, bis er eine neue Bleibe gefunden hat?«

»Ich habe meine Gründe«, sagte ich. »Wir reden später noch darüber.«

Der Moment dafür war erst gekommen, als das Abendessen vorbei war und die Verwandten, die schon angereist waren, auf die verschiedenen Wohnungen bei Freunden von uns verteilt waren. Donnie war in seine eigene Wohnung zurückgefahren, um dort zu schlafen, aber den Rest der Familie rief ich im Wohnzimmer zusammen.

»Wir müssen ein paar Dinge besprechen, die äußerst beunruhigend sind«, erklärte ich ihnen und wiederholte mein Gespräch mit dem Verwalter von Kaits Wohnung.

Nachdem ich geendet hatte, sagte eine ganze Weile niemand etwas.

Schließlich war es Brett, der das Schweigen brach.

»Das ist doch alles nur Mist!« Er explodierte förmlich. »Dieser Kerl muß was gegen Asiaten haben! Er hat dir diesen ganzen Scheiß eingetrichtert, weil er einen Grund braucht, um Dung rauszuschmeißen!«

»Warte, da gibt es noch etwas«, sagte ich und wies auf Kerry, die sofort die Geschichte wiederholte, die ihr Kaits Freundin am Morgen erzählt hatte.

Brett reagierte ungläubig, aber Don wurde ganz blaß.

»Mein Gott!« rief er aus. »Könnte es das gewesen sein, worum es bei diesem Anruf gegangen ist?«

»Was für ein Anruf?«

»Das war das Mal, als Kait und Dung nach Disneyland gefahren waren. Jemand von einer Mietwagenfirma rief an und sagte, es habe einen Unfall gegeben. Kait hatte dort einen Wagen gemietet, und da die Kreditkarte auf unseren Namen lief, mußten sie uns informieren, auch wenn es keine große Geschichte war. Ich hab mir damals nicht groß was dabei gedacht, weil sie mir sagten, daß niemand verletzt worden war, und am Auto hatte es nur einen Bagatellschaden gegeben. Als die Kinder zurückwaren, habe ich Kait danach gefragt, und sie meinte, Dung und An wären unterwegs gewesen, um Hamburger zu holen, und da wäre ihnen jemand hinten reingefahren. Da sie versichert waren und Dung nicht schuld gewesen war, haben sie den Wagen zum Autoverleih zurückgebracht und sich einen neuen geben lassen.«

»Selbst wenn Dung in irgendeine Art von Betrug verwickelt sein sollte – nicht daß ich das schlucken würde, aber nehmen wir es einfach mal an –, warum sollte das ein Grund sein, Kait umzubringen?« wollte Brett wissen.

»Es war ja nicht nur Dung, der in diese Unfall-Geschichte verwickelt war«, sagte Kerry.

»Dann beschuldigst du also seine Freunde, Kait umgebracht zu haben? Kerry, bleib doch vernünftig! Wenn das wirklich der Fall wäre, warum haben sie sie dann nicht gleich in Kalifornien aus dem Weg geräumt? Warum sollten sie erst noch vier Monate damit warten und es in Albuquerque tun?«

»Im März war Kait noch nicht dabei, mit Dung Schluß zu machen«, sagte Don. »Solange die beiden fest miteinander gingen, war sie keine Bedrohung.«

»Vergeßt es!« sagte Brett erregt. »Ich kenne Dung besser als irgend jemand von euch. Auf gar keinen Fall könnte er Kait umgebracht haben!«

»Natürlich hat Dung sie nicht umgebracht«, sagte ich. »Aber irgend jemand *hat* es getan. Diese Schüsse sind schließlich nicht aus dem Nirgendwo gekommen. Wenn Kait vor Dungs Freunden keine Angst hatte, warum ist sie dann zu dem Verwalter gelaufen, damit der sie beschützt? Warum hat sie die Schlösser auswechseln lassen? Warum hat sie in der Nacht, als sie erschossen wurde, so sehr darauf bestanden, daß wir Dung auf keinen Fall sagen sollten, wo sie wäre, falls er anrufen sollte und nach ihr suchte?«

»Ich rufe jetzt die Polizei an«, sagte Don und stand auf.

»Ihr seid ja alle verrückt!« beharrte Brett wütend. »Es war ein zufälliger, willkürlicher Mord!«

»Wir lassen die Polizei entscheiden, ob wir verrückt sind«, sagte Don. »Für mich sehen zwei wohlgezielte Schüsse in den Kopf durchaus nicht nach einem zufälligen, willkürlichen Mord aus.«

Es sollte noch viele Stunden dauern, ehe irgendeiner von uns in jener Nacht ins Bett kam. Detective Steve Gallegos und ein weiterer Detective von der Mordkommission suchten uns auf und verbrachten mehrere Stunden damit, uns zuzuhören. Sie waren interessiert und aufmerksam und machten sich umfangreiche Notizen.

Ehe sie aufbrachen, sagte Detective Gallegos zu uns, daß wir ihn unbedingt anrufen sollten, falls uns noch irgend etwas einfiele. Tag oder Nacht oder Wochenende – er sei über seinen Piepser immer zu erreichen.

»Es ist für uns sehr wichtig, was Sie zu sagen haben«, betonte er.

Diese Feststellung merkte ich mir sehr genau, trotz der Tatsache, daß wir sie danach niemals wieder hören sollten.

4

Der Tag der Beerdigung war von hektischer Betriebsamkeit erfüllt. Den ganzen Morgen über schauten Freunde vorbei und brachten Pappteller, vorbereitetes Essen und kalte Getränke für die Totenwache. Man hatte den Eindruck, als käme alle paar Minuten ein neuer Lieferwagen mit Pflanzen und Blumengestekken. Eine Frau, die irgendwo bei uns in der Straße wohnte, kam und mähte unseren Rasen, und sie wollte nicht einmal das Glas Eistee annehmen, das wir ihr zum Dank anboten. Zwei Freundinnen von Kait saugten Staub, polierten die Möbel und hängten saubere Handtücher in die Badezimmer, und die ganze Zeit über weinten sie.

Die Mitglieder unserer Familie hatten sich aufgeteilt. Don saß draußen im Patio und unterhielt sich mit seinen Brüdern, die er seit zwei Jahren nicht mehr gesehen hatte, und ihre Frauen erledigten derweil die Arbeit in der Küche. Robin begab sich in Kaits Wohnung und überspielte ihre Lieblingslieder von Schallplatten auf eine Kassette, die vor dem Gottesdienst gespielt werden konnte. Brett, der als Toningenieur für eine Rockband arbeitete, fuhr zum Beerdigungsinstitut, um die dortige Lautsprecheranlage zu überprüfen. Donnie, der festgestellt hatte, daß ihm sein einziges Anzugshemd zu klein geworden war, war losgezogen, um sich ein neues zu kaufen. Kerry verbrachte einen Großteil des Morgens am Telefon und sprach mit ihrem Mann, der mit ihren zwei und vier Jahre alten Kindern in Dallas geblieben war.

Ich wanderte ziellos durch das Haus, losgelöst und desorientiert, und ich fühlte mich von diesen ganzen Aktivitäten merkwürdig fern und unberührt. Bisweilen ertappte ich mich dabei, wie ich nach Kait Ausschau hielt; es hätte mich nicht überrascht, wenn sie mit einem Mal aus ihrem Zimmer gekommen wäre, um mich zu bitten, ihr eine Bluse zu bügeln oder bei ihrer Frisur zu helfen.

Der Sonnenschein vom Vortag war wieder dem Regen gewichen, und das träge Tröpfeln hielt den gesamten Morgen über an. Dann hörte es auf, und über unserem Haus zeigte sich ein Regenbogen, der so unglaublich farbenfroh und lebendig war, daß unsere Nachbarn uns nach draußen riefen, damit wir ihn sahen. Ich mußte daran denken, wie vier Jahre zuvor plötzlich vor dem Fenster unseres Flugzeugs ein Regenbogen erstanden war, als wir gerade von der Totenmesse für meinen Vater aus Florida zurückkamen. Damals war die Wirkung so verblüffend gewesen, daß Don ein Bild davon gemacht hatte. Kait hatte darauf beharrt, daß dies eine Botschaft ihres Großvaters sei, der uns auf diese Weise sagen wollte, wir sollten nicht um ihn trauern, aber solch fantasievolle Erklärung konnte ich weder damals noch jetzt akzeptieren. Die Toten waren tot; sie sandten einem keine Botschaften durch irgendwelche Regenbögen.

Als Robin von der Wohnung zurück war, brachte sie ein gekräuseltes weißes Kleid mit, in dem Kait beerdigt werden sollte, und dazu ein paar Dinge, die sie auf Kaits Nachttisch gefunden hatte. Darunter war ein Exemplar meines letzten spannenden Jugendromans, *Schau dich nicht um*. Darin erzählte ich die Geschichte einer Familie, die Informationen über einen weitverzweigten Drogenring hatte liefern können und nun gezwungen war, sich mit Hilfe des Zeugenschutzprogrammes zu verstecken. Kait hatte mir dabei als Modell für April gedient, die Heldin, einen eigensinnigen Teenager und ein Mädchen, das sich selbst für unverwundbar hielt. Ich schlug das Buch auf und sah die Widmung, die ich ihr hineingeschrieben hatte: *Für Kait, meine eigene, ganz besondere »April«. Denk nur daran, dich immer umzuschauen, Liebes!* Entsetzt riß ich die Seite aus dem Buch, knüllte sie zu einem Papierball zusammen und warf sie fort.

Von der Beerdigung weiß ich nur noch wenig, außer, daß die

Kapelle hoffnungslos überfüllt war und Leute, die keinen Sitzplatz mehr bekommen hatten, überall in den Gängen standen. Kaits Körper, der nun völlig ausgeräumt war, lag in einem verschlossenen Sarg. Der Geistliche begann den Gottesdienst mit dem 23. Psalm, und ich versuchte, mir Kait vorzustellen, wie sie auf »grünen Auen« lag oder in den »stillen Wassern« irgendeines himmlischen Teiches wandelte, aber der Schatten des Todes war zu düster, als daß derartige Visionen ein Trost hätten sein können.

Nach dem Gottesdienst defilierten die Leute in einem endlosen Strom an uns vorbei, um uns ihr Beileid zu bekunden – Nachbarn, Dons Kollegen, meine Schriftsteller-Freunde, die Freunde unserer überlebenden Kinder. Kaits Klassenkameradinnen, zum Teil noch aus ihrer Grundschulzeit, umarmten uns und weinten, genauso wie etliche ihrer Lehrer und eine große Anzahl von Kindern, deren Babysitter sie gewesen war. Dung drängte sich durch die Reihe, die Arme voller gelber Rosen, die er voll Zärtlichkeit auf dem Sarg niederlegte. An Le, sein Freund, ging neben ihm und hatte die Hand auf seine Schulter gelegt.

Zeitungsfotografen standen in ganzen Gruppen auf dem Rasen, als wir von der Kapelle zum Friedhof gingen. Sogar die Abendnachrichten der Fernsehsender berichteten über das Begräbnis, und am nächsten Tag brachten beide Tageszeitungen lange Berichte:

Albuquerque Tribune, 21. Juli 1989

Am Donnerstag sang Robin Arquette ihre kleine Schwester zum letzten Mal in den Schlaf, als Freunde und Familie ihr Lebewohl sagten.

Kaitlyn Arquette, ein Mädchen im Teenager-Alter, die »einen unbändigen Optimismus und große Träume für die Zukunft hatte«, wurde nach einem Gottesdienst beerdigt, der auf größte Anteilnahme stieß.

Dr. Harry Vanderpool, der Geistliche der die Predigt hielt, spielte eine Kassette von Robin Arquette ab, die bereits gespielt worden war, als Kaitlyn in der Universitätsklinik im Koma lag.

»Zum letzten Mal wird ihre geliebte Schwester sie in den Schlaf singen«, sagte Vanderpool. Unter den Trauernden erklang lautes Schluchzen, als am Ende der Predigt die sanfte Stimme von Robin Arquette die Kapelle erfüllte.

»Nach der Überzeugung derjenigen, die sie am besten kannten, hat Kait ein ausgefülltes Leben gelebt, auch wenn es so kurz war«, sagte Vanderpool. »Kait war voller Optimismus und hatte große Träume für die Zukunft. Sie hat aus den achtzehn Jahren, die sie leben durfte, das Mögliche gemacht; sie hat nicht einfach dagestanden und dem Treiben der Welt zugeschaut.«

Er lobte die Haltung der Familie Arquette, die sich nach seinen Worten dazu entschlossen hat, »lieber das Leben zu feiern, das sie gelebt hat, als bei ihrem Tod zu verharren«. Er sprach ebenfalls darüber, wie ihr Tod Leben geschaffen habe, da die Familie sechs ihrer Organe gespendet hat, die von fünf verschiedenen Empfängern dringend benötigt wurden.

Unter den Trauernden bei diesem Gottesdienst war auch Dung Nguyen, der zwei Jahre lang Kait Arquettes Freund gewesen war. Zum Zeitpunkt ihres Todes lebten die beiden in einer gemeinsamen Wohnung.

»Ich weiß nicht, was aus meinem Leben werden soll«, sagte er, wobei ihm die Tränen in die Augen traten.

Albuquerque Journal 21. Juli 1989:

Die Polizei von Albuquerque sucht nach einem beigefarbenen Volkswagen, der möglicherweise bei den Schüssen auf Kaitlyn Arquette eine Rolle gespielt haben könnte.

»Wir wollen damit nicht sagen, daß dieser Volkswagen das Fahrzeug eines Verdächtigen ist«, sagte Polizeichef Sam Baca während einer Pressekonferenz. »Er wurde allerdings zum Zeitpunkt der tödlichen Schüsse in dieser Gegend gesehen.«

Nach Bacas Worten fehlt bei diesem Volkswagen die Motorhaube, und das Auspuffgeräusch ist extrem laut.

Während derselben Pressekonferenz versicherte Ray Baca, der für die öffentliche Sicherheit zuständige Polizeioffizier, daß für die Öffentlichkeit keine unmittelbare Gefahr besteht.

Dem stimmte Polizeichef Baca zu, der hinzufügte: »Die

Kriminalitätsrate insgesamt geht zurück. Die meisten Schießereien dieser Art haben mit rivalisierenden Banden zu tun.«

Vor der Friedhofskapelle defilierten Kaitlyns Freundinnen an Dung Nguyen vorüber, dem Freund Kaitlyns, den sie umarmten und zu trösten versuchten.

Später sprach er über die Nacht, in der Kaitlyn erschossen wurde.

»Ich wartete die ganze Zeit auf sie«, sagte Nguyen. »Aber sie kam einfach nicht nach Hause. Niemand rief mich an. Niemand erzählte mir irgend etwas. Dann kam die Polizei an unsere Tür. Sie durchsuchten meine Wohnung und durchstöberten alles. Sie fragten mich, wo ich in dieser Nacht gewesen sei. Sie fragten mich, ob ich eine Waffe hätte. Ich fragte sie immer wieder: ›Was ist passiert? Was ist passiert?‹ Als sie es mir sagten, bin ich sofort dahin gefahren, aber man hatte sie schon ins Krankenhaus gebracht. Ich fuhr ins Krankenhaus. Es schien gar nicht sie zu sein, sie sah nicht aus wie Kait. Ich wußte gar nicht, wer sie war.«

Die Polizei von Albuquerque wurde von sechs Motorradpolizisten repräsentiert, was mehr ist als die in solchen Fällen übliche Eskorte.

»Es ist wichtig, daß wir herkommen und zeigen, wie betroffen wir sind«, sagte einer von ihnen, Sergeant John B. Gallegos. »Es ist einfach zu traurig.«

Viele der Leute, die bei der Beerdigung gewesen waren, kamen danach mit zu uns nach Hause. Unsere Wohnräume quollen bald über, und die Menge ergoß sich in den Patio hinter dem Haus und weiter über den ganzen Hof. Eine Gruppe von Bretts Freunden versammelte sich vorne auf dem Rasen und tauschte Erinnerungen an Kait aus, die kleine Schwester, die immer hatte dabeisein müssen und sie sowohl entzückt als auch bisweilen zur Verzweiflung getrieben hatte.

Ein junger Vater weinte, ohne sich seiner Tränen zu schämen.

»Kaits Windel war die erste, die ich je gewechselt habe!« schluchzte er.

Ein anderer Freund erinnerte sich an die Versuche der Jungs, Kait abzuschütteln, als sie noch nicht in die Schule ging.

»Sie lief immer hinter uns her und wollte alles tun, was wir auch taten«, erzählte er. »Wir konnten nur versuchen, sie so müde zu laufen, daß sie schließlich nach Hause ging, weil sie ein Schläfchen machen mußte.«

Bretts Freundin kam mit einer großen hölzernen Kugel, die so angemalt war, daß sie aussah wie eine Wassermelone. Sie hatte sie von Kaits Arbeitsstelle, Pier One Imports, wo Kait sie sich zurückgelegt hatte, um sie Kerry zu Weihnachten zu schenken.

Menschen, die Kait in unterschiedlichen Momenten ihres Lebens kennengelernt hatten, erinnerten sich auf unterschiedliche Weise an sie. Für eine ältere Nachbarin war sie das kleine Mädchen, das ihr im Mai ein Körbchen mit Frühlingsblumen an den Türknauf hängte und sich dann kichernd im Gebüsch versteckte. Eine Freundin aus früheren Schultagen erinnerte sich an Kaits Versuche, das Wasserskilaufen zu lernen: »Sie stellte sich auf die Skier und fiel hin und stellte sich wieder darauf und fiel wieder hin, aber sie gab niemals auf.« Eine Krankenschwester erzählte, wie Kait einen Sommer lang als freiwillige Helferin in einem Krankenhaus gearbeitet hatte und sich dabei besonders für die älteren Behinderten interessiert hatte: »Wenn ihr Dienst vorüber war, blieb sie immer noch da, setzte sich bei einer verhutzelten alten Frau auf die Bettkante und hörte sich deren weitschweifige Geschichten über ihre Kindheit an.«

Alle diese Eindrücke von Kait zusammengenommen stützten das Bild des »Muster-Teenagers«, wie es die Zeitungen gezeichnet hatten. Doch da hatte es noch eine andere Seite bei Kait gegeben. Das kleine Mädchen, das voller Bewunderung hinter ihren Brüdern hergewatschelt war, dieses kleine Mädchen war zugleich der todesmutige, winzige Teufel, dessen kleines Händchen sich von meiner losriß, damit sie an der tiefsten Stelle in einen Motel-Swimmingpool springen konnte. Die Zwölfjährige damals an dem See hatte nicht nur im hellen Sommer-Sonnenschein mit ihren Freundinnen das Wasserskilaufen geübt, sie hatte sich auch um Mitternacht davongeschlichen, um das Boot zu nehmen und im Mondlicht die andere Seite des Sees zu erforschen. Und der Teenager, der so geduldig den Erinnerungen netter, alter Damen gelauscht hatte, war dieselbe junge Frau, die irgendwelche Anhalter auflas, weil sie »interessant« aussahen, und sie dann dazu überredete, ihr

Geschichten über die Erfahrungen zu erzählen, die sie auf der Straße gemacht hatten.

Trotz ihres hohen intellektuellen Niveaus fehlte es Kait an Urteilsvermögen. In *Schau dich nicht um* gab es eine Szene, in der ein FBI-Agent April anschnauzt: »Du hast noch eine Menge zu tun, wenn du erwachsen werden willst. Du bist wirklich ein nettes Mädchen, aber du gehörst zu der Generation, für die das Leben nur ein schöner, bunter Film ist. Ihr könnt euch einfach nicht vorstellen, daß eine Geschichte im wirklichen Leben nicht immer ein Happy-End hat.« Genau das hatte ich so oft zu Kait gesagt, daß sie in dem Augenblick, als sie es gedruckt sah, in lautes Gelächter ausbrach.

»Mutter, du bist aber wirklich ein ganz besonderer Fall. Kannst du denn nie etwas ein bißchen leichter nehmen?«

Ihr schallendes Gelächter war in meinem Gedächtnis noch so lebendig, daß ich für einen verrückten Augenblick tatsächlich glaubte, es wirklich zu hören. Dann aber drang die Realität wieder zu mir durch, und das Geräusch wurde ersetzt durch die Stimmen der Freunde und Verwandten und das Klingen der Gläser und des Silbers, als Kaits Abschiedsparty immer mehr in Schwung kam.

Die Gerüche von Essen und Kaffee ließen mich ganz schwindlig werden, und aus Sorge, mir könnte schlecht werden, stellte ich meinen unberührten Teller ab und ging zur Treppe.

Don und ich begegneten uns im Flur, und er blieb stehen, um mich zu umarmen.

»Du hältst dich tapfer«, sagte er aufmunternd. »Ich habe noch keine Träne gesehen.«

Don ist von Natur aus introvertiert und behält seine Gefühle am liebsten für sich, wohingegen ich nie einen Hehl aus ihnen mache. Seltsamerweise war es dann doch Don gewesen, der im Krankenhaus geweint hatte, während ich an Kaits Bett saß, stoisch und ohne Träne, und im Takt mit ihrem Beatmungsgerät ein- und ausatmete und darauf wartete, daß sie sterben würde.

Ich hatte immer noch hart darum zu kämpfen, meine Gefühle unter Kontrolle zu halten. Aber wie konnte ich die Schuld leugnen, die ich empfand? »Ich hätte sie an diesem Abend nicht gehenlassen dürfen«, sagte ich.

»Du hättest es doch auf keinen Fall wissen können...«

»Ich habe es gespürt. Ich hatte eine Vorahnung, daß irgend etwas mit ihr geschehen würde.«

»Das ist doch lächerlich«, sagte Don.

»Und doch hatte ich so ein Gefühl. Wenn ich nur darauf gehört hätte!«

Ich ging nach oben und streckte mich auf unserem riesigen Bett aus, während unten im Haus die Totenwache ohne mich immer höhere Wellen schlug. Irgendwann kam Dung herein, der mit Brett vorne im Hof gewesen war und dann das ganze Haus abgesucht hatte, bis er mich fand.

»Mom«, sagte er, »ich brauche Tabletten, damit ich heute nacht kann schlafen.«

»Es tut mir leid, aber ich habe keine«, sagte ich. »Ich nehme keine Schlaftabletten.«

»Sie haben Tabletten von dem Doktor für mich von damals, als mein Zahn gezogen. Davon habe ich geschlafen.«

»Das waren keine Schlaftabletten«, sagte ich. »Das waren ganz starke Schmerzmittel. Die sind nicht dazu gedacht, als Schlaftabletten genommen zu werden.«

»Aber ich schlafe ganzen Tag und ganze Nacht«, beharrte Dung mit überraschender Hartnäckigkeit. »Sie funktionieren wirklich gut. Sie machen, daß ich schlafe, aber kein Traum.«

»Das war ein Nebeneffekt«, sagte ich. »Es war nicht der Grund, weswegen du sie nehmen solltest. Ich will einmal nachsehen, ob ich nicht etwas weniger Starkes für dich finde.«

Ich ging ins Badezimmer und durchstöberte das Medizinschränkchen, bis ich schließlich ein kleines Röhrchen Valium fand. Ich wollte es ihm gerade geben, als ich mich doch noch eines Besseren besann und nur zwei Tabletten auf seine Handfläche schüttete.

»Nimm davon eine jetzt und die andere dann, wenn du ins Bett gehst«, sagte ich. »Du kannst morgen mehr bekommen, wenn du sie brauchst, aber ich möchte ganz sicher sein, daß du nicht zu viele davon nimmst.«

»Ich werde aufpassen«, sagte Dung. »Ich will ganze Pakkung.«

»Nein«, sagte ich ihm. »Ich behalte das Röhrchen hier.«

Später war ich froh, daß ich diese Entscheidung gefällt hatte. Dung tauchte den ganzen nächsten Tag über nicht bei uns auf, und erst am Abend erfuhren wir, wo er war. Nach dem, was die Nachrichten mitteilten, war er mit dem Krankenwagen eingeliefert worden, nachdem er sich ein langes Messer so in den Bauch gerammt hatte, daß er den Magen getroffen hatte.

Der Regenbogen meines Vaters, 1985

Der Regenbogen von Kait, 1989

5

Später gab uns Detective Gallegos einen genaueren Bericht über die näheren Umstände von Dungs Selbstmordversuch. Hier ist dieser Bericht, so wie er im Polizeireport erscheint:

Der Unterzeichnete wurde über Polizeifunk informiert, daß Dung Nguyen sich in der Kirtland-Air-Force-Basis befand und mit einem Messer einen Selbstmordversuch unternommen hatte. Dung Nguyen befand sich mit Khanh Pham in seinem Schlafraum.

Gleichfalls in diesem Raum hielt sich An Le auf, ein weiterer Freund des Dung Nguyen. (...) Khanh Pham und An Le hatten den Raum am Abend verlassen, um in ein Restaurant essen zu gehen. Dung Nguyen wollte nicht mitgehen und blieb allein in dem Zimmer. Er sagte, er sei müde und wolle schlafen. Als Khanh Pham und An Le etwa eine Stunde später zurück in den Raum kamen, fanden sie Dung Nguyen schlafend auf der unteren Pritsche vor. Kurze Zeit später gingen auch An Le und Khanh Pham zu Bett und hörten Dung Nguyen stöhnen. An Le und Khanh Pham standen auf, machten das Licht an und stellen Blut auf dem Laken der unteren Pritsche fest, auf der Dung Nguyen lag.

Bei weiterem Nachsuchen fanden sie ein Klappmesser im Bett und eine Stichwunde im Bereich von Nguyens Magen. An Le und Khanh Pham informierten das ärztliche Personal der Basis. Sanitäter begaben sich in den Schlafraum und behandelten Dung Nguyen zunächst vor Ort, um ihn dann in die Klinik der University of New Mexico transportieren zu lassen.

Der Unterzeichnete befragte anschließend An Le und Khanh Pham getrennt voneinander. (...) Beide Verdächtige erzählten dem Unterzeichneten, Dung Nguyen sei über den Tod der Kait Arquette nicht hinweggekommen und sehr deprimiert gewesen. Dung Nguyen hatte auch das Gefühl, die Familie des Opfers und die Polizei hätte ihn im Verdacht, den Mord begangen zu haben, so daß er beschlossen habe, Selbstmord zu begehen.

Der Unterzeichnete brachte An Le auf das Präsidium und verhörte ihn dort. An Le sagte dem Unterzeichneten, daß er das Opfer sehr gemocht habe und keine Ahnung hätte, wer für den Mord verantwortlich ist. An Le sagte weiter, Dung Nguyen und das Opfer hätten in der Vergangenheit Streitigkeiten gehabt, er wisse aber nichts von irgendwelchen ernsten Problemen zwischen den beiden. An Le sagte auch, er habe keine Kenntnis über irgendwelche durch Dung Nguyen vorgetäuschte Autounfälle in Kalifornien.

Als wir im Krankenhaus anriefen, um uns nach Dungs Zustand zu erkundigen, sagte man uns, nach einem chirurgischen Eingriff im Bauchraum sei sein Zustand nun zufriedenstellend.

Kerry flog am nächsten Morgen zu sich nach Hause zurück, und Robin hätte auch fliegen sollen, aber sie annullierte ihre Reservierung. Dann verschwand sie für eine Stunde, und als sie zurückkam, rief sie Don und mich ins Wohnzimmer und bat uns, uns zu setzen.

»Ihr solltet euch besser schon einmal wappnen, denn was ich euch jetzt erzählen will, wird euch nicht gefallen«, sagte sie. »Ich bin bei einem Medium gewesen.«

»*Was* bist du?« rief ich aus. »Bist du verrückt geworden?«

»Ich wollte wissen, warum Dung versucht hat, sich umzubringen«, sagte Robin. »War es Kummer oder sein Schuldgefühl? Ich hatte das Gefühl, wir sollten das wissen. Erinnert ihr euch noch an meine Freundin Maritza? Nun, nach dem Begräbnis haben wir uns noch unterhalten, und sie hat mir von diesem Medium namens Betty Muench erzählt. Sie sagte, diese Frau wäre ein ›Kanal‹ und sie arbeitete mit automatischem Schreiben, und nach dem Tod von Maritzas Vater hätte diese Betty es geschafft, mit ihm in Kontakt zu treten und alle möglichen

Dinge herauszufinden. Ich fand nicht, daß wir irgend etwas zu verlieren hätten, wenn wir versuchten, Kait auf diese Art zu erreichen.«

»Wieviel hat sie dafür von dir verlangt?« wollte Don mißtrauisch wissen.

»Bei einem Mord verlangt sie gar nichts.«

»Ich will nichts davon hören«, sagte ich.

»Nun, das wirst du aber müssen. Trotzdem muß ich zuerst noch erklären, wie Betty Muench arbeitet. Ich hatte irgendwas Exotisches erwartet, aber ganz und gar nicht: Sie ist bloß eine völlig normale Frau mit einer elektrischen Schreibmaschine. Sie wollte nicht, daß ich ihr erzählte, welchen Verdacht wir haben. Sie hat mir bloß gesagt, ich könnte drei Fragen stellen, und sie würde mir die Antworten aufschreiben.«

Robin begann uns daraus vorzulesen:

BETTY MUENCH 22. 7. 1989

FRAGE: *Was kann ich darüber erfahren, ob es Kaitlyn im Moment gutgeht und ob sie eine Nachricht für mich hat?*

ANTWORT: Da wird diese Energie sein, die so sein wird wie die Wucht eines Schwertes. Dies wird die Energie Kaitlyns sein, und dann wird da diese Energie jener Robin sein, die so sein wird wie ein großer Winkel auf dem Grunde dieses Bildes. In diesem Winkel ist dasjenige, was förderlich sein wird. Dies scheint möglich zu machen, daß Robin Kenntnis erhält, und sie wird erfahren, was Kaitlyn in diesem Augenblick fühlt.

Zuerst wird da dieses Gefühl eines Aufpralls sein und das Herumfahren des Kopfes und etwas, das sie nach oben reißt und nach links dreht, woraufhin dann etwas Helles an einer Öffnung auftauchen wird. Dieses Licht ist wie ein Schleier, hinter dem Kaitlyn wartet. Da ist dieses Empfinden, wie sie jenes Licht wie einen Vorhang wegschiebt, und dann wird sie in aufgeregtem Zustand und sehr zornig erscheinen. Sie ist zornig darüber, daß sie nicht früher schon viel zorniger gewesen ist und daß sie sich von bestimmten Leuten hat beeinflussen lassen, ihren Zorn zurückzuhalten, und daß sie nun wissen wird, daß der Zorn in ihrem Leib ihr den Zorn erspart haben könnte, den sie jetzt empfindet.

Dann wird da in dieser Zeit dasjenige sein, was sie Robin zu sagen wünschte, und es wird mit der Art zu tun haben, wie sie bestimmte Informationen erhalten und diese Informationen nicht verstanden hat, und doch wird sie diese weitergeleitet haben, und das wird etwas gewesen sein, das einen Streit ausgelöst hat. Darin wird der Sinn liegen, daß diese Informationen an jemanden weitergegeben worden sind, der sie falsch interpretiert hat. Der Sinn hiervon wird sein, daß sie mehr wußte, als sie tatsächlich wußte. Dann wird da das sein, was sie *genau in jener Nacht* getan hat, und sie wird diese Informationen für sich behalten haben, um einem anderen zu dienen und zu helfen, und in Wirklichkeit wird dies nicht funktioniert haben, und deshalb wird man sie benutzt und verraten haben, woher ihr jetziger Zorn rührt.

Das sind die Machenschaften bei diesem Geschehen, und sie wird nun die Reihe von Geschehnissen kennen, bei denen sie nicht völlig gemerkt hat, wie sie darin verwickelt war. Es wird in Kaitlyn diesen Drang gegeben haben, denjenigen zu vertrauen und vieles zugute zu halten, die ihre Art und die Methoden dieses Systems nicht verstanden haben. Es ist nun in ihr dieser Drang, den Zorn zu besänftigen und dafür Sorge zu tragen, daß alles ans Licht des Tages kommt, so daß alle diese Reihe von Geschehnissen und ihre Verwicklung darin erkennen mögen.

Dann ist da noch weit mehr, das aufgedeckt werden soll, und Robin wird einen bestimmten Kontakt an einem Ort zu machen haben, der besonders günstig für das System der Medien ist. Dort ist dann jener, der eine Art Undercover-Person darstellt, und in diesem wird die letzte Erkenntnis über diesen Fall sein. Und es ist noch immer in Kaitlyn diese Energie, die es sie zu übertragen drängt, zusammen mit dem Wissen, das sie haben wird und das zu Robin als eine Übertragung von Energie und Wahrheit zu kommen vermag. Zu dieser Zeit wird dies eine Übereinstimmung erweisen, die weit über die Übereinstimmung zweier Schwestern hinausgeht. Sie sind mehr als Schwestern, sie sind Zwillinge in der Seele, und dies kann durch nichts ausgelöscht werden.

Robin machte eine Pause, um uns die Chance zu geben, dies alles zu verdauen.

»Betty hat gesagt, Zwillinge in der Seele haben viele Lebenszeiten in einer Menge unterschiedlicher Beziehungen gemeinsam verbracht. So könnte es zum Beispiel eine Zeit gegeben haben, in der Kait und ich Mutter und Tochter waren, und eine andere, in der wir die besten Freundinnen waren, und wieder eine andere, die wir als Cousinen erlebt haben. Zwischen diesen Lebenszeiten waren wir zusammen in der geistigen Welt. Betty sagt, es wäre noch leicht, Kait zu erreichen, weil sie noch nicht in dieses Reich übergewechselt sei, was nicht ungewöhnlich wäre, wenn Leute gewaltsam umgekommen wären. Die Seele erlitte dann einen Schock und würde nicht akzeptieren, was geschehen ist. Sie kommt dann immer wieder zurück und versucht, sich weiterhin mitzuteilen.«

Als sie sah, daß Don und ich zu bewegt waren, um dazu etwas zu sagen, las sie weiter vor:

FRAGE: *Was können wir über Kaits Beziehung zu Dung erfahren – über seine momentane Situation und unsere noch andauernde Beziehung zu ihm –, über seine Verwicklung in Kaitlyns Tod, wenn es eine gibt, und über die Verwicklung seiner Gruppe, wenn es eine gibt?*

ANTWORT: Da wird etwas sein, das zeigen wird, daß Dung in gewisser Weise der Anstifter bei diesem Vorkommnis ist. Es wird zu dieser Zeit Zorn gegeben haben, und dieser wird von etwas sehr Ernstem herrühren, dessentwegen Kaitlyn ihn gedrängt haben wird, in bestimmter Weise zu handeln. Er wird sich heftig gewehrt haben, und in seinem Widerstand wird er von anderen bestärkt worden sein, die auch darin verwickelt gewesen sein werden. Er wird versucht haben, ihre Unterstützung zu gewinnen, indem er ihr bestimmte Dinge erzählte, und sie wird ihn gedrängt haben, anders zu handeln, als er es von ihr erwartet hatte, und dann fühlte er sich von ihr verraten. Es wird um richtig und falsch gegangen sein, und es wird auch mit dem Thema der verschiedenen Kulturen zu tun gehabt haben. Kaitlyn wird in etwas verwickelt gewesen sein, das nicht im eigentlichen Sinne gegen das Gesetz verstößt, wohl aber zu Konflikten mit dem Gesetz führen kann, und es wird überall große Furcht gegeben haben.

»Das könnte sich darauf beziehen, daß Kait Dung eure Kreditkarte hat benutzen lassen, um den Wagen zu mieten«, sagte Robin.

»Sie hat noch mehr getan als das«, sagte Don.

Wir wandten uns beide um und starrten ihn an.

»Ich wollte es euch eigentlich nicht erzählen, wenn es nicht unbedingt nötig werden sollte, aber als ich gestern in Kaits Wohnung war, um ihr Aquarium zu leeren, kam Detective Gallegos vorbei. Er sagte, er sei den Dingen nachgegangen, die wir ihm erzählt hatten, und hätte sich den Unfallreport aus Kalifornien besorgt. Kait hat nicht bloß den Wagen für Dung gemietet, sie war auch die Fahrerin.«

»Das hätte sie niemals getan!« rief ich aus.

»Das glaube ich auch nicht«, sagte Robin. »Sie hätte Dung gedeckt, aber sie würde niemals absichtlich einen Unfall herbeigeführt haben. Außerdem schreibt das Medium ausdrücklich, daß sie nicht gegen das Gesetz verstoßen hat; was sie getan hat, hätte sie nur mit dem Gesetz in Konflikt bringen können.«

»Das sind doch bloß Wortklaubereien«, sagte Don.

»Die Feinheiten sind wichtig, Daddy.«

Sie las weiter:

ANTWORT: Da ist in der Beziehung von Kaitlyn und Dung etwas, das zeigt, daß beide sich in gewisser Weise verraten fühlen. Das Gefühl, der andere verberge wesentliche Informationen, wird noch vorherrschen, aber der eigentliche Grund wird nicht so ernst sein. Daher wieder der Ärger bei Kaitlyn und die Verwirrung bei Dung, wieso dieses geschehen mußte aufgrund von etwas, das nicht dermaßen ernst war. Die Situation, in der Dung sich nun befindet, entspringt Mißverstehen und Verwirrung. Es ist nicht so, als solle er derjenige gewesen sein, der dies getan hat, aber er wird scheinbar wissen, wer es getan hat. Da gibt es etwas, das er zur Zeit noch ableugnet, und er wird wissen, daß dies nicht etwas so Ernstes betrifft, daß dies hätte geschehen sollen. Seine Selbstvorwürfe drehen sich darum und nicht um irgend einen vorhergehenden Streit oder eine Zwistigkeit mit Kaitlyn. Da ist ein goldenes Licht rechts an seinem Kopf, das mit einer Art von Hingabe zu tun hat, die bei dieser Beziehung mit im Spiel ist. Und doch war seine Liebe zu Kaitlyn auch an sein Bild von seiner Männlichkeit geknüpft, und ein Gutteil der Mißverständnisse beruhte darauf.

»Betty sagt, daß reife, im Gleichgewicht befindliche Menschen ein spirituelles Licht, eine ›Aura‹ direkt über ihrem Kopf haben«, sagte Robin. »Dungs Aura ist zur rechten Seite verschoben, wie die Aura eines Kindes. Betty hat gesagt, daß Männer wie er die Eigenart eines kleinen Jungen haben, die unsichere junge Mädchen und mütterliche Frauen anspricht, weil sie ihnen das Gefühl gibt, gebraucht zu werden. Kait empfand sich in ihrer Beziehung als die überlegene, und das machte Dung zu schaffen.«

Dann las sie weiter:

ANTWORT: Da wird etwas sein, das den Kopf hinabdrückt, und es wird so sein, als sei dabei nun etwas Beschämendes für die Gemeinschaft der Vietnamesen, und da wird etwas sein, das viele von ihnen mit Furcht erfüllt und sie dazu bringt, sich abzukapseln. Viele von ihnen verstehen nicht, was geschehen ist, und daher liegt das Potential für weitere Mißverständnisse auf der Hand.

Dann wird es diese in jener Gemeinschaft geben, die am liebsten vortreten und das erzählen würden, was sie wissen, und dies hätte dann mit dem weiblichen Aspekt zu tun. Dann wird da diese Energie sein, die sie, die mit dem weiblichen Aspekt, zu bedauern scheinen, und sie werden weiter das Gefühl haben, daß sie von ihrem alten Welt-Energie-Muster festgehalten werden. Es wird dies sein, was große Furcht verursacht, und diese Furcht verhindert jegliche Zusammenarbeit. In diesem Anfang liegt der Beweis für etwas, was nicht recht getan wurde und worin die ursprüngliche Energie gelegen haben wird, die all dies auslöste. Es wird dies etwas sein, das nur einige wenige kennen werden, und dieses Geschehnis überstieg alle Proportionen, und von daher ist dies ein Grund mehr, warum sich all dies so sehr entzieht.

»Betty sagt, es gibt zumindest ein oder zwei Frauen, die wissen, was passiert ist«, sagte Robin. »Sie mochten Kait und wollen damit herausrücken, aber sie haben Angst, es wirklich zu tun, weil die Männer in ihrem Leben das nicht wollen.«

FRAGE: *Was sollten wir, die Familie wissen, um diese Situation so gut wie möglich zu verstehen?*

ANTWORT: Diese Familie soll Mitleid mit Dung haben. Dies ist das, was sie tun können, soweit es seine Beziehung zu Kaitlyn betrifft: Sie sollen ihm in ihrem Namen seine Schuld vergeben. Noch hat sie von der anderen Seite her keine Vergebung angedeutet, aber wenn sie verletzt worden wäre und noch ihren Körper hätte, dann hätte sie ihm bereits vergeben, und das muß auch die Familie tun.

Da sind Zorn und Kummer in Kaitlyn, und dies ist nicht zu leugnen. Es ist nicht an der Familie, dies aufzugreifen. Es wird Wege geben, mit ihr in Verbindung zu treten, so daß jedes Mitglied der Familie ihr darin beistehen kann, ihr Muster zu verändern, so, daß sie dazu in der Lage sein wird, diese Persönlichkeit Kaitlyn zu verlassen und danach zu trachten, in die Dimension zu wechseln, in der sie nun zu Hause sein soll. Sie wird auf der anderen Seite Hilfe bekommen, aber im Augenblick muß diese Hilfe noch von der Familie kommen, und zwar derart, daß sie nicht dem Zorn und Kummer nachgibt, denn die Tat ist nun begangen, und es wird der Augenblick kommen, daß der Schleier fällt, der die Wahrheit verhüllt. Sie wird herauskommen, und dann wird sich um so mehr Kummer aufdrängen angesichts der scheinbaren Nutzlosigkeit.

Kaitlyn war jemand, der dicht an den Abgründen des Lebens entlangwandelte, aber ihre Bestimmung ist nicht verloren in dieser Zeit. Wäre sie das, dann würde das nur noch mehr Kummer mit sich bringen. Sie wird zum Ende ehrlich zu sich selbst gewesen sein, und das muß sie auch akzeptieren. Sie wird nicht jemand gewesen sein, der andere auf falsche Weise ermuntert, und daher liegt der Grund für dieses Geschehen auch im gegenseitigen Nichtverstehen unterschiedlicher Kulturen, woher die Erkenntnis rührt, daß das Vermischen von Kulturen großes Verständnis erfordert. Die verborgenen Ängste und Vorurteile treten sogar in dern Liebesbeziehungen der Menschen zutage, so wie in diesem Fall, und daher wird es Zeit brauchen, alles zu entwirren.

Für den Moment können die Mitglieder der Familie sich bemühen, im Namen Kaitlyns weiße Kerzen anzuzünden, um ihrem Geist Licht zu bringen und der Hierarchie zu ermöglichen, sie zu finden und hineinzuführen. Sie können auf die Weise vorgehen, die ihnen eigen ist, mit sanftem Verständnis, so daß die Gewissensqual schneller überwunden ist und sie zuzeiten ihre eigenen Ziele verfolgen können.

Robin faltete die Niederschrift zusammen und legte sie beiseite. Weder Don noch ich sagten irgend etwas.

Nach einer Weile meinte Robin zögernd: »Betty glaubt, das alles bedeutet, daß wir Dung in Kaits Namen alles vergeben sollten, was er getan hat und was zu ihrem Tod geführt haben könnte.«

»Wir sollen ihm also vergeben, obwohl wir nicht einmal wissen, was er getan hat?«

»Und es muß in Kaits Namen geschehen, oder es zählt nicht.«

Zu meinem Erstaunen stand Don auf und ging zum Telefon. »Ich will herausfinden, ob Dung Besuch empfangen darf«, sagte er. Er wählte und sprach einen Augenblick mit verschiedenen Personen, und dann hielt er mir den Hörer hin. »Niemand darf ihn sehen, wenn er nicht sein Einverständnis gibt. Mich will er nicht sehen, aber ich habe ihn am Apparat.«

Ich nahm ihm den Hörer aus der Hand.

»Dung?« fragte ich. »Ich bin es, Mom. Ich mache mir Sorgen um dich, und ich will dich besuchen kommen. Ist das in Ordnung?«

Dung fing an zu weinen.

»Mom, kommen Sie her«, sagte er. »Bitte, ich will, daß Sie kommen!«

Wir fuhren zum Krankenhaus, ließen den Wagen auf dem uns mittlerweile vertrauten Parkplatz und nahmen den Aufzug zu einem der Obergeschosse. Zu unserer Erleichterung mußten wir nicht an der Intensivstation vorbei. Dung lag in einem Einzelzimmer, und die Tür zum Flur stand offen. Von draußen konnten wir ihn in seinem Bett sehen; er lag auf dem Rücken und hatte die Augen geschlossen. Ein asiatischer Pfleger saß bei ihm und war in ein Taschenbuch vertieft.

»Bist du sicher, daß du diese Sache durchziehen willst?« fragte Don mich: ihm waren Bedenken gekommen, auf was wir uns da eingelassen hatten.

»Ich will diese Sache durchziehen.«

»Denk daran, es muß in Kaits Namen geschehen«, erinnerte Robin mich.

»Das werde ich schaffen«, sagte ich und betrat das Zimmer.

Dung spürte sofort meine Gegenwart und öffnete die Augen.

Ich beugte mich über das Bett, und er legte seine Arme um meinen Nacken. Er stand offensichtlich unter starken Beruhigungsmitteln.

»Ich würde gerne mit ihm allein sprechen, wenn es geht«, sagte ich zu dem Pfleger.

»Ich soll ihn aber nicht allein lassen«, sagte er.

»Er wird nicht allein sein, und ich verspreche, daß ich nicht lange bleiben werde.«

»Es ist in Ordnung«, sagte Dung ganz benommen zu ihm. »Das ist die Mom von meiner Freundin.«

Der Pfleger verließ widerstrebend den Raum und stellte sich so vor der Tür auf, daß er ein wachsames Auge auf alles halten konnte, was drinnen passierte. Ich setzte mich auf den Stuhl, den er soeben frei gemacht hatte, und nahm beide Hände von Dung in meine. Ich wußte, was ich sagen mußte, aber ich wußte nicht, wie ich es ausdrücken sollte. Die Sprachbarriere machte eine vollständige, ausführliche Erklärung unmöglich, also versuchte ich, die Botschaft auf ihre simpelste Form zu reduzieren.

»Brett hat mir erzählt, daß du einen Traum gehabt hast, der sich um Kait drehte«, sagte ich. »Ich habe auch einen gehabt. In meinem Traum sagte Kait, daß sie dir vergibt. Sie hat nicht erklärt, was sie damit meint, aber sie sagte, du würdest es wissen. Sie möchte, daß du weißt, daß sie dir vergeben hat und daß sie dich noch immer liebt.«

Dungs Augen waren riesengroß in seinem bleichen Gesicht. Für einen Augenblick glaubte ich nicht, daß er mich verstanden hätte.

»Du weißt doch, was sie meint?« fragte ich, und er nickte langsam. Ich versuchte, einen Schritt weiterzugehen. »Kait ist noch nicht im Himmel. Sie kann nicht zu Gott gelangen. Du weißt doch, was sie in deinem Traum darüber gesagt hat, daß sie allein im Dunkeln ist, nicht wahr? Sie kann aus diesem Dunkel nicht heraus, bevor du uns nicht gesagt hast, was mit ihr geschehen ist.«

»Ich habe sie nicht erschossen«, murmelte Dung, und sein Griff um meine Hände wurde fester.

»Ich weiß, daß du es nicht getan hast«, sagte ich, »aber du weißt, wer es gewesen ist. Du mußt entscheiden, ob du sie genug liebst, um es zu erzählen.«

Er seufzte und schloß die Augen.

»Ich weiß. Ich entscheide.«

»Ich werde jetzt gehen müssen«, sagte ich. Es war offensichtlich, daß weiteres Ausfragen sinnlos sein würde. »Tu dir nicht noch einmal etwas an. Es wird weder Kait zurückbringen noch irgend etwas für irgendwen besser machen.«

Ich verließ den Raum, und der Pfleger kehrte zu seinem Stuhl zurück. Don und Robin warteten draußen in der Halle auf mich.

»Hast du es getan?« fragte Robin.

»Ich habe ihm für Kait vergeben, nicht für uns.«

»Glaubst du, er weiß, wer sie umgebracht hat?«

»Er weiß irgend etwas«, sagte ich.

Ich rief Gallegos an und erzählte ihm, was Dung zu mir gesagt hatte.

»Das ist ja fast so gut wie ein Geständnis!« rief er aus.

Als Dung aus dem Krankenhaus entlassen wurde, bat Gallegos mich, zum Präsidium zu kommen und ihn mit auszufragen. Ich fragte ihn, ob ich irgend etwas wissen müsse, das mir dabei helfen würde, die richtigen Dinge zu fragen, und er sagte: »Nein, tun Sie nur dasselbe, was Sie im Krankenhaus getan haben.« Er ließ mich allein in einem Raum Platz nehmen und schickte dann Dung zu mir hinein. Dieses Mal stritt er ab, irgend etwas über das zu wissen, was mit Kait geschehen war.

Am nächsten Tag kamen eine Schwester und ein Schwager von ihm, um ihn abzuholen und mit zu sich nach Kansas City zu nehmen, damit er sich wieder erholte.

Wir hatten nicht einmal gewußt, daß diese Verwandten überhaupt existierten.

6

Kummer durchläuft mehrere vorhersehbare Stadien. Das erste ist der Schock. Ein solcher Schock ruft einen Zustand gnädiger Betäubung hervor, der die Sinne anästhesiert und es dem Menschen ermöglicht, das Unerträgliche zu ertragen.

In diesem narkotisierten Zustand blieb ich eine ganze Zeitlang. Einen Monat nach Kaits Tod hatte ich immer noch nicht geweint. Oberflächlich schien ich erstaunlich gut zu funktionieren. Unsere Freunde wunderten sich laut über meine »Stärke und Tapferkeit«. Ich erfüllte weiterhin meine routinemäßigen Pflichten auf normale Weise, erledigte die Einkäufe, bereitete die Mahlzeiten, kümmerte mich um die Wäsche und die Geschäftskorrespondenz, brachte die Tiere zum Tierarzt, wenn ihre Impfungen fällig waren, machte allerdings jedesmal einen Umweg, um die Stelle zu vermeiden, wo Kait erschossen worden war. Was ich nicht konnte, war, wieder zu schreiben. Ich verfügte über so wenig Energie, daß ich nicht kreativ zu sein vermochte, und meine Gedanken konnten sich auf nichts anderes konzentrieren als auf Kait.

Das einzige, was ich an Stelle meiner Romane zustande brachte, waren reimlose Gedichte, die für niemanden einen Sinn ergaben außer für mich selbst:

20. *August:*

Ich vermag es nicht anzusehen, geradeheraus, noch nicht.
Flüchtige Seitenblicke, mehr will nicht gelingen.

Jedes Bild für sich. Das Schulabschlußfoto.
Ihre gesammelten Platten. Ihre einsame Katze.
Ein Stundenplan, der die nächsten vier Jahre College umspannt.
Die Poster aus ihrem Zimmer – ein Puzzle, das nur halb fertig
geworden ist –
Ein Liebesroman, ein Lesezeichen zwischen den Seiten.
Eine braune Rose, sorgsam gepreßt – wer gab ihr die Rose?
Der Text eines Liebeslieds, in ein Notizheft geschrieben.
Wer sang ihr das Lied, oder wartete sie nur, träumte die
Jahre sich fort, bis man dereinst es ihr sang?

Ich vermag es nicht anzusehen, geradeheraus, noch nicht.
Ich konzentriere mich, Aufgabe für Aufgabe, jede für sich.
Ich sende Kleider an die Cousine in Kalifornien.
Teddybären an die Kinder, auf die sie aufgepaßt hat.
Eine metallene Vase für Blumen bringe ich ans Grab,
damit sie Rosen hat im Sommer und Weihnachtssterne im
Winter
Im Frühling vielleicht Hyazinthen,
wenn der Frost sie nicht tötet.

Öffne ich weiter die Augen, um alles zu sehen, ganz klar,
werde ich zersplittern wie Aluminiumfolie in einem
Mikrowellenherd,
und mit mir wird das ganze Haus stürzen.

Mir machte die Tatsache Sorgen, daß ich regelrechte Erinnerungslücken hatte. Wenn ich an den Beerdigungsgottesdienst für Kait zurückdachte, konnte ich mich nur noch daran erinnern, wie der Geistliche den 23. Psalm vorlas, und von all dem, was danach geschehen war, schien mir nichts im Gedächtnis geblieben zu sein. Es fiel mir schwer, den Inhalt von Gesprächen zu behalten, und den Namen des Detective von der Mordkommission, der Detective Gallegos an dem Abend zu uns begleitet hatte, an dem wir ihn gerufen hatten, um ihm von den Autounfällen zu erzählen, hatte ich vollkommen verdrängt.

Aus Furcht, mir könnte auf diese Weise etwas Wichtiges entgehen, begann ich, mir über alles, was geschah, Notizen zu machen. Jeden Abend setzte ich mich nun nach dem Abendessen in meinem Arbeitszimmer an den Computer und übertrug die Eintragungen des jeweiligen Tages aus meinem Tagebuch auf Diskette.

Don und ich teilten uns die Aufgaben, die nach Kaits Tod zu erledigen waren. Er ließ den Ford aus der Polizeigarage holen, wo man ihn hingeschleppt hatte, und verkaufte ihn an eine Autoverwertung.

»Ich hätte ihn vermutlich in Ordnung bringen können«, sagte er. »Der Motor war nicht beschädigt, aber ich glaube nicht, daß ich es über mich gebracht hätte, ihn von innen sauber zu machen.«

Ich für meinen Teil kümmerte mich um den Papierkram. In dem Schreibtisch in Kaits Wohnung fanden sich zahlreiche Briefe, darunter auch welche an Dung, die auf vietnamesisch geschrieben waren und einen Poststempel von Orange County aufwiesen. Ich packte alles in einen Beutel und brachte es aufs Polizeipräsidium. Ich sagte zu Detective Gallegos, daß wir für den Fall, daß die Polizei die Briefe nicht würde übersetzen lassen können, selbst dafür Sorge tragen würden, aber er sagte, daß ein Kollege fließend Vietnamesisch beherrschte und die Briefe übersetzen würde, von denen wir dann Kopien erhalten sollten.

»Können Sie sich vorstellen, daß es in meiner Abteilung immer noch Leute gibt, die darauf beharren, daß der Überfall auf Ihre Tochter eine Zufallsgeschichte war?« sagte er und schüttelte dabei ungläubig den Kopf.

»War er das denn?« fragte ich.

»Natürlich nicht.«

Am 20. August sollte ich nach Craigville in Massachusetts fliegen, um dort anläßlich der Cape Cod Writers Conference eine Woche lang zu unterrichten. Ich war diese Verpflichtung ein Jahr zuvor eingegangen, und die Leute hatten sich in der Annahme eingeschrieben, daß ich den Kurs für Jugendliteratur geben würde.

Als man mir die Kursleitung angeboten hatte, war ich mit Begeisterung darauf eingegangen, denn die Vorstellung, eine Woche an der Küste zu verbringen, war einfach zu verlockend. Ich bin an der Küste Floridas aufgewachsen, und sosehr ich New

Mexico mochte, war ich doch nirgends glücklicher, als wenn ich am Wasser sein konnte. Nun allerdings schreckte mich der Gedanke, Albuquerque zu verlassen. Ich konnte mir nicht vorstellen, ohne Don überhaupt irgendwohin zu fahren, und die Energie, die für die Leitung eines solchen Kurses erforderlich war, erschien mir unmöglich aufzubringen.

Und dennoch, ich hatte mich verpflichtet, und darum fand ich, daß ich diese Verpflichtung auch einlösen mußte.

Am Tag meiner Abreise kam eine befreundete Psychologin vorbei und brachte mir ein Taschenbuch.

»Ich habe mir gedacht, das hier könnte dich interessieren«, sagte sie. »Der Autor, Dr. Brian Weise, ist Chefarzt für Psychiatrie am Mount Sinai Medical Center in Miami. Er hat eine gehörige Portion Mut dafür aufbringen müssen, es zu schreiben. Er setzt damit wirklich seine gesamte berufliche Reputation aufs Spiel.«

Ich dankte ihr für das Buch, und da ich nicht die Zeit hatte, es sogleich zu lesen, steckte ich es geistesabwesend in meine Tasche.

Mein Flugzeug landete am späten Nachmittag auf dem Hyannis Airport, und ich mietete mir einen Wagen für die kurze Strecke nach Craigville. Selbst wenn ich in Bestform bin, habe ich keinerlei Orientierungssinn, und da nur sehr wenige der bezaubernden, verschlungenen kleinen Straßen über Straßenschilder verfügten, hatte ich mich bald schon hoffnungslos verfahren.

Als der Abend hereinbrach, rollte der Nebel vom Meer heran, um mich noch mehr in Schwierigkeiten zu bringen, und als ich dann endlich über das Kongreßzentrum stolperte, war ich so erschöpft und über mich selbst verärgert, daß ich in vollkommen desolatem Zustand war. Ich schrieb mich im Veranstaltungsbüro ein, fuhr zu dem Gasthof, wo ich wohnen sollte, warf meinen Koffer irgendwo in meinem Zimmer in eine Ecke und ging Abend essen. Als ich zurückkam, stellte ich fest, daß ich meinen Zimmerschlüssel verloren hatte.

Zu der Zeit war bereits alles geschlossen, und ich saß in der Klemme. Unten am Empfang würde bis zum nächsten Morgen niemand sein, und der Gasthof war sonst absolut leer. Ich lief durch die Halle und hielt nach irgendeinem Platz Ausschau, wo ich mich niederlegen konnte, aber nichts sah einladend aus. Schließlich landete ich auf einem Sessel, der in einem Wintergarten stand, von wo aus man das Marschland überblicken konnte. Hinter diesem Ozean aus Gras seufzte der wirkliche Ozean und umspülte den Sand des Strandes von Craigville. Das Geräusch entführte mich in meine Kindheit, zurück nach Florida. Insekten surrten und prallten mit kleinen harten Körpern gegen die Scheiben, Grillen zirpten im Gebüsch, und aus den Tümpeln ertönte das schnarrende Gequake der Frösche. Obwohl es weder Verkehrslärm noch den Laut menschlicher Stimmen gab, hatte ich nie eine unruhigere Nacht erlebt.

Zuerst versuchte ich zu schlafen, aber der Sessel war unbequem, und ich konnte mich darauf nicht ausstrecken. Schließlich machte ich das Licht an, und da mir das Buch in meiner Tasche wieder eingefallen war, holte ich es hervor und öffnete es beim Vorwort.

Trotz meiner Erschöpfung las ich ohne Unterbrechung die Nacht hindurch.

Many Lives, Many Masters (Viele Leben, viele Herren) war der wahre Bericht darüber, wie Dr. Weiss, zu jener Zeit ein traditioneller Psychotherapeut, eine Frau namens Catherine hypnotisiert hatte, um sie zurück in ihre Kindheit zu versetzen. Er wollte versuchen, so auf die Ursache für ihre immer wiederkehrenden Angstanfälle zu stoßen. Das Buch basierte auf Tonbandprotokollen von Catherines Therapie-Sitzungen. Dr. Weiss versetzte seine Patientin weiter zurück, als er beabsichtigt hatte, und als sie begann, sich an die Traumata zu erinnern, die ihre Phobien hervorgerufen hatten, beschrieb sie etwas, das in einem vorherigen Leben stattgefunden hatte. Sie war nicht nur in der Lage, im Detail eine ganze Abfolge früherer Leben zu schildern, sie wurde auch zum Sprachrohr für Botschaften aus dem »Raum zwischen den Leben«, traditionell eher als »Himmel« bekannt, die vollkommen vertrauliche Einzelheiten über den verstorbenen Vater und den kleinen Sohn von Weiss enthielten.

Unter Hypnose beschrieb Catherine sieben Ebenen spiritueller Existenz, von denen eine so klang wie die Ebene, die Betty Muench, das Medium, Robin beschrieben hatte. Catherine zufolge können die Seelen, die in dieser Zwischenebene verweilen, ihre übersinnlichen Fähigkeiten dazu nutzen, mit Menschen in Verbindung zu treten, die sich noch in ihren physischen Körpern befinden. Sie sagte, daß den Seelen der Zugang zu dieser Ebene gestattet ist, wenn ihr Leben so abrupt endete, daß Abmachungen nicht erfüllt und Geheimnisse nicht aufgedeckt wurden. Es war keine Ebene, auf der irgend jemand für unbegrenzte Zeit bleiben konnte.

Als ich das Buch zu Ende gelesen hatte, begann der Himmel im Osten hell zu werden, und die ersten blaßrosa Streifen erschienen über den dunklen Flecken des Marschlandes. Ich erhob mich von meinem Sessel und streckte mich; vom langen Sitzen in dieser verkrampften Stellung war ich ganz steif und zerschlagen. Dann trat ich hinaus aus dem Gasthof und wanderte die Straße zum Strand hinunter. Zu dieser frühen Morgenstunde lag er völlig verlassen da und bot dasselbe Gefühl von Frieden und Einsamkeit, das ich als Kind empfunden hatte, wenn ich Kilometer um Kilometer am Wasser entlanggelaufen war und dabei mein Leben geplant hatte. Ich hatte niemals den kleinsten Zweifel daüber gehabt, welche Richtung es nehmen würde. Ich hatte immer gewußt, daß ich eine Schriftstellerin sein würde. Als ich sieben war, füllte ich Notizhefte mit Gedichten, und mit dreizehn verkaufte ich Geschichten an Magazine im ganzen Land.

Genauso sicher war ich, was die Zahl der Kinder betraf, die ich haben würde. Schon als ich selbst noch ein Kind war, fühlte ich, wie mein Herz an ihnen hing, wie sie versuchten, meine Aufmerksamkeit zu erregen und sicherzugehen, daß ich mir ihrer bewußt war. Nach der High School schrieb ich mich auf der Duke University ein, doch am Ende meines ersten Studienjahres ging ich ab, um zu heiraten. Es kam mir wie eine Zeitverschwendung vor, vier Jahre in Seminararbeiten zu investieren, wenn ich diese fünf Kinder auf die Welt bringen konnte.

Die Ehe war nicht gut, und nach neun Jahren ließen mein Mann und ich uns scheiden. Ich war achtundzwanzig Jahre, dreifache Mutter und hatte weder einen College-Grad noch Berufserfahrung, und die einzige Art, wie ich die Kinder und mich ernähren konnte, war das Schreiben. Ich fing an, mit ungeheurer Produktivität Geschichten für Frauenzeitschriften zu verfassen, und als ich etwa vier Jahre später Don kennenlernte und heiratete, verdiente ich mir damit recht ordentlich den Lebensunterhalt.

Die Tatsache, daß wir heirateten, war für alle, die uns kannten, eine Überraschung und die Tatsache, daß unsere Ehe auch noch erfolgreich war, noch weitaus mehr. Don war Ingenieur für Elektrotechnik bei den Sandia National Laboratories, die dem Energieministerium unterstanden und sich hauptsächlich mit der Forschung und Entwicklung von Waffensystemen befaßten. Als Junggeselle und Mittdreißiger schien er absolut nichts mit mir, einer geschiedenen Frau mit drei Kindern, gemeinsam zu haben, und seine Freunde sagten voraus, daß meine klappernde Schreibmaschine, meine chaotische Haushaltsführung und meine ungestümen, eigensinnigen Halbwüchsigen ihn in den Wahnsinn treiben würden. Meine eigenen Freunde wiederum waren überzeugt, daß ich bald von dem ruhigen, selbstbeherrschten Wissenschaftler zu Tode gelangweilt sein würde, der jeden Satz abwog, bevor er redete, und dessen IQ und Bildung mir so haushoch überlegen waren, daß wir vermutlich nichts haben würden, über das wir reden konnten, mit Ausnahme des Wetters.

Und doch stellte sich zur Überraschung aller heraus, daß wir der richtige Ausgleich füreinander waren. Ich brachte Farbe in Dons Leben und er Stabilität in meins. Er ertrug meine Eigenarten mit recht guter Miene. Nach meiner vorherigen Ehe mit einem leichtlebigen, seichten Schönredner war ich überglücklich, einen verantwortungsbewußten, zuverlässigen Ehemann zu haben, der seine Liebe mehr durch Taten als durch Worte ausdrückte. Don ermutigte mich, wieder auf die Universität zu gehen und einen Abschluß zu machen, Kurse in Journalismus zu geben und im ganzen Land auf Lese- und Signierreisen zu gehen. Anders als die Ehemänner einiger meiner Freundinnen, die es als Bedrohung empfanden, wenn die Karrieren ihrer Frauen in Schwung kamen, unterstützte er bedingungslos alle meine Bemühungen und schien stolzer auf meine Erfolge als auf seine eigenen.

Don adoptierte meine ersten drei Kinder, und sobald es uns

möglich war, bekamen wir Donnie und Kait. Während ich mit Kait schwanger war, schrieb ich *A Gift of Magic* (Eine magische Gabe), ein Buch über ein zwölfjähriges Mädchen, das über die Gabe übersinnlicher Wahrnehmung verfügte. Es war ein Meilenstein in meiner Karriere, da es das erste meiner Bücher war, das übersinnliche Phänomene behandelte – ein Gegenstand, auf den sich die jugendlichen Leser mit Begeisterung einließen. Das Buch war so erfolgreich, daß ich ihm andere folgen ließ. Nicht daß ich an die Dinge geglaubt hätte, über die ich schrieb – Telepathie, Vorahnungen, astrale Projektion –, aber sie stellten gutes Material für spannende, aufregende Romane dar, und ein wenig Fantasie hatte noch niemandem geschadet.

Der Morgen erstrahlte über dem Strand von Craigville wie eine Wohltat. Die Brise wehte mir kühl ins Gesicht, und die Möwen schrien mit scharfen, rauhen Stimmen. Die Sonne brach wie eine goldene Kugel aus dem Himmel hervor. Ich zog meine Schuhe aus und lief barfuß am Wasser entlang, ohne dabei meine Gedanken von dem Buch losreißen zu können, das ich gerade gelesen hatte. Ich hatte nie groß über Reinkarnation nachgedacht. Die Vorstellung war seltsam, aber ich fand sie nicht unakzeptabel. Wenn es im Hause unseres Vaters viele Zimmer gab, dann war auch vorstellbar, daß eines der unbedeutenderen Zimmer unser Planet sein mochte und daß einige von uns genötigt waren, dort mehr als einmal zu weilen, ehe wir für wert erachtet wurden, eine bessere Unterkunft zu erhalten. Aber ich hatte Probleme mit jeglicher Art Vorstellung von einem Leben nach dem Tode. Ich wollte an ein solches Weiterleben glauben, aber es war mir zu unglaubwürdig. Wie sollte der Geist existieren, wenn er vom Hirn getrennt war, und zu was war eine Seele gut, wenn sie nicht mit einem Geist ausgestattet war? Die Stellen im Neuen Testament, die sich auf das ewige Leben bezogen, waren ermutigend, aber ich hatte genug Bibelkenntnis, um zu wissen, daß die Bibel durch so viele Jahrhunderte hindurch revidiert und uminterpretiert worden ist, um schließlich ebensogut zum Wort des Menschen wie zum Wort Gottes zu werden. Die Tatsache, daß die Materie kontinuierlich »recycled« wird, läßt die Vermutung logisch erscheinen, daß es mit der geistigen Energie nicht anders ist, doch schien es mir einleuchtend, daß diese Energie in eine Art riesigen universellen Schmelztiegel fließt, in welchem die individuelle Persönlichkeit verloren war.

Und doch schien die Patientin von Dr. Weiss ihre Persönlichkeit beibehalten zu haben, als sie von dem »Reich zwischen den Leben« sprach. Und Betty Muench hatte Kait so dargestellt, wie wir sie kannten. Die Beschreibung ihres aufgeregten, sehr wütenden Zustands war so kraftvoll und stimmte so sehr mit der Kait überein, die man übervorteilt oder hintergangen hatte, daß wir, ohne zu zögern, sofort zu Dung ins Krankenhaus gefahren waren. Auch die übrigen Passagen dessen, was Robin uns vorgelesen hatte, waren von der gleichen Überzeugungskraft gewesen. Ich hatte sogar damit begonnen, weiße Kerzen zu entzünden, um Kaits Geist »zu erleuchten«, ein Ritual, das meiner ganzen Erziehung vollkommen fremd war.

Existierte Kait noch immer? Und wenn sie noch existierte, war sie in der Lage, sich mitzuteilen? Ich starrte hinauf zum Himmel, der nun, da die Morgennebel von der Sonne aufgelöst worden waren, blau und klar über mir prangte, und aus einem Impuls heraus rief ich: »Ich bin es, deine Mutter! Kannst du mich hören?«

Die einzige Antwort kam von den Möwen, die hoch über mir ihre Kreise gezogen hatten und nun angeschwebt kamen, da sie erwarteten, daß ich sie füttern wollte. Ich hörte nicht den vertrauten Klang von Kaits Stimme im Wogen des Windes, und Gott sandte mir auch keinen Engel mit Worten, die in eine Tafel gemeißelt waren. Keiner der Strandhafer-Büsche ging in Flammen auf.

»Fühlen Sie sich nicht wohl?« fragte jemand mit nervös klingender Stimme.

Ich wandte mich um und erblickte eine grauhaarige Dame in Bermudashorts, die einen Eimer offensichtlich gerade gesammelter Muscheln umklammerte und mich so anstarrte, als rechnete sie jeden Augenblick damit, mich aus dem Mund schäumen zu sehen.

»Ich habe nur gerade für ein Stück geprobt«, improvisierte ich hastig.

Ich kam mir so lächerlich vor, wie ich sicherlich auch aussah, und in aller Hast machte ich mich auf den Rückweg zum Konferenzzentrum. Dort stieg ich in meinen Wagen und fuhr eiligst los, um rechtzeitig zum Frühstück zu kommen. Auf der Türmatte direkt bei der Aufzugstür fand ich meinen Schlüssel. Da ich nun wieder in mein Zimmer konnte, beschloß ich, meinen Kollegen den Gefallen zu tun und erst noch zu duschen und mich umzuziehen, ehe ich mich in den Frühstücksraum begab.

Das Büro war mittlerweile besetzt, und als ich daran vorbeikam, rief der Geschäftsführer hinter mir her. »Ms. Duncan, hier ist eine Nachricht für Sie! Ihr Sohn Donnie hat angerufen und möchte, daß Sie ihn zurückrufen. Er sagt, es sei nichts Schlimmes oder Akutes, aber doch sehr wichtig.«

Meine Uhr zeigte halb neun, und in Albuquerque war es zwei Stunden früher. Donnie mußte nicht vor acht Uhr an seiner Arbeitsstelle sein, und ich konnte mir nicht vorstellen, warum er so früh schon auf den Beinen sein sollte.

Ich lief zurück zu dem Telefon in der Halle, um dort seine Nummer zu wählen.

Er nahm beim ersten Klingeln ab.

»Ich habe gerade eben Kait gesehen!« Seine Stimme zitterte vor Erregung. »Ich war gerade im Begriff aufzuwachen, und dann war da dieser Traum, aber es war gar kein Traum, es war Wirklichkeit! Wir hatten eine Party, so ähnlich wie bei Kaits Totenwache, mit Hunderten von Freunden. Ich stand im Hausflur, um die Leute zu begrüßen, die hereinkamen, als ich mich plötzlich umdrehte und Kait direkt neben mir stehen sah. Ihr Haar war wieder überall gleich lang gewachsen, und sie sah einfach großartig aus. Ich sagte: ›Du kannst doch gar nicht hier sein, weil du doch tot bist!‹ Das schien sie aber nicht zu stören. Sie lächelte bloß und sagte: ›Alles ist in Butter. Laß uns einfach feiern und uns amüsieren.‹«

»Was für ein wunderbarer Traum!« rief ich aus.

»Es war kein Traum«, sagte Donnie ungeduldig. »Kait war da! Sie war wirklich! Ich konnte sie sogar riechen! Ich habe mir gedacht, du wirst wissen wollen, daß es ihr jetzt viel besser geht.«

Diese freudige, gehobene Stimmung hielt bei ihm noch sehr

lange an. Der Rest der Familie hatte das Gefühl, er stehe in einem ganz privaten Fleckchen ätherischen Lichtes, das ihn davor bewahrte, in gleichem Maße zu leiden wie wir.

Ich schäme mich, eingestehen zu müssen, daß es Zeiten gab, in denen wir das außerordentlich übelnahmen.

7

Als ich von Cape Cod zurückkam, war die dumpfe Benommenheit allmählich einem zweiten Stadium der Trauer und des Kummers gewichen, und das nahm immer gewaltigere Formen an. Die Pein, der Schmerz über den Verlust war so heftig, daß ich zuzeiten buchstäblich dachte, ich könne es nicht überleben.

Alles in mir sehnte sich danach zu glauben, daß Donnies Traum eine Offenbarung gewesen war, aber mein gesunder Verstand sagte mir, daß das nicht möglich war. Ich wußte, wie realistisch aus Kummer und Trauer geborene Träume sein konnten, weil ich selbst etwas Vergleichbares nach dem Tod meiner Mutter erlebt hatte. Mutter und ich hatten auf Liegestühlen vor der Strandhütte meines Vaters gelegen und der Sonne zugesehen, wie sie über dem Golf von Mexiko unterging, als mir plötzlich klarwurde, daß das, was ich da erlebte, gar nicht möglich war.

»Das ist ein Traum«, sagte ich zu ihr. »Du kannst nicht hier sein! Du bist tot!«

»Für euch bin ich aber nicht tot«, sagte Mutter und beugte sich zu mir herüber, um mich zu küssen. »Für dich werde ich nie tot sein, Liebes, weil ich ein Teil von dir bin.«

Nie vorher oder nachher hatte ich einen Traum, an dem so viele Sinne beteiligt waren. Ich konnte die salzige Brise auf meinem Gesicht fühlen und den leichten Schweißfilm auf der Oberlippe meiner Mutter riechen, als sie mich küßte. Dieser Traum beeindruckte mich dermaßen, daß ich siebzehn Jahre

303 ALVARADO DR S E
BILL DATE: JUL 22, 1989
ACCOUNT NUMBER: 505-266-8873-212R

AT&T PAGE 1

ITEMIZED CALLS

NO.	DATE	TIME	TO PLACE	TO AREA NUMBER	TYPE	MINUTES	AMOUNT
1	JUL 17	9:10P	SANTA ANA CA	714 664-1021	E	1	.16
2	JUL 17	9:15P	SANTA ANA CA	714 664-1021	E	1	.16
3	JUL 17	9:21P	SANTA ANA CA	714 662-3362	E	2	.32
					N	17	2.12

AT&T SUBTOTAL OF ITEMIZED CALLS $2.76

TAX SUMMARY

FEDERAL EXCISE TAX .08
STATE TAX .09

AT&T SUBTOTAL OF TAXES $.17

AT&T CURRENT CHARGES $2.93

THIS PORTION OF YOUR BILL IS PROVIDED AS A SERVICE TO AT&T. THERE IS NO CONNECTION BETWEEN U S WEST COMMUNICATIONS AND AT&T. YOU MAY CHOOSE ANOTHER COMPANY FOR YOUR LONG DISTANCE TELEPHONE CALLS WHILE STILL RECEIVING YOUR LOCAL TELEPHONE SERVICE FROM U S WEST COMMUNICATIONS.

BILLING INQUIRIES CALL 1 800 222-0300
TO PLACE AN ORDER CALL 1 800 222-0300

See reverse for information on this bill. 1542-1 (5-38)

Kaits letzte Telefonrechnung, persönlich der Polizei von Albuquerque übergeben

später bei der Arbeit an meinem Roman *Locked in Time* (Eingesperrt in der Zeit) eine ähnliche Szene zwischen Nore, meiner jugendlichen Heldin, und ihrer verstorbenen Mutter einfügte.

Während Donnie Trost bei seiner »Offenbarung« fand, suchte ich Kait auf dem Friedhof. Wenn ich dort allein war und es niemanden in Hörweite gab, blieb ich an ihrem Grab stehen und wehklagte. Als ich dies zum ersten Mal tat, war ich mir dessen nicht einmal bewußt. Ich stand dort, so gefaßt wie immer, und hielt einen Chrysanthementopf in der Hand, als ich unvermittelt ein überhaupt nicht menschenähnliches Heulen vernahm, das an ein Tier erinnerte, das sein Junges verloren hat. Als ich mich nach allen Seiten umblickte, um den Ursprung dieses Geräuschs zu ergründen, stellte ich fest, daß es aus meiner eigenen Kehle stammte. Das gräßliche Geräusch hielt so lange an, bis die Erschöpfung mich übermannte, dann sank ich auf das Gras, preßte meine Wange an den Grabstein und ließ den Tränen ihren Lauf, die ich so lange zurückgehalten hatte.

Dann stand ich auf, schneuzte mir die Nase und fuhr zum Gemüseladen.

Und so ging das Familienleben seinen routinemäßigen Gang. Don fuhr jeden Morgen zur Arbeit in die Sandia Laboratories. Donnie, der wieder zu uns gezogen war, als seine Wohnungsgenossen sich anderswo niedergelassen hatten, verbrachte seine Arbeitstage an einer Druckerpresse und seine Abende mit seinen Freunden.

Ich tat alles, was ich sonst auch getan hatte, außer Schreiben.

Kaits Post wurde an uns weitergeleitet, und die Rechnungen, die noch kamen, bezahlte ich, wie ich auch ihre Konten abschloß. Als ich eines Tages gerade einen Scheck ausstellte, um ihre letzte Telefonrechnung zu bezahlen, bemerkte ich, daß nur wenige Augenblicke, nachdem sie für hirntot erklärt worden war, jemand von ihrer Wohnung aus drei Anrufe nach Santa Ana in Kalifornien gemacht hatte. Zwei Anrufe von einer Minute Dauer betrafen die Nummer 714-664-1021, ein Zwei-Minuten-Anruf die Nummer 714-662-3362.

Ich saß da, starrte die Nummern an und versuchte, mir einen

Reim auf das zu machen, was ich da sah. Diese Anrufe waren gemacht worden, während Dung bei uns im Krankenhaus war und niemand in der Wohnung hätte sein sollen. Einen Moment überlegte ich, ob er die Anrufe vom Krankenhaus aus getätigt haben und sie dann zu Lasten von Kaits Anschluß angegeben haben mochte, aber dann fiel mir wieder ein, daß ich selbst ja mit solch einem Versuch gescheitert war. Als ich nämlich unsere Töchter angerufen hatte, die beide in anderen Bundesstaaten wohnten, und versucht hatte, die Rechnung über unseren Hausanschluß laufen zu lassen, hatte die Frau in der Vermittlung mir gesagt, daß dazu jemand bei uns an den Apparat hätte gehen müssen, um sich mit der Kostenübernahme einverstanden zu erklären.

Wer war dann also in der Nacht, in der Kait starb, in ihrer Wohnung gewesen? Und wen in Santa Ana hatte man von ihrem Tod unterrichtet?

Die zweite Nummer kam mir vage bekannt vor, und als ich in unserem Adressenbuch nachsuchte, fand ich sie dort, in meiner eigenen Handschrift hingekritzelt. Als Kait uns um Erlaubnis gebeten hatte, weil sie mit Dung nach Kalifornien fahren wollte, hatten Don und ich unter der Bedingung zugestimmt, daß sie uns die Nummer von Dungs Schwester daließ, damit wir sie im Notfall erreichen konnten.

Die Nummer, die sie uns gab, lautete 714-662-3362.

Ich fuhr zum Polizeipräsidium, um persönlich die Rechnung Sergeant Gallegos zu übergeben.

»Die zweite Nummer ist von Dungs Schwester«, erklärte ich ihm.

Es folgte ein Moment unangenehmen Schweigens, während er diese Feststellung verarbeitete.

»Dung hat keine Schwester in Kalifornien«, sagte er schließlich.

»Aber Kait hat uns doch gesagt...« fing ich an zu widersprechen.

»Dann hat sie Sie eben angeschwindelt«, meinte Gallegos, nicht ohne Mitgefühl. »Das war doch noch, ehe Sie wußten, daß die beiden schon etwas miteinander hatten. Kait wußte, daß Sie ihr nicht erlaubt hätten, mit ihrem Freund in ein Motel zu gehen, also hat sie sich diese erfundene ›Schwester‹ einfallen lassen, damit Sie glaubten, die beiden würden bei Dungs Verwandten schlafen.«

»Aber das ist die Schwester, die ihm jeden Monat Geld geschickt hat!«

»Es tut mir leid, Mrs. Arquette, aber diese Schwester gibt es nicht.«

Ich konnte mir einfach nicht vorstellen, daß Kait diese Person erfunden haben sollte. Nicht daß sie unfähig gewesen wäre, uns Lügen zu erzählen; wie jeder Teenager konnte auch sie durchaus Märchen erzählen. Don und ich hatten sie mehrmals dabei ertappt, daß sie, um meinem »übervorsichtigen Bemuttern« zu entgehen, irgendwelche Geschichten erfunden hatte, die ihr mehr Freiheit verschaffen sollten. Aber diesmal glaubte ich nicht, daß es sich um solch einen Fall gehandelt hatte. Über ein Jahr lang hatte sie immer einmal wieder beiläufig diese Schwester erwähnt, ehe die Idee dieses Ausflugs nach Disneyland überhaupt erst aufkam. Viel wahrscheinlicher schien mir, daß Dung Kait gegenüber wegen dieser »Schwester« gelogen hatte. Wenn das allerdings der Fall war – wer hatte ihm dann die ganze Zeit hindurch dieses Geld aus Kalifornien geschickt? Man konnte schließlich nur eine begrenzte Anzahl lukrativ vorgetäuschter Unfälle inszenieren. Wovon hatte der Mann also gelebt, wenn er keine Schecks zur Unterstützung bekommen hatte?

Mir schien allerdings nichts dadurch zu gewinnen zu sein, daß ich auf diesem Punkt beharrte.

»Können Sie herausfinden, wem diese Nummern gehören?« fragte ich Gallegos statt dessen.

»Kein Problem«, versicherte mir der Detective.

»Und was ist mit der Übersetzung dieser vietnamesischen Briefe? Sie könnten Informationen über illegale Machenschaften enthalten.«

»Die sind im Moment nicht von sonderlicher Bedeutung. Wir sind ziemlich sicher, daß die Vietnamesen nichts mit dem Mord an Kait zu tun hatten.«

»Aber bedenken Sie doch, daß Dung gesagt hat, er müsse entscheiden. Sie haben doch gesagt, das wäre schon so gut wie ein Geständnis!«

»Dung hat ein Alibi. In dieser Nacht war er mit Freunden unterwegs, denselben zwei Kerlen, mit denen er auch an dem Abend zusammen war, als er versucht hat, sich umzubringen. Sie haben ihn gegen zehn Uhr abends bei sich zu Hause abgesetzt.«

»Kait ist aber erst um Viertel vor elf erschossen worden. Er könnte doch wieder losgezogen sein.«

»Er ist aber nicht wieder losgezogen. Sie haben ihn abgesetzt, und er ist zu Hause geblieben.«

»Woher wissen Sie das?«

»Die Vietnamesen sind es nicht gewesen, okay? Der Fall entwickelt sich in eine andere Richtung. Wir haben einen Zeugen für die Verfolgungsjagd gefunden, die den Schüssen vorangegangen ist.«

»Die Verfolgungsjagd!« Mein Frühstück stieg mir abrupt fast bis zum Mund hoch. Der Gedanke, daß man Kait auch noch gequält haben könnte, war mir nie gekommen. Ich hatte mir immer vorgestellt, wie sie mit hochgekurbelten Fenstern gemütlich die Straße entlang fuhr, vielleicht die Musik im Radio mitsummte und ihren netten Abend mit Susan noch einmal Revue passieren ließ, bis sie dann urplötzlich gar nichts mehr dachte.

Diese tröstliche Illusion zerfiel nun zu nichts, als ich hören mußte, daß ihre letzten bewußt erlebten Augenblicke ein Alptraum gewesen waren. Ein Lastwagenfahrer namens Eugene Lindquist hatte in jener Nacht gerade eine Lieferung hinter sich gebracht, als er sah, wie Kait mit hoher Geschwindigkeit von einem goldfarbenen Camaro verfolgt wurde. In ihrem verzweifelten Versuch, ihren Verfolgern zu entkommen, hatte sie eine rote Ampel überfahren und bei den Bahnschienen eine 180-Grad-Wende versucht, aber der Camaro hatte es ihr gleichgetan und war direkt hinter ihr geblieben. Lindquist war mit heruntergelassenen Fenstern unterwegs, und er hatte den Fahrer des Camaro mit einem starken mexikanischen Akzent brüllen hören: »Du verdammte Nutte!« Der Lastwagenfahrer hatte seine Lieferfahrt fortgesetzt und später auf der Rückfahrt an der Stelle Polizisten und Sanitäter gesehen. Zunächst hatte er angenommen, daß dies alles zu einem Unfall gehörte, aber nachdem er später in der Zeitung über die tödlichen Schüsse gelesen hatte, war er zu dem Schluß gekommen, daß alles, was er gesehen hatte, der Auftakt zu einem Mord gewesen sein mußte.

»Wir werden ihn hypnotisieren lassen«, erklärte Gallegos mir. »Wir hoffen, auf die Art fallen ihm noch mehr Einzelheiten ein.«

Lindquist wurde zweimal hypnotisiert, das erste Mal am Freitag, dem 15. September, und erneut am Montag, dem 18. September. Unter Hypnose konnte er sich daran erinnern, daß der flüchtende Wagen ein Ford Tempo war und der Camaro ein altes, tiefergelegtes Modell mit grauen Spachtelflecken am rechten vorderen Kotflügel und einem rot-weißen Nummernschild. Obwohl er das Gesicht des Fahrers nicht hatte sehen können, glaubte er, daß er dunkles Haar gehabt hatte. Den Mann auf der Beifahrerseite hatte er besser sehen können; dieser trug graue Jeans und Tennisschuhe und hatte ein Gewehr zwischen den Knien, dessen Kolben auf dem Wagenboden stand.

»Und was ist mit dem beigefarbenen VW?« wollte ich von Gallegos wissen.

»Das war eine falsche Spur.«

»Wie können Sie da sicher sein?«

»Vergessen Sie den beigefarbenen VW, es war ein goldfarbener Camaro. Ein paar Mexikaner haben versucht, Ihre Tochter anzumachen, und sie hat denen vielleicht den Finger gezeigt. Da sind sie wütend geworden und hinter ihr hergejagt, um ihr Angst einzujagen. Sie waren betrunken und high und hatten ein Gewehr im Wagen, und das ist dann losgegangen. Das ist schrecklich, aber so etwas passiert häufiger, als Sie sich vorstellen.«

Er sagte mir noch, diese neuen Informationen dürfe ich an niemanden weitergeben außer an meine Familie, denn wenn eine Beschreibung des Camaro in den Zeitungen auftauchen sollte, würden die Killer den Wagen sofort verschwinden lassen.

Ich rief Robin in Florida an und berichtete ihr von Lindquists Aussage.

»Wie es aussieht, könnten die Vietnamesen unschuldig sein«, sagte ich. »Gallegos ist inzwischen derselben Meinung wie der

Rest seiner Abteilung. Er hält es für einen Unglücksfall, einen Mord aus Versehen.«

»Nicht alle in der Abteilung sind dieser Meinung«, sagte Robin. »Ich habe gestern mit meiner Freundin Maritza gesprochen. Einer der Detectives der Mordkommission ist ein alter Freund von ihr, und der hat ihr erzählt, daß der Mord an Kait auf gar keinen Fall ein ›Mord aus Versehen‹ sein kann. Er sagt, es gäbe alle Zeichen für einen professionellen ›hit‹, einen Mord auf Befehl. Vielleicht ist es an der Zeit, daß du zu Betty Muench gehst und sie um eine Sitzung bittest.«

»Dafür gibt es keinen Grund, das hast du doch schon getan«, sagte ich.

»Aber du könntest dabei vielleicht andere Dinge erfahren als ich«, meinte Robin. »Du würdest ein anderes Energiefeld einbringen und andere Fragen stellen. Ich habe nur nach Kaits Beziehung zu Dung gefragt. Dabei hätte ich nach einer Beschreibung ihrer Mörder fragen sollen.«

»Ich kann nicht zu einem Medium gehen«, sagte ich.

»Warum nicht?«

»Ich kann es einfach nicht, das ist alles. Es macht mich krank, wenn ich bloß daran denke.«

Als Kait noch auf dem Gymnasium war, hatten sie und eine Freundin mich dazu überredet, sie auf eine spiritistische Ausstellung mitzunehmen. Das Ganze hatte mich an eine kommerzielle Messe erinnert, und besonders diesen Aspekt hatte ich schrecklich gefunden.

»Wenn du nicht gehst, werde ich es tun müssen«, sagte Robin. »Ich habe meine ganzen Ferien für die Beerdigung aufgebraucht. Wenn ich jetzt noch einmal nach Albuquerque kommen muß, werde ich meinen Job verlieren.«

Ihre Schallplatten hatten gerade erst begonnen, einen Gewinn abzuwerfen, und ihre Haupt-Einkommensquelle war ein Job bei einem Kreditbüro.

»Das ist Erpressung«, sagte ich anklagend.

»Es wird dich nur eine Stunde kosten.«

»In Ordnung, ich werde es tun, aber ich warne dich, es wird nicht funktionieren.« Ich war unangenehm davon berührt, daß ich dazu gezwungen wurde, etwas zu tun, das ich nicht guthieß, und ich war sicher, daß meine negativen Gefühle kontraproduktiv sein würden.

Ich holte das Telefonbuch hervor und schaute unter »Spirituelle Medien« in den Gelben Seiten nach. Es fanden sich gleich mehrere, aber Betty Muench war nicht darunter. Ich fand sie allerdings im allgemeinen Telefonbuch und machte mit ihr einen Termin aus. Als ich mich als Kaits Mutter zu erkennen gab, erinnerte sie sich an die Sitzung mit Robin und sagte mir, ich solle etwas mitbringen, das Kait zu der Zeit getragen hatte, als sie erschossen wurde.

Kaits Portemonnaie und der Plastikbehälter mit ihrem Kreuz, der Uhr und den Ohrringen waren in der obersten Schublade meines Schreibtisches. Die Ohrringe waren blutverkrustet, und ich war versucht, sie abzuwaschen, aber dann entschied ich mich dagegen. Schließlich und endlich war dieses Blut ein Teil von Kait.

Meine Verabredung mit Betty hatte ich um zwei Uhr. Auf dem Weg zu ihr hielt ich bei einer Kirche, ging hinein und kniete mich in einer Bank dicht beim Altar nieder.

Das, was ich vorhabe, ist nicht meine Sache, sagte ich Gott im stillen. *Wenn es Dein Wille ist, daß sich Kait mit mir in Verbindung setzt, hilf ihr bitte dabei. Und wenn diese ganze Geschichte eine Farce ist, dann hilf mir bitte, keinen Narren aus mir zu machen.*

Als ich die Kirche verließ, fühlte ich mich schon weniger besorgt.

In dem Moment, als ich Betty Muench sah, empfand ich ein seltsames Gefühl des Wiedererkennens. Nicht, daß ich sie vorher schon einmal gesehen hätte, aber ich hatte sie *geschaffen.* Sie sah genauso aus wie die spiritistische Detektivin Anne Summers in meinem Roman *The Third Eye* (Das dritte Auge). In diesem Buch hatte ich Anne folgendermaßen beschrieben: »Unauffällige Erscheinung. Sie hatte ein angenehmes Gesicht, große, nußbraune Augen und einen Mund, der ein wenig zu groß war, um zu den übrigen Gesichtszügen zu passen. Ihr Haar war kastanienfarben und hier und da von grauen Strähnen durchzogen.«

Diese Beschreibung hatte ich fünf Jahre zuvor verfaßt. Nun

begrüßte mich eine Frau an der Tür, die genau wie Anne Sommers aussah und bequeme Hosen und einen weiten Pullover trug, und ich hatte das verrückte Gefühl, meine eigene Zukunft bereits niedergeschrieben zu haben.

Betty erzählte mir, daß sie, obschon sie ein professionelles Medium war, selten in Kriminalfällen eingesetzt wurde.

»Es ist einfach zu frustrierend«, sagte sie. »Die Polizei von Albuquerque akzeptiert keine Informationen, die von Medien wie mir stammen, und es macht einen richtig wütend, wenn sie sich weigern, Spuren zu verfolgen, auf die man sie hingewiesen hat. Darüber hinaus gibt es auf seiten der Opfer von Verbrechen normalerweise so viel Zorn, daß es eine deprimierende Erfahrung ist, für sie als Sprachrohr zu dienen.«

Sie sagte, die Sitzung mit Robin habe sie nur deshalb gemacht, weil sie eine Freundin von Maritza sei, aber da sie nun einmal in diese Geschichte verwickelt sei, fühle sie sich auch verpflichtet, das zu beenden, was sie begonnen habe.

Bettys kleines Arbeitszimmer war voll mit Bücherregalen und enthielt ansonsten nur zwei Stühle, einen Schreibtisch und eine elektrische Schreibmaschine. Sie bat mich, auf einem der Stühle Platz zu nehmen, setzte sich selbst an die Schreibmaschine und atmete mehrmals lange und tief durch.

Endlich sagte sie: »Ich bin soweit. Sie können jetzt Ihre erste Frage stellen. Es scheint am besten zu funktionieren, wenn man die Verstorbene fragt, wie es ihr geht und ob sie eine Botschaft für Sie hat. Danach können Sie ihr spezielle Fragen stellen.«

Ich formulierte die erste meiner Fragen in der Art, wie sie es vorgeschlagen hatte, und ihre Finger begannen über die Tasten zu fliegen. Es hatte den Anschein, als nähme sie ein Diktat auf.

FRAGE: *Was kann ich über Kaitlyns augenblickliches Befinden erfahren, und hat sie eine Botschaft für mich?*

ANTWORT: Da wird diese Initial-Energie sein, die sich anfühlen wird wie eine Art Implosion. Es wird so sein, als ginge die Luft raus, und da ist dieses Empfinden von Energie oberhalb der Ohren, und dies wird auf der rechten Seite stärker empfunden werden als auf der linken. Die rechte Seite beherbergt den Intellekt, und in diesem Intellekt ist nun eine Art Bewußtsein.

»Kaitlyn bemerkt, daß Sie versuchen, mit ihr in Kontakt zu treten«, sagte Betty.

ANTWORT: Dann wird da ein weißes Licht sein, das durch ein großes Schlüsselloch zu erkennen sein wird, und da ist das Empfinden von jemandem, der hindurchschaut, so als wolle er entscheiden, ob er hindurchkommen soll oder nicht. Da wird diese Energie sein, die Kaitlyn ist, und sie wird zeigen, daß sie zum jetzigen Zeitpunkt sehr vorsichtig ist und nicht so vertrauensselig.

Da ist allerdings jene Unterstützung für sie, die zu erhoffen war. Da ist in diesem Licht etwas, das sie zu beschützen scheint, und es wird so sein, daß sie den Vorhang zu öffnen scheint. Da ist diese Energie, die zeigen wird, daß sie in ihrem Denken geleitet wird, und da ist von ihrer Seite her der Wunsch, dem zugestimmt wird, daß sie in der Lage sein soll zu übermitteln, daß sie gewußt hat, was mit ihr geschehen ist, und da wird jenes gewesen sein, das sie nun zu verstehen in der Lage ist, nicht aber zu dem Zeitpunkt verstand, als sie verstarb.

»Die Gottheit scheint sie zu ermutigen, damit sie antwortet«, sagte Betty. »Das ist ziemlich ungewöhnlich. Haben Sie wegen dieser Angelegenheit gebetet?«

ANTWORT: Dann wird da jenes sein, das zeigen wird, daß sie in jener Nacht gewußt haben wird, daß jemand nach ihr Ausschau gehalten hat, und dieser Jemand wird andere nach ihr haben Ausschau halten lassen. Es wird mit einer Art Botschaft zu tun gehabt haben, die ihr gegeben werden sollte, die sie aber nicht hören wollte. Sie wird sich einer bestimmten Situation nicht haben stellen wollen, und dies wird das letztliche Resultat daraus gewesen sein. Dann wird darin der Wunsch vorhanden sein, dies auch von anderen verstanden zu wissen. Sie wird wollen, daß ihre Mörder – mehr als einer hervortreten, und es wird bald eine Zeit kommen, in welcher sie entdeckt werden, und es wird keinen Weg geben, diese Verbindung mit ihrem Fall zu vermeiden.

Da wird jenes sein, das ihr bekannt war, und sie wird gewußt haben, was geschehen sollte, und sie dachte nicht, daß dies so schlimm werden könnte, wie es wurde. Daher war ihr Vertrauen verfehlt. Es wird zum jetzigen Zeitpunkt in ihr diese Art von Mißtrauen sein, die es vorher in ihr nicht gab.. Sie wird nun gelernt haben, alle Dinge in ihrem Leben einzuschätzen, und so hat sie ihre Lektion in der Tat gelernt, so daß sich ihr Leben erfüllt hat, aber sie wird nun mit bestimmten Mustern des Karma umzugehen haben, mit denen sie allein wird fertig werden müssen. Da wird es jene geben, die gefaßt und durchschaut werden, und dieser Familie wird es bestimmt sein, am Ende zu sehen und zu erfahren, was jenes war, dem sie an ihrem letzten Tag ausgesetzt war.

Kaitlyn wird es bestimmt sein zuzulassen, daß es ein gewisses Licht um sie herum gibt, welches seine Parallele in dieser Mutter hier findet, und dieses Licht wird die Verbindungslinie sein, über die sie direkt miteinander in Verbindung treten können. Diese Linie ist immer noch zwischen ihnen offen. Da wird diese Energie sein, die Kaitlyn ermöglichen wird, ihr Wissen zu erneuern und auf den neuesten Stand zu bringen, sobald es ihr selbst klarer wird. Es wird in dieser Mutter-Tochter-Situation jene Energie geben, die mit Vertrauen und Verständigung zu tun hat, und dies wird nun nicht enden. Es wird dieses Problem mit dem Vertrauen gegeben haben, das Kaitlyn gehabt haben wird, und so wird sie sich wieder hinter ihren Schleier zurückziehen und versuchen, weiter an ihrer eigenen Energie zu arbeiten. Die Mutter mag sie in Geist und Gedanken suchen und einen Raum bereiten, über welchen sie wieder von allein in Verbindung treten können.

»Das scheint darauf hinzudeuten, daß Sie, wenn Sie wieder zu größerer emotionaler Stabilität zurückgefunden haben werden und wenn Kait lernt, sich besser zu übermitteln, kein zwischengeschaltetes Medium brauchen werden, das Ihnen hilft, miteinander in Verbindung zu treten«, sagte Betty.

ANTWORT: Da ist das Bild einer geraden Linie, die herabzukommen scheint, und dann wird es von jeder ihrer Seiten Wellen geben, als wolle sie versuchen, Bewegung zu zeigen. Da wird jenes sein, das sich durch Wasser zu bewegen scheint, und da wird jenes sein, das sich sehr schnell zu bewegen scheint, und dies hätte etwas mit der Energie von jemandem zu tun, der aufbricht, fortgeht, und darin liegt eine Dringlichkeit, als ginge es darum, fortzugehen und nicht zurückzukehren. Eine lange Reise über das Wasser liegt in diesem Bild.

»Was bedeutet das?« fragte ich.
»Ich habe keine Ahnung.«

FRAGE: *Was kann ich über die Umstände von Kaitlyns Ermordung erfahren – über den Wagen und alle Leute, die daran beteiligt waren?*

ANTWORT: Da ist viel Licht zu diesem Punkt. Da ist eine Art silberner Platte, die zu sehen sein wird, als läge sie auf der Haube eines Wagens, sie wird scheinbar eine Art Kreuzmuster haben als eine Art Verzierung. Dies wird von der Seite gesehen und nicht gerade, so wie ein Wagen fahren mag. Dieses Bild hat sich in der Kopfebene von Kaitlyn verfestigt, so als habe sie es vielleicht an dieser Stelle des Fahrzeugs gesehen, direkt bevor sie aufbrach. Dann wird da dasjenige sein, welches eine Art von nächtlichem Bild zweier Köpfe vorne in dem Fahrzeug und eines kleineren Kopfes hinten zeigt.

Da ist dieses Empfinden eines Bildes, welches sie so kurz verspürt, daß es beinahe irreal ist. Dies wird scheinbar eine Art Wiedererkennen in ihr auslösen, und es ist so, als wäre sie nicht ängstlich; jemand, den sie wiederzuerkennen und zu kennen scheint. Es wird in diesem Augenblick keine Panik in ihr geben. Dann wird da jenes sein, das diesen Wagen zeigt, wie er nach links biegt, als wolle er davonfahren.

Dann ist da ein Bild von etwas, das wie der Griff einer Plastikbürste sein wird. Es ist lang und hat etwas Viereckiges am Ende. Es scheint diesem Wagen seitlich draußen zu folgen, an der Seite dieses Wagens mit ihm sich davonzubewegen. Dieses Empfinden des Wiedererkennens wird mit etwas zu tun haben, das lange schon zu ihr gehört, und daher von ihr nicht hinterfragt zu werden braucht, kein Empfinden irgendeiner Notwendigkeit, ihm auszuweichen oder zu entkommen. Das Wiedererkennen hierin trägt zu ihrem Empfinden von Frustration über ihr fehlgeleitetes Vertrauen bei.

»Das Kreuz ist keine Motorhaubenverzierung«, sagte Betty. »Es ist wie nacktes Metall auf der Haube dieses Wagens. Es ist seltsam, daß Kait es sehen kann, weil sie von oben darauf hinabblicken müßte. Das scheint darauf hinzuweisen, daß der Wagen sehr tief liegt. Es ist einer dieser verrückten Wagen, die immer auf und ab hüpfen.«

»Sie meinen einen frisierten Wagen?« fragte ich. »Nein, so etwas meine ich nicht. Es ist einer dieser niedrigen Wagen, die auf einmal springen und bocken und dann wieder ganz nach unten gehen, so wie sie diese mexikanischen Jungs fahren.«

»Ein ›low rider‹?«

»Genau. So heißen diese Wagen – ›low rider‹.«

FRAGE: *Was kann ich zu diesem Zeitpunkt über die Energie und die Identität des Mörders erfahren, insbesondere über die Person, den Aufenthaltsort und die gegenwärtige Situation dieses Wesens?*

ANTWORT: Da ist das Empfinden dreier Leute, die beteiligt sind, und da wird eine Art Dreieck sein, welches auseinanderbrechen und in viele Richtungen gehen wird. Da wird diese Energie sein, die zeigen wird, daß einer nach Westen geht und ein anderer nach Süden und der dritte nach Nordosten. Dann wird da jenes sein, was es erlaubt, eine Art Dreieck darüber zu legen, und dies ist eine Art Schutz, vermittels dessen sie funktionieren. Es liegt hierin eine Energie des Betrugs und ein unterschiedliches Wertesystem, die Bedeutung des Lebens betreffend. Da wird jenes sein, das keine Vorstellung vom Wert des Lebens in sich hat. Da gibt es eine Art doppelte Buchführung, und sie wird in dieses Dreieck in einer Weise hineingekommen sein, daß sie keinen wirklichen Verdacht bezüglich der Ausmaße des Betruges gehabt hat. Es wird daher in alldem eine Lektion über Vertrauen liegen. Sie wird in jener Zeit viel zu tun gehabt haben, und bei jeder Bewegung wird sie sich selbst großen Risiken ausgesetzt haben. Es wird in ihrer Beziehung zu jenen drei etwas gegeben haben, das sie nicht im Griff hatte.

Da gibt es bei jenem, der nach Westen geht, ein Empfinden, als führe er über Wasser oder über das Meer. Da gibt es bei jenem, der nach Süden geht, etwas, das an der Grenze zu verharren scheint, voller Furcht, dieses südliche Land Mexiko zu betreten, als jemand, der die mexikanische Energie fürchtet. Da gibt es bei jenem, der in die dritte Richtung geht, jenem, der die geringste Schuld bei alldem zu haben scheint, ein Empfinden, als bewege er sich in Richtung auf Chicago. Er scheint den Eindruck zu machen, dort eine Kontaktperson zu haben, die ihn unterstützen würde, und in jenem gibt es weder Scham noch Wissen. Jener würde also fähig sein, erneut andere unschuldig hineinzuziehen, und dies könnte sich ein weiteres Mal zutragen.

»Mit anderen Worten das ist noch nicht das Ende«, sagte Betty. »Bevor es vorüber ist, könnte noch jemand getötet werden.«

Antwort: Da gibt es kein Gefühl, das sagt, daß dies irgend etwas mit dem Gebiet von Albuquerque zu tun hat. Da ist die Beseitigung des Fahrzeugs gewesen, das mit jenem unterwegs zu sein scheint, der nach Süden geht. Alle laufen nun davon, und es gibt ein Gefühl, das sagt, daß derjenige, der über das Wasser fährt, eben jener ist, der die meiste Schuld trägt, und das wird die Lösung mit sich bringen, die diese Familie letzten Endes erfahren wird.

Betty gab mir das Original der Sitzung und nahm den Durchschlag zu ihren Akten. Dann nahm sie nacheinander jeden der Gegenstände, die ich mitgebracht hatte – den Schmuck, den Kait getragen hatte, und einige Dinge aus ihrer Handtasche –, um zu sehen, ob sie irgend etwas aus Kaits »Energie« »lesen« konnte.

Das war der Eindruck, den sie von jedem der Gegenstände gewonnen hatte:

KAITS SONNENBRILLE: »Diese Brille jagt mir einen Schauder über den Rücken. Ich spüre, daß Kait ihren Mörder durch diese Brille angesehen hat. Da man sie nachts erschossen hat, muß sie ihren Mörder bereits vorher einmal gesehen haben.«

KAITS OHRRINGE: »Ich spüre, wie ihr Kopf sich schnell hin und her bewegt. Die Ohrringe schwingen heftig mit. Da ist eine letzte Empfindung, als hätten sie ein Eigenleben.«

KAITS KREUZ: »Sie fällt nach vorne, knickt in der Taille ein, und das Kreuz bewegt sich mit ihr und ist ein letztes Mal zu spüren, als es ihr Kinn streift.«

KAITS LIPPENSTIFT: »Gab es irgendwelche Anzeichen dafür, daß sie in jener Nacht geweint hat? Nicht in ihren letzten Augenblicken, aber vorher bereits?«

KAITS UHR: »Uhren helfen mir sehr viel weiter. Sie nehmen eine große Menge Energie auf, weil die Menschen ihre Uhren die ganze Zeit tragen, nicht bloß zu besonderen Gelegenheiten. Kait hat in jener Nacht wieder und wieder auf diese Uhr geschaut. Neun Uhr war die Uhrzeit, die sehr stark in ihrem Gedächtnis verankert war. Ich fühle, daß sie wußte, wohin sie unterwegs war, ein Ort, an dem sie um neun sein wollte. Da scheint sich eine Art Schiebung anzudeuten. Sie scheint ruhig und gemächlich auf dem Weg gewesen zu sein, und dann übernimmt dies, ein Gefühl der Überraschung, als habe sie erwartet, daß einer dieser Leute sich anderswo befände.«

KAITS ABSCHLUSSFOTO: »Mit Fotografien kann ich nicht gut arbeiten. Was ich herausbekomme, ist vage und symbolisch. Da ist das Bild einer Tür, die nur ein Stück aufgeht, als wolle jemand sehen, wer da ist, als betrachte dieser Jemand Kaitlyn und öffnete ihr nicht die Tür. Es ist etwas, das an jenem Abend geschah, ein Besuch, der nicht vollendet wurde, eine unvollständige Information, eine fehlende Lösung, nach der sie suchte, mangelnde Zusammenarbeit.«

»Erwarten Sie nicht, daß die Polizei dies akzeptiert«, warnte mich Betty. »Wenn Sie denen etwas davon mitteilen, werden die Sie für unzurechnungsfähig erklären. Sie werden schon genug Probleme haben, Ihre Glaubwürdigkeit nachzuweisen, ohne daß Sie ihnen auch noch diese Munition gegen Sie in die Hand geben.«

8

Am Ende unserer Sitzung hatte ich das sichere Gefühl, daß Betty Muench kein Scharlatan war. Wäre ich nicht bereits von ihrer offensichtlichen Ernsthaftigkeit und der Tatsache überzeugt gewesen, daß sie keinerlei Bezahlung von mir annehmen wollte, dann hätte die Geschwindigkeit, mit der sie in die Maschine tippte, das Ihre dazu getan, ihr enormes Tempo ließ ihr keine Zeit, etwas zu erfinden. Mein Beruf ist das Schreiben, und daher wußte ich, daß am Ende eines Satzes oder Absatzes zumindest eine kurze Pause notwendig ist, um das zu formulieren, was folgt. Betty hatte nicht eine einzige Pause gemacht.

Obwohl unsere Sitzung die Aussage des Lastwagenfahrers stützte, daß der Wagen, der Jagd auf Kait gemacht hatte, ein »low rider« gewesen war, schien sie doch auch auf eine Verwicklung der Vietnamesen zu deuten. Zweimal hatte Betty erwähnt, daß Kait ihre Mörder erkannt hatte, und die Tatsache, daß einer von ihnen die »mexikanische Energie« fürchtete, ließ es unwahrscheinlich erscheinen, daß er hispanischen Ursprungs war. Aber während viele der Aussagen im Verlaufe der Sitzung große Einsicht verrieten, wirkten andere befremdend. Warum sollte Kait den Abend über auf die Uhr geschaut haben und dabei immer an »Punkt neun Uhr« gedacht haben, wenn sie doch erst um Viertel vor elf von Susan aufgebrochen war? Wie konnte sie »in jener Zeit viel zu tun gehabt haben« und sich »bei jeder Bewegung ... großen Risiken ausgesetzt haben«, wenn sie doch den ganzen Abend bei einer Freundin verbracht hatte? Und die Stelle über jemanden, der »sich durch Wasser zu bewegen scheint ... sehr schnell ... aufbricht ... fortgeht ... um nicht zurückzukehren«, schien zu überhaupt nichts zu passen, zumal es als Antwort auf meine Frage kam: »Hat (Kaitlyn) eine Botschaft für mich?«

Ich zeigte Don die Mitschrift der Sitzung nur mit einem gewissen Bangen. Aber trotz seiner konservativen Art zeigte er sich hierbei erstaunlich aufgeschlossen.

»Es sind die ganzen Einzelheiten, die es so überzeugend wirken lassen«, sagte er zu mir.

Donnie hingegen hatte keinerlei Interesse daran, die Niederschrift zu lesen; er sagte, er habe Kait gesehen, die »wieder lebendig war«, und das reichte ihm. Ich schickte unseren Töchtern Kopien der Niederschrift, und sie fanden sie faszinierend, aber als Kerry versuchte, mit ihrem Mann darüber zu diskutieren, wurde er so aufgebracht, daß es in ihrer Ehe zu einem regelrechten Zerwürfnis kam.

»Ich habe Ken noch nie so wütend über irgend etwas gesehen«, sagte sie mir.

Bretts Reaktion war beinahe genauso negativ wie die unseres Schwiegersohns.

»Das ist ja, als würdet ihr zu einem Voodoo-Zauberer gehen«, sagte er angewidert. »Ich kann gar nicht glauben, daß Daddy und du solch einen Humbug mitmacht.«

Ich rief zweimal bei Steve Gallegos an, um zu erfahren, wem die Nummern auf Kaits letzter Telefonrechnung gehörten. Das erste Mal sagte er mir, die Auskunft sei mit der Morgenpost gekommen, läge aber »irgendwo in dem Wirrwarr auf meinem Schreibtisch begraben«. Beim zweiten Mal sagte er, er habe sie seinem Sergeant gegeben. Ich fragte ihn, ob er sich an die Namen erinnern könne, aber das konnte er nicht.

Anfang November sollte ich einer der Hauptredner bei einem Workshop über den »Mut, für Kinder zu schreiben« in Santa Fe sein. Drei langjährige Schriftsteller-Freunde aus anderen Teilen des Landes standen gleichfalls auf der Rednerliste, und am letzten Abend der Veranstaltung, wir saßen noch nach dem Abendessen beisammen, erzählte ich ihnen von den letzten Entwicklungen bei der Suche nach den Mördern und sprach auch über meinen Besuch bei Betty.

Alle drei nahmen die Angelegenheit sehr ernst.

»Hast du diese Informationen an die Polizei weitergegeben?« wollte ein Freund wissen, und ich sagte ihm, daß Betty mir geraten hatte, das nicht zu tun.

»Sie sagte, sie würden keinen Spuren folgen, die von einem Medium stammen«, sagte ich.

»Dann mußt du dir einen anderen Weg einfallen lassen, wie du ihnen diese Informationen geben kannst«, sagte eine Freundin aus New York. »Wie wäre es mit einem anonymen Telefonanruf?«

»So etwas könnte ich nicht durchhalten«, sagte ich zu ihr. »Ich war noch nie gut im Lügen. Außerdem würde Detective Gallegos meine Stimme wiedererkennen.«

»Dann schreib ihnen einen Brief«, schlug mein dritter Freund vor. »Das wäre doch sicher genug. Tippe ihn auf einer geliehenen Schreibmaschine, und mach dabei eine Menge Fehler.«

»Das könnte ich niemals tun«, sagte ich. »Ich verabscheue anonyme Briefe.«

In Wahrheit hatte ich nicht die Nerven, um mit der Polizei derartige Spiele zu spielen. Ich hatte genug Filme gesehen, um zu wissen, daß sie jede nur erdenkliche, hochkomplizierte Laborausrüstung zur Verfügung hatten, um Fingerabdrücke auf Schreibpapier und Speichel auf der Gummierung von Briefumschlägen zu identifizieren. Nach allem, was ich wußte, hätten sie genausogut speziell abgerichtete Hunde haben können, die solche Briefe beschnüffelten und dann deren Urheber aus einer ganzen Reihe von Menschen herausfanden.

Ich war entsetzt, als ich einige Tage später einen Anruf von Sergeant Ruth Lowe von der Mordkommission bekam, die mir mitteilte, daß sie einen anonymen Brief von einem Informanten bekommen hatte, der ziemlich viel über den Mord zu wissen schien. Was noch schlimmer war, sie bestand darauf, ihn mir laut vorzulesen:

Kait Arquette wurde nicht durch zufällige Schüsse getötet. Sie wusste, wer es getan hat. Sie waren zu dritt. Nach den Schüssen haben sie sich getrennt und sind in drei verschiedene Richtungen geflohen. Einer

IST ZU FREUNDEN IN EINEN ANDEREN BUNDESSTAAT GEFAHREN. EINER IST AN DIE WESTKÜSTE GEFAHREN. EINER IST MIT DEM WAGEN NACH SÜDEN GEFAHREN UND SOLLTE IHN IN MEXIKO LOSWERDEN, ABER DAS HAT ER VIELLEICHT NICHT GETAN, WEIL ER VOR DEN MEXIKANERN ANGST HAT UND DIE GRENZE NICHT ÜBERSCHREITEN WOLLTE, ALSO HAT ER IHN VILLEICHT IN EL PASO STEHENLASSEN ODER IRGENDWO SONST IN DER GEGEND. ES WAR KEIN VW, WIE SIE GLAUBEN, ES WAR EIN LOW RIDER.

Ganz offensichtlich stammte diese Nachricht von einem meiner Schriftsteller-Freunde. Ich wußte nicht, von welchem von ihnen, und ich wollte es auch nicht wissen, aber ich fühlte mich genauso schuldig, als wenn ich sie selbst geschrieben hätte. Hatte Sergeant Lowe mich im Verdacht und versuchte sie jetzt, mich in eine Falle zu locken? Verstieß es gegen das Gesetz, einen anonymen Brief zu verschicken? Wenn ich mich einem Lügendetektor-Test unterziehen mußte, würde dieser dann beweisen, daß ich es nicht gewesen war, oder würde meine geistige Komplizenschaft die Ergebnisse beeinflussen?

Aber Sergeant Lowe klang freundlich und keineswegs vorwurfsvoll. Sie sagte, sie riefe an, um zu hören, ob diese Nachricht für mich irgendeinen Sinn ergebe.

»Kaits Freund ist nach Kansas City gefahren, um dort bei Verwandten zu wohnen«, sagte ich zögernd. »Und die Sache mit dem Mann, der nach Westen gefahren ist – wenn es einer von Dungs Freunden gewesen sein sollte, könnte er sich dahin gewendet haben. Diese Vietnamesen haben irgendwelche Verbindungen in der Gegend von L.A.«

»Welche Art von Verbindungen?« wollte Ruth Lowe wissen.

»Das ist die Gegend, wo sie ihre Unfälle gebaut haben.«

»Was für Unfälle?«

»Diese Unfälle, die sie vorgetäuscht haben, um die Versicherungsgesellschaften zu betrügen.«

Im Verlauf unseres Gespräches begann ich zu erkennen, daß Sergeant Lowe so gut wie nichts über die Dinge wußte, die wir Detective Gallegos mitgeteilt hatten. War sie zu sehr überlastet, um in diesem Fall auf dem laufenden zu bleiben? Oder tauschten sich die Leute in ihrer Abteilung nur selten aus? Als ich die Telefongespräche nach Santa Ana erwähnte, wollte sie wissen, warum wir der Mordkommission davon keine Mitteilung gemacht hatten, und schien dann überrascht, sie doch in den Unterlagen zu dem Fall zu entdecken.

»Wir müssen herausfinden, zu wem diese Nummern gehören«, sagte sie.

»Ich dachte, das sei längst geschehen!«

»Ich sehe nichts, was darauf hinwiese.«

»Aber Detective Gallegos hat mir doch gesagt, er habe sie überprüfen lassen! Er sagte, er habe die Namen bekommen und an Sie weitergeleitet!«

»Ich weiß gar nichts über diese Anrufe«, sagte Sergeant Lowe. »Sie wirken allerdings sehr verdächtig. Vielleicht waren die Männer in dem Camaro Vietnamesen, keine Hispanos. Es war dunkel, und der Lastwagenfahrer konnte ihre Gesichter nicht sehen, und bei dem Akzent könnte er sich geirrt haben.«

Ich mußte zugeben, daß dies eine Möglichkeit war.

»Irgend jemand da draußen muß wissen, wer es getan hat«, sagte sie.

Ich stimmte ihr zu,

»Ich könnte wetten, daß dieser Brief von jemandem geschrieben worden ist, der mit Kait befreundet war.«

Oder mit Kaits Mutter, ergänzte ich im stillen.

Sergeant Lowe fragte mich, ob ich bereit sei, noch einmal im Fernsehen aufzutreten, um »die Dinge etwas in Bewegung zu bringen«. Ich sagte ihr, daß ich das nur zu gern tun würde.

Trotz des Unbehagens, das ich des anonymen Briefes wegen empfand, schien er doch einen belebenden Effekt auf die Nachforschungen auszuüben. In den Fernsehnachrichten um achtzehn Uhr wurde erneut über den Fall berichtet und verkündet, daß der »Kaitlyn Arquette Crime Stoppers Fund« mittlerweile über mehr als 5000 Dollar verfügte, die für Informationen ausbezahlt werden sollten, die zu einer Festnahme führten. Jeder beteiligte sich. Sergeant Lowe, sie war, wie sich herausstellte, eine attraktive Frau, trat selbst im Fernsehen auf und sagte: »Wir haben Gründe zu der Annahme, daß es dort draußen jemanden gibt, der über Informationen verfügt, die er uns mitteilen sollte.« Ein Sprecher der »Crime Stoppers« fügte hinzu: »Diese Person hat vermutlich Angst, sich mit diesen Informationen vorzuwagen, weil sie fürchtet, ihr könne das gleiche geschehen, was Kaitlyn geschehen ist. Ich möchte dieser Person versichern, daß dies nicht passieren wird.« Dann erklärte er noch, wie die »Crime Stoppers« arbeiteten. Daraufhin erschien ich als die Mutter des Opfers und bat diese Person, sich zu melden, »um unseretwillen, um Kaits willen und um all der Leute dort draußen willen, die fürchten, ihre eigenen Kinder könnten erschossen werden«.

Für eine kurze Weile erweckte diese Sendung noch einmal regionales Interesse. Dann versank der Fall wieder in der alltäglichen Routine. Ich rief noch mehrmals bei der Polizei von Albuquerque an, um etwas über die Telefonnummern herauszufinden, aber diese Information wurde mir nie gegeben.

Jenes Jahr brachte einen kurzen, seltsamen Herbst ohne jede herbstliche Pracht. Die Blätter müssen über Nacht abgefallen sein, ohne sich die Mühe zu machen, ihre Farbe zu wechseln, denn an einem Tag waren die Bäume noch grün und am nächsten bereits kahl. Die Kinder aus der Nachbarschaft schlurften auf ihrem Weg zur Schule durch die kniehohen Blätter im Rinnstein, und ich sah ihnen vom Fenster aus zu und dachte daran, wie Kait im selben Alter vergnügt im Herbstlaub gespielt hatte.

Dung, der sich mittlerweile offenbar vollständig von seiner Messerwunde erholt hatte, kehrte nach Albuquerque zurück. Ich rief ihn bei seiner Arbeitsstelle an und sagte ihm, daß wir seine Sachen bei uns in der Garage gelagert hatten. Ich fragte ihn, ob er kommen wolle, um sie abzuholen. Er bejahte und ließ sich von seinem Chef zu uns fahren.

Er war höflich, aber distanziert, und ich hatte keine Gelegenheit, allein mit ihm zu sprechen, aber in einen der Kartons konnte ich einen Brief stecken. Diesen Brief sollte er später an die Polizei weitergeben als Beweis dafür, daß wir ihn belästigten:

Lieber Dung,
erinnerst du dich noch an den Traum, den du bei uns in der Nacht hattest, als Kait starb? Ich habe denselben Traum jede Nacht. In dem Traum weint Kait. Sie sagt, daß sie ganz allein im Dunkeln ist und nicht in den Himmel kann, bis wir wissen, was mit ihr geschehen ist. Sie sagt: »Ihr und Dung müßt mir helfen.« Ich liebe sie so sehr, aber ich weiß nicht, wie ich ihr helfen soll.

Du kennst Kait besser als irgend jemand sonst. Du kennst auch die Dinge, die sie getan hat und von denen wir nichts wissen sollten, und du weißt, wer auf sie wütend war. Ich weiß, daß du Kait nicht erschossen hast, weil du sie viel zu sehr liebtest, aber ich glaube, daß du schlau genug bist, um herauszufinden, wer es getan hat.

Wenn du es herausfindest, brauchst du nicht mit der Polizei zu sprechen. Du kannst mir einen Brief schreiben und darin sagen, wer es getan hat und warum, und du mußt nicht mit deinem Namen unterschreiben. Du kannst mich auch anrufen, und ich werde so tun, als habe ich es durch irgend jemand anders erfahren. Oder wenn du die Belohnung bekommen möchtest, kannst du die Nummer 843-7867 anrufen und alles den »Crime Stoppers«-Leuten erzählen. Auch bei ihnen mußt du deinen Namen nicht angeben. Sie würden dir das Geld an irgendeinen geheimen Ort bringen, und niemand würde je erfahren, daß du derjenige warst, der sie angerufen hat.

Ich weiß, daß du niemals gewollt haben kannst, daß etwas dermaßen Schreckliches geschieht. Falls du irgend etwas mit dieser Sache zu tun haben solltest, muß es ein Unglücksfall gewesen sein. Ich verspreche dir, daß ich dafür Sorge tragen werde, daß dir nichts geschieht, genauso wie ich es tun würde, wenn du einer meiner Söhne wärst. Aber wenn du Kait liebst, dann versuche bitte herauszufinden, wer es getan hat. Sie hat Angst und ist ganz allein, und sie braucht unsere Hilfe.

In Liebe
Kaits Mom

Kurze Zeit später berichteten uns Freunde von Donnie, daß sie Dung mit einer neuen weißen Freundin gesehen hatten, und mir wurde klar, daß ich diesen Brief, in dem ich mich regelrecht erniedrigt hatte, vollkommen umsonst geschrieben hatte.

Der November ging zu Ende, und es kam der Thanksgiving Day, der erste größere Feiertag nach Kaits Tod. Das *Albuquerque Journal* brachte einen Artikel über den 36 Jahre alten Empfänger von Kaits Herz und Lunge. Ich verspürte keinerlei Reue über unsere Entscheidung, ihre Organe »zur Transplantation freizugeben«, aber dennoch war es schon ein merkwürdiges Gefühl, das Foto eines Mannes zu betrachten, den ich noch nie gesehen hatte, und zu wissen, daß ein Herz, das in meinem Schoß herangewachsen war, nunmehr in seiner Brust schlug.

Wir gaben uns alle Mühe, Thanksgiving auf die traditionelle Weise zu begehen. Entsprechend der Familientradition kümmerte sich Don um den Truthahn, und den ganzen Tag bestätigten wir uns gegenseitig, wie gut doch der Braten röche. Als ich dann in die Küche ging, um die Sauce zu bereiten, fand ich einen kalten, weißen Kadaver in unserem Bräter. Vor lauter Streß hatte Don vergessen, den Backofen einzuschalten.

Inzwischen waren drei Monate vergangen, seit die Abteilung für Bandenkriminalität bei der Polizei von Albuquerque von der Existenz des goldfarbenen Camaro in Kenntnis gesetzt worden war, und sie hatten ihn immer noch nicht gefunden. Da die Beschreibung des Wagens nicht veröffentlicht worden war, hielt sonst niemand nach dem Fahrzeug Ausschau. Der Mord an Kait war in der Presse schon lange Berichten über neuere Gewalttaten gewichen, und es schien so, als wäre der Fall mittlerweile bereits Teil der Kriminalgeschichte.

Die »Crime Stoppers«-Organisation war in unserer Stadt ziemlich stark, aber für Menschen, die nicht gut Englisch sprachen, war das Prinzip schwer zu verstehen, nach dem sie arbeitete. Ich beschloß, ein einfach formuliertes Flugblatt in Umlauf zu bringen, aus dem deutlich hervorging, daß Informanten bezahlt werden konnten, ohne ihren Namen preisgeben zu müssen.

Ich bemühte mich, es so verständlich wie möglich aufzusetzen:

Über 5000 Dollar Belohnung im Fonds der Kait Arquett Crime Stoppers!

Kait wurde am Sonntag, dem 16. Juli 1989, gegen 22 Uhr 30 auf dem Lomas Boulevard in der Nähe des Brodway N. E. erschossen. Sie fuhr einen roten Ford Tempo. Die Waffe könnte ein Kleinkalibergewehr oder eine Uzi gewesen sein.
Crime Stoppers zahlen für nützliche Informationen. Sie brauchen Ihren Namen nicht zu nennen. Die Belohnung kann an geheimer Stelle hinterlegt werden. Niemand wird je erfahren, daß Sie angerufen haben.
Rufen Sie an : Crime Stoppers – 843-7867

Da manche von Kaits vietnamesischen Bekannten sie nicht bei ihrem Namen, sondern nur als Dungs Freundin gekannt haben mochten, wollte ich ein Bild der beiden auf dem Flugblatt haben, aber dafür brauchte ich einen Schwarzweiß-Abzug, und die einzigen Fotos, die ich von den beiden zusammen hatte, waren in Farbe. Dann fiel mir der Fehler wieder ein, den ich an Kaits achtzehntem Geburtstag gemacht hatte. Nachdem ich einen ganzen Film verknipst hatte, mußte ich zu meinem Kummer entdecken, daß ich aus Versehen einen Schwarzweißfilm eingelegt hatte. Kait wollte Farbbilder haben, und da auch Brett Aufnahmen gemacht hatte, machte ich mir nicht einmal die Mühe, meine eigenen entwickeln zu lassen. Dieser Film lag noch auf einem Regal in meinem Arbeitszimmer, und ich entwickelte ihn in meiner kleinen Dunkelkammer zu Hause. Er war schon zu alt, um noch gut zu sein, und nur ein Bild war wirklich etwas geworden, aber das war genau das Bild, das ich brauchte – Kait und Dung standen beieinander und lächelten in die Kamera.

Die Flugblätter brachte ich in Umlauf, indem ich sie zunächst an die Türen von Waffenläden heftete, von Pfandleihen, Kinos, Video-Shops, Second-Hand-Läden, Jugendtreffs, Einkaufszentren, Armenküchen und asiatischen Restaurants, und wenn die Tür nicht geeignet war, bat ich die Inhaber, sie an einer Stelle anzubringen, wo die Kunden sie auch sehen konnten. Da Betty uns gesagt hatte, »das Element des Weiblichen« sei auf unserer Seite, verteilte ich sie auch an Lebensmittelläden, Waschsalons, Kindergärten und sämtliche Beratungsstellen für junge Mütter. Danach suchte ich alle Mittel- und Oberschulen der Stadt auf und sprach über die Lautsprecheranlagen zu den Schülern, um sie um ihre Hilfe zu bitten und sie dazu zu bringen, die Flugblätter auch an ihren Treffpunkten zu verteilen.

Ein Anti-Drogen-Spezialist an einer Schule in einer Gegend mit einem starken vietnamesischen Bevölkerungsanteil erwies sich als besonders mitfühlend. Während er Kartons mit Flugblättern für mich aus dem Wagen in die Schule schleppte, erzählte er mir, daß er nie geglaubt habe, die Schüsse auf Kait seien Zufall gewesen.

»Sobald ich ihren Freund im Fernsehen gesehen hatte, habe ich mir gesagt: ›Ich wette, der Kerl hat etwas mit der Sache zu tun‹«, sagte er. »Die vietnamesischen Banden in dieser Stadt sind absolut die Hölle. Sie halten ihre eigenen Leute in Angst und Schrecken, aber die vietnamesische Gemeinschaft ist eine eigene, abgeschlossene Welt, und sie verpfeifen einander nicht, ganz gleich, wie schlimm die Dinge stehen. Die Polizei weiß nicht, wie sie damit fertig werden soll, und deshalb tun sie am liebsten so, als gäbe es hier nur schwarze Hispano-Banden.«

Die kleine Druckerei, für die Donnie arbeitete, erbot sich, die Flugblätter zum Selbstkostenpreis zu drucken, so daß ich Tausende davon in Umlauf bringen konnte. Freunde und Nachbarn halfen dabei, sie zu verteilen, und ich verbrachte meine Tage damit, mit einer Heftpistole durch die Straßen zu gehen und die Flugblätter an Bäume und Telefonmasten zu heften.

Zum ersten Mal in unseren dreiundzwanzig Ehejahren unterstützte Don mich nicht.

»Du solltest nicht andauernd mit diesen Dingern rumlaufen«, sagte er zu mir.

»Warum nicht?« wollte ich wissen; ich war verletzt und über seine Haltung erstaunt.

»Du suchst ja geradezu den Ärger. Es könnte gefährlich werden.«

»Den Ärger suchen!« Ich konnte nicht glauben, was ich da hörte. »Wovor hast du Angst – daß man mich wegen verbotenem Plakatieren festnimmt?«

»Jemand könnte auf die Idee kommen, sich zu rächen.«

»Dafür, daß ich Flugblätter verteile?«

»Es ist eine Sache, sie an irgendwelche Geschäfte zu schicken, aber eine ganz andere, dort hinauszugehen und sie persönlich an die Wände zu nageln.«

»Warum sollte ich sie nicht an die Wände nageln?« gab ich zurück. »Ich bin Kaits Mutter! Und du bist ihr Vater, du solltest genauso da draußen sein und mir helfen! Wie kannst du einfach so dasitzen, wenn wir eine ganze Stadt erreichen müssen?«

»Ich sitze nicht ›einfach so da‹«, sagte Don mit eisiger Stimme. »Ich habe einen vollen Arbeitstag hinter mir, und ich tue mein möglichstes, um mein Leben wieder in normale Bahnen zu bringen. Das ist um einiges gesünder als das, was du tust. Du bist ja ganz besessen von deinem Kreuzzug. Du kannst über nichts anderes mehr reden, du kannst nicht essen, du fällst spätestens um halb neun in einen erschöpfungsähnlichen Schlaf; du bist auf dem besten Wege, dich aus dem normalen Leben zu verabschieden. Wenn du noch irgendwelche Beweise dafür brauchst, sieh dir doch bloß einmal deine Hände an!«

»Was stimmt denn nicht mit meinen Händen?« Ich blickte hinunter und stellte verblüfft fest, daß sie blutverkrustet waren. Die Knöchel waren von der Heftpistole vollkommen aufgeschürft.

»Kait ist tot«, sagte Don. »Es gibt nichts, das wir tun können, um sie zurückzuholen. Wir müssen damit anfangen, unser Leben wieder in Ordnung zu bringen. Es ist Sache der Polizei, ihre Mörder zu finden.«

»Die Polizei rührt längst keinen Finger mehr!«

»Woher sollten wir das wissen? Wir müssen an das System glauben und Vertrauen haben.«

»Ich werde jetzt und in alle Ewigkeit Flugblätter verteilen«, sagte ich. »Und wenn du versuchst, mich daran zu hindern, werde ich dich verlassen.«

Ich stampfte aus dem Zimmer und lief nach oben, um mich hinzulegen.

Schließlich war es ja schon halb neun Uhr abends.

Irgendwann einmal hatte ich gelesen, daß achtzig Prozent aller Paare, die eines ihrer Kinder verlieren, innerhalb von zwei Jahren geschieden werden. Damals hatte ich mir einfach nicht vorstellen können, wie so etwas möglich sein sollte, wenn es sich um ein liebevolles Paar mit einer stabilen Ehe handelte.

Nun verstand ich es nur zu gut.

THERE'S OVER $5,000 REWARD MONEY

IN THE KATE ARQUETTE

CRIMESTOPPERS FUND!

KATE ARQUETTE WITH HER BOYFRIEND

Kate was shot to death Sunday, July 16, 1989, at about 10:30 P.M., on Lomas Blvd. near Broadway N.E. She was driving a Red Ford Tempo. The gun might have been a small caliber rifle or an Uzi.

Crimestoppers will pay for useful information. You won't have to give your name. Reward money will be dropped off in cash at a secret collection point. No one will ever know you made the call.

CALL CRIMESTOPPERS

843-7867

9

Dezember 1989:

Ihrer Schwester hinterließ sie eine
Bowlenschüssel wie eine Wassermelone,
weil sie so gut zu der gelbroten Küche paßte,
sie hatte sie schon für Weihnachten für sie zurückgelegt.

Ihrem Vater und mir hinterließ sie ihre halbwilde Katze,
ein Aquarium voll stumpfsinniger Goldfische,
und ein so stilles Haus, daß man hört, wie die Fische beim
Schwimmen das Wasser aufwühlen.

Ich will auch solch eine Schüssel,
will sehen, wie ihre starken, kräftigen Hände sie halten,
will sie lachen hören,
weil wir darauf reinfielen und glaubten, die Schüssel sei
wirklich eine Wassermelone.

Nein, in Wahrheit will ich gar keine Schüssel/Melone.

Könnte ich ihr Lachen nur hören, die Kerne
wären mir völlig genug.

Wenn Thanksgiving schon grauenvoll war, dann war das Weihnachtsfest noch schlimmer. Wir hatten eine lange, nie veränderte Familientradition, und Kait war ein fester Bestandteil von allem, was mit diesem Fest zusammenhing. So war es Kaits Aufgabe, die sie sich nicht nehmen ließ, den Baum zu schmükken, und Kait war es auch, die für das Weihnachtsessen die Pasteten buk. Kait deckte immer den Tisch mit dem Hochzeitsservice ihrer Großmutter, Kait füllte die Schalen mit der Preiselbeersauce, Kait bereitete die Knabberstäbchen vor und arrangierte sie auf dem Vorspeisen-Tablett.

Dieses Jahr kümmerte sich Donnie darum, den Baum zu schmücken; dabei hängte er den Baumschmuck so aufs Geratewohl irgendwo in die Zweige, daß schon am Weihnachtsabend die Hälfte auf dem Boden lag. Niemand kümmerte sich um ein Tablett mit Vorspeisen, die Preiselbeersauce wurde einmal um den Tisch gereicht, ohne daß irgend jemand auch nur einen Löffel davon genommen hätte, und die Pasteten kaufte ich beim Bäcker.

Diejenigen unserer Kinder, die in anderen Teilen des Landes wohnten, kamen immer über die Feiertage zu Besuch. Diese Weihnachten machten sie die Reise nur widerstrebend, und Kerry hätte beinahe noch einen Rückzieher gemacht. Sie machte sich nicht nur Sorgen darüber, welche Auswirkungen das Fehlen ihrer jungen Tante auf Erin und Brittany haben würde, sie hatte auch Angst um das Leben ihrer beiden Kinder.

»Was ist, wenn dieser Verrückte auf die Idee kommt, noch mehr von uns zu erschießen?« fragte sie ganz aufgewühlt. »Vielleicht ist es eine Art Vendetta, und er will uns alle umbringen!«

Die »frohe Weihnachtszeit« wurde zu einem emotionalen Desaster. Kerry und Ken kamen zwar mit ihren beiden Kindern, aber der Besuch wurde von permanentem Verfolgungswahn überschattet, und sie bestanden darauf, daß wir die Türen verschlossen hielten und sogar tagsüber die Gardinen zugezogen ließen. Wenn ich durch den Flur ging, konnte ich überall in den Zimmern jemanden schluchzen hören, und wir alle lösten uns mit ständigen Besuchen auf dem Friedhof ab.

Kerry und ihre Familie fuhren am 26. wieder ab, und am folgenden Tag belud Brett seinen Chevrolet Van und brach zur Ostküste auf. In den Wochen vor den Feiertagen war er immer verbitterter und verzweifelter geworden, wütend auf die Polizei von Albuquerque, weil sie ihre Untersuchungen nur halbherzig betrieb, und von Don und mir abgestoßen, weil wir einem

Medium Glauben schenkten. Als dann schließlich der Tag da war, wo er erklärte: »Ich haue ab aus diesem Alptraum«, da erfüllten mich widersprüchliche Empfindungen – Sorge und Neid. Ich würde meinen Sohn vermissen, aber ich wünschte, ich könnte genauso »abhauen«.

Robin blieb noch ein paar Tage länger, um mir dabei zu helfen, die Flugblätter zu verteilen. Wir konzentrierten den Großteil unserer Bemühungen auf den Teil der Stadt, der bei uns in der Gegend »Little Vietnam« genannt wird. Während wir Straßen entlangfuhren, die wir nie zuvor benutzt hatten, entdeckten wir eine Art Ghetto, von dessen Existenz wir überhaupt nichts gewußt hatten; es lag nur wenige Blocks von Wohngegenden der gehobenen Mittelklasse entfernt. Die Bürgersteige und die Gebäude waren mit den Graffiti asiatischer Jugendbanden übersät, und auf englisch konnte man lesen: *Macht die Bullen fertig! Verreckt, Rundaugen, verreckt!* und *Tötet! Tötet! Tötet!*

Nun, da wir zu zweit zusammenarbeiteten, waren wir in der Lage, in relativ kurzer Zeit eine Menge zu schaffen. Ich fuhr den Wagen, und Robin sprang hinaus und arbeitete mit Klebeband und Heftpistole. Wir beschlossen, daß eine besonders günstige Stelle für unsere Flugblätter die Wände der Müllcontainer von billigen Wohnblocks sein müßten. Den ersten Hinweis darauf, daß wir uns in Gefahr begaben, bekamen wir, als Robin einmal ihre Tür öffnete, um mit einem Flugblatt hinauszuspringen, und ich zwei Männer asiatischer Abstammung, bemerkte, die in einem verbeulten grünen Plymouth saßen, der neben dem Müllcontainer parkte.

Irgend etwas an der Art, wie sie zu uns herüberstarrten, machte mich nervös.

»Komm, wir lassen diesen Container aus und nehmen uns den am Ende der Straße vor«, schlug ich vor.

Robin folgte meinem Blick und nickte hastig und zustimmend. Ich fuhr weiter zum Ende der Sackgasse, und sie stieg aus dem Wagen und klebte unser Flugblatt direkt an den Müllcontainer. In Sekundenschnelle hielten die Männer neben uns und kurbelten ihre Fenster herunter.

Robin sprang wieder in den Wagen und rief: »Los, Mutter, los!«

Meine Reaktionen waren langsamer als ihre, und als ich endlich begriffen hätte, daß die Männer uns den Weg abschnitten, blockierte der Plymouth bereits die Fahrbahn, und der Mann auf der Beifahrerseite stieg aus dem Wagen. Ich drückte den Knopf für die Zentralverriegelung herunter und trat das Gaspedal bis auf den Boden durch. Der Mann griff nach dem Türgriff auf Robins Seite, konnte ihn aber nicht festhalten, als unser Wagen über den Randstein holperte und mit einem dumpfen Knall wieder auf der Fahrbahn landete.

Im Höchsttempo jagte ich die Straße hinunter, um bei dem Stopschild an ihrem Ende anzuhalten.

»Was tust du da?« kreischte Robin entgeistert.

Mit einem Blick in den Rückspiegel stellte ich zu meinem Entsetzen fest, daß der Plymouth genau auf uns zuhielt. Erneut trat ich das Gaspedal bis aufs Bodenblech durch, und wir schleuderten über die Kreuzung hinweg, um dann scharf nach links in die Ridgecrest einzubiegen, eine von Norden nach Süden verlaufende Straße, die durch eine gepflegte Wohngegend führte.

»Sind sie immer noch da?« fragte ich keuchend, als wir in Richtung Central Avenue rasten, die verkehrsreiche Straße, die die Unterstadt von Albuquerque in zwei Hälften schneidet.

»Sie sind zurückgefallen«, sagte Robin erleichtert. *»Warum um Gottes willen hast du beim Abbiegen geblinkt?«*

»Das habe ich getan, ohne nachzudenken«, sagte ich. »ich blinke immer, wenn ich abbiege.«

»Daddy hat recht, du solltest das hier nicht tun«, meinte Robin. »Du bist nicht dafür gemacht, in den Straßen zu überleben. Versprich mir, daß du in dieser Gegend keine Flugblätter mehr anbringst!«

»Das kann ich nicht versprechen«, sagte ich ganz offen. »Das ist genau die Gegend, wo ich sie haben will.«

»Dann tu es wenigstens nicht mehr allein! Nimm irgend jemanden mit! Und geh nicht zwischen zwei Häuser, fahr nicht auf Parkplätze, die nur eine Zufahrt haben; überall da kann man dir den Weg abschneiden. Hast du den Ausdruck in ihren Gesichtern gesehen? Diese Männer hätten uns umbringen können!«

»Das ist ja lächerlich«, sagte ich. »Das sind doch bloß ein paar miese Typen, die gerne Frauen Angst einjagen.«

»Das ist vermutlich genau das, was Kait gedacht hat«, sagte Robin da. *»Sie dachte nicht, dies könnte so schlimm werden, wie es dann wurde, und sie verspürte keinerlei Notwendigkeit davonzulaufen.«*

»Aber sie versuchte, dem Camaro zu entkommen. Dieser Lastwagenfahrer hat von einer Verfolgungsjagd mit hohem Tempo gesprochen.«

»Du hast mir doch gesagt, du akzeptiertest das, was bei der Sitzung mit Betty herausgekommen ist!«

»Das tue ich auch, aber es muß gedeutet werden«, sagte ich. »Das ist wie bei einem Puzzle – wir müssen lernen, wie das alles zusammengehört.«

»Wo hast du denn diese geniale Erkenntnis her?«

»Ich weiß nicht mehr.« Ich hatte das deutliche Gefühl, dies alles schon früher einmal gesagt zu haben, aber mir fiel einfach nicht ein, wo oder wann das gewesen sein konnte.

Nachdem Robin wieder nach Florida abgereist war, machte ich weiter mit meinen Flugblättern, aber ich riskierte es nie mehr, mich irgendwohin vorzuwagen, wo mir der Rückweg abgeschnitten werden konnte, und ich achtete genau auf das, was in meiner Umgebung vor sich ging.

Am Silvesterabend schaffte ich es, länger als mittlerweile für mich üblich wachzubleiben, und um zehn Uhr unserer Zeit – an der Ostküste war es bereits Mitternacht – saß ich mit Don vor dem Fernseher und sah zu, wie die Uhr am Times Square das Ende des schrecklichsten Jahres in unserem Leben anzeigte.

»Ich war sicher, daß sie zu diesem Zeitpunkt längst jemanden festgenommen hätten«, sagte Don mit einem Seufzer.

»Sie werden überhaupt niemanden festnehmen.«

»Der Fall ist noch immer nicht abgeschlossen, erinnerte er mich.

»Das heißt nicht, daß aktiv daran gearbeitet wird.«

Wir saßen da und starrten auf den Bildschirm wie ein paar Zombies. Keiner von uns machte eine Bewegung, um den anderen zu berühren, während die Menschenmenge in New York in ihrem ausgelassenen Jubel kreischte und alle sich abküßten und Lärm machten.

Eine ganz normale Kleinigkeit erwies sich schließlich als der Auslöser, der mich aus meiner Lethargie riß. Am vierten Januar ging das Armband meiner Timex entzwei. Ich ging los und kaufte ein neues Uhrarmband, und als ich damit wieder nach Hause kam, war die Uhr auf mysteriöse Weise verschwunden.

Ich gehöre zu den Leuten, die immer wissen müssen, wie spät es gerade ist, und ich besaß noch zwei andere Uhren; eine gute, die schon meiner Mutter gehört hatte, und eine spaßige mit einer Holographie auf dem Zifferblatt, die ich in irgendeinem Krimskrams-Laden gekauft hatte. Beide zeigten sie perfekt die Zeit an, solange sie in meinem Schmuckkasten verstaut lagen, aber sobald ich sie anlegte, hörten sie auf der Stelle zu gehen auf.

Ich überlegte gerade, ob ich das Geld für eine neue Timex investieren sollte, als mir Kaits Uhr einfiel, die ich mit zu Betty Muench genommen hatte. Ich holte Kaits Handtasche hervor und leerte sie auf mein Bett, und die Uhr fiel mir aus einer Seitentasche entgegen. Als ich sie mir über das Handgelenk streifte, bemerkte ich, daß unter den übrigen Dingen in der Handtasche auch ein kleines Notizbuch mit einer Seite für Telefonnummern gewesen war. Kaits normales Telefonverzeichnis hatte in ihrem Schreibtisch gelegen, und ich hatte es zusammen mit ihrer Korrespondenz bei der Polizei abgegeben, daher besaß ich keine der Telefonnummern ihrer Freunde mehr. Als ich nun diese Telefonliste überflog, wurde ich ganz aufgeregt. Hier waren Leute verzeichnet, die mehr über Kait wissen mochten als wir selbst. Sechs lange Monate hindurch hatten wir alles der Polizei überlassen. Vielleicht war es nun an der Zeit, auf eigene Faust ein paar Nachforschungen anzustellen.

Die erste, die ich zu erreichen versuchte, war Susan Smith, aber es gab keinen Anschluß mehr unter der Nummer, die Kait sich notiert hatte. Ich erinnerte mich daran, daß Kait gesagt hatte, Susan verkaufe Eishörnchen vor Pier One Imports, also fragte ich bei den Leuten dort nach, ob jemand sie gesehen hatte. Das hatten sie zwar nicht, aber einer der Angestellten sagte mir, daß Susans Freund vor kurzem irgendeinen Artikel, den er bei ihnen gekauft hatte, zurückgegeben hatte, und statt sich das Geld wiedergeben zu lassen, hatte er seine Adresse angegeben, damit man ihm eine Gutschrift schicken konnte.

Ich schrieb also an Susan über die Adresse dieses Freundes. Ein paar Tage später rief sie mich an und erklärte sich bereit, bei uns vorbeizukommen.

Susan hatte ein offenes Gesicht und sah auf anrührende Weise verletzlich aus. Es war offensichtlich, daß Kaits Tod sie tief getroffen hatte.

»Ich werde diese Nacht niemals vergessen, solange ich lebe«, sagte sie. »Deshalb bin ich auch umgezogen. Ich konnte die Erinnerungen nicht ertragen, die mit dieser Wohnung verbunden sind. Kait hatte vorgehabt, über Nacht bei mir zu bleiben, und dann hat sie es sich anders überlegt. Ich muß immer wieder darüber nachdenken, ob es irgendeine Möglichkeit gegeben hätte, sie dazu zu bringen, bei mir zu bleiben. Wenn ich das geschafft hätte, würde sie heute vielleicht noch leben.«

»Warum hat sie sich denn entschlossen, doch noch aufzubrechen?« fragte ich.

»Sie sagte mir, sie müsse noch lernen, aber das war nicht der wirkliche Grund. Sie machte sich Sorgen darüber, wo Dung war und was er machte. Sie ließ mich andauernd in ihrer Wohnung anrufen, um zu sehen, ob er wieder zu Hause war.«

»Hat sie Ihnen erzählt, worüber sie sich solche Sorgen machte?«

»Sie hat bloß gesagt, sie hätten einen Riesenstreit gehabt. Das war nichts Neues, denn sie stritten sich die ganze Zeit, aber ich hatte Kait noch nie in einem solchen Zustand gesehen wie in dieser Nacht. Sie brach andauernd ohne erkennbaren Grund in Tränen aus, und am Ende mußte ich alle fünf Minuten für sie in ihrer Wohnung anrufen.«

»Warum hat sie nicht selbst angerufen?« wollte ich wissen.

»Sie wollte nicht mit Dung sprechen. Sie wollte nur wissen, wo er war. Sie sagte, wenn er an den Apparat ginge, sollte ich so tun, als hätte ich mich verwählt.«

»Wann haben Sie das letzte Mal angerufen?«

»Das war direkt bevor sie aufgebrochen ist.«

»Also ungefähr um zwanzig vor elf?«

»Ja, irgendwann um die Zeit herum.«

»Und es hat immer noch niemand abgenommen?«

Susan schüttelte den Kopf.

»Das ist merkwürdig«, meinte ich. »Die Freunde, mit denen Dung an dem Abend angeblich unterwegs war, sollen ihn um zehn an der Wohnung abgesetzt haben. Wußte er denn, wo Sie wohnten?«

»Möglich, wenn er meine Wegbeschreibung gesehen hat.«

Ich hatte die Beschreibung mit der Wegskizze ganz vergessen, die in Kaits Wagen gefunden worden war.

»Meinen Sie, daß Sie mir von dieser Skizze eine Kopie zeichnen können?« fragte ich sie.

»Sicher«, meinte Susan bereitwillig.

Ich gab ihr einen Stift und ein Blatt Papier, und sie zeichnete eine Strecke auf, die westwärts über die Lomas führte und als Orientierungspunkt ein »Wendy's«-Hamburger-Restaurant verzeichnete, wo es links ab in südlicher Richtung auf die Nineteenth Street ging. Die Stelle, wo Susan wohnte, war mit einem X markiert.

Ich nahm die Skizze und studierte sie einen Moment.

»Wenn Kait von Ihnen fortwollte, mußte sie also dieselbe Strecke zurückfahren, die sie gekommen war. Sie hatte keine Wahl, weil Ihre Straße am Ende blockiert war.«

»Sie hat tatsächlich versucht, dort entlangzufahren«, sagte Susan. »Ich habe mich noch gewundert, warum sie das tat. Sie ist auf der Nineteenth nach Süden statt nach Norden abgebogen; und dann hat sie gemerkt, daß sie dort nicht durchkam und umdrehen mußte, um dann in der anderen Richtung wegzufahren.«

»Haben Sie ihr diese Skizze an dem Morgen gegeben?«

»Nein, das war schon Anfang der Woche«, sagte Susan. »Wir hatten vorgehabt, uns da schon zum Abendessen und fürs Kino zu treffen, aber Kait mußte Überstunden machen, und daher wurde nichts daraus. Dann haben wir schließlich beschlossen, daß sie einfach am Sonntag vorbeikommen sollte.«

Als sie aufstand, um zu gehen, bedankte sie sich bei mir dafür, daß ich sie gebeten hatte zu kommen.

»Es ist gut zu wissen, daß endlich jemand etwas tut«, erklärte sie mir.

Die nächste von Kaits Freundinnen, die ich anrief, war Laura, das Mädchen mit dem Kait sich ihre Wohnung hatte teilen wollen, nachdem Dung ausgezogen wäre.

»Kait war am Samstag wirklich richtig sauer auf Dung«, erinnerte sich Laura. »Sie hatte meinen Freund und mich eingeladen, um zusammen ein paar Videos anzusehen, aber sobald wir ankamen, verschwand Dung. Er kam den ganzen Abend nicht zurück, und Kait war furchtbar wütend. Sie sagte, das mache er immer so. Er würde gegen zehn oder elf losziehen und nicht vor dem Morgengrauen zurückkommen.«

»Wohin ging er denn?«

»Das wußte Kait nicht«, sagte Laura. »Er sagte bloß, er ginge los, um ein paar Freunde zu treffen. Zuerst hatte sie Sorge, daß er sich mit anderen Mädchen abgäbe, aber ich sagte ihr, wenn er das wollte, wäre er nicht mit ihr zusammengezogen.«

»Gab es sonst noch etwas, das Ihnen seltsam vorgekommen wäre?« fragte ich sie.

»Nun«, meinte Laura zögernd, »da gab es noch diese wirklich merkwürdige Geschichte mit den Unfällen.«

»Davon weiß ich bereits«, sagte ich.

»Davon wissen Sie schon?« Sie schien erleichtert. »Es wäre mir schrecklich, wenn ich diejenige wäre, die Ihnen davon erzählen würde, wo doch all diese Artikel in den Zeitungen Kait als so vollkommen dargestellt haben. Sie war wirklich vollkommen anständig – sie hätte ja nicht einmal eine Zigarette geraucht –, aber sie stand auf alles, was aufregend war, und sie wollte genau wissen, wie diese Unfälle fingiert wurden. Als sie von L.A. zurückkamen, wußte sie alles darüber. Sie hatte sogar den vietnamesischen Anwalt getroffen, der das alles arrangiert hatte.«

»Hat sie Ihnen erklärt, wie der Versicherungsbetrug funktionierte?«

»Sie hat keine Namen genannt, aber im wesentlichen ging es darum, daß dieser Anwalt Leute dafür anheuerte, sich Mietwagen zu nehmen und diese hoch zu versichern. Dann sind sie mit diesen Mietwagen absichtlich mit anderen Wagen zusammengestoßen, und die Leute, die darin saßen, haben dann die Verleihfirmen wegen aller nur erdenklichen vorgetäuschten Schäden belangt.«

»Ich kann mir Kait nicht vorstellen, wie sie absichtlich einen Unfall baut«, sagte ich.

»Das hat sie auch nicht.« Laura war offensichtlich schon von dem Gedanken überrascht. »Dung war derjenige, der diese Unfälle abzog.«

»Ich weiß, daß Dung einen solchen Unfall gebaut hat...«

»Meines Wissens hat Dung sämtliche Unfälle erledigt«, sagte Laura.

»Aber Detektive Gallegos hat Don erzählt, ihm läge ein Unfallbericht vor, aus dem hervorgehe, daß Kait gefahren sei!«

»Dann haben sie vielleicht nach dem Unfall die Plätze getauscht«, mutmaßte Laura. »Das hätte Dung davor bewahrt, mit noch mehr Unfällen aktenkundig zu werden. Soweit ich allerdings weiß, hat Kait Dung bloß ihre Kreditkarte benutzen lassen. Deshalb hat er sie auch dazu überredet, mit ihm nach Kalifornien zu fahren; er konnte keinen Wagen mieten, ohne eine Kreditkarte vorzuweisen.«

»Haben Dungs Freunde dieselben Sachen gemacht?«

»An Le schon, glaube ich. Kait hat mir erzählt, daß er jede Woche nach Orange County fuhr. Sie sagte, er würde hinfliegen, bloß einen Tag dableiben und dann zurückkommen.«

»Er war auch im März da, als Kait und Dung dorthin geflogen sind«, sagte ich. »Don hat für alle drei den Flug gebucht, das lief über das Reisebüro, mit dem Sandia immer arbeitet. Aber als ich sie am Flughafen abgeholt habe, war An nicht bei ihnen. Kait sagte, er hätte sein Flugticket zurückgegeben und sei lieber zurück gefahren.« Als ich an dieses Gespräch zurückdachte, fiel mir noch etwas anderes ein. »Einer von Dungs anderen Freunden war auch da, Tuan. Kait war überrascht, als er auftauchte. Sie erzählte mir, er sei Erster Klasse geflogen und gleich am nächsten Morgen wieder zurückgekommen. Sie fand das verrückt. Sie sagte: ›Er ist nicht einmal lang genug geblieben, um sich Disneyland anzusehen!‹«

Als Laura wieder gegangen war, blieb ich am Küchentisch sitzen und starrte auf den Block, auf dem ich mir Notizen gemacht hatte. Ich versuchte, die vielen merkwürdigen Bruchstücke zu ordnen. Der Hauptgrund, daß es unmöglich erschienen war, daß der Mord an Kait vorsätzlich geschehen war, war unser Glaube gewesen, niemand außer uns habe gewußt, wo sie an jenem Abend gewesen war. Nun allerdings sah es so aus, als sei schon seit Tagen eine Skizze herumgeflogen, die jedem zugänglich war, der in ihrer Handtasche nachschaute. Und Kaits Verhalten an jenem Abend schien merkwürdig. Warum hatte sie so verzweifelt wissen wollen, wo Dung war? Eine mögliche Antwort hätte sein können, daß ihr der Streit leid tat, aber wenn das der Fall gewesen wäre, warum hatte sie dann nicht mit ihm sprechen wollen?

Es gab eine zweite Möglichkeit, die mir mehr Sinn zu ergeben schien. Kait könnte die Sorge gehabt haben, daß Dung unterwegs war und nach ihr suchte. Betty hatte gesagt: »Sie wird in jener Nacht von jemandem gewußt haben, der nach ihr Ausschau gehalten hat, und dieser Jemand wird andere nach ihr haben Ausschau halten lassen. Da ist die Andeutung einer Art Betrug.« Wenn Kait gefürchtet hatte, daß Dung und seine Freunde ihr auf der Lomas auflauerten, würde das erklären, warum sie versucht hatte, einen anderen Weg zu nehmen.

Und was hatte Dung jene Nacht zwischen 22 Uhr und dem frühen Morgen getan? Ich zermarterte mir den Kopf auf der Suche nach einer Antwort auf diese Frage, als Robin anrief.

»Das ist die Hauptgeschäftszeit für Prostituierte«, lautete ihr Vorschlag.

Das kam mir absurd vor.

»Warum sollte irgendein Mann zu einer Prostituierten gehen, wenn er mit seiner Freundin zusammenlebt?«

»Das habe ich nicht gemeint«, sagte Robin. »Ich meinte, daß Dung vielleicht selbst so sein Geld verdient hat. Wie hat er sieben Monate lang leben können, ohne zu arbeiten? Er hat von irgendwoher Geld bekommen, und wir wissen inzwischen, daß es nicht von einer Schwester in Kalifornien kam. Er ist klein und hübsch, ein Typ, der auf manche Perverse zu wirken scheint. Wenn Dung so sein Geld verdient haben sollte und Kait das herausgefunden hätte, dann wäre sie entsetzt gewesen. Und sie hätte sich niemandem anvertraut, sie hätte sich viel zu sehr geschämt.«

Ich fand die Vorstellung abstoßend, aber ich versprach, der Sache nachzugehen.

Jahrelang hatte ich an der Universität von New Mexico Journalismus unterrichtet. Viele meiner ehemaligen Studenten arbeiteten mittlerweile für die örtlichen Zeitungen. Einer von ihnen, Mike Gallagher, arbeitete als Reporter für das *Albuquerque Journal*, war dort der Spezialist für schwierige Recherchen und hatte gerade eine Artikelserie über Prostitution abgeschlossen.

Ich rief Mike an und fragte ihn, ob ihm im Verlaufe seiner Nachforschungen irgendwann einmal Dungs Name begegnet sei.

»Nicht im Zusammenhang mit Prostitution«, sagte er mir. »Ich habe aus verschiedenen Quellen gehört, daß der Typ ein Drogenhändler ist.«

Als Don nach Hause kam, erzählte ich ihm von meinen Entdeckungen. Er war schockiert, nicht nur von der Neuigkeit, daß Dung vermutlich ein Drogenhändler war, sondern von der Tatsache, daß die Polizei entweder nichts davon wußte oder aber es nicht für wichtig genug hielt, um uns darüber in Kenntnis zu setzen.

»Sie sind uns gegenüber auch bei diesen Telefonnummern nicht ehrlich«, sagte ich. »Ganz gleich, was Steve Gallegos sagt, ich glaube nicht, daß er sich die Mühe gemacht hat, sie zu überprüfen. Sergeant Lowe wußte nicht einmal, daß es diese Nummern gab, und jedesmal, wenn ich dort anrufe, um danach zu fragen, werde ich von einem an den anderen weitergereicht.«

»Ich werde morgen auf das Präsidium gehen und ein paar Antworten verlangen«, sagte Don. »Und ich will, daß sie mir diesen Unfallbericht über Kait zeigen.«

Aber am nächsten Morgen schien diese Konfrontation nicht mehr nötig zu sein, denn irgendwann zwischen Mitternacht und dem Morgengrauen wurden wir von einem Telefonanruf geweckt.

Es war Sergeant Lowe, und ihre Stimme klang ganz aufgeregt.

»Wir haben gerade drei Männer aus Martineztown wegen dem Mord an Ihrer Tochter verhaftet«, sagte sie. »Ich bin furchtbar stolz auf Steve! Er hat den Camaro gefunden, und wir haben einen Augenzeugen für die Schüsse. Mrs. Arquette, ich glaube, der Fall ist hundertprozentig klar!«

10

Am Nachmittag des 18. Januar hielt der Bezirksstaatsanwalt des Bernalillo County, Robert Schwartz, eine Pressekonferenz ab und verteilte Kopien des Haftbefehls an die Presse.

Die Folge waren dicke Schlagzeilen und lange Artikel auf der ersten Seite:

Albuquerque Journal, 19. Januar 1990:

Jugendlicher erschießt junge Frau als Mutprobe, sagt Polizei

Kaitlyn Arquette war ein Zufallsopfer. Ihr Tod war das Ergebnis einer Mutprobe, teilte die Polizei von Albuquerque am Donnerstag mit.

Die Mutprobe wurde, so vermutet man, von dem 18 Jahre alten Miguel Garcia als Herausforderung akzeptiert, sagte die Polizei. Er wurde Mittwoch nacht gemeinsam mit zwei weiteren Männern im Zusammenhang mit dem Mord vom 16. Juli von den Beamten festgenommen. Die beiden anderen in Haft genommenen waren Dennis (Marty) Martinez, 18 Jahre, und Juvenal Escobedo, auch bekannt als »José Hernandez«, 21 Jahre. Alle drei wurden ohne Kaution in Gewahrsam genommen, nachdem ihnen am Donnerstag die Anklage wegen Mordes verlesen wurde.

Die Verhaftungen konnten vorgenommen werden, nachdem ein vierter Mann gegen sie ausgesagt hatte, wie aus der Begründung für die Haftbefehle hervorgeht. Der Informant, Robert Garcia (nicht verwandt mit Miguel Garcia), wurde von der Polizei vernommen;

nachdem die »Crime Stoppers« einen Tip bekommen hatten, daß er die beteiligten Personen kannte.

Robert Garcia sagte aus, er sei mit den drei Verdächtigen herumgefahren, als Kaitlyn Arquette erschossen wurde. Gegen ihn wurde keine Anklage erhoben.

Der Bezirksstaatsanwalt des Bernalillo County, Robert Schwartz, sagte, daß seine Beamten die Tatumstände untersuchen und danach entscheiden werden, ob auch gegen Robert Garcia Anklage erhoben werden soll. Schwartz sagte, daß seine Behörde wahrscheinlich nicht die Todesstrafe beantragen wird, weil der Tathergang nicht den Kriterien zu entsprechen scheint, die nach dem Recht des Staates New Mexico für die Höchststrafe erforderlich sind.

Die Todesstrafe kann in New Mexico für den Mord an einem Polizeibeamten verhängt werden, der sich im Dienst befindet; für einen Mord, der im Verlauf einer Entführung oder Vergewaltigung begangen wird; während eines Fluchtversuches aus einem Gefängnis oder Zuchthaus; bei bezahlten Morden oder wenn der Zeuge eines Verbrechens das Opfer war. Die Polizei fand zwei Pistolen vom Kaliber .22 und ein Gewehr desselben Kalibers sowie Munition in Miguel Garcias Wohnung. Außerdem wurde ein Chevrolet Camaro sichergestellt, der vermutlich ebenfalls bei dem Mord benutzt wurde.

Robert Garcia sagte den Beamten, daß die bewaffneten Männer in ihrem Wagen ... Kaitlyn Arquette erblickten, die die Lomas in östlicher Richtung befuhr, ... und sie hielten an einer roten Ampel neben ihr. ... Escobedo, der am Steuer saß, forderte Miguel Garcia heraus, »auf die Fahrerin zu schießen«. Daraufhin zielte Miguel Garcia »mit einem dunklen Revolver durch das Fenster auf der Beifahrerseite auf die blonde Fahrerin und feuerte mehrere Schüsse ab«. (Sie) rasten davon, ohne zu wissen, daß die Schüsse Kaitlyn Arquette getroffen hatten, und Miguel Garcia sagte dem Vernehmen nach jedem im Wagen, er solle »den Mund halten und niemandem erzählen, was passiert ist«.

Die Familie Arquette hat über zehntausend Flugblätter verteilt, in denen sie jeden auffordert, der Informationen zu diesem Fall geben kann, »Crime Stoppers« anzurufen.

Unsere erste Reaktion war ungeheure Erleichterung darüber, daß Kaits Mörder verhaftet worden waren. Als dann aber Don und ich später die Begründung für die Haftbefehle lasen, fanden wir sie verwirrend. In den Aussagen der Zeugen schien es Widersprüche zu geben. Der Lastwagenfahrer Eugene Lindquist hatte berichtet, daß er gesehen hatte, wie Kaits in *westlicher* Richtung rasender Wagen von Männern in einem Camaro gejagt wurde, während Robert Garcia keine Jagd erwähnte und sagte, als sie Kait erblickten, sei sie in *östlicher* Richtung unterwegs gewesen. Er sagte auch, sie hätten Kait erschossen, während sie an einer roten Ampel hielt. Das stimmte nicht nur nicht mit Lindquists Geschichte überein, es paßte auch nicht zu der Tatsache, daß der Ford Tempo mit großer Geschwindigkeit gefahren sein mußte.

»Und nichts davon paßt zu dem, was bei der Sitzung mit Betty rausgekommen ist«, sagte ich. »Sie hat mir gesagt, daß in dem Wagen drei Männer saßen, nicht vier.«

»Sie scheint sich geirrt zu haben«, sagte Don.

»Aber bei anderen Dingen hat sie recht gehabt! Sie hat gesagt, Kait hätte an diesem Abend geweint, und Susan hat das bestätigt. Sie hat gesagt, der Wagen war ein ›low rider‹, und es war einer. Und Sergeant Lowe hat mir gesagt, daß der Tip an die ›Crime Stoppers‹ von Frauen stammte. Betty hat vorhergesagt, daß die Informanten zum ›weiblichen Aspekt‹ gehören würden.«

»Nun, dann hat sie also bei bestimmten Sachen recht gehabt und bei anderen nicht«, sagte Don. »Was mir Sorgen macht, ist diese ganze Publicity in den Zeitungen. Es gefällt mir nicht, daß wir als die Quelle der Flugblätter genannt werden.«

»Darauf wird schon niemand herumreiten«, sagte ich.

Diese Feststellung hätte man zu den »berühmten letzten Worten« rechnen können. Der Artikel, der die Flugblätter erwähnte, erschien am Donnerstag, und am Samstag bekamen wir die Morddrohung.

Die erste bekam ich. Ich arbeitete gerade an meinem Computer, als das Telefon klingelte, und als ich den Hörer aufnahm, bekam ich zwar mit, daß am anderen Ende eine Frau war, aber das Geratter meines Druckers übertönte ihre Stimme.

»Ich kann Sie nicht verstehen«, sagte ich. »Würden Sie bitte einen Moment warten?«

Die Anruferin sprach weiter, aber ich konnte sie nicht verstehen.

Endlich war die Seite voll, und der Drucker verstummte.

»... sterben«, sagte die Stimme. »Sie werden sterben. Wir hassen Sie – Sie werden sterben – wir kommen, um Sie zu töten.«

»Wer sind Sie?« fragte ich verunsichert. »Warum hassen Sie uns?«

»Sie haben meinen Bruder in Schwierigkeiten gebracht«, sagte die Frau. »Das Mädchen war eine Hure und hat es verdient zu sterben, und genauso der Rest der Familie. Sie werden sterben! Sie werden sterben! Sie werden ...«

Ich hängte auf und lief, um Don zu suchen.

»Gerade haben wir eine Morddrohung bekommen«, sagte ich zu ihm. »Sie kommt von einer Frau mit mexikanischem Akzent, die sagt, sie wäre die Schwester von einem der Männer, die sie verhaftet haben.«

»Was genau ...« fing Don an zu fragen, als das Telefon erneut klingelte. Er nahm den Hörer des Nebenanschlusses auf und hörte schweigend zu. Dann schnitt er eine Grimasse und legte den Hörer wieder auf die Gabel.

»Wer war es?« fragte ich, und ich wußte schon die Antwort.

»Es war sie – dieselbe Frau.«

»Was hat sie gesagt?«

»Dasselbe, was sie zu dir gesagt hat. Sie muß irgendwie verrückt sein.«

»Auf mörderische Art verrückt«, sagte ich. »Das liegt vermutlich in der Familie. Sie hat gesagt, sie würden kommen, um uns umzubringen, und sie klang so, als meinte sie das ernst.«

Donnie war gerade bei einem Freund und ich rief ihn an und sagte ihm, er solle über Nacht dort bleiben. Don versuchte, Gallegos anzurufen, aber er konnte ihn nicht erreichen, und zwei junge Streifenpolizisten kamen statt dessen vorbei, um unsere Anzeige aufzunehmen. Sie zeigten sich mitfühlend, aber es war offensichtlich, daß sie die Drohungen nicht ernst nahmen, und einer schlug vor, wir sollten unsere Nummer ändern lassen, um weitere Belästigungen dieser Art zu vermeiden.

Ich konnte gar nicht glauben, was ich da hörte. Ich hatte keine Sorge, belästigt zu werden, ich hatte Sorge, daß man mich umbrachte!

Wir konnten sie schließlich dazu überreden, von der Telefongesellschaft eine Fangschaltung installieren zu lassen, aber sie sagten uns, daß noch drei weitere Morddrohungen erforderlich seien, ehe sie etwas unternehmen könnten.

»Was können Sie denn dann unternehmen?« fragte Don sie.

»Wir können ihnen sagen, daß sie aufhören sollen, Sie zu belästigen«, sagten sie.

Nachdem die Beamten wieder fort waren, stellte ich fest, daß ich unaufhörlich zitterte. Wir hatten vorgehabt, zu ein paar Freunden zum Essen zu gehen, aber die Vorstellung, nach Einbruch der Dunkelheit nach Hause zu kommen und erschossen zu werden, sobald wir aus dem Wagen stiegen, verfolgte mich. Beinahe ebenso erschreckend war die Aussicht, den Abend über zu Hause zu bleiben. Die Fenster unseres Eckhauses gingen auf zwei verschiedene Straßen hinaus und machten uns zu idealen Zielobjekten für Schüsse aus einem vorbeifahrenden Wagen.

Nachdem wir die Alternativen gegeneinander abgewogen hatten, fuhren wir doch zu unseren Freunden zum Essen, aber am Ende des Abends hatte ich mich in einen solchen Zustand irrationaler Panik hineingesteigert, daß ich mich weigerte, nach Hause zu gehen. Am Ende schliefen wir auf dem Klappsofa in ihrem Wohnzimmer, und am nächsten Tag bestand ich darauf, ein Ausweichquartier in einem Apartmenthaus mit einem Sicherheitssystem zu mieten. Sergeant Lowe sagte uns, daß der einzige von den Verdächtigen, der eine Schwester hatte, Miguel Garcia war, also rief ich die Nummer der Garcias an, um herauszufinden, ob sie es war. Als dieselbe Frau – so klang es zumindest – an den Apparat ging, legte ich schnell auf. Sergeant Lowe schlug vor, wir sollten alle unsere Anrufe auf Band aufnehmen, also schlossen wir einen Kassettenrecorder an unser Telefon an. Wir bekamen keine Morddrohungen mehr, aber irgend jemand rief uns weiterhin an, seufzte und stöhnte und stammelte ab und zu irgendwelche Obszönitäten. Die Geräusche im Hintergrund blieben dabei immer gleich; es war jedesmal ein Fernseher zu hören und das helle Plappern eines sehr kleinen Kindes.

Ich fuhr jeden Tag zu uns nach Hause, um die Tiere zu füttern und unsere Post zu holen, aber sogar am hellichten Tag fühlte ich mich dort unwohl. Eines Sonntags blieb ich länger als üblich, um eine Ladung Wäsche fertig zu bekommen, und als ich gegen 18 Uhr aufbrach, bemerkte ich einen Wagen, der in der Seitenstraße bei unserem Haus geparkt war. Zwei Männer hispanischer Abstammung saßen vorne, eine Frau mit einem Kind hinten, und es gab keinen ersichtlichen Grund, weshalb sie dort stehen sollten.

Was wäre sicherer – zurück zum Haus zu laufen oder zum Wagen zu spurten? Die Tatsache, daß ich die Haustür doppelt abgeschlossen hatte, gab den Ausschlag. Ich sprintete zum Wagen, riß die Tür auf und warf mich auf den Fahrersitz. Als ich den Schlüssel ins Zündschloß rammte, konnte ich hören, wie der andere Wagen gleichfalls angelassen wurde. Ich trat das Gaspedal durch und jagte die Straße bis zur Lomas hinunter, wo ich, ohne anzuhalten oder zu blinken, in den Verkehrsstrom einscherte. Bremsen kreischten, und Hupen protestierten, als wütende Fahrer schleudernd auswichen, um einen Unfall zu vermeiden. Ein Blick in den Rückspiegel zeigte mir, daß mich niemand mehr zu verfolgen schien, aber ich fuhr dennoch einen Umweg zurück zum Apartment, für den Fall, daß doch noch jemand hinter mir her war und ich nur zu dumm sein sollte, es zu bemerken.

Sogar mir wurde allmählich klar, daß ich langsam reif für eine psychiatrische Anstalt wurde. Verfolgungswahn war nicht das einzige Symptom, das ich an mir feststellte; ich verfiel auch in Depressionen. Der »hundertprozentige« Fall der Polizei von Albuquerque war rasch in sich zusammengefallen. Zuerst hatte man Marty Martinez, den Achtzehnjährigen, der auf dem Rücksitz gesessen hatte, aus Mangel an Beweisen aus der Jugendstrafanstalt entlassen müssen. Dann zeigte sich, daß der »Augenzeuge« der Staatsanwaltschaft gelogen hatte und statt dessen Betty Muench recht gehabt hatte, was die Anzahl der

Männer betraf, die in dem »low rider« gesessen hatten. Robert Garcia war in der Mordnacht gar nicht mit seinen Freunden zusammengewesen: er hatte einen Arrest im Youth Diagnostic Development Center, einer Besserungsanstalt für Jugendliche, abzusitzen gehabt.

Jeden Tag verzeichneten die Zeitungsschlagzeilen den Gang der Entwicklung:

Albuquerque Tribune, 22. Januar 1990:
Aussage des Arquette-Informanten wird überprüft

Albuquerque Journal, 23. Januar 1990:
Wo war der Zeuge tatsächlich, als die Schüsse fielen?

Albuquerque Journal, 24. Januar 1990:
Widersprüche in Zeugenaussage lassen Fall zweifelhaft erscheinen, sagen Anwälte

Albuquerque Tribune, 24. Januar 1990:
Hearing zu Arquette-Mord soll beginnen

Albuquerque Journal, 25. Januar 1990:
Mordanklage im Arquette-Fall erhoben

Albuquerque Journal, 28. Januar 1990:
Hearing wegen Arquette-Mord verschoben

Albuquerque Tribune, 29. Januar 1990:
Alle Anklagepunkte im Arquette-Fall zurückgenommen

Albuquerque Journal, 30. Januar 1990:
Staatsanwaltschaft zieht Mordanklage gegen beide Verdächtige im Arquette-Fall zurück

Der Artikel, der mir die größten Sorgen bereitete, erschien im *Albuquerque Journal* und basierte auf einem Interview von Mike Gallagher mit dem »Zeugen, der nicht dabei war«. Darin erklärte Robert Garcia, daß die Polizei ihn dazu genötigt habe, die Falschaussage zu machen, er sei Augenzeuge der tödlichen Schüsse gewesen, obwohl sie gewußt hätten, daß dies nicht stimmte.

Jugendlicher belog Polizei über Zeugenrolle beim Arquette-Mord

Robert Garcia gibt zu, daß er die Polizei von Albuquerque belogen hat, als er behauptete, Augenzeuge der tödlichen Schüsse auf Kaitlyn Arquette gewesen zu sein, aber er sagt, die Polizei habe ihn dazu gezwungen, diese Geschichte zu erzählen.

Der 16 Jahre alte Garcia sagte in einem Interview mit dem *Journal* ... die Polizei habe ihn mehr als neun Stunden lang verhört .... (Er) sagte, er habe den Beamten zunächst die Wahrheit gesagt (daß er im »Diagnostic Center« war), ... dann aber seine Aussage geändert.

Er sagte, er habe gelogen, um die Beamten zufriedenzustellen, die ihm, so seine Behauptung, mit Haft und Gefängnis gedroht hätten.

»Sie fingen an, mir Angst zu machen und so«, sagte Garcia. »Sie haben mir immer bloß gesagt, ich wäre dagewesen. ... Sie haben gesagt, ›Wir haben dich beobachtet, du kannst uns nichts vormachen.‹«

Der Leiter der Abteilung für Gewaltverbrechen, Lieutenant Pat Dunworth, und Sergeant Ruth Lowe. von derselben Abteilung weigerten sich, hierzu einen Kommentar abzugeben.

In einem verzweifelten Versuch, zu retten, was von ihrem Fall noch übrig war, unternahm die Polizei eine ganze Serie komplizierter juristischer Manöver. Nun, da ihr »Augenzeuge«, diskreditiert war, hielt Bezirksstaatsanwalt Schwartz die Beweislage für nicht ausreichend, um den Fall vor die »Grand Jury«, das große Geschworenengericht für Mordsachen, zu bringen. Wie sich herausstellte, war es kaum möglich, andere Informanten aufzutreiben, da nach Aussage von Sergeant Lowe einer von Juve Escobedos Verwandten in Martineztown mit einer Waffe herumlief und drohte, jeden umzubringen, der mit der Polizei sprechen sollte.

Da man die Männer nur eine bestimmte Zeit ohne Anklageerhebung festhalten kannte, zog die Polizei die Mordanklage zurück, in der Absicht, sie später wieder aufzugreifen, sobald sie über weitere Beweise verfügte. Dann erhoben sie eine Anklage wegen Einbruchdiebstahls gegen Miguel Garcia, die mit diesem Fall nichts zu tun hatte, um ihn in Gewahrsam behalten zu können. Juve Escobedo, der mexikanischer Staatsbürger war, ließen sie frei, nachdem er sich verpflichtet hatte, zu einer etwaigen Verhandlung zu erscheinen; vorher hatten sie bereits mit der Einwanderungsbehörde vereinbart, daß diese ihn als illegalen Einwanderer festhalten würde. Dann allerdings stellte sich heraus, daß sie bezüglich seiner Staatsbürgerschaft von falschen Voraussetzungen ausgegangen waren, denn er erfüllte die Bedingungen für ein Amnestie-Programm für illegal Eingewanderte. Sie hielten ihn ganze neunzig Minuten fest und mußten ihn dann freilassen. Ein paar Tage später wurde er dann festgenommen, weil er eine Schule verwüstet hatte, und zu einer 18monatigen Bewährungsstrafe verurteilt.

Waren diese Männer schuldig oder nicht? Trotz seines falschen Geständnisses war Robert Garcia in der Lage gewesen, die Polizei zu Juves goldfarbenem Camaro zu führen, der umgespritzt und verkauft worden war, und Marty Martinez hatte ein Geständnis abgelegt, das er später widerrufen hatte.

Und doch schrie in mir alles: »Dungs Freunde sind dafür verantwortlich!«

»Du kannst nicht beides haben«, sagte Don, der mittlerweile von allem ziemlich die Nase voll hatte.

Dann geschah etwas, das mir zu dem Glauben verhalf, daß dies doch möglich wäre.

Die Stimme am Telefon gehörte einer Frau.

»Ihre Tochter ist nicht die erste, die diese Kerle umgebracht haben«, sagte sie. »Garcia hat vorher schon Leute umgebracht. Er macht das für Geld.«

Plötzlich war sie da, die Antwort, nach der ich gesucht hatte! *Wenn die verdächtigen hispanischen Jugendlichen die Mordschützen waren, was die Polizei für sicher zu halten schien, war es denn nicht möglich, daß jemand anders sie dafür angeheuert hatte, Kait zu erschießen?*

Ich rief Sergeant Lowe an und wiederholte ihr, was die Frau mir gesagt hatte.

Doch sie bestand darauf: »Die Schüsse waren purer Zufall.«

»Wollen Sie nicht wenigstens die Möglichkeit ...«

»Es gibt keine andere Möglichkeit.«

Ihre Stimme war freundlich, aber bestimmt, und sie schloß jede Diskussion aus.

Als ich aufgelegt hatte, war ich so weit, daß ich am liebsten vor Frustration geweint hätte. Ich hatte das Gefühl, daß dieser Tip es wert war, verfolgt zu werden. Ein Auftragsmord war ein derart schwerwiegendes Verbrechen, daß dafür die Todesstrafe verhängt werden konnte, und es gab so viele Gründe für die Annahme, daß der Mord an Kait geplant gewesen war!

Der Fairneß halber mußte ich anerkennen, daß Sergeant Lowe zweifellos bis zum Hals in Mordfällen steckte und man nicht von ihr erwarten konnte, daß sie jede Einzelheit jedes dieser Fälle vor Augen hatte. Ich beschloß, ihr einen Brief zu schreiben, der die Fakten für sie in einen Zusammenhang brachte und erklärte, warum ein Auftragsmord eine durchaus ernstzunehmende Möglichkeit war. In dem Brief berichtete ich ihr alles, was wir über den Versicherungsbetrug und über An Les permanente Ein-Tages-Trips nach L.A. erfahren hatten, die auf die Möglichkeit hinzuweisen schienen, daß er als Drogenkurier arbeitete. Ich erinnerte sie an die Anrufe, die aus Kaits Wohnung gemacht worden waren, und schlug erneut vor, die Polizei solle doch die Nummern überprüfen. Ich berichtete ihr von Dungs Erklärung, daß er »entscheiden« müsse, ob er die Identität von Kaits Mördern preisgeben solle, und davon, daß er Brett gegenüber darauf bestanden hatte: »Das ist alles meine Schuld.«

Schließlich führte ich die Telefonnummern aus Kaits Verzeichnis auf, darunter die von Tuan, dem einzigen auftauchenden Vietnamesen, und Dungs hispanischem Freund Ray, und ich gab ihr auch die neuen Nummern von Susan und Laura, die beide seit dem Beginn der Untersuchung umgezogen waren.

Ich gab den Brief persönlich beim Präsidium ab und schickte per Post eine Kopie an die Außenstelle des FBI in Orange County.

Als eine Woche vergangen war und ich nichts von Sergeant

Lowe gehört hatte, rief ich bei ihr an, um sicherzugehen, daß mein Brief sie erreicht hatte.

»Steve sagt, es steht nichts darin, das er nicht überprüft hätte«, sagte sie. »Mrs. Arquette, ich weiß, das ist für Sie schwer zu akzeptieren, aber Sie müssen einfach der Tatsache ins Auge sehen, daß Ihre Tochter sterben mußte, weil sie zur falschen Zeit am falschen Ort war.«

II

Februar 1990

Letzte Nacht schneite es,
also ging ich heut' morgen zum Friedhof,
um den Schnee von ihrem Grabstein zu wischen.
Eis lag in den Buchstaben, die ihren Namen schreiben.
Als ich mich auf das Eis setzte, um es zum Schmelzen
zu bringen, war sie gekränkt.
Ich hörte ihre Stimme mit den glänzenden schwarzen
  Krähen kreischen –
»Keiner sonst hat eine Mutter, die sich auf einen
  Grabstein hockt!«

LD

Der Sunset-Memorial-Friedhof ist im Februar ein stiller Ort. Die Feiertags-Besucherströme sind längst vorüber, die Weihnachtsdekorationen sind von den Gräbern verschwunden, und die sich um die Feiertage herum einstellenden Trauergäste haben sich wieder ihren alltäglichen Beschäftigungen zugewandt.

Im Februar hatte ich das Gelände ganz für mich allein. Ich verbrachte eine Menge Zeit dort, ging spazieren, dachte nach und versuchte, aus der festgefahrenen Morduntersuchung irgendwelche Erkenntnisse zu gewinnen.

Ich stand auf dem stillen, winterweißen Friedhof an Kaits Grab und fragte sie: »Was soll ich jetzt tun, mein Kleines?«

Ich bekam keine Antwort. Wir brauchten offensichtlich doch immer eine Person, die für uns vermittelte.

Betty war nicht zu Hause, als ich bei ihr anrief, aber ich hinterließ auf ihrem Anrufbeantworter die Nachricht, daß ich gerne eine weitere Verabredung mit ihr treffen wollte. Da der Fall wegen der fehlenden Zeugen in die Sackgasse geraten war, benötigten wir einen Rat, was wir unternehmen konnten, um die Dinge wieder ins Rollen zu bringen.

Ein paar Stunden später rief Betty mich zurück.

»Sie brauchen nicht vorbeizukommen«, sagte sie. »Der Kanal zu Kait ist bereits offen. Ich hatte heute nachmittag etwas Zeit übrig, also habe ich mich bereits darangesetzt und eine fertige Mitschrift für Sie.«

Dann las sie mir diese Mitschrift am Telefon vor:

FRAGE: *Der Fall gegen die beiden des Mordes an Kaitlyn Verdächtigen scheint auseinanderzubrechen. Was können wir zum jetzigen Zeitpunkt erfahren, das diesen Fall zu einem zufriedenstellenden Abschluß bringt, und was kann die Zeugen ersetzen?*

ANTWORT: Da ist das Empfinden von Kaitlyn, die durchdrungen ist von den Buchstaben *R & J*. Diese scheinen immer aufs neue wiederholt zu werden. Dann wird da jenes sein, das geschrieben zu stehen scheint, und es wird so sein, als sei ihr selbst dieses stark bewußt.

»Das ist ein großes *R* und ein großes *J* und dazwischen dieses verschnörkelte Symbol für *und*, ich weiß nicht, wie man das nennt«, sagte Betty. »Kait stellt dieses R & J bildlich dar, so als ob es auf der Tür eines weißen Fahrzeuges stünde.«

ANTWORT: Dann wird da jenes sein, das zeigen wird, daß sie irgendeine Beziehung zu diesen beiden Verdächtigen gehabt hat und daß die beiden sie kennen. Es ist etwas an ihnen, das sie zurückschaudern lassen wird, als habe es zu einer anderen Zeit bereits irgendeine Art von Begegnung gegeben. Sie werden anscheinend auf eine Weise fürchten, daß ihr etwas über sie bekannt ist, so daß es nun auch andere wissen könnten. Dies wird sie anscheinend in Furcht versetzen, und sie werden weiterhin von denen, die sie befragen, in Schach gehalten und beherrscht werden und können befragt werden, auch wenn die Bedeutung der Fragen selbst den Fragenden nicht vollständig bekannt ist.

»Ich vermute, das bedeutet einfach, man soll ihnen einheizen«, sagte Betty. »Im Moment haben sie eine Heidenangst, und wenn man genug Druck auf sie ausübt, kann man ihren Widerstand brechen.«

ANTWORT: Es ist so, als wolle Kaitlyn anklagen, und sie wird sie kennen, und sie müssen wissen, daß sie sie kennen wird, und die Suche nach diesem gemeinsamen Nenner wird das Problem sein.

Dieses Dritte wird nicht Teil dieses R-&-J-Symbols sein.

»Der Junge auf dem Rücksitz war an der Verschwörung nicht beteiligt«, sagte Betty.

»Warum haben die ihn dann mitgeschleppt?«

»Das wird nicht gesagt.«

ANTWORT: Es wird viele geben, die sich melden werden, nicht als Augenzeugen, aber als solche, die das Prahlen und das Geständnis gehört haben werden. Dann wird da jenes sein, das zeigen wird, daß tatsächliche Augenzeugen nicht nötig sein werden, sondern daß es in diesem Fall andere Formen geben wird, um Zeugnis abzulegen. Der Sinn dabei ist es, Druck zu machen, die Schraube anzuziehen. Diese beiden werden nicht genügend stark unter Druck gesetzt, und ihr Widerstand kann gebrochen werden, wenn jemand das Herz hat, dies zum jetzigen Zeitpunkt zu verfolgen. Das Empfinden einer eingeschüchterten Polizei wird hier auch noch ins Spiel kommen, und sie werden niemanden haben, der dies mit in sein Leben aufnehmen und sämtliche erforderlichen Maßnahmen ergreifen will. Es muß die ganze übliche Prozedur auch für diesen Fall verlangt werden.

Kait beharrt auf dem R & J!

»Sie läßt mit diesem R & J nicht locker«, sagte Betty. »Ich habe im Telefonbuch nachgeschaut, und hier am Ort gibt es drei Unternehmen, die unter diesen Initialen firmieren. Warum überprüfen Sie das nicht einmal und stellen fest, ob sie weiße Lieferfahrzeuge haben?«

»Dung hat einen hispanischen Freund namens Ray«, sagte ich. »Ich frage mich, ob sein Nachname mit *J* beginnt.«

»Das klingt irgendwie nicht richtig«, sagte Betty. »Dann gäbe es dieses &-Symbol nicht.«

»Würden Sie noch eine weitere Frage für mich stellen?«

»Aber sicher«, sagte Betty.

»Würde ich das Richtige tun, wenn ich all meine Informationen an Mike Gallagher weitergeben würde, den Enthüllungsreporter beim *Journal*?«

»Dazu werde ich mich ganz schnell wieder bei Ihnen melden«, sagte Betty.

Zehn Minuten später rief sie zurück.

»Das ist seltsam«, sagte sie. »Ich habe da wirklich komische Bilder bekommen.«

FRAGE: *Wäre es richtig, alle Informationen an den Enthüllungsreporter Mike Gallagher weiterzugeben?*

ANTWORT: Da ist das Bild eines flachen Bettes, auf dem eine große Bombe liegt. Es wird so sein, daß diese zum Vorzeigen ist und daß dabei viele andere Waffen zur Verfügung stehen werden. Dann wird da jenes sein, das zeigen wird, daß dadurch, daß die Sache in die Hände der Presse gelegt wird, nichts mehr unter den Teppich gekehrt und eingeschüchtert werden kann. Es wird sich herausstellen, daß es da diese Bombe geben wird, und das wird dieser Mike sein, und es wird so sein, daß dies zunächst des Guten zuviel erscheinen könnte, aber die bloße Beteiligung von Mike an diesem Fall könnte anscheinend bereits als eine Art Einschüchterung dienen. Es wird so sein, daß Einschüchterung das ist, was jetzt nottut, und dann wird da jenes sein, das zeigt, daß dies auch starke Kopfschmerzen verursachen wird.

»Als ich das getippt habe, verspürte ich ganz konkrete Kopfschmerzen«, sagte Betty.

ANTWORT: Doch es besteht die Notwendigkeit, dieser schweren Prüfung ein Ende zu bereiten und zu der Art von Abschluß zu kommen, die Ruhe und Frieden in der Gemeinschaft wieder herstellen wird. Da gibt es das Empfinden, daß dies einfach zu erreichen ist, und doch wird es dieser Art von Einschüchterung bedürfen, um es zu erreichen. Es gibt keinen Grund, diesen Fall fallenzulassen, denn er wird bedeutende Auswirkungen auf die Gesamtheit dieser Gemeinschaft haben.

Dann wird das Wissen darin liegen, daß das Bild der großen Bombe Mike sein wird, aber daß es genauso andere Wege geben kann. Die landesweiten Nachrichtensendungen können ein Weg sein, und Mike kann dafür äußerst nützlich sein. Es gibt allerdings ein Risiko, das Mike eingeht, und er wird wissen, daß er sehr verwundbar sein wird und daß er einen Gutteil seiner Informationen mit jemandem wird teilen müssen, der in der Lage sein wird, die Sache weiter zu verfolgen, wenn Mike scheinbar aufgibt. Dies ist zu seinem eigenen Schutz, und auf diese Art kann er dieses Spiel so spielen, wie er es spielen will. Unter der Bedingung, daß Mike sich viele Wege offenhält und seine Informationen mit einem anderen teilt, kann er derjenige sein, der dies tut, ohne selbst Schaden zu nehmen. Es gibt kein Empfinden irgendeiner karmischen Verbindung zu Mike allein, und es wäre zu dieser Zeit alles seine. freie Entscheidung. Er kann Wege finden, um den Druck aufrechtzuerhalten, und er kann ein persönliches Interesse an alledem haben, und daraus resultiert, daß Lois ihm zum jetzigen Zeitpunkt diese Verantwortung übertragen kann.

Er will sie.

»Mike steht weder zu Ihnen noch zu Kait in einer karmischen Beziehung, so daß er diese Angelegenheit auf eine akademische, intellektuelle Art und Weise angehen kann«, erklärte Betty. »Er kann einige sehr wichtige Dinge ans Licht bringen, indem er sich selbst exponiert, und andererseits noch heimliche Helfer im Hintergrund haben. Die Bombe steht symbolisch für Mikes Energie – sie erinnert fast an den Overkill –, aber in dieser Situation ist sie notwendig. Wenn die Polizei bei diesem Fall auf die angemessene Weise vorgehen würde, wäre er praktisch längst gelöst. Es gibt hier zweimal den Hinweis darauf, daß Stabilität für die Gemeinschaft geschaffen werden soll. Vielleicht werden wir durch diesen Fall noch eine bessere Polizei bekommen. Ich hoffe, entweder Sie oder Mike werden diese R-&-J-Firmen aus den Telefonbüchern überprüfen. Kait besteht hartnäckig auf der Bedeutung dieses Symbols.«

Sie sagte, sie werde mir die beiden Mitschriften zusenden.

Wie vorher auch weigerte sie sich, von mir irgendeine Bezahlung anzunehmen.

Am nächsten Tag druckte ich eine Kopie desselben Schreibens, das ich an Sergeant Lowe und an das FBI gesandt hatte, aus und schickte es Mike in sein Büro beim *Journal*. Dann fuhr ich in der Stadt umher und überprüfte die R-&-J-Geschäfte. Da sie in unterschiedlichen Vierteln lagen, brauchte ich fast den ganzen Vormittag, um sie alle aufzusuchen. Keines schien auch nur im mindesten verdächtig, und keines hatte irgendeine Art von weißem Fahrzeug.

Nachts im Bett sagte ich Kait, daß ich es müde sei, mit ihr diese Spiele zu spielen.

»Laß uns auf die Vermittlung anderer verzichten«, sagte ich. »Dafür haben wir keine Zeit. Wenn dieses R-&-J-Symbol so wichtig ist, wie du zu zeigen scheinst, dann mußt du irgendeinen Weg finden, mich wissen zu lassen, was es bedeutet.«

1112 Dakota, N.E.
87110

1/29/90 Lois Arquette

Would it be the right thing for me to turn allthe information over to Mike Gallagher, investigative reporter?

thereis an image of a flat bed with a great bomb onit. it will be that this will be for show and that there willbe many other weapons that will be available in this. there will be this which willshow that by putting this into the hands of the media there willbe this which willnot be allowed to become buried and intimated. itw illshow that there will be this bomb which will be this mike and it will be that this would appear at first to be overkill in allthis at this time, but themere presence in this case of mike would seem to cause some kindof intimidation in itself. it willbe that intimidation is the game at hand and that there willbe this which will show that this willalso cause a great headache — the price of ... andyet there is a need to end this ordeal and to come to the kind of conclusion which will permit stability and peace in the community. there willbe this energy which will be simple to resolve and yet it will take this kind of intimidation, there is no need to drop this case for it willhave some very important meanings in the overview in this community. there willbe inthis then the knowing that the image of the great bomb will be mike but that there can be other avenues just the same. the media shows which will appeal from the national level will be one way and that mike can be instrumental in getting this into that view. there is however a risk that mike willbe taking and he will know that he would be very vulnerable and that he will need to share much of his information with someone who will be able to keep this information going even when he would "seem" to quit. this is for his own protection and another way for him to play the game the way he will chose, on the conditon that mike will keep many avenues open and share this information with another then he can be the one to do this without harm tohimself. there is no sense of any karmic connection to mike alone and it would be all his own choice at this time. he can figure ways to keep the heat on and he can be one to have a personal stake in all this and thus from this then lois can seem to awardhim with this responsibility at this time.

he is not compelled by any deep spirited commitment.

friends insource — he wants it.

Niederschrift einer Sitzung bei Betty Muench, entstanden durch »automatisches Schreiben«.

In jener Nacht träumte ich, daß Don und ich in einem Wagen saßen, der auf einer dunklen Straße geparkt war. Wir dösten ein, und als ich die Augen wieder öffnete, entdeckte ich, daß, während ich geschlafen hatte, irgend jemand eine Reklamekarte unter unseren Scheibenwischer gesteckt hatte. Darauf stand: R & J – Autoverleih.

Der Traum war so lebendig, daß ich mich am Morgen noch deutlich daran erinnern konnte und ihn Don beim Frühstück beschrieb.

»Du hast doch schon alle R-&-J-Firmen überprüft, die im Telefonbuch standen.«

»Vielleicht ist es eine neue Firma, und die sind noch nicht eingetragen.«

Aber auch die telefonische Auskunft konnte mit keiner R-&-J-Autovermietung dienen. Bettys Mitschriften kamen mit der Post am Vormittag, und ich studierte sie sorgfältig. Diejenige über Mike zeigte eine grob skizzierte Zeichnung eines Bettes, auf dem eine Bombe lag, und an den Rand neben das Wort *Kopfschmerzen* hatte Betty gekrizelt: »Auf Kosten Ihres Prozesses«. Ich hoffte, dies sollte nicht heißen, das Einschalten der Presse würde uns den Prozeß gegen die bezahlten Killer kosten, aber falls es das hieß, war es zu spät, um irgend etwas dagegen zu unternehmen.

Am Nachmittag erledigte ich ein paar Besorgungen, und als ich zum Apartment zurückfuhr, kam ich an einer Zweigniederlassung der Stadtbücherei vorbei. In fünfzehn Minuten würde die Bibliothek schließen, aber aus einem Impuls heraus fuhr ich einmal um den Block, parkte den Wagen und ging hinein. Auf einem Regal an der Rückwand stand eine ganze Sammlung von Telefonbüchern aus allen Gegenden des Landes. Ich nahm mir das von Los Angeles vor und schaute die Autoverleihfirmen nach, aber kein R-&-J-Autoverleih war aufgeführt.

Hatte ich wirklich erwartet, einen zu finden? Nein, das hatte ich natürlich nicht. Ich spielte dieses spiritistische Detektivspiel mit, um nicht verrückt zu werden, aber in dem logisch arbeitenden Teil meines Verstandes wußte ich, daß nichts dabei herauskommen würde.

Ich stellte das Buch in das Regal zurück und wollte gerade gehen, als mir einfiel, daß Kait ja vergeblich nach Kalifornien gefahren war, um sich Disneyland anzusehen. Das aber lag nicht in Los Angeles, sondern genauer in Anaheim.

Ich wußte nicht, ob Orange County ein eigenes Telefonverzeichnis hatte, aber da ich nun schon einmal in der Bücherei war, beschloß ich, es herauszufinden. Ich stellte fest, daß es tatsächlich Gelbe Seiten für Orange County gab, und als ich die Autoverleihfirmen nachschlug, fand ich zu meiner Verblüffung einen »R-&-J-Autoverleih« in Costa Mesa.

Ich konnte merken, daß die Bibliothekarinnen ungeduldig darauf warteten, daß ich ginge, aber ich war in einem solchen Schockzustand, daß ich mich nicht in der Lage fühlte, irgendwohin zu gehen. Ich muß so ausgesehen haben, als würde ich gleich ohnmächtig zusammenbrechen, denn eine von ihnen eilte herbei und fragte mich, ob mir schlecht sei.

»Nein«, sagte ich. »Ich muß mich nur einen Moment hinsetzen.«

»R & J« – es war genauso, wie Betty es beschrieben hatte; nicht »R und J«, sondern zwei Buchstaben, die das »&«-Zeichen umrahmten. Während die Bibliothekarinnen damit beschäftigt waren, Stühle geradezurücken und Abfall aufzusammeln, riß ich die Seite mit dem »R & J«-Eintrag aus dem Telephonbuch.

Ich fühlte mich dabei nicht einmal schuldig.

Als Don an jenem Abend nach Hause kam, stand ich nicht in der Küche und bereitete das Abendessen; ich saß an der Frühstücksbar und stürzte einen Martini hinunter. Als ich ihm von meinem Tag erzählte, bereitete er sich selbst auch einen und setzte sich auf den Hocker neben mir. Schweigend leerten wir unsere Gläser; wir waren zu aufgewühlt, um an Essen zu denken. Nachdem wir uns so eine Zeitlang beruhigt hatten, fuhren wir zu unserem Haus hinüber, suchten unsere Steuerunterlagen heraus und durchwühlten sie, bis wir unsere Master-Card-Abrechnung für März 1989 fanden. Kaits Kreditkarte hatte mit zu unserem Familienkonto gehört, und jeden Monat hatte sie uns die Ausgaben erstattet, die sie darüber getätigt hatte.

Die Abrechnung für den März des vorangegangenen Jahres

listete sämtliche Ausgaben auf, die Kait auf der Kalifornienreise gemacht hatte, darunter auch die Kosten für einen Mietwagen von einer Firma namens »Snappy Car Rental«.

»Das muß der Wegen sein, den Dung für den Unfall benutzt hat«, mutmaßte Don. »R & J muß eine andere Bedeutung haben. Vielleicht ist es eine Geldwaschanlage oder eine Tarnfirma für die Sache mit den vorgetäuschten Unfällen.«

Die Kreditkarten-Abrechnung zeigte, daß Kait und Dung am 27. und 28. März die Nacht in einem Motel in Costa Mesa verbracht hatten. Danach gab es bis zum 31. März keine weiteren Belastungen mehr in Costa Mesa.

»Wenn R & J dahintersteckt, muß der fingierte Unfall am 28. März gewesen sein«, sagte Don, als er die Abrechnung studierte. »Dann sind Kait und Dung noch eine Weile herumgezogen und haben sich eine schöne Zeit gemacht, und dann sind sie nach Costa Mesa zurückgekehrt, ehe sie nach Albuquerque zurückgefahren sind, damit Dung seine Bezahlung kassieren konnte.«

Wir setzten uns mit Kaits Bank in Verbindung und ließen uns eine Kopie ihrer Kontoauszüge für April 1989 geben. Es überraschte uns nicht, als wir auf eine Einzahlung von Beginn des Monats stießen, die über 1490 Dollar lautete. Wir kamen zu dem Schluß, daß Dung 510 Dollar von der Bezahlung für den fingierten Unfall behalten haben mußte, die 2000 Dollar betragen haben dürfte. Den Rest hatte er dann Kait für die Mietwagen-Kaution gegeben, die sie hinterlegt hatte, und für seinen Anteil an ihrer Wohnungsmiete.

Ich rief die Nummer an, die für den R-&-J-Autoverleih in dem Telefonbuch stand, und erfuhr, daß der Anschluß nicht mehr existierte. Dann tat ich etwas, das ich schon viele Monate früher hätte tun sollen, und wählte die Nummern in Santa Ana, die auf Kaits letzter Telefonrechnung auftauchten.

Beide Nummern waren stillgelegt.

12

Kait war noch da! Mehr als jeder andere Aspekt dieser ganzen R-&-J-Erfahrung bedeutete uns die Tatsache, daß sie der Beweis für das Fortdauern von Kaits Existenz zu sein schien. Obwohl ich mit vollem Bewußtsein akzeptiert hatte, daß Betty mit ihr in Verbindung treten konnte, war doch die skeptische Seite meiner Natur ein so tief verwurzelter Teil meiner selbst, daß ich zeitweilig an meinem eigenen Geisteszustand zweifelte. Diese neue Erfahrung überzeugte mich davon, daß Kait nicht allein existierte, nein, sie hatte zumindest in einigen Fällen auch die Fähigkeit, sich auf direktem Wege mitzuteilen.

Von dieser neuen Erkenntnis angespornt, las ich *Many Lives, Many Masters* ein weiteres Mal, wobei ich mich weniger für das Thema der Reinkarnation interessierte als für den »Bereich zwischen den Leben«. Ich war insbesondere fasziniert von den Abschnitten, die über Menschen berichteten, die Erfahrungen mit todesähnlichen Zuständen gemacht hatten. Aufbauend auf den Forschungsergebnissen solch renommierter Kapazitäten wie Dr. Elisabeth Kübler-Ross und Dr. Raymond Moody, die ausführliche und wohldokumentierte Studien über den Tod und das Sterben durchgeführt hatten, verwies Dr. Weiss besonders auf die verblüffenden Ähnlichkeiten der Erfahrungen von Menschen, die »gestorben« und dann durch den Einsatz der Medizin wieder zum Leben erweckt worden waren. Fast ausnahmslos hatten sie die Empfindung beschrieben, wie sie sich schmerzfrei von ihrem Körper lösten und zu einem erhabenen Punkt emporstiegen, von dem aus sie hinabblicken und die

Bemühungen verfolgen konnten, sie wieder zum Leben zu erwecken. Nach einer gewissen Weile waren sie dann eines strahlenden Lichtes in einiger Ferne gewahr geworden, das in etlichen Fällen am Ende eines Tunnels erblickt wurde, und sie fühlten sich magnetisch in diese Richtung gezogen. Einige dieser Personen hatten versucht, zu dem Licht zu gehen, und wurden zurückgeholt, weil ihre Pflichten auf Erden noch nicht erfüllt waren. Andere entschlossen sich aus freien Stücken, in ihre Körper zurückzukehren.

In einer Passage sprach Catherine, die Patientin von Dr. Weiss, das Thema von Menschen an, die im Koma lagen, und beschrieb sie als Personen, die »sich ausruhen«. Wenn sie noch etwas zu lernen oder anderen beizubringen hatten, wurden sie in ihren Körpern zurückgehalten, bis ihre Aufgabe beendet war, aber wenn sie ihre Mission in diesem bestimmten Leben erfüllt hatten, konnten sie aller modernen Medizin zum Trotz in die nächste Dimension hinüberwechseln. Wenn das zutraf, so überlegte ich, dann war vielleicht mein Entschluß, »ich kann das schaffen«, der Grund dafür gewesen, daß Kait nicht hatte in ihrem Körper bleiben müssen, um mir die Erkenntnis beizubringen, daß die Menschen all das schaffen können, was sie tun müssen.

Mitte Februar erhielt ich einen Anruf von Sergeant Lowe, die mir erklärte, sie habe ihre Meinung über meinen Brief geändert und werde nun einen Beamten zu Nachforschungen nach Kalifornien senden.

»Ich habe das sichere Gefühl, daß wir die Richtigen festgenommen haben, aber ich fange an, das Motiv in Frage zu stellen«, sagte sie zu mir. »Im Augenblick sind wir damit beschäftigt, Beweise zusammenzutragen, um diese Typen auf die Anklagebank zu bekommen, aber sobald wir das geschafft haben, werde ich einen neuen Detective auf den Fall ansetzen. Von jetzt ab werden wir diese Sache von beiden Enden aus angehen. Barbara Cantwell wird Kaits Kreditkarten-Abrechnung mit Ihnen durchgehen, und Sie können ihr dabei helfen, mittels der Belege die Spur durch Orange County zu verfolgen.«

Meine Meinung über Sergeant Lowe schoß von einem Moment zum anderen in den Himmel, und der Name Barbara

Cantwell wurde für mich sogleich zu einem Mantra. Wenn ich nachts nicht schlafen konnte, wiederholte ich ihn immer und immer wieder in Gedanken und stellte mir eine Jeanne d'Arc in Uniform dabei vor.

Mike Gallagher bekam meinen Brief und rief an, um mir zu sagen, daß sein Redakteur ihn auf diese Geschichte angesetzt hatte. Nun, da ich wußte, daß auch Barbara Cantwell mit uns zusammenarbeiten würde, kam mir das tatsächlich wie eine Art Overkill vor, aber andererseits dachte ich mir, daß wir nichts dabei zu verlieren hätten, wenn Mike sich auch noch beteiligte.

»Die Polizei von Albuquerque hat eine ganze Menge Dinge ignoriert, um die sie sich hätte kümmern sollen«, sagte er. »Hat Kait jemals einen Skinhead namens Adrian erwähnt?«

»Ich glaube nicht«, sagte ich.

»Dieser Typ wohnte im selben Block wie sie und scheint ziemlich dick mit Dung befreundet gewesen zu sein«, sagte Mike. »Adrian hat ein paar Nachbarn erzählt, daß Dung und er ein paar Tage vor den Schüssen hinter Kait hergefahren seien, weil Dung Sorge hatte, jemand würde ihr in einem beigefarbenen VW folgen.«

»In dem Wagen, der auch in der Gegend gesehen worden ist, wo die Schüsse gefallen sind?«

»Es wäre möglich«, sagte Mike. »Als ich eine Serie über Drogenabhängige gemacht habe, habe ich mit zwei Männern gesprochen, die in den Alvarado Apartments wohnen. Sie haben gesagt, Dung hätte ihnen erzählt, Kait wäre von einer vietnamesischen Bande ermordet worden. Ich habe die Kerle höchstpersönlich auf das Präsidium geschleppt, damit sie der Polizei davon erzählten, aber die wollten es gar nicht hören. Sie hatten sich längst ihr Szenarium zusammengebastelt und wollten es sich nicht wieder umstoßen lassen. Dung hat auch noch anderen Leuten alle möglichen Dinge über den Mord erzählt. Eine Kontaktperson, die ich beim Gericht habe, hat mir erzählt, daß die Polizei sechs verschiedene Aussagen von Leuten bekommen – und abgetan – hat, die behaupteten, sie hätten gehört, wie er zugab, auf irgendeine Weise mit den Schüssen zu tun zu haben.«

Er fragte nach einem Bild von Dung, und ich schickte ihm einen Schnappschuß, den ich bei Kaits letztem Thanksgiving gemacht hatte. Dung saß an unserem Eßtisch, und Kait stand hinter ihm. Sie sahen sehr glücklich aus.

Ich blätterte die anderen Bilder durch, die wir bei der Gelegenheit gemacht hatten – ich lehnte über Dons Schulter, während er den Truthahn tranchierte; Brett alberte herum und tat so, als würde er einen Trommelschlegel verschlucken; Donnie, der strahlte und lachte, umarmte seine Freundin. Die Familie, die wir heutzutage darstellten, war weitaus weniger fotogen, denn jeder von uns litt an irgendwelchen von dem Streß herrührenden Gesundheitsproblemen. Don hatte zehn Pfund verloren und sah zehn Jahre älter aus, und ich hatte einen zu hohen Blutdruck. Unsere Töchter erzählten von Kopfschmerzen, Schlaflosigkeit und schweren Blutungen in den Zeiten zwischen ihrer Periode. Donnie, der sich dagegen gesperrt hatte, mit uns in das Ausweichquartier zu ziehen, hatte bei einer ganzen Reihe von Freunden auf dem Sofa kampiert, zuwenig Schlaf und zuviel Fast food bekommen.

Von Brett wußten wir nicht einmal, wo er war. Als er fortgegangen war, hatte er jede Verbindung mit der Familie abgebrochen. Ich wußte, daß Brett seinen Freiraum brauchte, wenn er unglücklich war, aber ich wußte auch, daß sein Urteilsvermögen vom Streß beeinträchtigt war. Andauernd hatte ich Alpträume, in denen er in Schlangenlinien und mit einer offenen Flasche Jack Daniel's zwischen den Knien irgendeinen Highway entlangfuhr.

Als Miguel Garcia der Untersuchungsrichterin vorgeführt wurde, erklärte sie, wenn die Staatsanwaltschaft nicht innerhalb von zwei Wochen Anklage gegen ihn erheben würde, dann werde sie ihn in die Aufsicht seiner Mutter entlassen. Unter dem Druck dieses ultimativen Termins klagte die Stellvertretende Bezirksstaatsanwältin Susan Riedel Escobedo und Garcia erneut des vorsätzlichen Mordes und anderer in Tateinheit damit begangener Verbrechen an.

Am Freitag, dem 23. Februar, rief Sergeant Lowe an, um mir zu sagen, daß sie nunmehr soweit seien, den Fall vor die »Grand Jury« zu bringen.

»Haben Sie genügend Beweise?« fragte ich sie.

»Jede Menge«, erklärte sie mir. »Auch wenn wir keine Augenzeugen haben, ist es uns doch gelungen, eine ganze Reihe von Leuten aufzutreiben, die die Männer damit haben angeben hören.«

»Wissen die Verdächtigen, wann die ›Grand Jury‹ zusammentritt?«

»Das Gesetz verlangt von uns, daß wir ihnen 36 Stunden vorher Bescheid geben.«

»Befinden sich im Moment denn beide in Haft?«

»Wir haben Garcia noch wegen der Einbruchssache in Gewahrsam«, sagte Ruth Lowe. »Sobald gegen die Männer Anklage erhoben wird, werden wir gegen Escobedo einen Haftbefehl erlassen.«

Ich fand es schwer zu glauben, daß alles so einfach sein sollte. »Haben Sie keine Angst, daß er untertaucht?«

»Er kann nicht untertauchen«, versicherte mir Sergeant Lowe. »Er hat Bewährung. Er kann die Stadt nicht ohne die Erlaubnis seines Bewährungshelfers verlassen.«

Sechzehn Zeugen sagten bei der Voruntersuchung aus, darunter Steve Gallegos, zwei jugendliche Insassen des »Juvenile Detention Center«, der Jugendstrafanstalt, zwei Mitglieder des dortigen Personals und eine Reihe Anwohner aus Martineztown. Wir waren zu dem Hearing nicht zugelassen, aber ich konnte mir später die Mitschrift besorgen. Ein vierzehn Jahre altes Mädchen sagte aus, gehört zu haben, wie Juve Escobedo sich seiner Beteiligung an dem Mord an Kait rühmte; ein elf Jahre alter Junge sagte, Miguel Garcia habe ihm gegenüber damit angegeben; und die Insassen und das Personal der Jugendstrafanstalt hatten die Geschichte von Marty Martinez gehört, dem dritten Mann im Wagen.

Zwei Zeugen aus Martineztown sagten darüber hinaus aus, daß sie gesehen hatten, wie nach den tödlichen Schüssen Juves Camaro vor dem Haus der Garcias hielt, Miguel heraussprang und zum Küchenfenster rannte. »Ich hörte ihn ans Fenster klopfen«, sagte einer von ihnen. »Und dann öffnete irgend jemand das Fenster, und dem sagte er, er müßte ihm etwas geben, was er für ihn verstecken sollte. Dann rannte er zurück und holte etwas, das aussah wie ... ein Gewehr, eine Flinte oder so, und damit lief er dann wieder zurück zum Fenster. Er reichte es hinein und sagte: ›Los, beeil dich, versteck das. ... Ich habe gerade einen umgebracht.‹«

Ein anderer Zeuge, ein Insasse der Jugendstrafanstalt, beschrieb ein Gespräch mit Marty Martinez.

»(Er erzählte mir) sie fuhren da so lang, und ... einer von den Jungs, ich weiß nicht genau welcher, sagte, sie würden einen erschießen, und er (Marty) sagte dann, er fände das keine gute Idee«, sagte er. »Er dachte, die machten bloß Witze, und er lehnte sich auf dem Rücksitz zurück, und dann als nächstes, Mann, hört er sie schießen und immer wieder schießen, und dann hat er gesagt, als er wieder hochgeguckt hat, war der Wagen mit dem Mädchen schon vor einen Mast gerast. ... Er hat immer wieder gefragt: ›Glaubst du, daß ich dafür Ärger kriegen kann? Ich wollte doch gar nicht, daß die auf sie schießen, ich wußte nicht mal was davon.‹«

Die Staatsanwältin hakte an dem Punkt nach.

»Und er wußte nicht, daß es geschehen würde?« fragte sie.

»Er hat gesagt, die hätten wohl irgendwas davon erzählt, aber er hätte nicht geglaubt, die würden das wirklich tun«, sagte der Junge.

Don und ich fanden, daß diese Aussage unseren Verdacht erhärtete, daß die Schüsse geplant gewesen waren.

Nachdem die »Grand Jury« bei diesem ersten Hearing fünf Stunden Zeugenaussagen gehört und dann dreißig Minuten beraten hatte, verkündete sie, daß Anklage wegen vorsätzlichen Mordes, Verabredung eines Mordkomplottes, des Gebrauches von Schußwaffen gegen den Lenker eines Fahrzeuges, der Verabredung zu diesem Verbrechen, der Beseitigung von Beweismitteln und der Verabredung hierzu erhoben werden würde.

Gegen Juve wurde Haftbefehl erlassen, aber als die Polizei ihn abholen wollte, war er verschwunden. Sein Anwalt, der dem Gericht versichert hatte, daß bei Juve keine Fluchtgefahr bestehe, erklärte der Presse: »Ich kann nur spekulieren, daß er von dem ganzen Aufruhr verschreckt worden ist.«

Miguel Garcia indessen war noch in polizeilichem Gewahrsam, und gegen ihn wurde am 5. März 1990 Anklage erhoben.

Er plädierte in allen Punkten auf »nicht schuldig«, und es wurde für ihn eine Kaution von 100 000 Dollar festgesetzt.

In der Zwischenzeit führte Mike Gallagher seine eigene Untersuchung durch. Er verbrachte fast eine ganze Woche damit, Dung überallhin zu folgen, und war überrascht, in wessen Gesellschaft er sich bewegte.

»Er wird von Mexikanern in Hertz-Mietwagen abgeholt, die ihn in irgendwelche Strip-Schuppen mitnehmen«, erzählte er mir. »Und damit meine ich nicht etwa bloß abends, sondern tagsüber, wenn man erwarten würde, daß er bei seiner Arbeit wäre. Die Kerle gehören alle zu der Art von Ganoven, denen ich nicht in einer dunklen Gasse begegnen möchte. Sie sind einen Kopf größer als Dung und sehen so aus, als wären sie gerade erst aus dem Knast ausgebrochen.«

Er hatte auch die Versicherungs-Betrügereien in Orange County recherchiert.

»Die Sache mit den getürkten Unfällen ist in der Hauptsache ein vietnamesisches Ding und läuft da die ganze Zeit über«, berichtete er. »Anscheinend bekommen diejenigen, die solch einen Unfall abziehen, ein paar tausend, während der Anwalt fünfzigtausend einsteckt und die Ärzte Hunderttausende abkassieren. Wir reden hier ganz eindeutig über Größenordnungen, für die Leute umgebracht werden.

Was diesen R-&-J-Laden angeht, habe ich bei meinem Suchen nach Hintergrund-Informationen nicht allzuviel Glück, da der nicht mehr existiert. Er ist letztes Jahr bankrott gegangen, kurz nachdem die Polizei von Westminster und die Staatsanwaltschaft von Orange County zwei Kliniken in Westminster wegen Versicherungsbetrügereien in Höhe von etlichen Millionen Dollar geschlossen hatten. Es läuft darauf hinaus, daß der Laden Vietnamesen gehört hat, aber das Ganze ist außerordentlich verwickelt, da es mindestens fünfzehn Teilhaber gibt.«

Mittlerweile hatten Don und ich einen Monat in unserem Notquartier zugebracht und gingen allmählich bei jeder Kleinigkeit an die Decke. Wir beschlossen, unser Haus zu verkaufen und eine Stadtwohnung zu mieten.

Aus einem großen, eigenen Haus mit ausgebautem Dachboden in eine Stadtwohnung zu ziehen, bringt große Einschränkungen beim Wohnraum und bei dem Platz mit sich, den man braucht, um all die Dinge unterzubringen, die sich im Laufe der Jahre angesammelt haben. Wir mußten ein neues Heim für die Haustiere finden und uns von vielen Dingen trennen. Am schwersten fiel uns das bei allem, was mit persönlichen Erinnerungen verbunden war – Sporttrophäen, Bastelarbeiten aus dem Kindergarten, liebevoll zusammengesetzten Puzzles, die auf Karton aufgezogen waren, Noten von den Auftritten der diversen Bands, Tonformen mit winzigen Handabdrücken, selbstgemachte Aschenbecher und dergleichen mehr, was wir früher zu Weihnachten geschenkt bekommen hatten.

Was wir mitnahmen, waren Dutzende von großen Fotoalben, weil die meisten Fotos darin Kait zeigten. Trotz der Tatsache, daß mein Vater, Joseph Steinmetz, ein international bekannter Fotograf gewesen war, hatte ich bis zu Kaits Geburt keinerlei Interesse an der Fotografie entwickelt. Daher waren unsere älteren Kinder zu kurz gekommen, was die Zahl ihrer Babybilder anging. Bald nach Kaits Geburt hatte ich einen Kurs für Fotografie belegt, der nicht bloß zu einem Hobby, sondern zu etwas wie einer zweiten Karriere geführt hatte. Von ihren Babytagen an hatte Kaits Gesicht die Cover von Zeitschriften geziert, und als ich jetzt die Alben durchblätterte, fand ich sie auf fast jeder Seite – wie sie an einer Blume schnupperte, ein Kätzchen streichelte, auf einen Baum kletterte, durch einen Bach watete, durch eine Sprinkleranlage lief –, und immer war auf ihrem linken Wangenknochen »Gottes Fingerabdruck« zu erkennen.

Die Ironie dieser Bezeichnung entging mir durchaus nicht, als ich nun die Alben in Kisten packte, die in der Garage gelagert werden sollten. Was für ein blödsinniger Name für ein Loch in ihrem Gesicht, dachte ich voller Bitterkeit.

Das einzig Positive, das während dieser Übergangszeit geschah, war Bretts Wiederauftauchen.

»Es tut mir leid, daß ich euch Sorgen gemacht habe«, sagte er. »Ich mußte einfach mit mir selbst ins reine kommen.«

Mit Freude hörten wir, daß er nicht mehr mit Rockbands arbeitete, sondern sich dem »Establishment« angeschlossen hatte, in Miami lebte und als Programmierer arbeitete. Und wie

Kerry, die ihre Fernsehkarriere aufgegeben hatte, um als freie Autorin zu arbeiten und bei ihren Kindern zu Hause sein zu können, hatte er damit begonnen, Artikel zu schreiben und sie Zeitschriften anzubieten.

Darunter war ein Aufsatz mit der Überschrift »Unsere kleine Hölle«, den er mir am Telefon vorlas:

»Es war eine warme Sonntagnacht, und ich hatte gerade meinen Arbeitstag beendet und wollte mich wie üblich vor den Fernseher setzen, um irgendwann einzunicken, als ein später, unerwarteter Anruf mein Leben für immer veränderte. Der Anrufer teilte mir mit, daß meine achtzehn Jahre alte Schwester Kait von Unbekannten zweimal in den Kopf geschossen worden war und nun in kritischem Zustand im Krankenhaus lag.

Kaum achtzehn Stunden später schlief meine hübsche Schwester und Freundin für immer ein.

Kait war zeitlebens das gewesen, was ich einen guten Menschen nennen würde. Sie war eine liebevolle, engagierte junge Frau, die Ärztin werden wollte. Warum sollte irgend jemand solch einen Menschen umbringen? In was für einer Welt leben wir, in der so etwas geschehen kann?

Während ich um eine Antwort auf diese Frage rang, verfiel ich auf eine entsetzliche Möglichkeit. Was wäre, wenn unser scheinbar so wunderbarer Planet in Wirklichkeit die Hölle wäre, ein Übungsgelände für das Böse? Vielleicht waren wir, die wir hier leben, in einem vergangenen Leben selbst böse und wurden als Strafe dazu verurteilt, in diesem Leben als Beute zu dienen. Hier in der Hölle sind einige von uns zu dem Schicksal verdammt, einzig aus dem Grunde »gut« zu sein, daß das Böse sich an uns üben kann.

Stellen wir uns einmal vor, unsere Hölle bestünde aus einer großen Wiese, auf der wir (die Guten) die Herde der Schafe darstellen, die nichts anderes tun als grasen. Wir werden beschützt von den Hunden (der Polizei), deren Aufgabe es ist, ununterbrochen auf Wölfe (das Böse) zu achten, während der Schäfer (Gott) seine Herde hütet.

Der einzige Zweck dieser Herde in der Hölle ist es, dem Bösen etwas zu geben, woran es seine Fähigkeiten trainieren kann. Unsere Mutterschafe haben uns immer erzählt, wenn wir brave kleine Lämmer wären und in der Mitte der Herde lebten, könnten wir darauf vertrauen, in Sicherheit zu sein. Nur die Dummen, die das Böse dadurch versuchten, daß sie an den äußeren Rändern der Herde lebten, würden in einer Katastrophe enden. Was die Mutterschafe nicht begriffen, war die Tatsache, daß die an den äußeren Rändern der Herde Erfahrung darin hatten, den Angriffen des Bösen auszuweichen. Das taten sie Tag um Tag und wußten daher, wie sie auf sich aufzupassen hatten.

Eines Tages kamen die Wölfe und lauerten – wie sie es immer taten – auf ein leichtes Opfer. Ohne Vorwarnung griffen sie an! Die Schafe an der Außenseite spürten die Attacke und flüchteten, so daß die Herde bis in ihre Mitte gespalten war. Die Schafe dort im Zentrum waren einer solchen Bedrohung noch nie ausgesetzt gewesen und hatten nicht bemerkt, wie nahe die Wölfe schon waren. Ehe die naiven Schafe noch reagieren konnten, hatten die Wölfe ein Lamm gerissen und waren in der Nacht verschwunden.

Die Hunde waren gerade einmal Kaffee trinken gewesen, und der Hirte war eingeschlafen.

»Was hältst du davon?« wollte Brett wissen. »Ist es eine gute Analogie?«

»Ich habe ein paar Probleme damit«, sagte ich. »Die Wölfe haben die Herde nicht auseinandergetrieben, unser Lamm ist ihnen fröhlich entgegengesprungen. Und ich kann nicht akzeptieren, daß unsere Welt ein Übungsgelände für das Böse sein soll. Ist es nicht möglich, daß es genau andersherum sein könnte, daß sie der Ort sein könnte, wo das Gute lernen kann, sich gegen das Böse zur Wehr zu setzen und es zu besiegen?«

»So, und wo war dann der Hirte?«

»Ich weiß es nicht«, mußte ich eingestehen.

In jener Nacht hatte ich einen verwirrenden Traum. Ich war wieder in unserem alten Haus und ging in Kaits Zimmer, um ihr ihren Gutenachtkuß zu geben. Sie lag da, auf einen Ellbogen gestützt, aber als ich näher an ihr Bett trat, rollte sie plötzlich auf ihren Rücken und zog spielerisch ihre Knie an, womit sie mir die

Sicht auf ihr Gesicht nahm. Dann streckte sie abrupt ihre Beine wieder aus, und ich merkte, daß ich auf einen vielleicht siebzehn Jahre alten Jungen hinabblickte. Er hatte ein interessantes, irgendwie an einen Fuchs erinnerndes Gesicht mit einem markanten Kinn und blickte aus Kaits frechen grünen Augen zu mir empor.

Ich wußte, ich hätte wissen müssen, wer er war, aber ich konnte seinen Namen nicht nennen. Früher einmal hatte ich ihn gut gekannt, aber irgendwie hatte ich ihn vergessen.

»Das ist jetzt nicht deine Zeit«, sagte ich ihm. »Ich will meine Tochter.«

Auf der Stelle war er verschwunden, und auf dem Bett lag wieder Kait.

Ich schloß sie in meine Arme und hielt sie so fest, daß keine von uns mehr Luft bekam.

»Ich möchte dich wieder in mir drinnen haben«, flüsterte ich. »Ich möchte dich wieder dort haben, wo ich dich beschützen kann.«

Aber ich konnte nicht in einem Traum das tun, was ich im Leben nicht hatte tun können, und ich konnte den Hunden keinen Vorwurf machen, und ich konnte dem Hirten keinen Vorwurf machen. Ich selbst war von liebevollen, fürsorglichen Eltern aufgezogen worden, die geglaubt hatten, daß alle Menschen gut seien: daher hatte ich keinem meiner Lämmer beigebracht, wie es die Wölfe erkennen sollte.

13

Der Frühling des Jahres 1990 war lang und hart und windig, und ich haßte ihn. Als die Blumen gerade eben begannen, durch die Erde zu brechen, überfiel uns eine plötzliche Kältewelle, die die noch ungeöffneten Knospen vernichtete und den Erdboden mit Hagelkörnern übersäte. Zu Ostern brachte ich eine Hyazinthe hinaus zum Friedhof, aber als ich später wieder hinging, sie zu gießen, war sie mitsamt dem Topf fortgeweht worden.

Zu Hause in unserer neuen Wohnung sagte ich mir, daß ich wieder anfangen müsse zu arbeiten. Neun Monate waren seit Kaits Tod vergangen, und das war genug. Es hatte mich neun Monate gekostet, sie auf diese Welt zu bringen, und dieselbe Zeitspanne, sie aus dieser Welt hinauszugeleiten, und ich konnte mich nicht immer weiter nur der Trauer hingeben. Aus einem Vertrag, den ich über drei Bücher abgeschlossen hatte, war ich noch einen Kriminalroman für junge Leser schuldig, und man erwartete von mir, vier bis sechs Artikel pro Jahr für *Woman's Day*. Alle meine Lektoren und Redakteure waren mitfühlend und verständnisvoll gewesen und hatten keinerlei Druck auf mich ausgeübt, meine Verpflichtungen zu erfüllen, aber ich wußte, ich konnte nicht unbegrenzt weiter so vor mich hin vegetieren. Darüber hinaus waren Don und ich an ein doppeltes Einkommen gewöhnt, und seit einem Dreivierteljahr hatte ich nicht einen Penny verdient. Unser Haus stand zum Verkauf, aber wir zahlten weiterhin an den Raten dafür, während wir gleichzeitig die Miete für die Stadtwohnung aufbringen mußten; und unsere finanzielle Situation sah alles andere als gut aus.

Ich konnte die Energie nicht aufbringen, die nötig gewesen wäre, um mir einen Roman auszudenken, aber ich schrieb für *Woman's Day* einen auf meinen eigenen Erfahrungen basierenden Artikel darüber, wie man Freunden in einer Notsituation hilft. Das Schreiben machte keinen großen Spaß, aber meinem Redakteur gefiel der Artikel, und ich stellte fest, daß ich meine Fähigkeit, Worte zu Papier zu bringen, nicht verloren hatte.

An dem Tag, als ich den Artikel zur Post gebracht hatte, rief Mike an, um mir zu sagen, daß es ihm gelungen war, die eine der beiden Telefonnummern zu identifizieren, und daß er vermutete, die andere könnte zu einem Pieper gehören, wie ihn Ärzte oder wichtige Geschäftsleute mit sich tragen, um stets ans nächste Telefon gerufen werden zu können. Die nicht ins Telefonbuch eingetragene Nummer hatte jemandem mit Namen Van Hong Phuc gehört, der in Santa Ana wohnte. Mike sagte, obwohl dieser (oder diese) Van Hong Phuc noch immer an derselben Adresse wohnte, sei die Nummer unmittelbar nach Kaits Tod gegen eine andere ausgetauscht worden, die gleichfalls nicht im Telefonbuch auftauchte.

»Lassen Sie bloß die Polizei oder die Anwälte der Verteidigung nicht Wind davon kriegen, daß ich in der Sache recherchiere«, sagte er. »Wenn die Polizei von Albuquerque das herausfindet, werden sie mir meine Informationsquellen verschließen, und die Verteidiger werden ihre Klienten freiboxen, indem sie Dung in die Sache verwickeln und gegen ihn eine überzeugendere Beweislast anhäufen als die Staatsanwaltschaft gegen Garcia. Im Moment glauben die Anwälte der Verteidigung noch, Dung wäre tot. Irgend jemand hat ihnen erzählt, sein Selbstmordversuch wäre erfolgreich gewesen.«

»Warum sollte irgendwer so etwas tun?«

»Denken Sie drüber nach«, sagte Mike. »Ich weiß bloß, wie ich mitgehört habe, daß sie darüber geredet haben, wie schade es doch sei, daß sich Kaits Freund umgebracht habe, denn wenn er noch am Leben wäre, würden sie ganz bestimmt mit ihm sprechen wollen. Im Augenblick erwarte ich, daß sie jeden Moment beantragen werden, das Beweismaterial der Anklage zu sehen.«

»Was hat das zu bedeuten?« fragte ich.

»Auf solch einen Antrag hin muß die Staatsanwaltschaft der Verteidigung sämtliches Material vorweisen, über das sie verfügt«, erklärte Mike. »Ich persönlich glaube allerdings nicht, daß die Staatsanwaltschaft der Verteidigung wirklich alles zeigen wird. Einer der Gründe für meine Vermutung liegt darin, daß normalerweise in den meisten Mordfällen, sobald der Fall vor eine ›Grand Jury‹ gebracht worden ist, und man hat auch schon die Anklage gegen die Verdächtigen verlesen, alles, was die Polizei hat, in die offiziellen Akten aufgenommen wird. Das bedeutet dann, daß Sie oder ich oder irgendwer sonst hingehen, einen Dollar pro Seite bezahlen und eine Kopie der Akten bekommen können. In diesem Fall ist das aber nicht erfolgt. Sie sagen immer wieder, die Untersuchungen seien noch nicht abgeschlossen, trotz der Tatsache, daß die ›Grand Jury‹ die Anklage längst zugelassen hat. Ich tippe darauf, daß die Polizei an den Akten noch etwas rumfrisiert, um alles auszumerzen, das in Richtung auf eine Vietnamesen-Connection deutet.«

»Weil sie keinen Spuren folgen wollen, die in eine andere Richtung deuten als ihre ›Zufallsschüsse‹?«

»Richtig«, sagte Mike. »Mit diesen Verdächtigen ist es für sie am einfachsten. Die Polizei will den Fall schön simpel halten – ›Hier sind die Kerle, sie haben aufs Geradewohl herumgeschossen, und jetzt wollen wir uns wieder anderen Dingen widmen.‹ Wenn sie das tun, muß man sich wirklich Sorgen machen, denn wenn sie kein sauberes Spiel spielen, wenn sie der Verteidigung irgendwelche Informationen vorenthalten, dann werden unsere Hispano-Freunde ungeschoren davonkommen, selbst wenn sie die Killer sind. Die Verteidigung wird irgendwann darauf stoßen. Sie werden einen Revisionsantrag stellen, und der ganze Fall wird gekippt. Das passiert, wenn die Cops sich nicht an die Regeln halten.«

Wenn Miguel Garcia tatsächlich derjenige war, der Kait erschossen hatte, wollte ich ganz gewiß nicht, daß man ihn wieder frei herumlaufen ließ, damit er noch andere umbringen konnte. Aber mir wollte einfach der anonyme Anruf nicht aus dem Kopf gehen. Es wäre furchtbar, wenn die Hispanos als bösartige, waffenschwenkende Betrunkene auf einer Spritztour zur Rechenschaft gezogen würden, während die Männer, die dafür verantwortlich sein könnten, sie angeheuert zu haben, sich bequem zurücklehnten und ins Fäustchen lachten.

Ließ sich zwischen den Vietnamesen und den Hispanos eine Verbindung herstellen? Um das zu versuchen, rief ich erneut Betty Muench an. Sie hielt eine neue Sitzung ab und las mir die Niederschrift telefonisch vor:

FRAGE: *Was können wir zum jetzigen Zeitpunkt über irgendeine mögliche Verbindung zwischen den Hispanos (insbesondere denen, die wegen dem Mord an Kaitlyn angeklagt wurden) und den Vietnamesen (insbesondere Dung Ngoc Nguyen und seinen engsten Verbindungsleuten) erfahren?*

»Das war eine äußerst seltsame Sitzung«, sagte Betty mir. »Die Geschichte scheint eine völlig neue Wendung zu nehmen. Eine Menge davon macht für mich überhaupt gar keinen Sinn.«

ANTWORT: Da ist das Empfinden von etwas, das auf das Gesicht niederzufallen scheint, und es wird sich so glatt wie Glas anfühlen.

»Mit anderen Worten, wir sprechen über eine reibungslose, vielleicht aalglatte Unternehmung«, sagte Betty.

ANTWORT: Da ist ein Bild, das von einer Art Skulptur zu stammen scheint, die so zu sehen sein wird, als blicke man zu ihr auf, und da ist der Kopf einer Schlange, der aus einer Art grünen Metalls gemacht sein wird, einer Art Türkis, das einen dunklen türkisen Umriß hat. Das scheint etwas aus Messing oder Bronze zu sein, verwittert und voller Patina, und es ist groß und man kann dazu hinaufsehen. Dies wird scheinbar ein Symbol irgendeines großen Clans oder einer Macht sein, und es wird Einfluß und Reichtum besitzen, und da werden solche angeheuert worden sein, die sie als geringer betrachten – die Hispanos. Das Bild wird mit einer bestimmten vietnamesischen Gruppe zu tun haben, die über diese Macht verfügt, und sie werden die Hispanos einfach benutzen, damit die ihre Arbeit erledigen.

»Es scheint so, als benutzten sie sie bloß und ließen sie dann, fallen«, sagte Betty. »Sie fühlen sich den Hispanos überlegen und betrachten sie als eine Art Verbrauchsartikel.«

ANTWORT: Es wird ans Licht kommen, daß einer der dieses Mordes Verdächtigen Verwandte haben wird, die sehr nahe diesem Platz sind, wo dieses Reptilienhaupt sein wird, und daß es unter diesem Haupt viele Treffen geben wird. Diese Treffen werden unverdächtig sein, da es sich in der Tat um einen öffentlichen Ort handeln wird. Da die Verwandten dieses einen Verdächtigen bereits verwickelt sind, wird es kein Problem sein, von diesem Ort diejenigen zu rekrutieren, welche ihre Befehle ausführen. Da wird in diesem Bild etwas sein, das zeigen wird, daß das Reptil in gewisser Weise als wertvoll angesehen wird und daß dies ein Symbol ist, das oft benutzt wird, und an diesem Ort selbst gibt es etwas, das anzeigt, wie dieses Reptilien-Thema befolgt wird.

Es wird darin eine Verbindung liegen, aber die Beziehung eines der Verdächtigen zu solchen, die bereits in dieser Verbindung mit den Vietnamesen gearbeitet haben werden, wird sogar noch klarer und offensichtlicher werden. Die Verbindung kann nicht auf einfache Weise hergestellt werden. Es wird darum gehen, andere Wege zu finden, über die eine Bezahlung geleistet worden ist, als nachweisbare Papiere. Es wird solche Bezahlung über verschiedene ungewöhnliche Wege existieren, und es wird Gefallen geben. Dann wird es in dem Kodex dieses Reptils dasjenige geben, was sie in einer mafiaähnlichen Weise funktionieren lassen wird, und es wird einen Kodex geben, welcher eine asiatische Bezeichnung haben wird. Dieses Reptiliensymbol kann an verschiedenen ungewöhnlichen Stellen gesucht und gefunden werden. Ein Name wird all dies mit letzter Sicherheit in einen Zusammenhang bringen – ein hispanischer Name, der in Los Angeles so üblich ist wie in Albuquerque. Derselbe Anfangsbuchstabe wie Garcia, aber nicht Garcia. Dieser, Garcia, hat nach dieser sogenannten »Ehre« gestrebt und muß nun den Druck aushalten, und dieser ist zum jetzigen Zeitpunkt auch einer Gefahr durch das Reptil ausgesetzt.

»Miguel Garcia hat das Gefühl, er würde beschützt, aber tatsächlich trifft das nicht zu«, sagte Betty. »Er ist genauso verzichtbar wie die übrigen und kann jederzeit eliminiert werden, besonders wenn die Polizei Juve erwischt und mit ihm einen Handel abschließt.«

Dann brachte Betty die Niederschrift für mich zur Post und legte eine kurze Notiz dazu:

Liebe Lois,

ich hoffe, hierbei ist etwas, das helfen wird, diesen Fall zu lösen. Irgend etwas läuft vollkommen falsch bei einem System, das dazu dient, den Übeltäter zu schützen. Seien Sie vorsichtig, aber geben Sie nicht auf. Alles Liebe und Gute,

Betty

Wie üblich akzeptierte sie keine Bezahlung.

Don war der Meinung, daß wir diese Niederschrift auch Mike zeigen sollten.

»Wir sind es ihm schuldig, ihm jede Information zu geben, die wir haben«, sagte er. »Vielleicht kann er herausfinden, was der Schlangenkopf bedeutet.«

Ich hatte sowohl Mike als auch die Polizei den R-&-J-Autoverleih zu überprüfen gebeten und beiden erzählt, ich hätte diesen Namen von einem anonymen Anrufer erhalten. Mir war es nicht geraten erschienen, ihnen gegenüber zu erwähnen, daß die Information von einem Medium stammte.

»Er würde mir ins Gesicht lachen«, sagte ich. »Er ist ein Zeitungsreporter.«

»Gib ihm eine Chance«, sagte Don. »Vielleicht überrascht er dich.«

Als ich das nächste Mal mit Mike sprach, fragte ich ihn beiläufig, was er davon hielte, wenn bei polizeilichen Untersuchungen ein Medium eingeschaltet wurde.

»Sie sind nutzlos«, sagte er. »Das einzige, worauf sie aus sind, ist Geld und Publicity. Ich habe noch nie eins kennengelernt, das irgend etwas von Wert angebracht hätte.« Er wechselte das Thema. »Ich habe eine merkwürdige Geschichte über Juve gehört. Das letzte Mal, das jemand mit ihm gesprochen hat, war, nachdem der Haftbefehl erlassen worden war. Er telefonierte mit seiner Freundin und sagte zu ihr: ›Also, die Polizei ist jetzt draußen. Wenn ich dich das nächste Mal anrufe, wird das wahrscheinlich vom Gefängnis aus sein.‹ An der Stelle war er einfach weg, und niemand hat ihn seither gesehen.«

»Macht sich seine Familie Sorgen?« fragte ich.

»Es hat den Anschein.«

»Stimmt es denn, daß die Polizei draußen war, als er diesen Anruf machte?«

»Das bekomme ich nicht heraus«, sagte Mike. »Die Polizei beantwortet keine Fragen, aber seine Freundin scheint zu glauben, daß an der Sache etwas faul war.«

Ohne Mike hätten wir überhaupt nichts erfahren, da die Polizei weder unsere Fragen beantwortete noch irgendwelche Informationen an uns weitergab. Bettys Feststellung, daß es durch die Presse gewisse Vorteile geben würde, hatte sich als absolut zutreffend erwiesen, genauso wie viele ihrer übrigen Vorhersagen. Doch obwohl ich mittlerweile die Tatsache akzeptierte, daß es einem Medium möglich sein konnte, als Sprachrohr für Botschaften von den Toten zu dienen; vermochte ich mir nicht vorzustellen, wie irgend jemand die Zukunft voraussagen sollte.

Don überraschte mich, indem er sagte, er habe damit keinerlei Probleme.

»Im Zusammenhang der Ewigkeit existiert Zeit nicht«, sagte er. »Das bedeutet, daß auf einer Ebene, wo die Dinge weder Anfang noch Ende haben, der Blick nach vorne genauso einfach sein sollte wie der Blick zurück.« Er sah meinen verwirrten

Ausdruck und versuchte, es mir zu erklären. »Denk dir die Sache so – du machst eine Videoaufnahme von der Geburtstagsfeier deines Kindes, und am nächsten Tag spulst du sie zurück und siehst dir an, wie es sich mit seinem Eis bekleckert. Du findest es nicht seltsam, weil du ja weißt, daß es geschehen ist; du siehst also die Wiedergabe von etwas, das bereits stattgefunden hat. Was aber, wenn du in der Lage wärst, dieses Video vor der Zeit zu sehen und dir dein Kind anschauen könntest, wie es mit seinem Eis kleckert – einen Tag vor der Geburtstagsfeier. Wenn dieses Video in einer Sphäre entstanden wäre, wo die Zeit, so wie wir sie kennen, nicht existiert, wäre es genauso leicht, es sich vor dem Ereignis anzuschauen wie danach.«

»Aber das würde doch bedeuten, daß wir keinen freien Willen hätten!« widersprach ich. »Wenn unser Leben schon bis in alle Einzelheiten für uns ausgearbeitet ist, bevor wir geboren wurden, dann ist niemand für irgend etwas von dem, was er tut, verantwortlich.«

»Natürlich sind wir verantwortlich«, sagte Don. »Wenn sich das Kind mit seiner Eiskrem vorsieht, zeigt das Video, daß die Geburtstagssachen sauber bleiben. Das Video läßt die Dinge nicht geschehen, es zeichnet sie nur auf, und ein Medium wie Betty Muench, das übersinnliche Fähigkeiten besitzt, kann sich in solch eine Aufnahme einschalten, bevor die Ereignisse, die sie aufzeichnet, stattgefunden haben.«

Ich versuchte, diese Vorstellung auf etwas zu übertragen, das mir vertrauter war. Unsere drei ältesten Kinder hatten früher bei einer Theatergemeinschaft mitgemacht, und ich hatte sie viele Stunden ihre Texte abgehört. Ab und zu vergaß während einer Vorstellung einer der Darsteller seinen Text und begann zu improvisieren, was dann die anderen Darsteller dazu zwang, gleichfalls zu improvisieren, woraufhin dann die Szene so chaotisch wurde, daß die eigentliche Geschichte vollkommen verlorenging. Was wäre, wenn das Skript zu unseren Jahren auf der Erde bereits vor der Zeit feststünde, wir aber, weil wir einen freien Willen haben, unsere eigenen Drehbücher schreiben könnten, die auf den Lektionen basierten, die uns zu lernen aufgegeben wären, und auf den Lektionen, für die wir uns bereiterklärt hätten, anderen zu helfen? Auch wenn wir keine bewußte Erinnerung an diese Verpflichtungen hätten, wäre doch das Skript für jeden einzelnen Menschen in seine Seele geprägt. Wenn wir »unseren Text« vergäßen und die Szene nicht so spielten, wie es das Skript vorsähe, könnten wir das ganze Schauspiel schmeißen, nicht nur für uns selbst, sondern auch für jeden anderen.

Das brachte mich auf eine Möglichkeit, die mich erschreckte. Könnte nicht eine Person, die berufsmäßig von ihrer Fantasie lebte – die Tag für Tag, Jahr für Jahr Informationen anzapfte, die in den Tiefen ihres Unterbewußtseins lagerten –, ohne sich dessen bewußt zu sein, dabei auch Fragmente des Materials zu Szenen zutage fördern, die in diesem »Skript« stünden, aber noch nicht gespielt worden wären?

»Das klingt bestimmt verrückt«, sagte ich zu Don, »und ich komme mir dumm vor, es überhaupt zu erwähnen, aber manche von den Dingen in meinen Büchern scheinen prophetisch gewesen zu sein.«

»Was zum Beispiel?« fragte er.

»Nun, nimm beispielsweise *Ransom* (Lösegeld), den Roman über eine Gruppe von Schülern, die vom Fahrer ihres Schulbusses gekidnappt werden. Diese Geschichte habe ich geschrieben, als ich in Kalifornien lebte, in Livermore. Kurz nachdem das Buch erschienen war, kidnappte ein Schulbusfahrer in Livermore einen Bus voller Schüler und verlangte Lösegeld für sie. Das Verbrechen war dem in meinem Buch so ähnlich, daß die Eltern eines der Kinder wollten, daß man mich einsperrte.

Dann gibt es noch beunruhigende Dinge in *Don't Look Behind You* (Schau dich nicht um). Ich habe April, meine Heldin, nach Kaits Vorbild geschaffen, und in der Geschichte wird April von einem Killer in einem Camaro gejagt. Einen Monat, nachdem das Buch erschienen war, ist genau das mit Kait geschehen. In dem Buch wurde Aprils Familie dazu gezwungen, sich wegen Todesdrohungen zu verstecken, und dasselbe ist uns passiert.«

»Das Leben ist voller seltsamer Zufälle«, sagte Don.

»Das habe ich mir auch gesagt.«

Ich war froh, daß er nicht weiter auf das Thema hatte eingehen wollen, und versuchte mich auf praktischere Dinge zu konzentrieren, etwa darauf, herauszufinden, ob Miguel Garcia tatsächlich, so wie es Bettys Worte nahezulegen schienen, Verwandte in L.A. hatte, die womöglich den Vietnamesen als Handlanger dienen mochten.

Mir kam eine Idee, als ich auf der Post anstand, um einen Nachsendeantrag zu stellen. Ich kannte Miguel Garcias Adresse, weil sie in der Zeitung gestanden hatte. Was wäre, wenn ich einen Nachsendeantrag im Namen der Familie Garcia stellen würde, so daß wir zumindest für kurze Zeit ihre Post bekommen würden? Natürlich würde es nicht allzu lange dauern, bis uns jemand auf die Schliche kommen würde, aber in der Zwischenzeit konnte schon ein Brief von Onkel Gonzales oder Gurule oder Gutierrez kommen, der in Orange County wohnte und wissen wollte, ob schon ein Termin für die Gerichtsverhandlung festgesetzt worden sei. Tatsächlich könnte ich sogar, wenn ich den richtigen Moment abpaßte, die Telefonrechnung der Garcias bekommen und herausfinden, daß sie häufig Ferngespräche nach Kalifornien geführt hatten.

Die ganze Zeit, die ich dort in der Warteschlange stand, ging mir die Idee nicht aus dem Kopf, und ich ging sogar soweit, mir ein zweites Formular für einen Nachsendeantrag geben zu lassen. Dann aber verlor ich die Nerven und füllte es nicht aus. Die amerikanische Post zu betrügen war ein schweres Verbrechen, und ich wußte, ich würde vermutlich mehr Jahre im Zuchthaus sitzen müssen, weil ich die Post der Garcias gelesen hätte, als Miguel Garcia bekommen konnte, wenn er dafür verurteilt wurde, daß er meiner Tochter das Hirn weggeblasen hatte.

14

Zumindest wußten wir, wo sich Miguel Garcia aufhielt; er saß im Gefängnis und war außerhalb der Reichweite der »Schlange«.

Das war mehr, als man von Juve Escobedo behaupten konnte. Jedermann nahm als gegeben an, daß Juve sich dahin geflüchtet hatte, wo er herstammte, nach Mexiko. Wenn das nun aber gar nicht so war? Was wäre, wenn die letzten Worte, die Juve mit seiner Freundin gewechselt hatte, die Wahrheit gewesen sein sollten – wenn er tatsächlich draußen Leute gehört hatte, dachte, sie wären Polizisten, und daher auch glaubte, das nächste Mal, daß er sie anrufen könnte, würde aus dem Gefängnis sein? Er hatte schon vorher dort eingesessen, und er wußte, man würde ihm erlauben zu telefonieren.

Was aber, wenn die Männer, die er gehört hatte, gar nicht die gewesen wären, für die er sie gehalten hatte?

Meine Erfahrung im Erfinden fiktiver Szenen machte mir diese hier ganz einfach. Der Schauplatz: das Haus der Escobedos irgendwo in den Slums von Martineztown.

Die Handlung: Es klopft an der Tür, und Juve legt den Hörer auf und geht öffnen. Zu seiner Überraschung stehen da ein paar Vietnamesen. »Wir sind gekommen, um dich zu retten!« sagen sie zu ihm. »Wir werden dich über die Grenze bringen! Du und Miguel, ihr habt die Sache mit diesem aufsässigen Arquette-Mädchen ganz prima erledigt, und nun fühlen wir uns verpflichtet, dir bei der Flucht zu helfen.« *»Gracias!«* ruft Juve dankbar und springt in ihren Wegen, ohne sich auch nur genug Zeit zu lassen, einen Koffer zu packen oder seiner Familie eine Nachricht zu hinterlassen, um ihnen mitzuteilen, wohin er unterwegs ist. Sie nehmen den Highway nach Süden in Richtung El Paso, und nach etwa hundert Meilen, wenn sie südlich von Socorro weites, offenes Gelände erreichen, fahren sie irgendwo von der Straße ab, und mit Juve ist es vorbei. Nun gibt es einen Verdächtigen weniger, der unter Druck zusammenbrechen und die Tatsache ausplaudern könnte, daß der Mord an Kait im voraus geplant war. Niemand wird Juve Escobedos Verschwinden seltsam finden, da jeder annehmen wird, er habe sich in Mexiko verkrochen.

Je öfter ich dieses Szenario in meinem Kopf durchspielte, desto überzeugter wurde ich, daß genau dies geschehen war. Ich rief Betty an und sagte ihr: »Ich glaube, Juve ist tot, aber das müßte ich bestätigt bekommen. Glauben Sie, Sie könnten das tun?«

»Vermutlich«, sagte sie. »Ich werde sehen, was ich für Sie herausfinden kann.«

Während ich auf ihren Rückruf wartete, machte ich mir einen Plan, wie ich vorgehen wollte, erfreut darüber, daß ich meinen Tag mit sinnvoller Aktivität würde füllen können. Ich wußte, die Polizei würde Probleme damit haben, meine Theorie zu akzeptieren. Um sie zu überzeugen, würde ich mit Juves Leichnam aufwarten müssen, der irgendwo zwischen Albuquerque und El Paso begraben sein mußte. Mit Betty als Führer sollte er nicht allzu schwer zu finden sein, aber würden wir beide in der Lage sein, ihn allein auszugraben? Ich dachte über die Frage nach und kam zu dem Schluß, daß wir es vermutlich nicht schaffen würden. Ich war nie sehr muskulös gewesen, auch nicht, als ich noch jünger war, und in der letzten Zeit hatte ich einiges an Gewicht verloren und kaum Bewegung gehabt. Betty war ein paar Jahre jünger und besser in Form als ich. Aber es war nicht ihre Tochter, die man erschossen hatte, und ich fühlte mich nicht dazu berechtigt, von ihr zu verlangen, den Großteil der Schwerarbeit zu tun, während ich bloß dastand und alles beaufsichtigte. Ich entschied, daß es am besten sein würde, mit ihr einfach so lange in südlicher Richtung zu fahren, bis sie auf die Stelle wies, wo die Leiche begraben lag, und dann nach

Socorro zurückzufahren und jemanden zu finden, der das Graben besorgte. Vielleicht würde man einen von diesen Männern dafür anheuern können, die schon mal an Straßenecken stehen, mit Schildern, auf denen man lesen kann: NEHME JEDEN JOB – FÜR EIN WARMES ESSEN.

Eine Stunde verging, und Betty rief immer noch nicht zurück. Um beschäftigt zu bleiben, machte ich ein Lunchpaket fertig, das wir mitnehmen konnten, und ging dann hinaus in die Garage, um nachzusehen, ob ich etwas finden konnte, um es hineinzupacken. In einem der Kartons, die Don von unserem Haus hierhergebracht hatte, entdeckte ich einen Picknickkorb. Zunächst hatte ich keinerlei Vorstellung, wo er herstammte, aber als ich ihn öffnete und das rotweiß karierte Tuch darinnen sah, fiel es mir nur zu deutlich wieder ein. Kait war zu ihrem letzten Halloween zu einer Party eingeladen gewesen, und sie und ich hatten fast einen ganzen Samstag damit zugebracht, durch die Geschäfte zu laufen und die Einzelteile für ihr Kostüm zusammenzusuchen – einen Korb, rotweiß karierte Tücher, ein Cape, damit sie als Rotkäppchen verkleidet gehen konnte.

Ich machte den Korb wieder zu und stopfte ihn in den Karton zurück, in dem Bewußtsein, daß ich im Leben niemals irgend etwas würde in diesen Korb packen können.

Als ich ins Haus zurückkam, klingelte das Telefon. Es war Betty, die anrief, um mir zu sagen, daß Juve noch lebte.

»Sind Sie sicher?« Ich hätte nicht zu sagen vermocht, ob ich enttäuscht oder erleichtert war. »Ich hatte vorgehabt, mit ihnen auf die Suche nach seinem Leichnam zu gehen.«

»Sind Sie verrückt geworden?« rief Betty aus. »Das würde ich auf gar keinen Fall tun.«

»Ich hatte ja nicht erwartet, daß Sie das ganze Graben übernehmen«, versicherte ich ihr.

»Ich habe Ihnen doch schon gesagt, daß ich nicht gerne in Verbrechensfällen arbeite«, sagte Betty. »Ich kann mir nichts Abscheulicheres vorstellen, als irgendwelche Leichen auszugraben.«

»Was machen Sie denn normalerweise, wenn Sie nicht in ›Verbrechensfällen‹ arbeiten?« fragte ich sie. »Weswegen bitten die Leute Sie sonst um eine Sitzung?«

»Eine Menge von ihnen wollen wissen, was ihre Bestimmung im Leben ist und wie ihre wirkliche Beziehung zu anderen Menschen aussieht.« Betty machte eine kurze Pause. »Sind Sie denn nicht daran interessiert, die Sachen zu hören, die ich über Juve bekommen habe?«

»Sie haben mir ja gesagt, daß er noch lebt«, sagte ich, »also nehme ich an, daß er in Mexiko ist.«

»Nein, er ist hier in Albuquerque«, erklärte mir Betty. »Halten Sie sich fest, denn jetzt kommt eine wirklich seltsame Sitzung«:

FRAGE: *Was können wir zu diesem Zeitpunkt über die Person Juve Escobedo erfahren ... ist er tot ... wo ist er zu finden ... wird er und kann er sein Wissen preisgeben?*

ANTWORT: Da ist der Wunsch, zu dem Punkt zu blicken, wo Juve sich von der anderen Seite her mitteilen würde, aber der Kopf wird nach unten gedrückt, und es ist nicht möglich, denn er ist in seinem Körper.

»Wenn der Geist nicht im Körper ist, sehe ich normalerweise links von mir etwa in Höhe der Decke ein verschwommenes Bild«, sagte Betty. »Als ich dort hinaufblickte, um nach Juve zu suchen, fand ich ihn nicht.«

ANTWORT: Da ist jenes, das zeigen wird, daß er allerdings in einem Zustand zu sein scheint, der einer Art Sterben ähnlich sehen könnte. Er wird verzweifelt erscheinen, und es ist so, als versuche er, sich aus etwas zu befreien, und als wäre er dazu nicht in der Lage. Dann wird darin noch jene Energie sein, die zeigen wird, daß er allein gelassen sein wird und daß er sich an einem Ort befinden wird, der ihn am Fortgehen hindert, und daß keiner ihm Gehör schenkt. Da ist ein Empfinden, als habe dieses Eingesperrtsein nicht mit diesem Fall zu tun. Es wird so sein, als wäre da jenes, welches als eine Art Vendetta empfunden wird, und als wäre da etwas, dessen er sich nicht bewußt zu sein scheint, so als wolle sich jemand an ihm rächen, aber er wisse nicht warum. Dann wird darin noch jene Energie liegen, welche große Verwirrung in ihm zeigen wird, und er wird nicht in der Lage sein, irgend etwas von alledem irgend jemandem zu erklären. Es geht über seinen Horizont.

»Das macht den Eindruck, als ginge es um irgendeine Art von Vigilantentum«, sagte Betty.

ANTWORT: Da wird in jenem Juve etwas sein, das sich nicht völlig seiner Umgebung bewußt ist, aber er weiß jetzt sogar, daß diese Situation, in der er sich befindet, nicht einmal unter dem Vorzeichen einer Vendetta richtig und normal sein wird. Da ist das Empfinden einer geheimen Macht, die hier am Werk ist, und es werden da diejenigen sein, die ihn in ihre Hände bekommen wollen, und nicht einmal er selbst weiß, wer sie sind oder was sie tun. Sie reden nicht mit ihm, und das löst bei ihm große Angst aus.

Dies ist eine gewisse Macht, die nicht offiziell handelt, aber irgendwie mit einer bestimmten Art offizieller Kraft verbunden zu sein scheint. Da gibt es große Furcht, bei alledem entdeckt zu werden, aber es scheint ein Plan zu bestehen, der dann in Kraft gesetzt werden kann und jeden Verdacht gegen sie zerstreuen würde. Zwei andere sind in dieser Sache noch zu spüren, und damit eine Art Verschwörung. Es gibt keinerlei Empfinden einer fremden Energie bei alledem, und es ist so, als schiene diese Macht die Staatsmacht selbst zu sein.

»Ich bekomme keine Empfindung dafür, daß er von den Vietnamesen festgehalten wird«, sagte Betty. »Es klingt so, als würde jemand bei den offiziellen Stellen auf eigene Faust handeln, ohne daß die Leute, mit denen dieser zusammenarbeitet, wissen, was er tut.«

ANTWORT: Da ist das Empfinden, als wäre dies wie eine alte Garage, und da gibt es eine Grube im Boden, und er wird scheinbar dort festgehalten. Dies wäre in dieser Stadt Albuquerque. Es ist so, als solle er unvermittelt wieder verhaftet werden und zu gebotener Zeit zum Geständnis bereit auftauchen. Dies ist ein sauberer Ort, und es ist so, als wäre er erst kürzlich freigeräumt worden.

»Er ist in einer Garage?« fragte ich voller Zweifel.

»So jedenfalls fühlt es sich an. Es scheint ein Ort mit so etwas wie einer Abschmiergrube zu sein. Er hat große Angst, aber ich glaube nicht, daß er dort sterben wird, denn sonst würde nicht gesagt werden, daß man ihn wieder festnehmen wird. Wenn Sie losziehen wollen, um nach ihm Ausschau zu halten, zählen Sie bitte nicht auf mich.«

»Das habe ich nicht vor«, sagte ich, aber natürlich wollte ich genau das tun. Kaum hatte ich den Hörer aufgelegt, schlug ich auch schon die Gelben Seiten bei »Autoreparaturen und Wartung« auf. In dieser Rubrik gab es sechsundzwanzig Seiten mit Einträgen. Der auf der Hand liegende Weg, um herauszufinden, welche Garagen nicht mehr in Betrieb waren, bestand darin, sie alle anzurufen und festzustellen, bei welcher Nummer es keinen Anschluß mehr gab. Mir wurde klar, daß es ein Vermögen kosten würde, wenn ich jede einzelne Nummer auf über zwei Dutzend Seiten anrufen würde. Die einzige Lösung, die mir einfiel, lief darauf hinaus, nachts anzurufen, wenn niemand arbeitete und ans Telefon kommen konnte. Da ich wußte, daß Don versuchen würde, mir diese Unternehmung auszureden, wartete ich so lange, bis er schlief, ehe ich wieder aus dem Bett schlüpfte und anfing zu telefonieren. Die Firmen, die telefonische Anrufbeantworter hatten, waren etwas störend, aber zum Glück gab es nicht zu viele davon, und am Ende hatte ich eine Liste von dreiundzwanzig ehemaligen Garagen, deren Telefone nicht mehr in Betrieb waren.

Als ich meinen letzten Anruf gemacht hatte, wurde der Himmel im Osten allmählich blaßrosa, und das erste fahle

Licht begann, die Wolken zu färben und zum Leben zu erwekken. Ich legte mich noch einmal für eine Stunde hin, stand auf, als um sechs der Wecker klingelte, bereitete das Frühstück und packte für Donnie die Sandwiches ein, die ich auf die Suche nach Juves Leichnam hatte mitnehmen wollen. Sobald ich dann die Wohnung für mich allein hatte, holte ich einen Notizblock hervor, auf dessen Deckblatt stand »Dumme Sachen, die heute zu erledigen sind« – ein Muttertagsgeschenk von Kait aus dem letzten Frühling –, und fing an, mir eine Liste zu machen.

Kait und ich waren immer die großen Listen-Schreiber der Familie gewesen – sie, weil sie so ordentlich war, und ich, weil ich so unordentlich war. Meine Liste mit den Punkten, die an jenem Tag zu erledigen, waren, unterschied sich nur geringfügig von meinen üblichen Listen:

Lebensmittel kaufen – Eier, Tomaten, Hühnchen,
Kleenex, Milch, Brot, Tylenol, Rabattmarken
nicht vergessen
Dons Hosen zur Reinigung
Briefmarken kaufen
Neue Dose Fischfutter
Juve finden
Termin mit Masseurin machen

Ich überprüfte die Liste und beschloß, die Punkte darauf umzuarrangieren. Ganz nach oben rückte der Massagetermin, da ich meinen Nacken vor lauter Verspannungen kaum noch bewegen konnte. Die Suche nach Juve kam an die zweite Stelle, da ich keine Ahnung hatte, wie lange ich dafür brauchen würde, und falls erforderlich konnten solche Luxusdinge wie Briefmarken und Fischfutter auch noch auf den nächsten Tag verschoben werden.

Die Massagepraxis war nicht besetzt, als ich anrief, also hinterließ ich auf dem Anrufbeantworter eine Nachricht, man möge mir für den Spätnachmittag bitte einen Termin freihalten. Dann ging ich hinaus zum Wagen, setzte mich hinein und ordnete erst einmal eine Zeitlang meine Liste mit den Garagen je nach ihrer Lage in Gruppen. Zwei waren in Little Vietnam, wohin mich mein Instinkt zuerst geführt hätte, aber da Betty so starke Empfindungen empfangen hatte, daß die Leute, die Juve gefangenhielten, keine Asiaten waren, beschloß ich, mit meinen Nachforschungen im Westen der Stadt zu beginnen, zu dem das ursprüngliche Albuquerque und die touristische Altstadt gehörten – die Gegend, in der Kait umgebracht worden war.

Systematisch fuhr ich die Straßen ab und überprüfte die Adressen. Etliche der aufgegebenen Werkstätten waren offensichtlich von anderen Unternehmen übernommen worden und gaben sich als Copy-Shops, Fliesenhandel, Leuchtreklamefirmen oder Sanitärhandel zu erkennen. Eines der verlassenen Gebäude stand so dicht bei einem belebten Einkaufszentrum, daß es mir unwahrscheinlich erschien, Juve könnte hier unbemerkt hineingeschmuggelt worden sein. Ein anderes gehörte zu einem ganzen Komplex von Firmen, die mit Autos zu tun hatten, und war daher sicherlich ein riskanter Platz, wenn man einen Gefangenen verstecken wollte, der womöglich seinen Knebel ausspucken und um Hilfe schreien konnte.

Nachdem ich meine Garagentour in diesem Teil der Stadt beendet hatte, machte ich mit meiner Suche auf dem westlichen Ufer des Rio Grande weiter, einer fast schon ländlichen Gegend, die als das »Valley« bekannt ist. Nachdem ich die Brücke über den normalerweise als Rinnsal dahinplätschernden Fluß überquert hatte, der nun, von den schweren Frühlings-Regenfällen gespeist, schaumig-weiß toste, fuhr ich über ländliche Straßen, die von frisch ausschlagenden Pappeln gesäumt waren. Als die Kinder noch klein waren, waren Don und ich an zahllosen Wochenenden diese Straßen entlanggefahren, mit Picknicksachen und Fotoausrüstung beladen. Ich kam an der Stelle vorbei, wo ich Kait in einem Kürbisfeld fotografiert hatte; an dem kleinen Markt, wo ich ein Bild von Donnie gemacht hatte, wie er Äpfel aussuchte; an der Wiese, wo mir Kerry posiert hatte, indem sie ein Pferd mit Gänseblümchen fütterte. Die schnell vergilbenden Cover von Zeitschriften dokumentierten diese Erinnerungen einer amerikanischen Durchschnittsfamilie, die sich einen schönen Tag auf dem Lande macht. Es war uns nie in den Sinn gekommen, daß es das »und sie lebten glücklich und zufrieden bis an ihr Lebensende« nur im Märchen gibt.

Ein Gebäude, das nicht auf meiner Liste stand, tauchte vor mir auf, und ich war sicher, daß es eine aufgegebene Autowerkstatt war. Es gab keinen logischen Grund dafür, dies anzunehmen, aber ich hatte alles hinter mir gelassen, was man sonst als normal ansah, und ließ mich völlig von meinem Instinkt leiten. Also bremste ich ab und fuhr von der Straße auf einen Parkplatz neben einem Pappelwäldchen. Ich drehte den Zündschlüssel herum und machte den Motor aus, und die Stille dieser ländlichen Gegend fiel auf mich herab wie ein Leichentuch. Nach einem Moment jedoch begannen leise Geräusche diese Stille zu durchdringen. Vögel zwitscherten und tschirpten in den blassen Blättern über mir, und irgendwo weiter die Straße hinunter erklang so rhythmisch wie ein Herzschlag das hohe Kläffen eines Hundes. Ein unsichtbares Kaninchen oder Erdhörnchen raschelte im Gebüsch direkt vor der Stoßstange meines Wagens, und das Brummen eines Flugzeugs drang hinter einer entfernten Wolke her ganz schwach an mein Ohr.

Ich saß da, ohne mich zu rühren, und konzentrierte mich voll und ganz auf das Gebäude. Es war offensichtlich leer, aber so konnte es noch nicht lange dastehen, weil die Fensterscheiben sauber waren und es auf dem lehmigen Boden des Parkplatzes gleich neben meinen die Spuren fremder Reifen gab. Ich stieg aus dem Wagen, ging zur Vorderfront des Gebäudes und drehte versuchsweise am Türgriff. Wie ich erwartet hatte, war die Tür verschlossen, genauso wie eine zweite Tür, die es auf der Ostseite gab. Ich ging langsam um das Gebäude herum, spähte durch die Fenster hinein und versuchte, das rechteckige Loch einer Abschmiergrube auszumachen, aber drinnen war es so dunkel, daß ich nichts erkennen konnte.

Als ich auf der Rückseite des Gebäudes ankam, stellte ich zu meiner Überraschung fest, daß man eines der Fenster ein paar Zentimeter weit offengelassen hatte, um Luft hineinzulassen. Ich schob meine Finger in den Spalt und riß an dem Fenster, war aber nicht fähig, es zu bewegen; Ich versuchte es noch einmal, zerrte noch kräftiger und zog mir dabei eine schmerzhafte Verrenkung im Nacken zu, aber ich schaffte es immer noch nicht, es zu öffnen.

Ich legte meinen Mund an die Öffnung und rief: »Juve, sind Sie da drinnen?« Ich war sicher, daß er dort war. Wenn ich mein Ohr an den Spalt preßte, war ich fast sicher, ihn atmen zu hören, und es klang so wie der stoßweise Atem eines großen Tieres in einer Falle. Der Mann, der unter Anklage stand, meine Tochter gejagt zu haben, war genau hier in diesem Gebäude, nur wenige Meter entfernt von mir, gefesselt und geknebelt, aber lebendig und sich der Tatsache bewußt, daß ich nach ihm rief. Vielleicht hatte er mich schon als Kaits Mutter identifiziert und beschlossen, sich lieber mit seiner augenblicklichen, unbequemen Lage abzufinden, als mit einem Stöhnen oder Klopfen zu antworten, das mich dort würde eindringen lassen.

»Zur Hölle mit Ihnen!« rief ich. »Sie können mir nichts vormachen!« Ich war nicht den ganzen Weg hierhergekommen, um wieder umzudrehen und nach Hause zu fahren, bloß weil ich nicht stark genug war, ein Fenster aufzubrechen.

Ich ging zu unserem Station-Wagon zurück und kam mit dem Montiereisen für den Ersatzreifen wieder. Ich hielt das Eisen mit beiden Händen fest, holte damit aus wie mit einem Baseball-Schläger und zielte auf die Fensterscheibe. Ich blieb gute dreißig Sekunden so stehen und ließ dann meine Arme sinken und das Eisen auf die Erde fallen. Was sollte ich mit Juve anfangen, wenn ich dort eindrang und ihn fand? Tot mochte er ja noch zu bewältigen sein, unmöglich aber lebend. Dem Bild nach zu urteilen, das ich in der Zeitung gesehen hatte, war der Mann ein Neandertaler. Es gab keine Möglichkeit, wie ich ihn aus einer Abschmiergrube hätte heraufwuchten sollen. Ich würde ihn also losbinden und aus eigener Kraft herausklettern lassen müssen, und wenn ich das tat, würde er mich vermutlich umbringen.

Ich trug das Montiereisen zum Wagen zurück und packte es wieder zu dem Ersatzreifen. Dann setzte ich mich auf den Fahrersitz und begann wie wild mit den Fäusten auf das Armaturenbrett einzuschlagen, wie eine Frau, die verrückt geworden war. Tatsächlich war ich solch eine Frau, das konnte ich nicht länger verleugnen. Wer glaubte ich denn zu sein, eine weibliche Version von Mike Gallagher? Jessica Fletcher? Miss Marple? Die ganze Idee war absurd. Ich sollte nicht irgendwo hier draußen herumfahren, ich gehörte in ein Krankenhaus, wo ich meinen Nervenzusammenbruch haben konnte, ohne irgend jemanden zu stören.

Ich hörte mit meiner Attacke auf das Armaturenbrett auf und brach statt dessen in Tränen aus. Ich weinte um das, was ich verloren hatte, und um die Person, die ich wegen diesem Verlust geworden war, eine Person ohne Identität und ohne Grund zu leben.

Nachdem die Tränenflut vorüber war, suchte ich nach einem Kleenex, aber natürlich konnte ich keins finden; das war eines der Dinge gewesen, die ich hatte kaufen wollen. Ich wischte mir die Nase am Ärmel ab, startete den Wagen und fuhr langsam und vorsichtig nach Hause, wobei ich einem plötzlichen Drang widerstehen mußte, einfach von der Brücke zu fahren. Als ich in die Wohnung kam, signalisierte der blinkende Anrufbeantworter, daß er zwei Anrufe gespeichert hatte. Der eine war von dem Mann meiner Masseuse, der sagte, sie sei krank und werde den Rest der Woche nicht in ihrer Praxis sein. Das zweite Gespräch war ein obszöner Anruf. Ich hörte mir das Gestöhne und schwere Atmen gleich zweimal an, weil es das Amüsanteste war, was ich seit einer ganzen Weile gehört hatte.

War es das, was aus meinem Leben geworden war? Sollte es das für mich sein – eine unzuverlässige Masseurin und ein masturbierender Perverser auf meinem Anrufbeantworter?

Ich muß etwas tun, sagte ich zu mir, oder ich werde es nicht schaffen.

Ich stellte den Anrufbeantworter ab und griff nach dem Telefonhörer. Die Nummer, die ich wählte, wurde mir allmählich vertraut.

»Betty?« sagte ich. »Ich bin es, Lois. Ich brauche einen Termin für eine persönliche Sitzung. Ich muß herausfinden, ob ich in diesem Leben noch eine Bestimmung habe.«

Die glückliche typische amerikanische Familie im Jahre 1973:
Sitzend: Don mit Donnie, 5; Lois mit Kait, 3; Robin, 19.
Stehend: Kerry, 17; Brett, 14.

15

Ich hatte Betty seit der ersten Sitzung, die sie mit mir gemacht hatte, nicht mehr persönlich gesehen, aber nach so vielen Telefongesprächen hatte ich das Gefühl, sie wäre eine alte Freundin. Das war gut so, denn ich hätte nicht gern eine Fremde um mich gehabt, wenn ich die Botschaft empfinge, die ich am meisten fürchtete: »Deine einzige Aufgabe in diesem Leben war es, deine Kinder zu beschützen. Dabei hast du versagt, und jetzt gibt es nichts mehr für dich zu tun, als vor dich hin zu vegetieren, deinen Mann unglücklich zu machen und zu sterben.«

Betty nahm ihren Platz an der Schreibmaschine ein und fragte mich, wie viele Fragen ich beantwortet haben wollte.

Als ich hierherkam, hatte ich nur eine vorbereitet, aber nun beschloß ich, daß ich genausogut aufs Ganze gehen konnte.

»Ich nehme, was ich kriegen kann«, sagte ich. »Wie viele wären das?«

»Vier Fragen pro Sitzung ist so ungefähr mein Limit«, erklärte mir Betty.

»Die Frage, wegen der ich hergekommen bin, lautet: ›Was ist meine Bestimmung in diesem Leben, und habe ich sie bereits erfüllt?‹ Haben Sie einen Vorschlag, was ich sonst noch fragen sollte?«

»Ich denke, wir könnten diese Frage neu formulieren, um mehr herauszubekommen«, sagte Betty. »Die andere Sache, welche die Leute normalerweise wissen wollen, ist ihre wahre Beziehung zu den Menschen, die ihnen wichtig sind.«

»Das weiß ich schon«, sagte ich. »Robin denkt, ich wäre naiv;

Kerry denkt, ich verbrächte nicht genug Zeit mit meinen Enkelkindern; und meine Söhne denken, ich wäre langweilig und fade. Und Don denkt mittlerweile vermutlich, er wäre ohne mich besser dran.«

»Das habe ich nicht gemeint«, sagte Betty. »Ihre wahren Beziehungen sind diejenigen, die auf die Zeiten zurückgehen, in denen Sie schon früher zusammen waren.«

»Sie meinen, in den früheren Leben?«

»Sie werden vermutlich nur eines davon bekommen – das Leben, das die Grundlage für Ihr jetziges Leben geschaffen hat.«

»In Ordnung, gehen wir es an«, sagte ich. Ich war nicht sicher, ob ich wirklich schon dafür bereit war, aber ich wußte, daß ich auf das festgelegt war, was immer auch hierbei herauskommen würde. Also saßen wir da wie beim ersten Mal, Betty an der Schreibmaschine und ich in einem Sessel ihr gegenüber, und ich stellte laut meine Fragen, und sie tippte die Antworten. Ihre Finger tanzten über die Tasten, und Seite auf Seite fiel aus der Maschine. Während ich zusah, wie sich die Geschichte meiner Seele auf ihrem Schreibtisch zu einem kleinen Stapel häufte, wußte ich, bevor ich noch ein Wort gelesen hatte, daß diese Geschichte wahr sein würde.

FRAGE: *Was ist meine wahre Bestimmung in diesem Leben, und wie kann ich sie am besten erfüllen?*

ANTWORT: Da wird jene Energie sein, welche auf die rechte Seite überwechseln wird, die Seite des männlichen Intellekts, und da wird jene Energie sein, welche sich hinab in die Schulter bewegen wird, und das wird mit der gespielten Rolle zu tun haben, und diese wird damit zu tun gehabt haben, wie Lois zu einer anderen Zeit war, in welcher sie derjenige gewesen sein wird, der an einem Brunnen saß und jene anderen unterrichtete, die deshalb herbeigekommen sein werden.

Es wird darin sehr viel entspannte Energie gelegen haben, und es wird auf sehr verschwiegene Art geschehen sein, und es wird zu jener Zeit von nur wenigen geteilt worden sein. Es wird Werke gegeben haben, die das Heilen behandelten, und Werke, die viele andere Dinge behandelten, die mit geheimeren Lehren zu tun gehabt haben werden, und niemand durfte von dem sprechen, was sie gelernt hatten, und dies wird einigen von ihnen ziemlich schwergefallen sein. Der Schwur der Geheimhaltung wird dasjenige gewesen sein, welches das Problem war, denn es wird so gewesen sein, daß die Lehren zu jener Zeit als ketzerisch angesehen wurden und daß der Lehrer dann in Gefahr geraten wäre.

Die Schüler waren so glücklich über das, was sie lernten, daß sie dies mit vielen teilen wollten, und dies wird unmöglich gewesen sein, wenn sie nicht die Quelle des Gelernten selbst, ihren Lehrer, vernichten wollten. Darin wird dann jene Energie gelegen haben, welche Lois als männliches Energiemuster und als sehr stark in dem Glauben an ihr eigenes Wissen gehabt haben wird, das außerhalb des normalen Lehrens und daher stark metaphysisch gewesen sein wird.

Es wird für sie jene Energie gegeben haben, die auf der Hut war, und zuweilen wird in all diesem eine starke Leidenschaft gelegen haben, und sie wird viel rote Energie aufgewendet haben, um ihr Geheimhaltungsgebot durchzusetzen. Es wird zu diesem Zeitpunkt ein Angebot von ihr gegeben haben, in dem neuen Zeitalter zurückzukehren und ihr Wissen allen zugänglich zu machen, wenn die Medien den Hauptteil des Lehrens übernehmen. Es wird dabei dann einige Schutzvorkehrungen für sie geben, und es wird in diesem neuen Zeitalter und in diesem Land diese Freiheit geben, welche diese Art, frei heraus zu sprechen und nicht um sein Leben zu fürchten, erlauben wird.

Da wird jenes sein, welches zeigen wird, daß Lois den Mantel des Lehrers getragen haben und die starke Loyalität einer kleinen Gruppe genossen haben wird, und das war genug für sie, um all ihre Lehren zu durchdenken und zu wissen, daß es zu dieser Zeit nötig sein wird, sie nach außen zu richten.

FRAGE: *Was ist meine wahre Beziehung zu meinen Töchtern ... Robin ... Kerry ... Kaitlyn?*

ANTWORT: Da wird es in ihrer Gruppe jene mit sehr starkem Willen gegeben haben, und das wird sie zu jener Zeit ermutigt haben. Der Mann, der sie war, muß die Frau sein, die sie jetzt ist, und darin liegt auch, daß die männlichen Schüler, die zu jener Zeit einen solch starken Willen zeigten, nun ihre Töchter sein werden, und da wird diese sehr starke Übereinstimmung sein, als wisse Lois, auf was sie sich in jener Zeit vorbereiten müssen, um die ausgeglichenen Wesen zu werden, welche wirklich die Lehren von früher verstehen und sie auf dieses Leben anwenden können, sie, die zur jetzigen Zeit als weibliche Wesen die männliche Energie anwenden und versuchen, zu einem Ausgleich zu kommen.

Da wird solche Energie mit diesen Töchtern im einzelnen sein:

Da ist Energie, die zeigen wird, daß Robin zu jener Zeit jemand gewesen sein wird, den es danach gedrängt hat, dieses Wissen weiterzugeben. Sie wird dies auf ihre eigene Weise haben tun wollen und in ein anderes Land gezogen sein, um dies zu erreichen. Sie mußte dafür nicht leiden, und es wird so sein, daß dies auch jetzt der Fall zu sein scheint. Es wird so sein, daß Robin gewisse Dinge tun und sagen kann, auch in dieser Zeit, ohne daß es eine Zensur zu geben scheint. Das wird ihre Art sein, und sie wird immer einen Weg finden, sie auch zu leben.

Da wird in dieser Kerry jene Energie sein, welche der Schüler gewesen sein wird, der besonders vorsichtig war, und dieser wird einiges von der Paranoia seines alten Lehrers übernommen haben. Auch zu dieser Zeit wird es bei Kerry ab und an unbegründete Furcht geben, und sie wird sich fürchten, bestimmten Dingen auf den Grund zu gehen, und sie wird die letzte sein, die etwas ausprobiert.

Dann wird es da jenen aufsässigen Schüler gegeben haben, welcher zur jetzigen Zeit Kaitlyn ist, und dieser wird in jener anderen Zeit einem Schicksal sehr nahegekommen sein, das ihrem Schicksal in der jetzigen Zeit gleicht. Es wird in jener Zeit der gewesen sein, welcher sehr kriegerisch gewesen ist und dem Feuer seines Lehrers geantwortet und oft zu den Waffen gegriffen haben wird. Es wird so sein, daß sie zu jener Zeit bestimmte Fehler gemacht haben wird, und in dieser Zeit wird sie ähnliche Fehler gemacht haben, und es wird mit der Unfähigkeit zu tun gehabt haben, diejenigen zu erkennen, denen man vertrauen darf. Da wird es in diesem ganzen Leben diese Lektion für Kaitlyn gegeben haben, und es wird sich zeigen, daß sie jetzt wissen wird, wie diese für sie sein wird. In jener anderen Zeit wird sie die Ursache für ein bestimmtes Ungemach gewesen sein, das ihrem Lehrer widerfuhr, und zu dieser Zeit ist es so, als habe sie dies nicht gewollt und ihre Lektion mit in andere Dimensionen genommen, um sie zu beenden.

Dann wird da noch immer Lois' Fähigkeit sein, alle in dieser Zeit zu unterrichten, und sie wird herauszubringen versuchen, daß sie weiterhin ihr Lehrer in allen Sphären sein wird.

FRAGE: *Was ist meine wahre Beziehung zu meinen Söhnen ... Brett und Donnie?*

ANTWORT: Da wird jene Energie sein, die weicher werden und in die Kehle fahren wird. Es wird so sein, daß in jener anderen Zeit, in welcher Lois der Lehrende war, es diejenigen gegeben haben wird, die auch ihre Worte sprechen wollten, aber wußten, daß sie dies zu jener Zeit nicht konnten. Diese Männer, Brett und Donnie, werden es schwer haben, das zu sagen, was sie wissen. Sie werden nicht oft das Wort ergreifen und dem Lehrer Ehrerbietung bezeugen. Dies wird für Lois in dieser Zeit eine Bürde sein, und sie wird nun hier sein, um sie zu ermutigen, ihre Sache zu vertreten, und um zu versuchen, ihnen beiden ein gewisses Vertrauen in ihre gedanklichen Fähigkeiten zu geben.

Da wird in Brett diese grüne Energie sein, und sie wird mit einer gewissen Befähigung zum Heilen zu tun haben. Die Lehren von jener anderen Zeit werden in ihm sehr stark sein, und um ihn herum wird überall dieses helle, reine gelbgrüne Licht sein, das zeigen wird, daß er tatsächlich ein reiner Heiler ist und auf all jenen Gebieten am besten sein würde, die mit dem Heilen zu tun haben. Es wird diese besondere Fähigkeit in diesem Sohn sein, und er kann sie nicht verbergen und zurückhalten. Es ist in ihm eine Furcht, in dieser Zeit seine Meinung laut zu vertreten, und darauf muß achtgegeben werden. Er muß ermutigt werden, seine Wahrheit laut zu vertreten, und sein Wissen um die Heilungsprozesse wird sich in dieser Zeit als sehr nützlich herausstellen, aber er ist nicht dieser Meinung. Er scheint sich nicht zu erinnern, aber er wird sich erinnern, und es liegt jetzt bereits in ihm.

Da ist in diesem Sohn Donnie diese Energie mit viel reinem weißen Licht in der Höhe des Kopfes, und es wird so sein, daß dieser Sohn jemand gewesen sein wird, der keinerlei Angst kannte, aber wahrhaft an die Lehren glaubte. Der Lehrer selbst könnte von diesem lernen, und es wird so sein, daß dieser Sohn in dieser Zeit das Bedürfnis haben wird, zu vertrauen und nicht sein Leben mit Zweifeln und Mißtrauen gegenüber seinen Mitmenschen zu belasten. Es wird eine Situation kommen, in der er dieses Vertrauen brauchen wird, und dies wird mit gewissen Werken zu tun haben, die er tun wird, und das wird in der Art von öffentlich gehaltenen Reden geschehen. Dieses wird anscheinend gewisse politische Bedeutung haben. Es wird damit zu tun haben, daß er die reinen, wahren Fakten verkündet, aber Fakten, die immer noch auf Vertrauen und nicht auf empirischem Denken basieren. Er wird einfach wissen, und es wird schnell bestätigt werden. Dieser Sohn hat eine spezielle Kraft, und diese muß verkündet werden, und bei ihm liegt die Verantwortung dafür, die Art und Weise ihrer Verwendung in dieser Zeit zu finden. Jene Lois wird auf die Art ihrer Verwendung in jenem vergangenen Leben beschränkend eingewirkt haben, aus Furcht um ihrer aller Leben in einer Zeit, die dem neuen Denken gegenüber nicht freundlich gesonnen war. In dieser jetzigen Zeit sollte es keine Furcht geben, nur das ganz starke, wagemutige Vorwärtsdrängen.

Frage: *Was ist meine wahre Beziehung zu meinem Ehemann Don?*

Antwort: Es wird so sein, daß in jener anderen Zeit, jener für Lois sehr wichtigen Zeit, dieser Mann gewesen sein wird, der von ihrem Denken fasziniert gewesen sein wird, der aber nichtsdestoweniger mehr noch furchtsam als fasziniert war, und daher wird jener Don damals jemand gewesen sein, der Lois scheinbar in jener Zeit hintergangen hat. In diesem wird daher diese Energie von jemandem sein, der Lois etwas schuldet und der ihr zu dieser Zeit aus jener Erfahrung des vergangenen Lebens heraus äußerst treu sein wird, und es ist so, als bescheide er sich in dieser Zeit damit, dies bis zur letzten Konsequenz durchzustehen. Er wird jemand gewesen sein, der in jener anderen Zeit eine gewisse Vertrauensposition für Lois innegehabt hat, sie aber an irgendeine Art anderer, von außen kommender Autorität verraten haben wird, und dies wird Lois großes Leid bereitet haben. In dieser Zeit wird Don anscheinend sehr auf ihre Gefühle und ihr Wohlbefinden bedacht sein. Er wird sie in jeder erdenklichen Weise ermutigen, ihre Wahrheiten zu verbreiten, und daher wird er jemand sein, der dabei sein will, wenn sie ihr tiefstes Wissen, ihre tiefste Wahrheit in dieser Zeit verkündet, und er wird dies wollen, und so wird er es auch bekommen.

Es werden in Don keine heimlichen eigenen Ambitionen sein, weder damals noch jetzt, nur wird es damals ein Mißverstehen der Wahrheit gegeben haben, und in dieser Zeit wird es das Wissen geben, daß er seinem Schicksal gemeinsam mit Lois folgt. Sie werden vieles zusammen tun, und sie wird in dieser Zeit vieles mit ihm teilen, aber er wird ihr erlauben, ihre eigene Bestätigung zu erfahren.

Betty machte keinen Versuch, den Inhalt dieser Sitzung mit mir zu diskutieren. Es gab keine Möglichkeit, daß sie mir bei der Interpretation hätte helfen können, da sie rein gar nichts über meine Beziehung zu Don und zu meinen Kindern wußte.

Sie gestattete mir, sie zu bezahlen, weil es eine »Routinesitzung« war.

Ich fuhr zu unserer neuen Stadtwohnung zurück und empfand ein Gefühl der Ruhe, das ich seit sehr langer Zeit so nicht mehr gekannt hatte. Es war tröstlich zu erfahren, daß ich noch immer eine Bestimmung im Leben hatte und mich Jahrhunderte hindurch darauf vorbereitet hatte, sie zu erfüllen. Es war leicht, mich selbst als einen Lehrer im Talar vorzustellen, da ich soviel meines gegenwärtigen Lebens darauf verwandt hatte, das Schreiben zu unterrichten. Ich entschied, daß meine vorherige Erfahrung vermutlich in Rom gewesen sein müßte, entweder im Jahre 325 n. Chr., als Konstantin der Große die Hinweise auf die Reinkarnation aus dem Neuen Testament tilgen ließ, oder 553 n. Chr., als das Zweite Konzil von Konstantinopel die Vorstellung der Reinkarnation als häretisch verdammte, weil sie die Macht der Kirche schwächte, da sie den Menschen mehr Zeit gab, ihre Erlösung zu suchen. Es war genausowenig ein Problem, mir mich selbst als eine Figur mit männlicher Energie vorzustellen. In meiner Autobiographie hatte ich in den Kapiteln über meine Entwicklung als Schriftstellerin geschrieben: »Es ist interessant festzustellen, daß in jeder Geschichte, die ich während meiner frühen Jahre schrieb, die Hauptperson ein Junge war. Ich hatte immer ein Junge sein wollen. Ich zog mich so oft als Junge an, wie es meine Mutter mir erlaubte, und riß mir beinahe meinen Arm aus dem Gelenk bei dem Versuch, meinen Ellbogen zu küssen, was, wie ich gehört hatte, die magische Formel für das Ändern des Geschlechts war. Unnötig zu erwähnen, daß ich keinen Erfolg hatte. Was ich im wirklichen Leben nicht schaffen konnte, das konnte ich allerdings auf dem Papier schaffen. Alle meine Geschichten wurden also aus dem Blickwinkel eines Jungen geschrieben.«

Ich war als frühreifes und nicht sehr einnehmendes Kind auf diese Welt gekommen. Die Dinge, über die ich in meinen frühen Jahren schrieb, waren nicht gerade die Themen, für die sich die meisten Kinder interessieren, und ich hatte diese Jahre damit verbracht, linierte Hefte mit Gedichten zu füllen. Ich hatte diese Hefte noch, aber ich hatte sie seit Jahren nicht mehr gelesen. Nun war ich neugierig genug, sie herauszusuchen, und ich fand sie in einem der Kartons in der Garage.

Ich öffnete eines der Hefte aufs Geratewohl, und als ich es durchblätterte, stieß ich auf ein Gedicht, das ich geschrieben hatte, als ich zwölf war:

Lied des Lebens

von Lois Duncan Steinmetz
(7.Oktober 1946)

Dies ist das Lied, das ich singe heut' nacht,
Wenn die Sterne blaß blinken am Himmel, dem reinen,
Ein Lied, das ich lernte von allem, das gemacht,
Wenn die Weinenden lachen, die Lachenden weinen,
Wenn die Sterbenden leben, die Lebenden sterben,
Was singt, singt statt meiner, um Töne muß werben,
Und die Schlafenden wachen, die Wachen verderben.

Dies ist ein Lied von vergessenen Dingen,
Den Blumen des Sommers, dem Schnee, der vergangen,
Von Millionen glorreichen, güld'nen Frühlingen,
Die blühten, verblaßten und tot schon seit langem.
Ein Lied, das erschaffen, als die Erde entstand,
Von den Tänzen, die getanzt, und den Rennen, die gerannt,
Von dem Lachen und den Tränen, die niemand gekannt
Und Millionen von Dingen, die wir niemals umfangen.

Wo war das hergekommen? Ich fragte es mich selbst voller Verwunderung. Mit zwölf Jahren konnte ich derartige Vorstellungen nicht begriffen haben. War es möglich, daß sie von einer vorherigen Persönlichkeit durchgesickert waren, die ihre Lehren durchdacht hatte und vollkommen an ihr eigenes Wissen glaubte? In seinem Buch hatte Dr. Weiss Untersuchungen von Dr. Ian Stevenson zitiert, einem Professor für Psychiatrie an der University of Virginia, der über zweitausend Fallstudien von noch jungen Kindern gesammelt hatte, die Erinnerungen aufwiesen, die auf Reinkarnation hindeuteten. Eine Anzahl dieser Kinder war in der Lage, Fremdsprachen zu sprechen, mit denen sie niemals in Berührung gekommen waren, eine Fähigkeit, die Dr. Stevenson dem in einem früheren Leben Erlernten zuschrieb.

Die meisten dieser Erinnerungen aus einem früheren Leben waren vor der Pubertät verblaßt, genauso wie die Verheißung von Genialität, die ich als Kind gezeigt hatte. Als Heranwachsende war ich ein typischer Teenager mit einem völlig normalen IQ und einem Auge für gutaussehende Jungen. Die einzigen beiden Dinge, die mich von meinen gleichaltrigen Freundinnen unterschieden, waren mein immer drängender werdendes Verlangen, veröffentlicht zu werden, und die Tatsache, daß ich mit Gewißheit wußte, daß ich fünf Kinder haben würde.

»Bei Bettys Sitzung ist herausgekommen, daß es meine Bestimmung in diesem Leben ist, meine ›Wahrheiten‹ über die Medien zu verbreiten«, erklärte ich Don am Abend. »Ich werde ein Buch über den Mord an Kait schreiben.«

»Bestimmt wirst du das tun«, sagte er.

»Ich werde jetzt gleich damit anfangen.«

»Wie kannst du es jetzt schreiben? Du hast noch kein Ende.«

»Das Ende wird kommen«, sagte ich. »Ich werde einfach so lange schreiben, bis es da ist.«

Als ich in jener Nacht im Bett lag und hoffte, es würde bald Morgen werden, damit ich aufstehen und mit der Arbeit anfangen konnte, dachte ich über das nach, was ich bei der Sitzung über meine Kinder erfahren hatte. Ihre Persönlichkeiten in diesem Leben waren klar definiert, und doch hatten alle die Fähigkeit, sich über diese Identitäten hinauszubewegen. Sogar Kait konnte noch wachsen, da sie von einer anderen Dimension aus beobachtete und lernte, daß die Menschen, denen man vertrauen konnte, diejenigen Menschen waren, von denen man geliebt wurde.

Mein abtrünniges Baby, meine Schülerin – mein aufsässiger junger Krieger! Ich hatte inzwischen keinen Zweifel mehr, wer der grünäugige Junge in meinem Traum gewesen war.

16

Als ich am nächsten Morgen aufstand, stellte ich erfreut fest, daß ich wieder bei normalem Verstand war. Wie konnte ich jemals die Möglichkeit in Betracht gezogen haben, mich mit dem Wagen von einer Brücke zu stürzen! Sobald Don und Donnie aus dem Haus waren, lief ich in das Zimmer, das ich als Arbeitszimmer nutzte, führte eine Diskette in meinen Computer ein und begann zu tippen: »Unsere Tochter Kaitlyn Arquette wurde in Albuquerque in New Mexico am Sonntag, dem 16. Juli 1989, ermordet. Sie erwischten sie nachts.«

Obwohl es eine starke emotionale Belastung war, unsere Geschichte zu Papier zu bringen, war das Schreiben selbst nicht schwierig, da die Kapitel bereits fertig vor mir lagen. Ich hatte minutiös über alles Buch geführt, was geschehen war, und besaß mittlerweile dreiundfünfzig engbeschriebene Seiten mit Notizen. Ich hatte außerdem datierte Kopien aller Niederschriften von Bettys Sitzungen, chronologisch geordnete Zeitungsartikel und eine Schublade voller Kassetten all unserer Telefongespräche seit den Todesdrohungen, einschließlich derjenigen mit Beamten der Mordkommission. Ich hatte gar nicht die Möglichkeit, irgendwelche Fakten zu verfälschen oder irgend jemanden falsch zu zitieren.

»Ist es denn legal, Telefongespräche aufzuzeichnen, ohne daß der andere Teilnehmer davon weiß?« fragte Don voller Zweifel.

»Das muß es sein«, sagte ich. »Die Polizei war es schließlich, die uns gesagt hat, daß wir es tun sollten.«

Während ich beobachtete, wie sich die Geschichte Kapitel für Kapitel entwickelte, wurde es mir immer deutlicher bewußt, daß die Polizei nicht einem der Hinweise nachging, die wir ihnen gaben. Es war drei Monate her, seit Sergeant Lowe gesagt hatte, Barbara Cantwell würde uns anrufen, und wir hatten noch immer nichts von ihr gehört. Ich schrieb einen weiteren Brief an das FBI in Orange County und bat es um Hilfe bei der Untersuchung des Betrugs mit den fingierten Unfällen, und wie beim ersten Mal antwortete man mir nicht.

Am 1. Mai machte ich bei meinem Buch eine Pause, um zur Feier von Erins fünftem Geburtstag nach Dallas zu fliegen. Während ich dort war, vertraute Kerry mir an, daß sie schon fast ihr ganzes Leben einen immer wiederkehrenden Todestraum aus einem früheren Dasein hatte.

»Ich bin in Auschwitz umgekommen«, sagte sie. »In dem Traum stehe ich in der Reihe und warte darauf, zu den Duschen gebracht zu werden.«

Meine zweitälteste Tochter neigte dazu, stark zu dramatisieren.

»Ich glaube, deine Fantasie macht Überstunden«, sagte ich.

»Ich habe immer als Jüdin empfunden«, sagte sie. »Erinnerst du dich noch, wie ich dir damals auf der High School erzählt habe, daß ich zum Judentum konvertieren wollte, und du mich nicht lassen wolltest?«

»Sechzehn war zu jung für solch eine wesentliche Entscheidung«, sagte ich abwehrend. »Du wolltest konvertieren, weil du so viele jüdische Freundinnen hattest, und du bist furchtbar gern zu all ihren Festen zu ihnen gegangen. Chanukka dauerte siebenmal länger als Weihnachten, und sie haben mehr Geschenke bekommen als du.«

»Es ging tiefer als das«, beharrte Kerry. »Ich habe mir immer wieder jüdische Freundinnen gesucht, weil ich mich in ihrer Gesellschaft so wohl fühlte, und all ihre Gebete und Traditionen kamen mir so richtig und vertraut vor. So habe ich natürlich auch einen Juden geheiratet.«

»Einen abtrünnigen Juden. Ken beachtet ja nicht einmal die hohen Feiertage.«

»Es hat sich einiges geändert«, sagte Kerry. »Er geht inzwischen zum Gottesdienst, und freitags halten wir den Sabbat. Warte erst mal, bis du die Mädchen ihre Gebete sprechen hörst.«

An jenem Abend wurde ich in den jüdischen Sabbat eingeführt. Wir aßen an einem Tisch, der mit Kens und Kerrys gutem Porzellan gedeckt war, und es gab nur selbstbereitete koschere Speisen. Ich sah meinen Schwiegersohn in einem völlig neuen Licht, als er die Sabbatkerzen anzündete und für seine Familie vorbetete.

»Gesegnet sei der Herr, unser Gott, Herrscher des Universums, daß er uns Leben gibt und erhält«, sprachen die Kinder mit sanften, zarten Stimmen, ehe sie sich auf das Essen stürzten.

Bevor ich wieder abreiste, erzählte Kerry mir, daß sie dabei sei, zum Judentum zu konvertieren.

»Als meinen hebräischen Namen habe ich ›Kesches‹ gewählt«, sagte sie. »Das bedeutet ›Regenbogen‹. Ich habe ihn wegen des Regenbogens ausgesucht, der an dem Tag von Kaits Begräbnis über unserem Haus erschienen ist.«

»Wird nicht dein Glaube an die Reinkarnation ein Problem darstellen?« fragte ich sie.

»Ich habe das mit unserem Rabbi diskutiert, und er sagt, daß es da keinen Konflikt gibt«, versicherte Kerry mir. »Das Judentum verbreitet keinen Glauben an die Reinkarnation, aber es weist ihn auch nicht zurück. Unser Rabbi hat mir auch erzählt, daß er schon Besuche von den Toten empfangen hat, und er hat keinerlei Zweifel an deren Realität.«

Als ich wieder in Albuquerque war, erzählte Don mir, daß er erfolglos versucht hatte, die Korrespondenz aus Kaits Schreibtisch zurückzubekommen.

»Zuerst hat Sergeant Lowe gesagt, ich könnte alles abholen«, sagte er. »Dann sagte Gallegos, das könnte ich nicht. Dann sagte Sergeant Lowe, ich könnte alles wiederbekommen außer ein paar Briefen. Und jetzt erzählt mir Gallegos, daß alles als Beweismaterial aufgenommen worden ist, und wir könnten nichts davon vor dem Prozeßende wiederbekommen.«

»Wenn sie den Mord als ›Zufall‹ bezeichnen, wie können dann Kaits Sachen Beweismaterial sein?«

»Ich habe keine Ahnung«, sagte Don. »Das geht jetzt zehn Monate, und sie haben sich das Zeug noch nicht einmal angesehen. Ich habe Gallegos gefragt, ob sie die vietnamesichen Briefe haben übersetzen lassen, und er sagte, nein, sie sähen keinerlei Grund dafür, das zu tun.«

»Sie halten diese Briefe bestimmt fest, damit wir sie nicht in die Hände bekommen«, sagte ich. »Sie wissen, wenn wir sie bekommen, dann werden wir selbst sie übersetzen lassen, und es könnte etwas darin geben, was Dung und seine Freunde belastet.«

Mike hatte mir den Namen von Mary Martinez gegeben, der Präsidentin der »Crime Victims Alliance« von New Mexico, einer Vereinigung von Verbrechensopfern. Ich sollte sie anrufen, wenn ich rechtliche Fragen hätte, und das tat ich nun, um zu erfahren, wie unsere Rechte in dieser Situation überhaupt aussahen.

»Das Gesetz sagt, Sie haben das Recht, die Besitztümer Ihrer Tochter zurückzuerhalten, es sei denn, die Polizei hat einen ›zwingenden‹ Grund, sie zu behalten«, erklärte Mary mir. »Das Problem liegt bei der Interpretation des Begriffs *zwingend*. Die Polizei kann sagen, ›Wir brauchen diese Dinge für den Prozeß‹, und sie braucht Ihnen nicht zu erklären, was sie damit anfangen wollen.«

»Ein befreundeter Reporter hat gemeint, sie würden vielleicht die Akten frisieren«, sagte ich.

»Das wäre möglich«, sagte Mary. »Alles, was die Staatsanwaltschaft bekommt, muß mit der Verteidigung geteilt werden. Die Polizei würde ein Interesse daran haben, alles an Information aus diesen Akten herauszuhalten, was dafür benutzt werden könnte, zugunsten der Verdächtigen eingesetzt zu werden.«

»Aber ist das nicht illegal?«

»Natürlich, aber so etwas passiert jeden Tag. Wenn sich die Cops Notizen machen, denn sind diese Notizen ihr persönliches Eigentum, und sie können davon auswählen und sich herauspicken, was immer sie in den Bericht aufnehmen wollen. Wenn bei einem Verhör etwas auftaucht, das nicht in ihr Szenario paßt, dann gibt es nichts, was sie daran hindern könnte, es aus dem Bericht herauszulassen. Auf diese Weise können sie sich den Fall auf genau die Art zurechtlegen, wie sie ihn haben wollen.«

»Was ist, wenn mein Mann und ich direkt zur Staatsanwaltschaft gehen?« wollte ich wissen.

»Das hängt davon ab, welcher Staatsanwalt für Ihren Fall zuständig ist.«

»Das ist Susan Riedel.«

»Nach dem wenigen, das ich bislang mit Susan Riedel zu tun gehabt habe, habe ich den Eindruck, daß sie sich an die ethischen Grundregeln hält«, sagte Mary, »also wird sie vermutlich das tun, was sie tun soll, und alles, was Sie ihr erzählen, auch der Verteidigung zugänglich machen. Aber selbst, wenn das korrekt ist, würden Sie das vielleicht gar nicht wollen, weil die Möglichkeit besteht, daß das Ergebnis nicht das ist, worauf Sie hoffen. Die Verteidiger werden sich auf diese vietnamesischen Verbindungen stürzen und sie auswalzen, und da die Cops nicht gewillt sind, die Mühe auf sich zu nehmen und zu versuchen, den Beweis zu erbringen, daß es ein Auftragsmord war, werden die Männer, die höchstwahrscheinlich ihre Tochter erschossen haben, ungestraft davonkommen.«

»Aber alles, was wir wollen, ist die Wahrheit!«

»Soweit das Rechtssystem betroffen ist, kompliziert die Wahrheit die Dinge bloß«, sagte Mary. »Es ist die Aufgabe der Verteidiger, ihre Klienten freizubekommen, und das einzige, was sie dafür tun müssen, ist, einen ›annehmbaren‹ Zweifel zu begründen. Es ist verblüffend, wenn man sieht, wie winzige Stückchen Information vor einer Jury so entstellt werden können, daß die Geschworenen denken müssen, es seit etwas vollkommen anderes geschehen.«

»Und wenn wir einen Privatdetektiv engagierten?« schlug ich vor. »Dann könnten wir dasselbe Spiel wie die Polizei spielen und der Staatsanwaltschaft bloß die Informationen geben, die auf einen Auftragsmord hindeuten.«

»Das könnte nach hinten losgehen«, sagte Mary. »Die Verteidigung kann den Detektiv unter Strafandrohung zur Aussage zwingen und so alle die Dinge herausbekommen, von denen Sie nicht wollen, daß sie allgemein bekannt werden.«

»Das ist also die Art und Weise, wie das Gerichtssystem in Amerika funktioniert!«

»Es ist erbärmlich, und es gibt keine Möglichkeit, dagegen

anzugehen. Wenn Sie es versuchen, wird man Sie schnell für verrückt erklären. ›Ist es nicht einfach zu schade, die Sache mit Lois Arquette? Wissen Sie, diese tragische Erfahrung hat sie wirklich mitgenommen. Sehen Sie nur, wie paranoid sie inzwischen ist. Schauen Sie sich an, wie destruktiv sie sich gegenüber den Justizbehörden verhält. Diese arme, aus dem Gleichgewicht geratene Frau ist so bemitleidenswert!‹«

Ich war zu deprimiert, um dieses Thema weiter zu diskutieren. »Glauben Sie denn, daß wir Kaits Sachen jemals wieder zurückbekommen werden?«

»Sie können es ja versuchen«, sagte Mary. »Stellen Sie den Antrag schriftlich. Schreiben Sie einen formellen Brief, in dem Sie sagen, daß Sie diese Sachen zurückbekommen wollen, falls es nicht einen ›zwingenden‹ Grund dafür gibt, sie einzubehalten. Senden Sie an jeden von der Polizei von Albuquerque Kopien. Senden Sie auch eine Kopie an Ihren Anwalt. Senden Sie eine Kopie an die Asservatenkammer und erklären Sie, daß Sie wollen, daß man die Kopie mit an die offiziellen Anhänger heftet, damit die Sachen Ihrer Tochter nicht einfach ›versehentlich vernichtet‹ werden.

Ich wollte, ich hätte damals schon genug gewußt, um das selbst auch zu tun. Als mein Sohn, er war noch ein Teenager, ermordet wurde, hat man alle seine Sachen, die als Beweisstücke gekennzeichnet waren, weggeschmissen – einfach zwischen der Verhandlung und dem Berufungsverfahren auf den Müll geworfen.«

Als wäre das noch nicht genug, rief Mike mich am 29. Mai an, um mir zu sagen, daß es ihm immer noch nicht gelungen war, einen Unfallbericht über Kaits Unfall aufzutreiben. Er hatte allerdings eine Kopie des Berichts über Dungs Unfall vom 15. August 1988.

»Der ›Unfall‹ passierte in Santa Ana«, sagte Mike. »Es war ein Versicherungsbetrug reinsten Wassers. Dung ist auf einen Wagen aufgefahren, der voller vietnamesischer Bandenmitglieder war. Jeder einzelne von ihnen wurde wegen angeblicher Nackenverletzung ins Humana Hospital gebracht. Dung fuhr einen Privatwagen, einen Plymouth Sundance mit kalifornischer Zulassung auf den Namen An Le.«

»An ist Dungs Alibi für die Nacht, in der Kait erschossen wurde!« rief ich aus. »Er ist auch einer der beiden Männer, die mit ihm zusammenwaren, als er sich selbst die Stichwunde beigebracht hat!«

»Und er ist der Cousin von Bao Tran, dem Anwaltsgehilfen, der die fingierten Unfälle inszeniert«, erklärte Mike mir. »Tran hat vorher für einen Anwalt namens Minh Nguyen Duy in einer Kanzlei in Garden Grove gearbeitet, aber er hat scheinbar den Job gewechselt, gleich nach dem Mord an Kait. Er ist jetzt Vizepräsident irgendeiner Gesellschaft. Ich versuche, seine Privatadresse und seine Telefonnummer herauszukriegen. Ich würde gerne sehen, ob sie mit der übereinstimmt, die wir für Van Hong Phuc haben, was bedeuten würde, daß er derjenige wäre, der von Kaits Apartment aus angerufen wurde, sobald sie für tot erklärt worden war.«

»Woher wissen Sie, daß er die fingierten Unfälle inszeniert hat?« fragte ich ihn.

»Das habe ich von Ray, Dungs hispanischem Freund«, sagte Mike. »Ray hat auch behauptet, An wäre ein großer Kokaindealer. Dung hat Ray dieselbe Geschichte über eine Schwester in L.A. erzählt, die er auch Kait erzählt hat, und behauptet, sie würde ihn mit Geld versorgen. Er hat Ray gegenüber auch mit dem Versicherungsbetrug angegeben. Ray hat mir erzählt, daß im letzten August Tran und zwei andere Vietnamesen, sämtlich in piekfeinen Anzügen, in einem großen schwarzen Wagen nach Albuquerque gekommen sind und Dung und An mit nach Kalifornien zurückgenommen haben, um fingierte Unfälle abzuziehen.«

»Wenn Sie den Unfallreport über Dung haben besorgen können, warum kriegen Sie dann den über Kait nicht?« fragte ich.

»Ich weiß nicht«, sagte Mike. »Er scheint einfach nirgendwo registriert zu sein. Da sie den Wagen mit Ihrer Kreditkarte gemietet hat, können Sie vielleicht etwas darüber herausbekommen. Warum rufen Sie nicht einfach die Leute bei Snappy Cars an und erzählen ihnen, Sie hätten Probleme mit Kaits Versicherung? Sie könnten sagen, die Versicherungsgesellschaft verlangte auf einmal horrende Prämien, weil sie Kait als

Versicherungsrisiko ansähen, und Sie wollen jetzt wissen, ob sie einen Unfall verursacht hätte, mit einem Wagen, den sie dort gemietet hätte.«

»Warum muß ich lügen? Kann ich nicht einfach ganz offen sein?«

»Versuchen Sie das, und die Sache ist geplatzt«, sagte Mike. »Sie wissen doch, wie die reagieren würden – ›Wenn das wahr ist, warum haben wir dann noch nichts von der Polizei gehört?‹ Diese Geschichte kann nur funktionieren, wenn Sie wirklich cool sind, Lois.«

»Ich werde darüber nachdenken«, sagte ich, aber ich wußte, daß ich es nicht würde tun können. Wenn die Leute bei Snappy Cars mir die naheliegende Frage stellen würden – »Warum fragen Sie nicht Ihre Tochter selbst, ob sie einen Unfall gehabt hat?« – dann würde ich nicht mehr in der Lage sein, die Tränen zurückzuhalten.

Am nächsten Tag flog ich nach Las Vegas, um Robin zu treffen und ihr mit ihrem Stand auf der ABA-Buchmesse zu helfen. Als ich mich im Hotel eincheckte, fand ich eine Nachricht vor, daß Robin keinen Anschlußflug hatte bekommen können und nicht mehr vor dem nächsten Tag ankommen würde. Wir hatten vorgehabt, zusammen essen zu gehen und dann später am Abend eine Show am Strip anzusehen, aber allein hatte ich zu einem Abend in der Stadt keine Lust. Daher aß ich eine Kleinigkeit im Coffee-Shop des Hotels und ging früh zu Bett.

Normalerweise habe ich einen leichten Schlaf und bekomme alles mit – das Prasseln der Regentropfen, kämpfende Katzen, Dons Schnarchen –, aber in dieser Nacht, in einem zweitklassigen Hotel mit einem durchgelegenen Bett und dem Lärm trunkener Fröhlichkeit vom Casino her schlief ich wie im Koma und wachte am Morgen von Kaits unverwechselbarer Stimme auf, die mir schrill in den Ohren klang:

»DER WAGEN, DEN SIE NACH SÜDEN GEBRACHT HABEN, WAR DER, IN DEM SIE AUFGEPASST HABEN, DASS NIEMAND KAM – DER BEIGEFARBENE VW!«

Der beigefarbene VW fuhr nach Süden! Das macht keinen Sinn!

Es stimmte, daß in der Nähe des Tatortes ein beigefarbener

VW gesehen worden war, aber Juve Escobedos Wagen war ein goldener Camaro gewesen.

Und die drei Hispanos hatten anscheinend Albuquerque nie verlassen. Für mich war das bei Bettys zweiter Sitzung der Stolperstein gewesen. Sie hatte gesagt, die Killer hätten sich in drei Richtungen zerstreut – einer fuhr mit dem Wagen nach Süden, einer nach Westen, und der dritte, »der mit der geringsten Schuld«, fuhr nach Nordosten in Richtung Chicago. Ich hatte das zuerst als Anspielung auf Dung und seine Kumpane gelesen, aber bei einer späteren Sitzung hatte sie die Hispanos als die Killer identifiziert.

»Der Wagen, den sie nach Süden gebracht haben – «

Mein Herz schlug mir bis zum Hals, als mit einem Mal ein anderes Stück des Puzzles seinen Platz fand. Die Sitzung hatte nichts Falsches erbracht; ich hatte sie falsch interpretiert! Ich hatte zwei Teile zusammengebracht, die getrennt hätten betrachtet werden müssen!

Als ich Robin am Flughafen abholte, war ich so aufgeregt, daß ich mit allem herausplatzte, während wir dastanden und auf ihr Gepäck warteten.

»Ich hatte diesen Traum, aber es war kein Traum!« Ich merkte, wie ich unbeabsichtigt dieselben Worte gebrauchte, die Donnie benutzt hatte, als er mich in Cape Cod angerufen hatte. »In dem Traum hat Kait gesagt, daß noch ein zweiter Wagen bei dem Mord beteiligt war! Der Camaro mag wohl der eigentliche Mordwagen gewesen sein, aber der VW war eine Art Kundschafter-Fahrzeug!«

»Aber in der Sitzung hieß es doch – «

»Ich habe bei dieser Sitzung zwei verschiedene Fragen gestellt. Als erste, ›Was kann ich über die Umstände von Kaitlyns Ermordung erfahren ... über den Wagen und die beteiligten Personen?‹ Die Antwort darauf war eine genaue Beschreibung von dem, was Kait während der letzten Momente ihres Lebens sah, ›unmittelbar bevor sie aufgebrochen sein wird‹. Einen ›low rider‹, der neben ihr fährt. Zwei Köpfe vorne und einer hinten. Ein Gewehr oder eine Pistole mit langem Lauf ›wie der Griff einer Plastikbürste‹, die aus dem Autofenster ragt. Das stimmt exakt mit dem überein, was nach Aussage der Polizei passiert ist.

Aber meine zweite Frage war nicht mit dieser ersten verbunden. Ich habe gefragt, ›Was kann ich über die Identität des Mörders erfahren ... insbesondere die Person, den Ort und die augenblickliche Situation dieses Wesens?‹ Die Antwort darauf stand in einem ganz anderen Absatz, *und die Leute, auf die sich diese Antwort bezog, waren nicht die aus dem Mörderwagen!* Für Kait sind ihre Mörder diejenigen, welche die Killer angeheuert haben! Dieser zweite Absatz bezog sich auf die *Vietnamesen!*«

Robin begriff sofort.

»Natürlich!« rief sie aus. »Dungs Verwandte haben ihn nach Kansas City geholt, damit er sich erholt, und das liegt im Nordosten, in Richtung Chicago! An Le ist an die Westküste geflogen, wo sein Cousin lebt, der Anwaltsgehilfe; und der dritte Mann hat den VW nach Süden gebracht, um ihn an der Grenze loszuwerden.«

»Alles paßt, wenn man berücksichtigt, daß es zwei Wagen waren«, sagte ich. »Kait muß den Kundschafterwagen gesehen haben, bevor sie den Camaro bemerkt hat.« Ich hatte die Niederschriften der Sitzungen so oft durchgelesen, daß ich sie fast auswendig zitieren konnte. »›Da ist dieses Bild, das sie so kurz sieht, daß es fast irreal ist. Da wird jenes sein, das ein gewisses Wiedererkennen in ihr zu zeigen scheint, und es ist so, als habe sie keine Angst – jemand, den sie wiederzuerkennen und zu kennen scheint ... Dieser Wagen wird anscheinend von ihr aus nach links abbiegen, als wolle er wegfahren.‹ Und das ist genau das, was passiert ist, der VW-Käfer ist nach Norden abgebogen! Nach dem Polizeibericht wohnen die Leute, die diesen Wagen gesehen haben, zwei Blocks nördlich der Lomas auf der Arno. Sie haben die Schüsse gehört und sind aufgestanden, um aus dem Fenster zu sehen, und vor ihren Augen raste der VW die Straße entlang –«

»Und der Fahrer war jemand, den Kait kannte und vor dem sie keine Angst hatte! Das ist einer der Gründe, weswegen sie sich so betrogen vorkommt!«

Wir unterbrachen uns gegenseitig, jede beendete die Sätze des anderen, und wir achteten überhaupt nicht darauf, daß das Gepäck von Robins Flug schon längst vom Gepäckband verschwunden war und man die letzten herrenlosen Gepäckstücke zu dem Schalter für nicht abgeholtes Gepäck gefahren hatte.

Die Buchmesse erwies sich als so anstrengend, daß wir schnell jeden Gedanken an irgendwelche Abende in den Clubs aufgaben. Während der Tage, die wir am Stand verbrachten, wanderten 26000 Fachbesucher durch die Ausstellungshalle, und wenn wir schließlich abends hinauskamen, waren wir zu erschöpft, um noch irgend etwas anderes zu tun als einen Happen im Coffee-Shop zu essen und dann auf unseren Betten zusammenzubrechen. Wir lagen dann da, die Augen fest geschlossen, um das Kaleidoskop der Lichter auszuschließen, die draußen vor unserem Fenster blinkten, und sprachen so lange miteinander, bis eine von uns beiden einschlief.

Ich war immer noch davon überzeugt, daß Dung den Mord an Kait nicht gewollt hatte und daß er vielleicht sogar einen fruchtlosen Versuch gemacht hatte, sie zu retten.

»Er muß Sorge gehabt haben, daß Kait in Gefahr war«, sagte ich. »Dungs Nachbarn haben Mike erzählt, daß Dung und ein Freund namens Adrian hinter Kait hergefahren sind, um zu sehen, ob ihr ein VW folgte, und zwar schon Tage, bevor die Schüsse gefallen sind. Er hat sich wahrscheinlich nicht klargemacht, daß man Außenstehende anheuern würde. Er dachte, der VW-Käfer sollte für den Mord benutzt werden.«

»Aber seine Freunde kannten die Wahrheit«, sagte Robin. »Und sie wußten, wo Kait in der Nacht sein würde. Sie waren oft genug in der Wohnung, um Susans Skizze gesehen zu haben. In der Nacht der Schüsse war Dung wahrscheinlich unterwegs und kämmte die ganze Stadt nach Kait durch, um sie zu warnen, daß es einen Mordauftrag gab, dem sie zum Opfer fallen sollte. Hat Betty nicht gesagt, daß es ›in jener Nacht einen gab, der nach ihr suchte, und dieser wird andere nach ihr haben suchen lassen, und das wird mit einer Art Botschaft zu tun gehabt haben, die ihr gegeben werden sollte‹? Deshalb war Dung nicht zu Hause, als Susan in Kaits Wohnung angerufen hat. Wenn er nicht mit An und Khanh zusammen war, dann war er mit Adrian unterwegs.«

»Damit wäre dann An frei gewesen, um in dem VW loszufahren«, sagte ich.

»Es würde auch erklären, warum Dung direkt nach Kaits Tod zu dir gesagt hat, er hätte keine Freunde. Er könnte seine Kumpane verdächtigt haben, diejenigen gewesen zu sein, die sie umgebracht haben.«

Als wir in unserer letzten Nacht in Las Vegas in der Dunkelheit lagen und uns unterhielten, wiederholte ich, was Mary Martinez mir über die Gefahr erzählt hatte, den Verteidigern Informationen zugänglich zu machen, die sie dafür nutzen konnten, den Verdacht von ihren hispanischen Mandanten abzulenken.

»Es scheint, als müßten wir uns entscheiden«, sagte ich. »Da die Polizei nichts anderes als irgendwelche zufälligen Schüsse in Betracht ziehen will, kümmern wir uns entweder um die Mordschützen oder um die Leute, die sie angeheuert haben.«

»Kait hat diese Entscheidung schon für uns gefällt, als sie dir diese Botschaft gesandt hat«, sagte Robin. »Sie wollte unsere Aufmerksamkeit auf den Mann in dem VW lenken. Sie hat uns damit gesagt, daß wir auf die wahren Schuldigen losgehen sollen.«

»Wir haben ohne ihren Unfallbericht keinerlei Chance«, sagte ich. »Im Moment haben wir nicht einmal den Beweis dafür, daß sie überhaupt etwas von den fingierten Unfällen wußte. Mike will, daß ich Snappy Cars austrickse und dazu bringe, uns den Bericht zu besorgen, aber ich habe Angst, ich werde über meine Zunge stolpern oder in Tränen ausbrechen.«

»Kerry könnte es tun«, sagte Robin. »Sie ist unser kleiner Fernsehstar.«

»Ich weiß nicht«, sagte ich zweifelnd. »Du weißt doch, wie Kerry auf alles reagiert, was irgendwie unerfreulich ist.«

»Sie hat sich verändert, seit Kait gestorben ist«, sagte Robin. »Sie hat sehr viel bessere Nerven bekommen. Ich habe auf meinem Flug zurück nach Florida einen Zwischenstop in Dallas, und ich werde versuchen, sie dazu zu überreden.

Eine Sache gibt es allerdings aus dieser Sitzung, die ich immer noch nicht verstehe. Es ist dieses Bild von einem Boot oder Schiff, das sich schnell über das Wasser bewegt. Es kam als Antwort auf deine Frage, ›Hat Kait eine Botschaft für mich?‹«

»›Da ist das Bild einer geraden Linie, die herabzukommen

scheint‹«, zitierte ich. »›Es wird von jeder ihrer Seiten Wellen geben, als wolle sie versuchen, Bewegung zu zeigen. Da wird jenes sein, das sich durch Wasser zu bewegen scheint, und da wird jenes sein, das sich sehr schnell zu bewegen scheint, und dies hätte etwas mit der Energie von jemandem zu tun, der aufbricht, fortgeht, und darin liegt eine Dringlichkeit, als ginge es darum, fortzugehen und nicht zurückzukehren. Eine lange Reise über das Wasser liegt in diesem Bild.‹«

»Das ist die Stelle, die ich meine. Ergibt das für dich irgendeinen Sinn?«

»Natürlich. Sie will, daß diese Bastarde aus unserem Land ausgewiesen werden.«

17

Als ich nach Albuquerque zurückkam, erfuhr ich, daß Brett versucht hatte, mich zu erreichen. Donnie, der den Anruf entgegengenommen hatte, hatte sich die Telefonnummer nicht notiert, und da Brett kurz zuvor umgezogen war, wußte ich nicht, wie ich ihn zurückrufen sollte.

Irgendwann mitten in der Woche kam ich nach Hause und wurde vom Schrillen des Telefons empfangen. Ich lief hin, um abzunehmen.

Die Stimme am anderen Ende war nicht die von Brett, es war die Stimme von Kerry.

»Ich habe die Information über den Unfall!« verkündete sie triumphierend.

»Wie um alles in der Welt – « fing ich an.

»Ich habe so getan, als wäre ich du!« sagte sie. »Ich habe bei Snappys Hauptbüro angerufen und der Frau gesagt, ich wäre Lois Arquette, und mein Mann hätte mir mit der Scheidung gedroht, weil er beim Durchsehen der Kreditkarten-Abrechnung vom letzten Jahr entdeckt hätte, daß ich eine Rechnung bezahlt hätte, ohne sie zu überprüfen. Er hätte mir vorgeworfen, Snappy einen Mietwagen in Kalifornien zu bezahlen, und das zu einer Zeit, wo niemand aus unserer Familie dort gewesen sein könnte.«

»Und die Frau hat dir das abgekauft?«

»Sie war reizend! Sie hat zwei Tage gebraucht, um den Mietvertrag ausfindig zu machen, und sie mußte dafür ganze Stapel alter Akten durchwühlen. Ich finde, wir sollten ihr Blumen schicken!«

»Gab es einen Unfall?«

»O ja, und ob es einen Unfall gab. Wann waren Kait und Dung in derselben Stadt wie diese R-&-J-Autovermietung?«

»Am 28. März 1989.«

»Das ist das Datum des Unfalls! Und weißt du auch, warum Mike den Bericht darüber nicht finden konnte? Weil er auf Dungs Namen lautet – er war derjenige, der am Steuer gesessen hat!«

»Sie haben sich wahrscheinlich beim Fahren abgewechselt«, fing ich an.

»Nein, das haben sie nicht«, sagte Kerry. »Sie haben sich nicht nur nicht abgewechselt, *Kait hat nicht einmal mit im Wagen gesessen!*«

»Aber Detective Gallegos hat uns doch gesagt – «

»Was er gesagt hat, ist nicht wahr, Mutter. Dung saß allein in dem Mietwagen, und er ist auf einen Privatwagen aufgefahren, der von einem Mann namens Bob Manh Bui gefahren wurde. In diesem zweiten Wagen gab es noch zwei Mitfahrer, Kim Bui und Dung Bui. Der Polizeibericht Nr. 89-3303 wurde in Westminster von dem Polizeibeamten J. M. Waller abgefaßt; seine Polizeinummer ist 56313. Niemand am Unfallort hat irgendwelche Verletzungen erwähnt.«

»Dann könnte der Unfall also echt gewesen sein?«

»So sah es auf den ersten Blick aus, aber nicht mehr, als ich bei der Schadensabteilung von Snappy angerufen habe. Dort hat man mir gesagt, daß jeder der drei Buis nachträglich umfangreiche Schadensersatzansprüche wegen einem Schleudertrauma und Prellungen angemeldet hat. Sie wurden zu hundert Prozent abgegolten, und zwar von einer speziellen Risiko-Versicherung namens Progressive Insurance.«

»Wie um alles in der Welt hast du diese ganzen Informationen bekommen?« fragte ich ungläubig.

»Ich habe mich einfach treiben lassen«, sagte Kerry. »Es war wie damals, als ich die Kinder mit auf die Wasserbahn genommen habe, und als wir gerade in voller Fahrt waren, ich hatte Brittany auf dem Schoß, schliddern wir um eine Kurve, und direkt vor uns ist dieser riesige fette Mann mit seinem Boot hängengeblieben! Ich dachte, o nein! Jetzt gibt es ein Unglück!

Aber als wir gerade an dem Punkt waren, wo wir in ihn hätten hineinkrachen müssen, ergriff uns ein Wasserwirbel und spülte uns einfach an ihm vorbei. Genau so ist es auch mit diesen Anrufen gewesen. Jedesmal, wenn ich sicher war, daß es gleich krachen würde, wurde ich um die gefährliche Stelle herumgeschwemmt und kriegte genau das, was ich brauchte.«

Sie lachte, und plötzlich wurde mir klar, wie lange es schon her war, daß ich Kerry überhaupt hatte lachen hören.

»Wir hören besser auf, damit ich Mike anrufen kann«, sagte ich zu ihr.

»Ich habe ihn schon angerufen«, sagte sie. »Als ich dich nicht erreichen konnte, habe ich Mike beim *Journal* angerufen. Er klingt wie ein ganzer Kerl.«

»Du bist glücklich verheiratet«, erinnerte ich sie.

»Mutter, wirklich! Ich habe an Robin gedacht.«

»Mike ist schon vergeben«, sagte ich. »Außerdem hat Robin schon mehr ganze Kerle, als sie überhaupt gebrauchen kann.«

»Na ja, es war bloß so eine Idee.« Sie lachte wieder.

»Die Leute bei Snappy werden dir den Unfallbericht zuschikken, und ich habe Mike versprochen, daß du ihm eine Kopie gibst. Er sagt, die Verteidiger hätten ein Team von Privatdetektiven, Mann und Frau, mit Namen Hansan, die versuchen Sachen über die Vietnamesen auszugraben, und vielleicht könnte er irgendeinen Weg finden, um das für unsere Zwecke zu benutzen.«

Am selben Abend rief Brett an, und ich war erleichtert zu hören, daß es nicht um eine Krise in seinem Leben ging. Statt dessen wollte er mir erzählen, daß er einen Traum über Kait gehabt hatte.

»Ich glaube, sie könnte bald so weit sein, wiedergeboren zu werden«, sagte er. »Ich habe noch nie einen so lebendigen Traum gehabt, und ich glaube, sie hat versucht, mir eine Botschaft zu übermitteln. In dem Traum war ich in einem Zug voller Russen, und er fuhr in einen Bahnhof ein. Ich machte mich zum Aussteigen bereit, und da saß Kait, auf dem Platz direkt neben der Tür. Ich sagte, ›Kait, bist du das?‹, weil sie kaum so aussah, wie sie sonst ausgesehen hatte, aber sie hat mich auf diese komische Art angelächelt, und da war ich sicher. Ich setzte mich neben sie und sagte ›Kait! Ist das toll, dich zu sehen! Wo du jetzt hier bist, kannst du wieder bei uns wohnen!‹ Sie sagte, ›Nein, das kann ich nicht. Ich werde neue Eltern haben, und sie lieben mich schon.‹ Ich sagte, ›Das heißt, du kannst nicht zurückkommen?‹ Und sie sagte, ›Nein, ich kann nicht zurückkommen. Ich habe jetzt ein neues Leben.‹ Das hat mich umgehauen! Sie macht sich bereit, uns im Stich zu lassen!«

»Das wird sie nicht tun, ehe nicht der Mord an ihr aufgeklärt ist«, sagte ich. »Und sogar dann werden wir sie nicht ganz verlieren, das weißt du doch.«

»Ich glaube, die Botschaft sollte heißen, ›nun macht endlich, oder laßt mich in Ruhe‹«, sagte Brett. »Kait wird allmählich kribblig. Sie will, daß wir einen Zahn zulegen.«

Betty hatte gesagt, daß der nächste Zug einschüchtern sollte.

Wir entschlossen uns also zu enthüllen, daß wir eine »Bombe« besaßen. Mike war nicht gerade begeistert darüber, daß er zur Explosion gebracht werden sollte. Er willigte aber schließlich widerstrebend ein, uns zu gestatten, der Polizei von Albuquerque mitzuteilen, daß er in diesem Fall recherchierte – allerdings unter der Voraussetzung, daß wir seine Informationsquellen nicht aufdeckten. Don meinte, wir sollten am besten mit Sergeant Lowe sprechen, und ich war der gleichen Meinung. Ich hatte das Gefühl, daß Ruth Lowe aufrichtig und besten Willens war, und ich glaubte, wenn wir jemals die Gelegenheit bekämen, mit ihr von Angesicht zu Angesicht zu sprechen, könnte das den Durchbruch bringen. Don versuchte sie anzurufen, doch man sagte ihm, sie sei krank und werde nicht vor Ende des Monats wieder im Büro sein. Dann versuchte er, Steve Gallegos zu erreichen, aber er kam nicht zu ihm durch. Schließlich rief ich Barbara Cantwell an, die Beamtin, von der man uns gesagt hatte, sie werde anhand der Unterlagen die Spur durch Orange County verfolgen.

»Ich weiß nicht, wovon Sie reden«, sagte Detective Cantwell, als ich sie an den Apparat bekam. »Ich hatte nie irgend etwas mit dem Fall Ihrer Tochter zu tun.«

»Sergeant Lowe hat gesagt, Sie würden die R-&-J-Autovermietung überprüfen.«

»Das war vor vier Monaten!« rief Barbara Cantwell aus.

»Haben Sie es denn gemacht?« fragte ich.

»Es gibt keine solche Firma in Orange County.«

»Mike Gallagher hat aber Informationen über die Firma auftreiben können.«

Als Detective Cantwell antwortete, klang ihre Stimme scharf. »Warum prüft Gallagher diese Dinge in Kalifornien nach?«

»Er hat angefangen, sich persönlich für den Fall zu interessieren«, erklärte ich ihr. »Ich habe den Eindruck, er will eine Hintergrund-Story darüber schreiben.«

Am nächsten Tag wurde Mike für eine zweieinhalbstündige Unterredung mit Gallegos und Lieutenant Patrick Dunworth auf das Präsidium bestellt. Dunworth war der Leiter der Abteilung Gewaltverbrechen; Sergeant Lowe war bei dem Gespräch nicht zugegen.

Nach dem Treffen rief Mike mich an.

»Sie haben mir deutlich gemacht, daß sie nicht wollen, daß ich eine Story schreibe«, sagte er. »Sie lehnen es ab, irgendeine andere Möglichkeit in Betracht zu ziehen als die, daß Kait das Opfer von ein paar wahllos aus einem fahrenden Auto abgefeuerten Schüssen von einer Horde betrunkener Kids aus Martineztown geworden ist. ›Das ist unser Fall, so wird er aussehen‹, haben sie gesagt. Sie wollten meine Hilfe bei dem Versuch, Sie zu beruhigen. Sie glauben, Sie wären eine Frau, die sich nicht gut mit ihrer Tochter verstanden hat und sich jetzt, da sie tot ist, schuldig fühlt. Sie können nicht verstehen, warum Sie nicht einfach die Situation so akzeptieren können, wie sie sich darstellt, und andauernd versuchen, die Dinge zu komplizieren, indem Sie eine dramatische Verschwörung erfinden. Ich habe versucht zu erklären, daß Menschen, die nicht daran gewöhnt sind, in Verbrechen verwickelt zu werden, dazu neigen, eine Menge Fragen über das zu haben, was dabei abläuft. Sie werden mit Ihnen eine Verabredung treffen und versuchen, Sie etwas friedlicher zu stimmen.«

Diese Verabredung wurde für halb acht am Morgen des 18. Juni getroffen.

Unsere Zusammenkunft mit Steve Gallegos und Barbara Cantwell begann ausgesprochen angenehm. Gallegos entschuldigte sich dafür, daß Sergeant Lowe eine wichtige Besprechung habe und nicht dabeisein könne, was für uns eine Überraschung war, da man Don gesagt hatte, er könne nicht mit ihr sprechen, weil sie krank sei und nicht vor Anfang Juli wieder im Büro sein werde. Ich machte mir Gedanken darüber, ob man uns absichtlich daran zu hindern versuchte, mit ihr zu reden, und wenn das der Fall war, warum.

Die Akte über den Mord an Kait war nun vollständig und an die Staatsanwaltschaft übergeben worden, was bedeutete, daß die Öffentlichkeit legalen Zugang dazu hatte. Es waren über tausend Seiten, und da es einen Dollar pro Seite kostete, wenn man sie behördlich kopieren lassen wollte, willigte Gallegos ein, uns sein Exemplar zu leihen, damit wir es fotokopieren lassen konnten.

Nachdem dies geregelt war, fragte ich, ob ihre Position so schwach sei, wie die Medien uns glauben machen wollten. Das war keine kluge Frage. Beide Detectives erklärten mir prompt: »Wenn wir mit dem Fall nicht durchkommen und die Mörder Ihrer Tochter frei ausgehen, dann ist das allein Ihre Schuld.« Barbara Cantwell schien besonders wütend und warf mir vor, ich versuchte, »diesen Fall zu sabotieren«, indem ich »mit jedem redete – der Presse, dem FBI, dem Justizminister und den Anwälten der Verteidigung«.

Ich erklärte ihr, daß ich ganz bestimmt keinerlei Kontakt mit dem Justizminister und genausowenig mit den Anwälten der Verteidigung hätte.

»Sie brauchen durchaus nicht persönlich mit ihnen zu sprechen, um den Fall den Bach runtergehen zu lassen!« meinte sie zu mir. »Wenn Sie uns Informationen aufzwingen, machen Sie sie zugleich der Verteidigung zugänglich!«

Don machte einen Versuch, mich aus der Schußlinie zu bekommen, indem er das Thema wechselte und fragte, ob es eine Möglichkeit gebe, uns zu vergewissern, daß Kaits Sachen nicht vernichtet werden würden, wenn der Prozeß vorüber wäre. Gallegos versicherte ihm, daß es keinen Grund gebe, uns Sorgen zu machen.

»Ich würde eine schriftliche Genehmigung unterzeichnen müssen, damit das geschehen könnte«, sagte er. »Unabsichtlich kann so etwas nicht passieren.«

»Mary Martinez ist es passiert«, warf ich ein. »Alle Sachen ihres Sohnes sind zwischen Prozeß und Revisionsverhandlung ›verschwunden‹.«

»Wer ist Mary Martinez?« fragten Gallegos und Barbara Cantwell unisono.

»Die Vorsitzende der ›Crime Victime Alliance‹, der Organisation der Verbrechensopfer von New Mexico.«

»Von einer solchen Organisation habe ich noch nie gehört«, erklärten sie im Chor.

Inzwischen war die Atmosphäre schon so schlecht, daß ich mir nicht vorstellen konnte, wie sie noch schlechter hätte werden können. Also fragte ich nach dem Stand der Untersuchung in Orange County.

Von da an führten wir einen Dialog, der so klang, als sei er für eine schlechte Fernsehserie geschrieben worden:

CANTWELL: »In Kalifornien gibt es nichts, das untersucht werden müßte. Niemand dort hatte einen Grund dafür, Ihrer Tochter etwas antun zu wollen.«

LOIS: »Was ist, wenn sie vorhatte, die Sache mit den fingierten Unfällen auffliegen zu lassen?«

CANTWELL: »So etwas ist in der Gegend von L.A. völlig normal. Das macht jeder.«

LOIS: »Warum sollte die Tatsache, daß so etwas dort völlig normal ist, diese Betrügereien unwichtig machen? Ich würde denken, daß es genau umgekehrt ist. Kait war soweit, einen Versicherungsbetrug in der Größenordnung von Hunderttausenden Dollar auffliegen zu lassen!«

CANTWELL: »Wenn ihr Freund so viel Geld verdient hätte, würde er jetzt im Luxus leben.«

LOIS: »Ich habe nicht gesagt, Dung hätte soviel bekommen. Die Leute, die dabei das große Geld absahnen, sind die vietnamesischen Anwälte, Ärzte, Apotheker und Klinikbetreiber!«

GALLEGOS: »Wie kommen Sie darauf, daß Kait die Geschichte auffliegen lassen wollte? Warum hätte sie etwas tun sollen, womit sie sich selbst belastet und ihrem Freund geschadet hätte?«

LOIS: »Ihr war klargeworden, daß sie einen Fehler gemacht

hatte, und sie war bereit, daraus die Konsequenzen zu ziehen. Als sie in jener Nacht unser Haus verließ, sagte sie, daß sie mit Dung Schluß machen wolle.«

GALLEGOS: »Das hat sie den Leuten andauernd erzählt, aber sie meinte es nicht so. Sie hat am selben Abend eine Nachricht hinterlassen, in der sie schreibt, daß ihr der Streit leid tut, und sie hat darunter geschrieben ›in Liebe‹.«

DON: »War die Nachricht unterschrieben?«

GALLEGOS: »Nein.«

DON: »Woher wissen Sie dann, daß Kait sie geschrieben hat?«

GALLEGOS: »Sie mußte von ihr stammen. Sie lag mitten auf dem Tisch.«

CANTWELL: »Ich habe das Protokoll der Aussage dieses Lastwagenfahrers gelesen. Es ist völlig überzeugend.«

LOIS: »Sergeant Lowe hat mir erklärt, sie glaube zwar, Sie hätten die Richtigen, aber sie sei sich nicht mehr sicher, was das Motiv anbelange.«

GALLEGOS: »Ich weiß nicht, warum sie so etwas sagen sollte. Sie müssen sie mißverstanden haben.«

LOIS: »Sie hat gesagt, Barbara Cantwell würde die Autovermietung überprüfen. R & J hat wohl existiert. Sie haben den Laden dichtgemacht, nachdem Kait gestorben war, zum selben Zeitpunkt, als auch zwei vietnamesische Kliniken in derselben Gegend wegen Versicherungsbetrugs geschlossen wurden.«

CANTWELL: »Wo stammt diese Information her?«

LOIS: »Ich bin nicht berechtigt, das zu sagen, aber ich denke, Sie sollten das überprüfen.«

CANTWELL: »Sie erwarten von uns, daß wir unsere Zeit damit vergeuden, in Orange County anzurufen, um Informationen zu bekommen, die Sie längst besitzen?«

LOIS: »Ich erwarte, daß Sie Informationen nachprüfen. Sie sind die Polizei – das ist Ihr Job!«

Barbara Cantwell sprang auf und stolzierte wütend aus dem Raum.

Allein mit Gallegos war die Atmosphäre weniger vergiftet, denn er war ein sympathischer Mann und konnte sehr charmant sein. Er war sich sicher, daß er Mike davon überzeugt hatte, daß die Hispanos schuldig waren, und er konnte nicht verstehen, warum er uns nicht gleichfalls überzeugen konnte. Als es uns endlich gelungen war, ihm klarzumachen, daß wir diesen Teilaspekt des Falles gar nicht in Zweifel zogen, schien er zutiefst erleichtert.

»Da fühle ich mich doch schon besser«, sagte er. »Es tut mir leid, daß ich so kühl zu Ihnen war. Ich dachte, Sie versuchten zu sagen, ich hätte nicht die richtigen Kerle verhaftet.«

Wir erklärten erneut, daß wir – ausgehend von der Annahme, daß die Verdächtigen schuldig seien –, der Meinung wären, daß sie Auftragskiller sein müßten, weil die Kugeln in Kaits Kopf zu gut gezielt gewesen waren, um von einem Betrunkenen während einer rasenden Verfolgungsjagd abgefeuert worden zu sein.

»Tatsächlich ist sie gar nicht so schnell gefahren«, sagte Gallegos. »Als ihr Wagen gegen diesen Telefonmast prallte, hat er keinen allzu großen Schaden angerichtet. Sie könnte sogar schon völlig zum Stehen gekommen sein, und als sie getroffen wurde und vornüber fiel, landete ihr Fuß auf dem Gaspedal und ließ ihren Wagen losschießen.«

»Aber hat nicht der Lastwagenfahrer gesagt, sie sei mit Höchstgeschwindigkeit gefahren?«

»Sie könnte an einer Ampel gehalten haben«, schlug Gallegos vor.

»Wenn Kait in Todesangst flüchtete, hätte sie doch nicht angehalten!«

»Sie glauben, Ihre Tochter würde tatsächlich eine rote Ampel überfahren haben?« fragte er ungläubig.

»Unter den Umständen glaube ich, daß sie das getan haben würde.«

Die Unterredung endete freundschaftlich, indem Gallegos erneut versprach, er werde die vietnamesischen Briefe übersetzen lassen und uns sowohl von den Originalen als auch von den Übersetzungen Kopien zusenden. Er erklärte sich auch bereit, sich Kopien von den Telefonrechnungen der Familie Garcia in den Monaten des Mordes und der Haft von Miguel Garcia zu verschaffen, um zu sehen, ob sie irgendwelche Anrufe in die Gegend von L.A. gemacht hatten.

Als wir aufstanden, um zu gehen, reichte er Don die dicke Akte.

»Das ist alles, was wir über den Fall Ihrer Tochter haben«, sagte er. »Jeder Brief, den wir bekommen haben, jedes Gespräch, das wir mit irgendwem geführt haben, muß von Gesetz wegen hier enthalten sein.«

Als wir den Bericht lasen, stellten wir fest, daß er nicht alles enthielt. Eine Reihe von Dingen war entweder ausgelassen worden oder nicht korrekt dargestellt. Es gab keine Erwähnung des Abends, an dem wir die Polizei zu uns nach Hause gerufen hatten, um ihnen von den betrügerischen Unfällen zu erzählen. Mein Brief an Sergeant Lowe, in dem die Gründe dargelegt wurden, weshalb wir eine Verwicklung der Vietnamesen vermuteten, war nicht bei der Akte. Ebenso fehlte Dungs Aussage, die er mir gegenüber gemacht hatte, als er zugab, daß er wußte, wer Kait umgebracht hatte, und daß er »entscheiden« müsse, ob er sie genug liebte, um es zu sagen. Ich wurde falsch zitiert; angeblich hatte ich gesagt, Kait hätte an dem Abend, als sie erschossen wurde, noch bei uns gegessen und sei erst später am Abend zu Susan gefahren, während sie in Wirklichkeit schon um Viertel nach sechs zu Susan aufgebrochen war. Es gab gleichlautende, nicht zutreffende Aussagen von Gallegos und Barbara Cantwell, die den Verwalter der Alvarado Apartments mit den Worten zitierten, »die Wohnungstür konnte noch mit demselben Schlüssel geöffnet werden, nachdem Kait ermordet worden war. Die Familie Arquette ließ danach den Schlüssel für die Wohnungstür ändern«. Damit wurde angedeutet, daß Kaits kaltherzige Familie deren gramgebeugten Freund aus seiner eigenen Wohnung ausgesperrt hatte. In Wahrheit war es natürlich der Verwalter gewesen, der Dung hinausgeworfen und die Schlösser hatte austauschen lassen, weil Dung und seine Freunde zu Gewalttätigkeiten neigten.

Außerdem war offensichtlich, daß man zwar die Hispanos erbarmungslos unter Druck gesetzt hatte, himmelschreiend falsche Aussagen der Vietnamesen hingegen widerspruchslos hingenommen worden waren.

Wir kopierten die Akte, und Don sandte Gallegos das Original mit einem Brief zurück:

24. Juni 1990

Lieber Detective Gallegos,

vielen Dank für Ihre Erlaubnis, uns den Bericht Ihrer Behörde über den Mord an unserer Tochter auszuleihen und zu kopieren. Ich sende Ihnen hiermit das Original wieder zurück.

Sie sagten uns, wir sollten uns wieder an Sie wenden, wenn wir dazu Fragen oder mit dem Gericht Probleme hätten. Davon gibt es für uns einige.

Zum einen scheinen alle Vietnamesen während ihrer Gespräche mit der Polizei von Albuquerque gelogen zu haben, so als hätten sie verzweifelt versucht, ihre Verbindungen nach L.A. zu verbergen. Dies läßt es uns fraglich erscheinen, ob man irgendeiner ihrer Aussagen Wert beimessen kann. Ein Beispiel hierfür ist das Gespräch der Polizei mit Dung vom Donnerstag, dem 15. Februar 1990. Dungs Aussage über den Unfall in Westminster vom März 1989 stimmt in keiner Weise mit dem Unfallbericht überein. Dung hat ausgesagt, zum Zeitpunkt des Unfalls habe Kait mit im Wagen gesessen; der Bericht zeigt, daß er allein im Wagen war. Dungs Aussage zufolge fuhr ihnen ein Wagen von hinten auf; der Bericht zeigt, daß er selbst einem anderen Fahrzeug hinten aufgefahren ist. Dung hat ausgesagt, es habe keine Verletzten gegeben; die Leute von der Snappy-Car-Autovermietung sagen, daß es umfangreiche Ansprüche wegen Personenschäden gegeben hat, die zu hundert Prozent von ihrer Haftpflicht-Versicherung abgegolten worden sind. Als er wegen der Anrufe befragt wurde, die in der Nacht, als Kait starb, von ihrer gemeinsamen Wohnung aus gemacht worden sind, erklärte Dung, er habe auf seinem Bett gelegen und mitgehört, wie Khanh Pham einen Freund namens Bao Tran angerufen habe. Dieser Anruf wurde um 21 Uhr 10 gemacht, als Dung mit uns im Krankenhaus war. Danach kam er mit uns nach Hause und verbrachte die Nacht bei uns. Erkonnte also unmöglich mithören, wie Pham diesen Anruf machte.

Die Tatsache, daß Dung diese unnötigen Lügen aufgetischt hat, scheint darauf hinzuweisen, daß die Erwähnung dieser Anrufe ihn in eine derartige Panik versetzt hat, daß er nicht mehr vernünftig denken konnte. Es scheint auch merkwürdig, daß der betreffende Anruf gerade zwei Minuten gedauert hat – eben genug Zeit, um rasch zu berichten, daß der Auftrag ausgeführt worden war. Wenn der Anruf dazu gedient hätte, einem mitfühlenden Freund eine tragische Nachricht weiterzugeben, sollte man doch wohl annehmen, daß er länger als zwei Minuten gedauert hätte.

Detective Barbara Cantwell sagte, derartige Versicherungs-Betrügereien seien in Orange County so an der Tagesordnung, daß sie für niemanden ein denkbarer Grund sein könnten, dafür jemanden umzubringen. Und dennoch hat Bao Tran die Nummer seines Telefons und seines Piepers ändern lassen, sobald er erfahren hatte, daß Kait tot war. Und er hat umgehend eine neue Identität als Vizepräsident einer Gesellschaft namens San Diego Dream Life Corporation angenommen. Diese Gesellschaft muß sehr plötzlich ins Leben gerufen worden sein, da sie in dem Telefonbuch von 1989/90 noch nicht aufgeführt ist. Es wäre interessant zu erfahren, ob sie als eine tatsächliche Geschäfte treibende Gesellschaft existiert. Ebenso wäre es interessant herauszufinden, ob Bao Tran irgendwelche Verbindungen zur R-&-J-Autovermietung hatte. (Beigefügt finden Sie eine Kopie des Eintrags der R & J aus dem 1987/88er Telefonbuch von Orange County, der beweist, daß diese Autovermietung tatsächlich existiert hat.)

Ihrem Bericht zufolge sagte Detective Frank von der Polizei von Westminster in seinem Telefongespräch mit Barbara Cantwell am 23. Februar 1990, daß die Betrügereien mit fingierten Unfällen ein Multi-Millionen-Geschäft darstellen. Das klingt für uns nach einem Unternehmen, das profitabel genug ist, es als lohnend erscheinen zu lassen, einen Mietkiller anzuheuern, um jemanden aus dem Weg zu räumen, der damit droht, alles platzen zu lassen. Detective Frank macht den Eindruck, als wisse er, wovon er redet. Vielleicht könnte er Ihnen bei den Nachforschungen über Bao Tran und die R-&-J-Autovermietung hilfreich sein.

Nach einer schnellen ersten Durchsicht scheinen uns aus den Unterlagen über den Mord an Kait verschiedene Dinge zu fehlen, die hier hineingehörten. Andererseits ist der Bericht so umfangreich, daß wir sie übersehen haben könnten. Ich werde diese Woche außerhalb der Stadt zu tun haben, werde den Bericht aber bei meiner Rückkehr mit mehr Aufmerksamkeit erneut lesen.

Hochachtungsvoll
Don Arquette

Nachträglich fiel ihm noch ein, einen Zettel auf den Brief zu kleben, auf dem stand: »Wir haben noch immer nicht die versprochenen Übersetzungen der vietnamesischen Briefe bekommen.«

Entsprechend meiner üblichen Gepflogenheit schickte ich eine Kopie des Briefes an das FBI-Büro in Orange County. Entsprechend ihrer Gepflogenheit bestätigten sie nicht einmal dessen Empfang.

Die Polizei sprach nie wieder mit uns.

Wir fanden auch ein paar interessante Dinge in dem Bericht. Dung hatte eine Geschäftskarte mit Bao Trans Adresse und Telephonnummer vorgelegt, und sie stimmten mit denen überein, die Mike für »Van Hong Phuc« hatte. Es gab auch eine Kopie einer Nachricht, die möglicherweise von dem anonymen Tipgeber stammte, der mich angerufen hatte; darin wurde Miguel Garcia bezichtigt, ein professioneller Killer zu sein.

Mike rief mich an, nachdem er eine eigene Kopie der Polizeiakten durchgelesen hatte.

»Dieser Fall ist schlimmer, als ich erwartet hatte«, sagte er. »Ich habe einmal versucht, das alles in eine zeitliche Reihenfolge zu bringen, und die Zeiten passen nicht zusammen. Tatsächlich liegen sie so weit auseinander, daß beim ersten Mal, als dieser Lindquist, der Lastwagenfahrer, mit seiner Geschichte zur Polizei kam, ein ›nicht identifizierter Beamter‹ zu ihm sagte, er solle wieder nach Hause gehen. Susan hat gesagt, daß Kait um 22 Uhr 45 von ihr losgefahren ist. Kait wurde um 23 Uhr niedergeschossen in dem Wagen gefunden. Das gibt uns einen Zeitraum von fünfzehn Minuten, in denen die Schießerei stattgefunden haben kann. Lindquist hat gesagt, er habe die Verfolgungsjagd auf der Lomas zwischen 21 Uhr 30 und 22 Uhr gesehen. Das ist nicht möglich – da war Kait noch in Susans Wohnung! Dazu war der Ford Tempo, den er angeblich gesehen hat, ›dunkelblau‹, der Fahrer hatte ›langes schwarzes Haar‹, und der Wagen fuhr in westlicher Richtung, nicht in östlicher, so wie Kait gefahren wäre.

Aber die Probleme gehen noch viel weiter, Lois. Wir sind hier in etwas Ernstes reingeraten. Die Art, wie die Polizei das Gespräch zwischen Miguel und Juve darstellt, das die beiden in der Arrestzelle geführt haben, als man sie dort angeblich alleingelassen hatte, könnte die Anklagebehörde den ganzen Fall kosten. Die Polizei hatte ein Aufnahmegerät in der Zelle versteckt, von dem die Verdächtigen nichts wußten. In ihrem Bericht wird einer der Verdächtigen mit den Worten zitiert: ›Wir werden uns gegenseitig decken. Verpfeif mich bloß nicht, dann verpfeife ich dich auch nicht.‹ Wenn man sich die Mitschrift dieses Bandes anschaut, bekommt man etwas völlig anderes. Was der Verdächtige tatsächlich gesagt hat, war ›*Wenn wir es getan hätten, würde ich dir sofort sagen:* »Halt's Maul. Verpfeif mich bloß nicht, dann verpfeife ich dich auch nicht.« *Aber ... wir haben mit dem ganzen Scheiß nichts zu tun!*‹ Wenn man nur diesen Teil des Zitates nimmt und aus dem Kontext reißt, dann bekommt er genau die entgegengesetzte Bedeutung.«

»Was wollen Sie also sagen? Glauben Sie, die Männer sind unschuldig?«

»Ich tendiere in diese Richtung«, sagte Mike. »Es wird Ihnen nicht gefallen, aber das ist meine Theorie: Dung und Kait haben am Samstagabend diesen bösen Streit, und sie droht damit, die getürkten Unfälle auffliegen zu lassen. Sie schläft auf der Couch und läuft Dung am Morgen davon. Er verbringt den Tag mit seinen Kumpanen und beklagt sich über Kait. Am Abend betrinken sie sich und beschließen, sich ›um das blöde Biest zu kümmern‹.«

»Das würde Dung nicht tun«, sagte ich.

»Ich sage ja nicht, daß Dung den Abzug betätigt hat, aber ich schätze, daß er da war, als es passierte. Dann bekam er Schuldgefühle, und er erzählte seinen Kumpanen, er würde zur Polizei gehen. Das ist vermutlich der Moment, als einer von ihnen ihn niedergestochen hat.«

time surrounding the homicide he was working for PNM Maintenance. (Refer to transcribed statement from Juvenal Escobedo.)

Detective R. Foley was assigned the responsibility of going to David Quintana's residence at 10014 4th Street NW, and locate the Camaro. Detective Foley was in possession of a search warrant and the vehicle was to be sealed and towed. Also assigned to assist Detective Foley was Field Investigator C. Romero. At approximately 2159 hours, officers located the Camaro at 10014 4th Street NW. Detective Foley attempted to contact David Quintana, but found he was not at home. Officer Romero sealed and photographed the vehicle. The vehicle was then towed to 4512 2nd Street NW, by A&E Towing Company and stored in an indoor storage area. Detective Foley taped a copy of the search warrant and the tow-in report on the front door of Mr. Quintana's trailer. Also present were Bernalillo County Sheriff's Department Deputy Rohlfs and Sergeant Dennis. Detective Foley and Detective Romero then returned to the main police station Investigations Bureau.

After all interviews were concluded, Michael Garcia and Juvenal Escobedo were placed in an interview room together by Detective Foley. A tape recorder was also placed inside the interview room and recorded the two talking to each other. During their conversation, the two said, "We'll back up each other. Just don't rat me out and I won't rat you out." (Refer to transcribed conversation by Michael Garcia and Juvenal Escobedo.)

2ND MALE: (INAUDIBLE) July (INAUDIBLE) I was with Tina. I was with Tina, you know that.

2ND MALE: If I...if we would have done it I'd be telling you right now, "Shut it up. Just don't fuckin' rat me out and I won't rat you out", but...

BOTH: We didn't do shit.

1ST MALE: This is (INAUDIBLE). But if I get to do time I'm gonna be more pissed (INAUDIBLE) fuck, you watch.

»Sie glauben nicht, daß er versucht hat, Selbstmord zu begehen?«

»Ich denke, das ist stark zu bezweifeln. Sich selbst in die Leber zu stechen ist nicht gerade eine schöne Art abzutreten. Außerdem war dieser Schlafraum völlig verwüstet, als die Ambulanz kam, so als wenn es einen harten Kampf gegeben und Dung versucht hätte, sich zur Wehr zu setzen. Dann haben – jedenfalls nach meiner Theorie – die Kerle Dung erklärt, wenn er weiterleben wolle, müsse er versprechen, den Mund zu halten. Er stimmte zu, und sie riefen eine Ambulanz. Khanh weigerte sich, mit den Cops zu sprechen, bevor er einen Rechtsanwalt dabei hätte. Ist das eine normale Sorge, wenn man gerade das Opfer eines Selbstmordversuches gerettet hat?«

»Nein«, gab ich zu. »Das ist es nicht.« Von dem Rechtsanwalt hatte ich nichts gewußt. »Werden Sie nun Ihre Story schreiben?«

»Sie werden sie schon bald zu sehen bekommen«, sagte Mike.

Ich legte den Hörer auf und lief schnell die Polizeiakte holen, um die Aussage nachzuschlagen, die den Verdächtigen in der Arrestzelle zugeschrieben wurde. Ich verglich sie mit der Mitschrift, und es war genauso, wie Mike es mir erzählt hatte – die Aussage war so geändert worden, daß sie nun genau die gegenteilige Bedeutung erhielt.

An jenem Abend schaltete ich den Fernseher ein und wurde von der Wiederholung einer meiner eigenen Geschichten begrüßt. Man hatte aus *Summer of Fear* (Sommer der Angst) einen NBC-Film der Woche gemacht und ihm den Titel *Stranger in Our House* (Ein Fremder in unserem Haus) gegeben. Der Film war inzwischen von anderen Fernsehstationen angekauft worden und tauchte immer wieder einmal zu merkwürdigen Zeiten bei merkwürdigen Sendern auf.

Ich schaute mir den Film eine Zeitlang an, ehe ich mir etwas Anregenderes ansehen wollte, und hörte, wie die Schauspielerin Linda Blair, die die Rolle meiner Heldin spielte, einer Cousine, die zu Besuch gekommen war, ihren Freund vorstellte.

Ich hatte seit *Summer of Fear* sechzehn Bücher geschrieben und konnte mich kaum noch an den Verlauf der Geschichte erinnern. Es war so, als würde man eine Story wiedersehen, die ein Fremder geschrieben hat.

Ein Fremder, in dessen Gedanken ein Stück Erinnerung an die Zukunft gedrungen ist.

Der Name, den ich für den Freund meiner Heldin gewählt hatte, war »Mike Gallagher«.

18

Albuquerque Journal, 8. Juli 1990:
Ungereimtheiten im Mordfall Kaitlyn Arquette

Von Mike Gallagher – Reporter des *Journal*

Der Regen kam, kurz nachdem Kaitlyn Arquette in einer Sommernacht des Jahres 1989 niedergeschossen worden war, aber er war nicht stark genug, um die Blutflecken von der Straße zu waschen. Tagelang pilgerten die Kinder aus der näheren und weiteren Umgebung von Martineztown zu der Ecke Lomas und Arno, um sich die Blutflecken auf dem Pflaster anzuschauen. Die Erwachsenen erinnerten sich dabei an die Sirenen und die Polizeiwagen, die in jener Nacht die Straßen der Umgegend blockiert hatten.

Bei dem Sommerfest im Civic Plaza einige Blocks weiter unterhielten sich die Jugendlichen über die tödlichen Schüsse. Ein paar »harte Kerle« brüsteten sich damit, wie sie selbst bei ihren Spritztouren wild herumgeballert hatten. Gerüchte wurden laut, daß die Killer Kids aus Martineztown seien.

Sechs Monate später, als Wind und Wetter die Straße endlich wieder sauber gewaschen hatten, kam die Polizei in die Vorstadt zurück und nahm vier Verdächtige fest. Ein Jahr nach Kaitlyn Arquettes Tod sitzt einer dieser Verdächtigen im Gefängnis und erwartet seinen Prozeß; ein weiterer befindet sich auf der Flucht. Die Anklage gegen die anderen beiden wurde fallengelassen.

Der Mord wurde von der Polizei ursprünglich als »zufällige Ballerei« eingestuft. Und als solche wurde er scheinbar auch aufgeklärt: ein paar betrunkene junge Männer in einem Auto, die als Mutprobe eine Pistole abfeuern. Aber die vom *Journal* überprüften Polizeiberichte legen den Schluß nahe, daß die Anklage gegen die beiden Männer, denen nun wegen der Schüsse der Prozeß gemacht werden soll, auf tönernen Füßen stehen könnte. Die Berichte führen Zeugen an, die widersprüchliche Angaben gemacht haben, Aussagen, die inzwischen zurückgenommen wurden, und sie bringen insgesamt kaum etwas, das als Tatsachenbeweis hieb- und stichfest wäre.

Die Berichte zeigen auch, daß es andere Theorien über den Mordfall Arquette gibt.

Die Verteidiger Michael Davis und Joseph Riggs äußern sich kritisch zur Arbeit der Polizei.

»Wir sind seit sechs Monaten mit diesem Fall befaßt, und wir sind ausgesprochen erstaunt über die schlechte polizeiliche Untersuchungsarbeit«, sagt Riggs. Nach den Aussagen von Davis und Riggs, die den Angeklagten Miguel Garcia vertreten, hat es fünf Monate gedauert, bis sie die Berichte über die polizeiliche Untersuchung erhalten haben, und sie haben den Eindruck, daß ihnen von den Beamten noch immer nicht sämtliche Informationen zugänglich gemacht worden sind ...

Mikes Artikel begann auf der Titelseite unter einer großen Balkenüberschrift, und im Inneren der Sonntagsausgabe folgte der Rest, der eine weitere volle Seite einnahm. Er faßte die einzelnen Stufen der Untersuchung zusammen, zeigte die Fehler auf, die die Polizei gemacht hatte, und beschrieb in einem langen Extra-Absatz, der von einem großen Foto von Kait und Dung illustriert wurde (ich hatte ihm das Thanksgiving-Bild gegeben), in welcher Weise die beiden an dem Versicherungsbetrug beteiligt waren.

Der erste Abschnitt dieser zweiten Story war besonders explosiv:

Polizei: Er war es nicht – doch Gerüchte über Freund verstummen nicht

Die Postkarte an das Büro des Generalstaatsanwaltes war am 9. Februar 1990 in Albuquerque abgeschickt worden. Darauf stand:

»Ist Ihnen jemals die Idee gekommen, daß Kait Arquette umgebracht wurde, weil die vietnamesische Mafia einen Mordauftrag auf ihren Kopf ausgegeben hatte? Unsere Polizei weigert sich, irgend etwas zu unternehmen!«

Jetzt verstand ich auch, warum Barbara Cantwell mir vorgeworfen hatte, ich hätte mich an den Generalstaatsanwalt gewandt – sie hatte mich im Verdacht, diese Postkarte geschrieben zu haben.

Das hatte ich nicht getan, aber nun wünschte ich, ich wäre es gewesen.

In seinem Artikel hatte Mike auch den Text der liebevollen Nachricht wiedergegeben, die die Polizei in der Nacht, als die Schüsse gefallen waren, in Kaits Wohnung gefunden hatte: *Schatz, wo bist du? Ich weiß, daß du noch böse bist ... Es tut mir so leid, okay? Du fehlst mir heute. Ich bin zu Mom gefahren, um diese Bücher zurückzubringen. Wir sehen uns. Alles Liebe.*

Der Polizeibericht sagte, diese Nachricht sei auf dem Wohnzimmertisch gefunden worden, und »Dung Nguyen erklärte, der Zettel sei von dem Opfer geschrieben worden, das irgendwann während des Tages nach Hause gekommen sein müsse, während er unterwegs war«.

Der Text dieser Notiz klang für uns überhaupt nicht nach Kait, und Don schaute nach, ob eine Kopie davon in der Polizeiakte enthalten war. Er fand sie, und der Inhalt entsprach nicht dem, der in dem Bericht auftauchte. Die Nachricht war in einer Art Pidgin-Englisch verfaßt, und es gab einige Rechtschreibefehler.

Was aber am wichtigsten war: *Diese Notiz war nicht Kaits Handschrift!*

Die auffällige Schrift unterschied sich so deutlich von Kaits sorgfältigen, abgerundeten Buchstaben, daß es unmöglich erschien, daß die Polizei den Unterschied nicht bemerkt haben sollte, wo sie doch über zahlreiche Proben ihre Handschrift verfügte, die als Beweismittel in die Akte aufgenommen worden waren. Die Botschaft sah so aus, als sei sie von Dung geschrieben worden. Wenn er sie auf dem Tisch plaziert hatte,

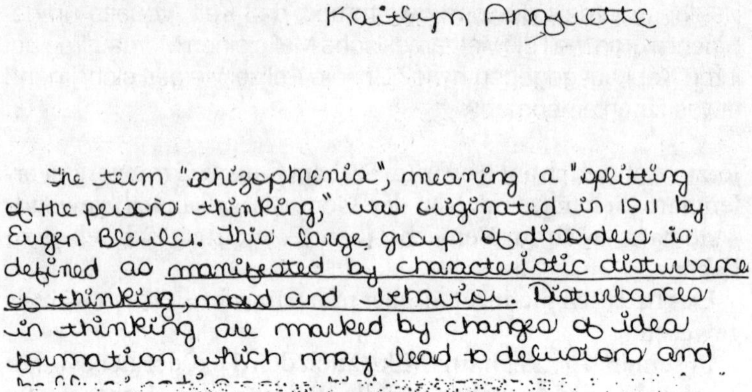
Kaitlyn Arquette

The term "schizophrenia", meaning a "splitting of the person's thinking," was originated in 1911 by Eugen Bleuler. This large group of disorders is defined as manifested by characteristic disturbance of thinking, mood and behavior. Disturbances in thinking are marked by changes of idea formation which may lead to delusions and

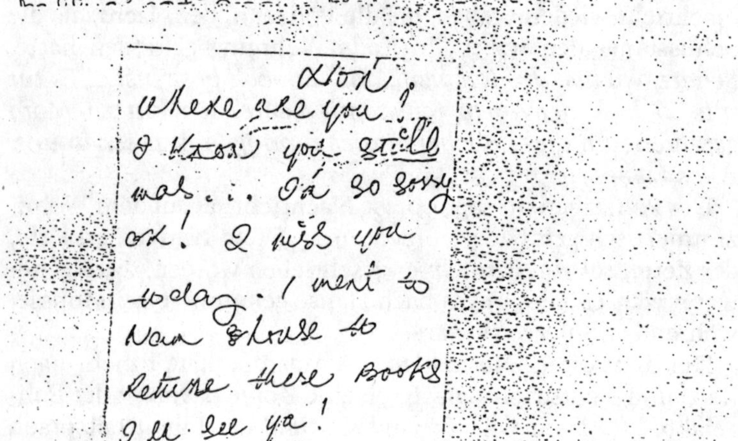
Don
Where are you?
I know you still
was... I'm so sorry
ok! I miss you
today. I went to
Nam's house to
return these books
I'll see ya!
Love

Ein Handschriftenmuster von Kait Arquette aus einem ihrer Schulhefte.

Die Notiz, die Kait nach Meinung der Polizei in der Nacht ihres Todes für Dung hinterlassen hatte.

schien das die Schlußfolgerung nahezulegen, daß er gewußt hatte, die Polizei würde kommen.

Don fiel eine leichter zu verdauende Erklärung ein.

»Er könnte diese Nachricht für Kait hinterlassen haben, während sie bei uns war. Da steht ja nicht, ›ich bin zu Mom gefahren‹, sondern ›ich bin zu Nam gefahren‹, was die Abkürzung für irgendeine vietnamesische Einrichtung sein könnte. Vielleicht ist er an jenem Abend losgegangen, um etwas zu tun, von dem Kait nichts wissen sollte, und er hat ihr den Zettel hingelegt, damit sie glaubte, er wäre mit Freunden zusammen.«

»Aber im Polizeibericht steht doch, Dung hätte ihnen gesagt, daß Kait die Nachricht für ihn hinterlassen habe!«

»Im Polizeibericht steht genau das, was nach Meinung der Polizei darin stehen soll«, sagte Don knapp.

Er schrieb einen weiteren Brief an Steve Gallegos, in dem er klarstellte, daß die Nachricht nicht in Kaits Handschrift verfaßt war, und er legte ein paar Beispiele ihrer Schrift bei, damit man den Vergleich anstellen konnte, ohne sich die Mühe machen zu müssen, erst in den Asservatenraum zu gehen.

Als eine Woche verging, ohne daß Gallegos geantwortet hätte, schickten wir Kopien der Handschriftenmuster an Mike.

An dem Tag, als Mikes Story herauskam, rechneten wir mit etlichen Anrufen, aber kein einziger kam. Unsere Freunde waren offensichtlich so entsetzt, daß sie nicht wußten, was sie zu uns sagen sollten. Seit der Verhaftung der hispanischen Verdächtigen im Januar herrschte in Albuquerque allgemein ein Gefühl der Erleichterung, daß der Fall aufgeklärt und der Gerechtigkeit damit Genüge getan worden war. Die Unterstellung, daß die Polizei von Albuquerque den Fall verbockt hatte – daß womöglich die falschen Männer unter Anklage gestellt worden waren –, daß die vorbildhafte Kaitlyn Arquette vielleicht in illegale Machenschaften verwickelt gewesen sein mochte, war kein erfreulicher Lesestoff für das Sonntagsfrühstück. Was sagt man nach einer solchen Enthüllung zu den Eltern – »Es tut mir leid, daß ich hören muß, daß sich eure Tochter mit der vietnamesischen Mafia eingelassen hat«?

Nachdem der Artikel herausgekommen war, sprach ich kurz

mit Mike. Er berichtete mir, daß er Anrufe von Leuten bekommen hatte, die in Martineztown wohnten und ihm mitteilen wollten, daß Juve wieder zurück sei und bei seiner Freundin wohnte. Niemand wußte, wo er die Zeit über gewesen war, in der er verschwunden war – (»Niemand außer mir«, verbesserte ich im stillen und stellte mir Juve vor, wie er in der Abschmiergrube saß). Juves Nachbarn erzählten ihm, daß sie mehrmals die Polizei angerufen hatten, um ihnen seinen Aufenthaltsort mitzuteilen, aber es war nie jemand gekommen, um ihn abzuholen.

Am Donnerstag, dem 15. Juli, flogen Don und ich nach Chautauqua im Staate New York, wo ich für eine Woche im Rahmen einer Tagung für Nachwuchs-Kinderbuchautoren einen Kurs gab. Am Jahrestag von Kaits Tod saßen wir in einem Tretboot mitten auf dem Chautauqua-See, verzehrten ein abendliches Picknick, tranken in New York gekauften Wein und gelobten einander, daß wir versuchen wollten, unseren Kummer hinter uns zu lassen.

Als wir wieder nach Hause kamen, stellten wir fest, daß Donnie gleichfalls einen Entschluß gefaßt hatte. Er erklärte uns, daß er es leid sei, auf unserem Sofa zu schlafen, und ausziehen werde, um sich mit Freunden zusammen eine Wohnung zu nehmen. Das erschien uns als gesunde Entwicklung und war tatsächlich eine Erleichterung. Da ich einmal erlebt hatte, wie eines meiner Kinder nur eben für den Abend fortgegangen war, um dann niemals wieder zurückzukehren, rechnete ich ständig damit, das nächste zu verlieren. Wenn Donnie etwa auf einer Party war, pflegte ich im Bett zu liegen, vor Nervosität nach Luft zu ringen und auf den nächsten niederschmetternden Anruf von der Intensivstation zu warten. Die Male, wenn er über Nacht bei seiner Freundin blieb, waren besonders erschreckend, weil es dann Morgen wurde, ohne daß ich gehört hatte, wie sich die Wohnungstür öffnete und wieder schloß, um seine Rückkehr zu verkünden. Und zur gleichen Zeit: Wie sollte man einen lebenslustigen Zweiundzwanzigjährigen dazu zwingen, sich jedesmal bei seiner Mutter an- und abzumelden, wenn er das tut, wofür lebenslustige Zweiundzwanzigjährige nun einmal bekannt sind? Das kann man nicht – oder das sollte man nicht –, aber ich versuchte es, und das schuf eine Menge Probleme auf beiden Seiten. Es war für uns alle gut, daß diese Probleme nun ausgestanden waren.

Als Donnie auszog, räumte ich die Bettwäsche vom Sofa fort und versuchte zu entscheiden, was ich in meinem leeren Nest tun sollte. Ich hatte mein Buch auf den neuesten Stand gebracht, die Polizei redete nicht mehr mit uns, und Mike schien entweder die Dinge für sich zu behalten oder das Interesse an dem Fall verloren zu haben. Betty Muench hatte vorhergesagt, es werde eine Zeit kommen, in der Mike »scheinbar aufgeben«, tatsächlich aber »seine Informationen mit jemand anderem austauschen« werde, der die Untersuchung »undercover« weiterzuführen versuchte. Ich entschied, daß er sich, da er der festen Überzeugung war, daß die Vietnamesen hinter dem Mord an Kait standen, wahrscheinlich moralisch verpflichtet gefühlt hatte, seine Informationen mit den Verteidigern zu teilen.

Da ich immer noch nicht in der Lage war, genügend Energie aufzubringen, um wieder Romane zu schreiben, beschloß ich, ein wenig zu lesen. Ich hatte mich bislang absichtlich von Büchern über psychische Phänomene ferngehalten, weil ich mir die Möglichkeit erhalten wollte, die Dinge selbst und auf meine Art zu durchdenken. Mittlerweile hatte ich indessen einige Standpunkte entdeckt, die mir überzeugend vorkamen, und ich war neugierig herauszufinden, ob es noch andere Menschen gab, die auf derselben Wellenlänge lagen.

Da ich allem gegenüber skeptisch war, das sich nicht auf solide dokumentierte Forschungsergebnisse stützte, wählte ich Bücher aus, die von Ärzten und Psychiatern stammten. Unter diesen Autoritäten waren Dr. Kenneth Ring, der Autor von *Life at Death* (Leben im Tod) und *Heading toward Omega* (Unterwegs nach Omega); Dr. Raymond A. Moody jr., der Autor von *Life after Life* (Leben nach dem Leben), *Reflections on Life after Life* (Gedanken zum Leben nach dem Leben) und *The Light Beyond* (Das jenseitige Licht); Dr. Roger Woolger, der Autor von *Other Lives, Other Selves* (Anderes Leben, anderes Ich); und Dr. Bruce Greyson und Dr. Charles Flynn, die Herausgeber von *The Near-Death Experience* (Die Erfahrung des Beinahe-Tods).

Von besonderem Interesse war für mich *Full Circle* (Geschlossener Kreis), das Buch einer gewissen Barbara Harris, die ihre eigenen dramatischen Erfahrungen mit dem Beinahe-Tod beschrieb, als sie nach einem Unfall gelähmt und im Koma auf ihrem Krankenhausbett lag und spürte, wie sie ihren Körper verließ, zur Decke schwebte und in den Tunnel des Todes blickte. Sie kehrte in ihren Körper zurück und erholte sich von ihren Verletzungen, aber diese überwältigende Erfahrung hatte ihr Leben verwandelt und dazu geführt, daß sie sich jahrelang wissenschaftlich mit dem Phänomen des Beinahe-Todes beschäftigte.

In ihrem Buch beschrieb Barbara ihren Mentor, Dr. William Roll, den Projektleiter der Psychical Research Foundation, eines parapsychologischen Institutes, das als Forschungs- und Ausbildungszentrum das mögliche Fortbestehen des Bewußtseins nach dem Tod des physischen Körpers untersuchte. Ihre Geschichte gab mir den Anstoß, selbst an Dr. Roll zu schreiben und ihm über die Verbindung zu berichten, die wir unserem Empfinden nach mit Kait gehabt hatten, und über den Verweis auf zukünftige Ereignisse, wie er mehrfach in meinen Büchern aufgetaucht war. Ich schrieb ihm, daß ich daran interessiert sei, mehr über diese Dinge zu lernen, und daß ich für jeden Ratschlag dankbar sein würde, den er mir diesbezüglich geben könne.

Je mehr ich über das Thema nachdachte, desto stärker wurde mein Wunsch, in Erfahrung zu bringen, wie viele Leute es dort draußen noch geben mochte, die über dieselben Fähigkeiten verfügten wie Betty Muench. Der leichteste Weg, um solche Menschen zu finden, würde die Recherche zu einem Artikel über das Thema sein, und da ich *Woman's Day* noch einen weiteren Artikel schuldete, lag ich ihnen in den Ohren, ob sie sich nicht für einen Bericht über »spiritistische Detektive« erwärmen könnten. Mein Redakteur gab mir freie Hand unter der Bedingung, daß die Leistungen der spiritistischen Medien belegt und nachprüfbar sein müßten und daß sie ihre Fähigkeiten zum Nutzen anderer eingesetzt hatten.

Da ich sichergehen wollte, daß die für meinen Artikel ausgewählten Medien auf ihrem Gebiet anerkannt waren, rief ich die American Society for Psychical Research in New York an. Sie schlugen mir vor, mich mit einem Parapsychologen der Psychologischen Fakultät der Eastern Michigan University in Verbindung zu setzen, der als Co-Autor an *The Blue Sense* (Der Über-Sinn) mitgearbeitet hatte, dem Standardwerk über die Verwendung spiritistischer Detektivmethoden in der modernen Verbrechensbekämpfung.

»Dr. Marcello Truzzi ist allen Leuten gegenüber skeptisch, die behaupten, über parapsychologische Fähigkeiten zu verfügen«, sagten sie zu mir. »Jeder, der Ihnen von ihm empfohlen wird, muß schon ziemlich gut sein.«

»Marcello Truzzi!« rief ich aus. »Ich bin mit einem Jungen zur Schule gegangen, der so hieß!«

»Ich glaube, er ist in Florida aufgewachsen.«

»Das war in Sarasota, damals, als es noch das Winterquartier für den Zirkus der Ringling Brothers war! Mein Vater arbeitete als Fotograf für den Zirkus, und Marcellos Vater war der Zauberkünstler!«

Ich schrieb Marcello – *Hallo über all die Jahre und Meilen hinweg! Ich muß dich um einen Gefallen bitten* –, und ich drückte die Daumen, daß er sich an mich erinnern und antworten würde.

In dieser Nacht ging ich früh zu Bett, so wie ich es in jenen Tagen emotionaler Erschöpfung zu tun pflegte, aber ich war so ausgebrannt, daß es mir schwerfiel einzuschlafen.

»Kannst du denn nicht einfach diese Geschichte aufklären?« fragte ich Kait verdrossen. »Verdammt, du hast uns diesen Schlamassel eingebrockt, also hol uns da auch wieder raus!«

Mein Ärger verflog und wurde auf der Stelle von einem Schmerz abgelöst, der so schrecklich und überwältigend war wie in der Nacht der Todesschüsse.

»Das habe ich nicht so gemeint«, flüsterte ich. »Es tut mir leid, Schatz, ich habe es nicht so gemeint. Ich möchte doch nur mein Baby wieder in den Armen halten!«

Ich vergrub mein Gesicht im Kissen und weinte mich in den Schlaf. Ich weiß nicht, wie lange ich geschlafen habe, aber ich wachte mitten in der Nacht auf und stellte fest, daß Don ins Bett gekommen war und so tief schlief, daß er schon seit Stunden dort gelegen haben mußte.

»Ich möchte mein Baby im Arm halten«, flüsterte ich, und es geschah etwas Wunderbares. Ich streckte meine Arme aus und fühlte, wie sie sich um den molligen Körper einer Dreijährigen schlossen. Die Lage dieses Kindes war so, als säße es auf meinem Schoß und lehnte mit dem Rücken an meiner Brust. Obwohl ich wußte, daß ich träumen mußte, schlief ich nicht; ich war mir jedes Details meiner physischen Umgebung genauestens bewußt; die leichte Luftbewegung, die von dem Ventilator auf dem Fensterbrett herrührte, die Wärme, die Dons Körper ausstrahlte, in der Straße unter unserem Fenster das Autoradio, aus dem Countrymusik plärrte.

Ich schob behutsam das Schlafanzugjäckchen des Kindes hoch und fühlte die weiche, warme Haut seiner Brust, die sich regelmäßig unter meiner Handfläche hob und senkte. Dann fühlte ich weiter und ließ meine Hand unter das elastische Hosenbündchen gleiten, um zart den vertrauten runden Bauch zu streicheln. Ich unterlag durchaus nicht der Illusion, dieser Körper wäre gegenständlich; Kait war tot, und ihr Leichnam lag auf dem Friedhof und verweste. Und doch war dies die Gnade, um die ich gebeten hatte; mit meinen Sinnen, wenn schon nicht tatsächlich, hielt ich mein Baby fest.

Nach einer Weile sagte ich: »Danke«, und ich entließ sie wieder zu Gott.

Dies war eine Erfahrung, die ich nie wieder machen sollte.

Ende August schickte Mike uns die Kopie eines Verhörs, das die Polizei am 9. Juli 1990 mit Dung durchgeführt hatte – am Tag, nachdem Mikes Bericht über die Untersuchung im *Albuquerque Journal* erschienen war.

Er hatte eine Notiz beigelegt, die besagte: *Ich habe versucht, den Gerüchten nachzugehen, daß man Dung den Messerstich als Warnung verpaßt hat, damit er seinen Mund hält. Es sieht so aus, als habe es seinen Ursprung bei An Le, der einem Mädchen namens Mary Beth so etwas erzählt haben soll; sie hat sich Anfang des Jahres nach Kalifornien davongemacht. Ich muß im Moment an mehreren anderen Sachen arbeiten, aber ich werde versuchen, den Fall nicht aus den Augen zu verlieren, und alles weitergeben, was ich bekomme.* Passen Sie auf sich auf!

Als Don und ich die Mitschrift von Dungs Befragung lasen, erwies sie sich kaum als das scharfe, konzentrierte Verhör, das wir nach allem, was wir aus dem Kino kannten, erwartet hatten:

BEFRAGUNG DES DUNG NGUYEN DURCH DETECTIVE S. GALLEGOS
(9. 7. 1990)

(Diese Mitschrift wird hier leicht gekürzt wiedergegeben, um Platz zu sparen. Auf den ersten anderthalb Seiten werden Dungs Name festgestellt, seine Adresse, sein Geburtsdatum und seine Arbeitsstelle; sämtlichst Informationen, die bereits in dem Polizeibericht über die Untersuchung enthalten waren.) Dann geht es weiter:

GALLEGOS: Nun also, der Grund, weshalb ich mit Ihnen reden will, ist folgender: Ich möchte Ihnen ein paar Fragen über einige Dinge stellen, die passiert sind, zum Beispiel über Verkehrsunfälle, und auch über ein paar Leute in Kalifornien, okay?

NGUYEN: Okay.

GALLEGOS: Also, zuerst einmal, sind Sie in irgendwelche Verkehrsunfälle in Kalifornien verwickelt gewesen?

NGUYEN: Ja. (Da Dung vorher jede Kenntnis über die fingierten Unfälle bestritten hatte, mußte es offensichtlich ein nicht aufgezeichnetes Gespräch gegeben haben, in dessen Verlauf man ihm die Unfallberichte präsentiert hatte.)

GALLEGOS: Wie viele?

NGUYEN: Zwei.

GALLEGOS: Okay. War Kaitlyn Arquette bei irgendeinem dieser Unfälle mit Ihnen zusammen?

NGUYEN: Nein.

GALLEGOS: Saß sie mit Ihnen im Wagen?

NGUYEN: Nein.

GALLEGOS: Okay. Sie beide, Sie und Kaitlyn, sind vor einiger Zeit zusammen nach Kalifornien gefahren. Ist das zutreffend? War das eine Ferienreise? Nach Disneyland und so?

NGUYEN: Ja.

GALLEGOS: Okay. Sind Sie währenddessen an dem einen der beiden Unfälle beteiligt gewesen?

NGUYEN: Ja.

GALLEGOS: Okay. Saß sie dabei mit Ihnen im Wagen?

NGUYEN: Nein.

GALLEGOS: Wer war bei Ihnen, als Sie in diesen Unfall verwikkelt wurden?

NGUYEN: Ich selbst.

GALLEGOS: Nur Sie selbst!

NGUYEN: Jawohl.

GALLEGOS: Sind Sie sich da sicher?

NGUYEN: Ja.

GALLEGOS: Haben Sie wegen dieses Unfalls irgendwelches Geld bekommen?

NGUYEN: Ja.

GALLEGOS: Wieviel?

NGUYEN: Eintausendfünfhundert.

GALLEGOS: Eintausendfünfhundert. War das für diesen Unfall?

NGUYEN: Ja.

GALLEGOS: Hat man Sie bar ausgezahlt oder mit einem Scheck, oder wie hat man Ihnen diese Summe gegeben?

NGUYEN: Als ich mit Kait hinfahre, geben sie mir einen Scheck, und wir tun ihn auf ihr Bankkonto.

GALLEGOS: Erzählen Sie mir von diesen Unfällen. Waren das fingierte Unfälle? War das etwas, das im voraus geplant war?

NGUYEN: Ja.

GALLEGOS: Okay. Wer hat diese Unfälle geplant?

NGUYEN: Dieser Typ.

GALLEGOS: Okay, Sie haben mir vor einiger Zeit die Karte eines Mannes gegeben. Er war Anwaltsgehilfe in Kalifornien – Westminster Avenue, Kalifornien – und diese Geschäftskarte stammt von einem gewissen Bao Tran. Ist dies der Mann, der diese Unfälle geplant hat?

NGUYEN: Ja.

GALLEGOS: Okay, und darauf steht: »Anwaltspraxis von Minh Nguyen Duy« Wer ist das?

NGUYEN: Ich weiß nicht.

GALLEGOS: Wissen Sie, wer das ist?

NGUYEN: Nein.
GALLEGOS: Okay, dann ist also Bao Tran die Person, die diese Unfälle arrangiert hat?
NGUYEN: Ja.
GALLEGOS: Beide Unfälle?
NGUYEN: Ja, schon ... ja.
GALLEGOS: Okay. Erzählen Sie mir von dem ersten Unfall. Nun, Sie sind also nach Kalifornien gefahren, und dann hatten Sie diesen Unfall?
NGUYEN: Wir sind hingefahren, und wir mieten einen Wagen.
GALLEGOS: Sie und wer noch?
NGUYEN: Ich und An Le.

(In dieser Art ging die Befragung noch zwei Seiten weiter, ohne daß dabei irgendwelche neuen Informationen aufgetaucht wären, da Gallegos Fragen stellte, deren Antworten er längst kannte.)

GALLEGOS: Wurde bei diesem (dem ersten) Unfall irgend jemand verletzt?
NGUYEN: Nein.
GALLEGOS: Dann lassen Sie uns jetzt zu dem zweiten Unfall übergehen. Der zweite Unfall ereignet sich, während Sie mit Kait in Kalifornien sind. War sie mit Ihnen im Wagen, als Sie diesen Unfall hatten?
NGUYEN: Nein.
GALLEGOS: Wer war bei Ihnen?
NGUYEN: Nur ich selbst.
GALLEGOS: Okay. Hat Bao Tran diesen Unfall auch arrangiert?
NGUYEN: Ja.
GALLEGOS: Okay. Wieviel Geld haben Sie für diesen Unfall bekommen?
NGUYEN: Eintausendfünfhundert.
GALLEGOS: Eintausendfünfhundert. Okay, Bao Tran hat Ihnen einen Scheck ausgestellt, ist das zutreffend?
NGUYEN: Jawohl.
GALLEGOS: Okay, wo war Kaitlyn Arquette während der Zeit, als dieser Unfall passierte?

NGUYEN: War in einem Motel, in unserem Zimmer.

GALLEGOS: Okay. Wußte Kaitlyn, daß Sie diesen Unfall herbeiführen wollten?

NGUYEN: Ja.

GALLEGOS: Was hat sie dazu gesagt?

NGUYEN: Sie hat gesagt, macht sie nervös, aber ich werde nicht verletzt. Nach Unfall komme ich zurück und sage ihr, alles ist gut jetzt.

GALLEGOS: Okay, wann haben Sie das Geld erhalten? Haben Sie das Geld gleich nach dem Unfall erhalten? ... Hat er Ihnen einen Scheck geschickt?

NGUYEN: Nein, weil zuerst machen wir Unfall, und dann bleiben wir eine ganze Woche in Kalifornien, lange Reise, und da gibt er uns Extrageld, was wir von ihm leihen, und wir fahren nach Disneyland, wir fahren nach Newport Beach ... Und als wir zurückkommen, schreiben wir den Scheck.

GALLEGOS: Haben Sie jemals Kaitlyn diesem Bao Tran vorgestellt?

NGUYEN: Ja.

GALLEGOS: Gab es zwischen den beiden irgendwelche Probleme?

NGUYEN: Nein.

GALLEGOS: Okay. Nachdem Sie Kaitlyn nun einmal von diesen Unfällen erzählt haben, hat sie die Sache danach noch einmal erwähnt, als Sie wieder zurück in Albuquerque waren? Wenn Sie beide sich in die Haare gerieten oder irgendwelchen Streit bekamen, hat sie da niemals gedroht, Sie dieser Unfälle wegen an die Polizei zu verraten?

NGUYEN: Nein, wir haben das völlig vergessen.

GALLEGOS: Haben Sie Bao Tran in Kalifornien gesagt, daß Sie Kaitlyn Arquette von den Unfällen erzählt haben? Hat er gewußt, daß sie Kenntnis von diesen Unfällen hatte und davon, wie sie geplant worden waren?

NGUYEN: Ob er weiß?

GALLEGOS: Ja, hat er davon gewußt?

NGUYEN: Er hat nicht gefragt. Ich weiß nicht.

GALLEGOS: Hat er gefragt, ob sie davon wußte?

NGUYEN: Hmh...

GALLEGOS: Haben Sie ihm erzählt, daß sie davon wußte?
NGUYEN: Nein, aber ich glaube, er wußte, daß ich ihr erzählt habe.
GALLEGOS: Sie glauben, er wußte, daß Sie ihr davon erzählt haben?
NGUYEN: Ja.
GALLEGOS: Wußte er das nach den Unfällen oder vorher?
NGUYEN: Er, also er hat ihr auch erzählt.
GALLEGOS: Er hat ihr auch davon erzählt?
NGUYEN: Ja.
GALLEGOS: Also hat Bao Tran Kaitlyn auch davon erzählt?
NGUYEN: Ja.
GALLEGOS: Okay, gab es dadurch irgendein Problem? Hat Bao Tran Ihnen gegenüber jemals erwähnt, daß er Kaitlyn nicht traute? Hat er Ihnen jemals gesagt, daß er das Gefühl hätte, Kaitlyn würde irgend jemandem etwas davon erzählen, was mit diesen Unfällen los war?
NGUYEN: Nein.
GALLEGOS: Und wie war das mit An Le? Wußte er, daß Kaitlyn Bescheid wußte?
NGUYEN: Ja.
GALLEGOS: Und wie dachte er darüber?
NGUYEN: Er hat nie etwas gesagt. Ich glaube, es ist okay für ihn.

(Der nächste Abschnitt des Verhörs bestand aus einer Reihe von Fragen darüber, wie sie den Wagen gemietet hatten, wie lange sie ihn behielten und, ein weiteres Mal, ob Kait zur Zeit des Unfalls in dem Wagen gesessen hatte. Schließlich wurde ein anderes Thema angeschnitten.)

GALLEGOS: Hat Ihres Wissens nach Bao Tran oder sonst jemand in Kalifornien, der diese Unfälle arrangiert, Kenntnis davon, daß man Kaitlyn Arquette getötet hat?
NGUYEN: In Kalifornien?
GALLEGOS: Ja.
NGUYEN: Zu der Zeit, als Kait und <unverständlich> danach sind wir nach Hause gefahren, und Khanh und An sind in meiner Wohnung geblieben.

GALLEGOS: Das war in der Nacht, als sie erschossen wurde?
NGUYEN: Ja. Und ich habe gehört, wie An telefoniert, als ich nach oben gehe.
GALLEGOS: Sie haben *Khanh* gehört?
NGUYEN: An.
GALLEGOS: *An*?
NGUYEN: Er hat angerufen, bei diesem Bao Tran.
GALLEGOS: Bao Tran? Was hat er genau gesagt, als er mit diesem Bao Tran telefoniert hat?
NGUYEN: Er hat ihm gesagt, er kann nicht nach Kalifornien kommen, und er hat Bao Tran erzählt, was mit Kait passiert ist. Er sagt, man hat Kait erschossen, aber wir wissen nicht, wer es ist, und er bleibt, also er kann jetzt nicht weg, er mußte bei uns bleiben, bei mir, nicht weg von mir.
GALLEGOS: Wissen Sie, wann er diesen Anruf gemacht hat?
NGUYEN: Wann er angerufen hat, das Mal, das ich gehört habe?
GALLEGOS: Ja. War das am nächsten Tag, am Tag danach, zwei Tage später, können Sie sich erinnern?
NGUYEN: Ich weiß wirklich nicht, aber ...
GALLEGOS: War es Nacht?
NGUYEN: Tag.
GALLEGOS: Es war also am Tag?
NGUYEN: Ja.
GALLEGOS: Vormittag, Nachmittag?
Nguyen: Nachmittag, am Nachmittag oder am Abend. Ich weiß wirklich nicht mehr.
GALLEGOS: Also war es am Abend oder am Nachmittag?
NGUYEN: Abend.
GALLEGOS: Am Abend also. Sie erinnern sich nicht mehr an die Zeit, oder?
NGUYEN: Ich bin darüber nicht sicher.

(Wir fragten uns, ob das gemeint war, wenn davon gesprochen wurde, »einen Zeugen zu führen«. Die Zusammenfassung in der Akte hätte mit Fug und Recht lauten können: »obwohl er sich über die Zeit nicht sicher war, erklärte Nguyen dem untersuchenden Beamten, er habe gehört, wie An Le spätabends den Anruf tätigte.«)

Die Befragung endete damit, daß Gallegos von Dung wissen wollte, ob Kait jemals damit gedroht hatte, sich an die Behörden zu wenden, und ob er glaubte, daß seine Freunde in Kalifornien für ihren Tod verantwortlich seien. Dung antwortete auf beide Fragen mit Nein.

GALLEGOS: Warum denkt Mrs. Arquette Ihrer Meinung nach, daß die Vietnamesen etwas mit dem Tod ihrer Tochter zu tun haben?

(Gott im Himmel! dachte ich. *Damit macht er mich zum Ziel für die nächste Kugel!)*

NGUYEN: Weil, ähm, ... sie denkt, wir haben so was getan <unverständlich> also was mit Kait passiert ist, daß wir das verdienen, wegen dem Unfall.
GALLEGOS: Sie denkt, wegen dem, was Ihr mit diesem Unfall gemacht habt, wurde Kaitlyn umgebracht?
NGUYEN: Ja.
GALLEGOS: Nun, Ihres Wissens nach gibt es nichts, was darauf hindeutet, daß irgend jemand in Kalifornien für Kaitlyns Tod verantwortlich ist?
NGUYEN: Nein.
GALLEGOS: Sind Sie sicher?
NGUYEN: Ja.
GALLEGOS: Sind Sie seit Kaitlyns Tod schon wieder in Kalifornien gewesen?
NGUYEN: Nein.
GALLEGOS: Haben Sie mit Bao Tran geredet?
NGUYEN: Nein.
GALLEGOS: Ist er ein enger Freund von Ihnen?
NGUYEN: Er ist Cousin von An. Ich kenne ihn bloß, aber er ist wirklich ein netter Kerl.
GALLEGOS: Ist das ziemlich häufig in Kalifornien? Diese Art von Unfällen? Passiert das Ihres Wissens nach recht oft?
NGUYEN: Nein.
GALLEGOS: Hat Bao Tran das vorher jemals schon mit anderen Ihnen bekannten Leuten gemacht, außer Ihnen selbst und An?

NGUYEN: Ich weiß nicht.

GALLEGOS: Dann hat also die beiden Male, die Sie in Kalifornien waren, Bao Tran die Unfälle arrangiert? Dies sind die einzigen Unfälle, von denen Sie wissen?

NGUYEN: Ja.

GALLEGOS: Sind dies die einzigen Unfälle, von denen Sie wissen, daß Bao Tran sie arrangiert hat?

NGUYEN: Ja.

GALLEGOS: Okay. Ich frage Sie noch einmal. Haben Ihres Wissens nach die Unfälle oder die Vietnamesen oder Bao Tran in Kalifornien irgend etwas mit Kaitlyns Tod zu tun?

NGUYEN: Nein.

GALLEGOS: Diese Befragung ist beendet. Die Zeit ist jetzt fünf Minuten nach halb zwölf. Ende des Verhörs.

Als Dung sieben Monate später im Büro der Staatsanwaltschaft zum Inhalt dieser Befragung verhört wurde, sagte er vor Joe Riggs und Michael Davis, den Verteidigern von Miguel Garcia, und vor der stellvertretenden Bezirksstaatsanwältin Susan Riedel, daß er an die zwanzig Leute aus Albuquerque kenne, die von Bao Tran eingeflogen worden waren, um in Kalifornien solche Unfälle zu fingieren. Er sagte auch, daß Gallegos ihm, nachdem der Recorder abgestellt worden war, den Rat gegeben habe, mich wegen »übler Nachrede« zu verklagen.

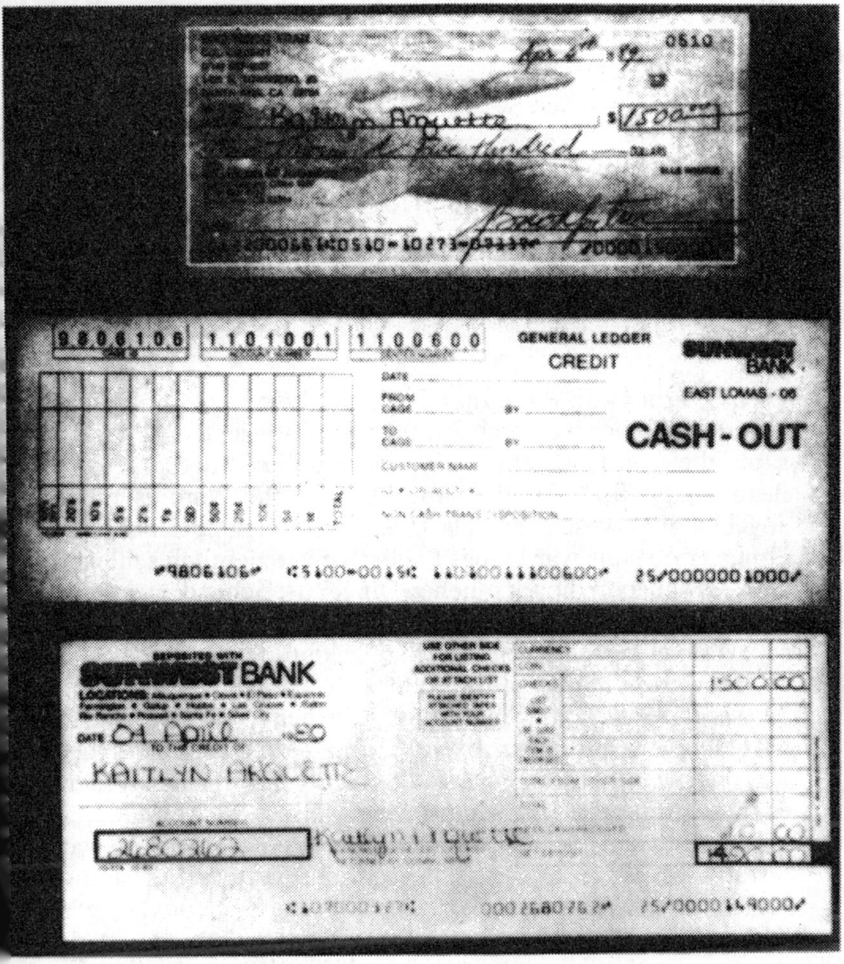

Eine Photokopie des von Bao Tran unterzeichneten Schecks, den Dung für den von ihm inszenierten Unfall im März 1989 erhalten hatte. Kait hatte ihren Namen eingesetzt und den Scheck auf ihr Konto einziehen lassen.

19

Dieses Verhör warf Fragen auf, für die wir keine Antwort finden konnten. Zunächst einmal: warum hatte Gallegos die Befragung ganz allein durchgeführt? Wo war der öfter angesprochene Beamte, der fließend vietnamesisch sprach? Wäre es nicht angebracht gewesen, ihn als Übersetzer hinzuzuziehen? Im Umgang mit uns war Dungs Englisch zwar ziemlich schlecht gewesen, aber für die alltäglichen Dinge ausreichend. In diesem Verhörprotokoll hingegen klangen seine Antworten stellenweise so, als sei er gerade frisch vom Boot gekommen.

Und warum hatte Gallegos offensichtlich widersprüchliche Aussagen einfach hingenommen? In einem früheren Verhör hatte Dung Khanh Pham als denjenigen bezeichnet, der in der Mordnacht in Kalifornien angerufen hatte. Inzwischen schien er diese Aussage vergessen zu haben; dieses Mal bestand er jedenfalls darauf, daß der Anruf von An Le gemacht worden war – trotz des Versuchs von Gallegos, ihn wieder auf die Linie seiner früheren Aussage zurückzubringen. Warum hatte Gallegos ihm nicht die Tatsache vorgehalten, daß er überhaupt niemanden bei einem solchen Anruf gehört haben konnte, weil er zu dieser Zeit im Krankenhaus gewesen war?

Und was war mit Dungs Aussage, daß man ihn für den Unfall mit einem Scheck bezahlt hatte? War das nicht wichtig genug, um hier Nachforschungen anzustellen? Wir hatten die Möglichkeit, daß die Bezahlung per Scheck erfolgt sein konnte, gar nicht in Betracht gezogen, da man uns erzählt hatte, daß der Lohn für die an diesen Unfällen Beteiligten 2000 Dollar betragen habe. Wenn es aber um eine Zahlung von 1500 Dollar ging, sah die Sache ganz anders aus; in diesem Fall konnte der Eingang von 1490 Dollar auf Kaits Scheckkonto eben dieser Scheck über 1500 Dollar gewesen sein, von dem 10 Dollar an Gebühren abgegangen waren.

Ich rief bei Kaits Bank an und fragte nach der Art der damaligen Gutschrift. Man sagte mir, daß es ein Scheck gewesen sei, und ich bat darum, mir eine Photokopie davon zu schicken.

Als die Kopie des Schecks eintraf, stellten wir fest, daß die Unterschrift von Bao Tran stammte.

Betty Muench hatte Robin gesagt, es gebe »einen Beweis für etwas, das nicht recht gewesen ist, und worin die treibende Kraft für all dies gelegen haben wird«. Tran hatte einen Fehler begangen. Als er den Scheck ausgestellt hatte, war die Zeile für den Namen des Empfängers frei geblieben, so daß Dung, der kein eigenes Bankkonto besaß, den Namen eines Freundes einsetzen konnte, um über dessen Konto den Scheck einziehen zu lassen. Womit er nicht rechnen konnte, war die Tatsache, daß Kait ihren eigenen Namen einsetzen und den Scheck über ihr Konto leiten würde. Konnte dieses konkrete Beweisstück gegen den Financier der betrügerischen Unfälle ihren Tod besiegelt haben? Wenn dem so war, hielten wir nun dieses tödliche Dokument in unseren Händen, aber wir wußten nicht, was wir damit anfangen sollten. Die Polizei hätte es sich mit Leichtigkeit selbst verschaffen können, wenn sie das gewollt hätte, aber das war offensichtlich nicht der Fall, da sich Gallegos nicht einmal die Mühe gemacht hatte, Dung zu fragen, bei welcher Bank Kait ihr Konto hatte. Ich sandte eine Kopie des Schecks an das FBI, zusammen mit dem Verhörprotokoll, in dem Dung die fingierten Unfälle zugab und Tran als deren Drahtzieher identifizierte. Ich hoffte, dieser Beweis für ein Verbrechen, in dessen Verlauf die Staatsgrenze überquert worden war (womit es eindeutig in die Zuständigkeit des FBI fiel), würde diese Bundesbehörde dazu bringen, uns endlich ernst zu nehmen.

Sie antworteten nicht.

Da Dung gesagt hatte, daß auch An Le solche Unfälle fingiert hatte, schauten wir noch einmal in der Polizeiakte nach, um festzustellen, ob Ans Unfallberichte darin enthalten waren.

In der Akte fanden sich zwei dieser Berichte.

Ans erster schriftlich aufgenommener »Unfall« hatte am 11. Juni 1989 um 10 Uhr 44 morgens stattgefunden. Die Nummer seines Führerscheins war A4437875. Er hatte einen silbernen Dodge Colt mit einem Nummernschild aus New Mexico gefahren und dem Polizeibeamten erzählt, er wohne unter Bao Trans Adresse. Nam Pham, ein Freund aus Albuquerque – (*ich bin zu Nam gefahren, um diese Bücher zurückzubringen*) –, hatte als Beifahrer in dem Wagen gesessen, als er mit einem Fahrzeug zusammengestoßen war, das von einem Mann namens Delmar Bardsley gesteuert wurde. Bardsleys Versicherung war die National General.

Ans zweites »Unglück« vom Juni 1989 war grotesk. In diesem Fall wurde sein Auto von einem gestohlenen Fahrzeug beschädigt, in dem gerade ein paar Räuber flüchteten. Die Nummer von Ans Führerschein lautete diesmal C5410018; seine Adresse war 21st Street Nr. 8081 in Westminster, und er gab der Polizei zwei neue Telefonnummern für seine Privatwohnung und für ein Büro. Seine Versicherung, die die Kosten übernahm, war die Farmers Insurance, und alle sechs Insassen seines Wagens waren mit Krankenwagen ins Humana Hospital gebracht worden, da sie über Schmerzen an Beinen, Genick und Kopf klagten.

Wir wußten inzwischen einiges über Bao Tran. Da Robin für ein Kreditbüro arbeitete, hatte sie seine Angaben in den Computer gegeben, und so waren wir an seine Sozialversicherungsnummer gekommen, zwei Adressen in Santa Ana, eine davon in South Townsend, die andere in South Fairview; seine Kreditgeschichte und die Fahrzeuge, für die er im Augenblick Ratenzahlungen leistete. Wir hatten auch eine Kopie seiner neuen Geschäftskarte, die ihn als Vizepräsident einer Firma namens Japan Life Sleeping Systems auf der Brookhurst Avenue 14541 in Westminster auswies. Die Adresse einer Zweigniederlassung, die auch unter dem Namen San Diego Dream Life Coporation geführt wurde, wurde mit Mesa College Drive 7520 in San Diego angegeben.

Aber Trans alte Geschäftskarte zeigte, daß er zur Zeit von Kaits Tod in der Anwaltskanzlei von Minh Nguyen Duy gearbeitet hatte. Da Tran nach dem Mord an Kait seine Telefonnummern geändert hatte, fragte ich mich, ob Duy es genauso gemacht hatte. Also wählte ich die Nummer von der Karte, um herauszufinden, ob sie noch gültig war.

Eine Frau antwortete mit akzentfreier Stimme: »Telefonzentrale der Anwaltsbüros«, aber im Hintergrund konnte ich männliche Stimmen vietnamesisch sprechen hören.

»Entschuldigen Sie, ich muß mich verwählt haben«, sagte ich hastig.

Die Tatsache, daß die Nummer für mehr als eine Anwaltspraxis gedient haben konnte, war interessant. Bei dem Versuch, herauszufinden, wer dort noch praktizierte, verbrachte ich fast einen ganzen Tag in der Bücherei damit, die Nummer auf Trans Geschäftskarte mit den Nummern sämtlicher Anwälte im Telefonbuch von Orange County zu vergleichen. Das Ergebnis war nicht das, was ich erwartet hatte. Nicht allein, daß es keine anderen Anwälte mit dieser Telefonnummer gab, nein, Minh Duy selbst war gar nicht aufgeführt. Die Adresse und die Telefonnummer auf der Karte, auf der »Anwaltskanzlei Minh Nguyen Duy« stand, entsprachen laut Telefonbuch denjenigen einer Firma namens »Business Management Services«.

Ich wollte die Dame an der Telefonzentrale nicht alarmieren, indem ich zum zweiten Mal dort anrief; also bat ich Kerry, sich zu bemühen, alles über diese Firma herauszufinden, was möglich war.

Sie rief dort an und meldete sich danach sofort wieder bei mir.

»Ein Mann mit vietnamesischem Akzent war am Apparat«, sagte sie. »Es klang nicht nach einer Firma, weil er bloß ›hallo‹ sagte. Ich habe ihm erzählt, ich wäre auf der Suche nach einem Anwalt, mit dem ich früher geschäftlich zu tun gehabt hätte, aber ich könnte mich nicht an seinen Namen erinnern. Ich habe gesagt: ›Er hat mir diese Nummer gegeben. Das ist doch Business Management Services, oder?‹ Der Mann antwortete einfach nicht. Also habe ich weiter gefragt: ›Welche Anwälte praktizieren denn bei Ihnen? Ich bin sicher, ich erkenne seinen Namen wieder, wenn ich ihn höre.‹ Es war so lange still, daß ich mich schon gefragt habe, ob er einfach weggegangen war. Endlich sagte er: ›Anwälte?‹ Dann gab es wieder so eine lange Pause, und

[redacted]

BUSH WM M

Certified Family Law Specialist
Calif Brd Of Legal Specialization

FELLOW AMERICAN ACADEMY
OF MATRIMONIAL LAWYERS

992-0800

Ste 210
110 E Wilshire Av Ful 992 0800

Business Management Services
10240 Westminster Av GG 539 4483

Butler John K
Portigal Hammerton & Allen Attys
2021 E 4th SantaAna 558 6991

YHOWER NICHOLAS C A
PROFESSIONAL CORPORATION
060 N Tustin Av SantaAna 835 09

ciatore Thomas P
te 600-Postal ZIP Code 90010
19 Motor Av LosAngeles.....
Terence L
State College Bl Anh
N MCCUNE

:T
Years
n
y
ig
Law
2 9500

LAW OFFICE OF
MINH NGUYEN DUY

BAO TRAN
PARALEGAL

10240 WESTMINSTER AVE..
SUITE 202
GARDEN GROVE, CA. 92643

BUS (714) 539-4483
BEEPER (714) 664-1021

schließlich sagte er: ›Ich muß jemanden fragen‹, und er ließ mich wieder warten. Ich hab dagesessen und den Hörer so lange festgehalten, daß es mir vorkam wie eine ganze Stunde, und schließlich wurde mir so mulmig, daß ich aufgelegt habe.«

Als wir über unsere Unfähigkeit, an Informationen zu kommen, derart frustriert waren, daß wir es nicht mehr aushalten konnten, hatten Don und ich schon mehrmals über die Möglichkeit diskutiert, einen Privatdetektiv anzuheuern. Unser Problem war, daß wir nicht wußten, wie wir dabei vorgehen sollten. Jeder konnte eine Anzeige in die Gelben Seiten setzen, und ich hatte schon erschreckende Geschichten über unseriöse Detektive gehört. Ein Privatdetektiv, den wir einfach aufs Geratewohl aus dem Telefonbuch herauspickten, konnte womöglich unsere Namen an die Leute verkaufen, über die wir Informationen haben wollten.

Jetzt kam mir die Idee, daß wir vielleicht mit einem Mittelsmann arbeiten konnten, und ich schlug das Telefonbuch von Albuquerque auf, um unter der Rubrik »Anwälte« nachzusehen. »Paul!« rief ich aus. »Ich hatte vergessen, daß er inzwischen eine eigene Praxis hat!«

Paul Becht und ich waren zwei der vier Jahre zwischen meinen beiden Ehen eng befreundet gewesen, als er noch für die Sandia Laboratories gearbeitet hatte. Danach hatte er Jura studiert, sich auf Unternehmensrecht spezialisiert und drei Legislaturperioden im Senat von New Mexico gesessen.

Ich machte einen Termin mit ihm.

Es war mittlerweile fünfundzwanzig Jahre her, daß wir einander gesehen hatten, aber Paul hatte sich verblüffend wenig verändert, außer daß er nun eine Brille trug und sein dichtes braunes Haar inzwischen in vornehmem Silbergrau glänzte.

»Das sind die Informationen, die wir brauchen«, erklärte ich ihm, als ich ihm eine Liste mit Fragen über Leute aus Kalifornien reichte. »Und dies ist der Grund, weshalb wir sie brauchen«, und gab ihm eine getippte Zusammenfassung von allem, was wir seit dem Mord an Kait herausgefunden hatten.

»Bao Tran, Van Hong Phuc, Minh Nguyen Duy – alles vietnamesische Namen?« Er legte die Liste beiseite und ging die Zusammenfassung durch. Dabei zog er die Stirn in Falten und fuhr sich auf eine Weise mit den Fingern durch die Haare, die in mir Erinnerungen weckte. Als er zu Ende gelesen hatte, legte er den Papierstapel auf die Schreibtischplatte und pfiff verblüfft durch die Zähne.

»Um Gottes willen!« rief er aus. »War dein kleines Mädchen in all das verwickelt?«

»Ja«, sagte ich.

»Und die Polizei forscht da nicht weiter nach?«

»Sie glauben nicht, daß das etwas damit zu tun hat.«

»Nichts damit zu tun?« explodierte Paul. »Mit einer Kopie von diesem Scheck war sie für jeden, der darin verwickelt war, eine Bedrohung, und dazu zählen mit größter Wahrscheinlichkeit auch eine Menge Ärzte und Apotheker. Was du brauchst, ist ein Privatdetektiv aus der Gegend von L.A.«

»Wir haben Angst, wir könnten an einen geraten, der uns verkauft«, sagte ich.

»Ich werde als Mittelsmann fungieren«, sagte Paul. »Derjenige, den wir engagieren, wird nicht einmal erfahren, wie du heißt. Ich denke, die beste Taktik wird sein, nicht zu verraten, daß es um einen Mordfall geht, da die meisten Privatdetektive sich mit so etwas nicht die Hände schmutzig machen wollen. Ich werde statt dessen sagen, es ginge mir um einen möglichen Schadensersatzprozeß nach den RICO-Gesetzen.«

»RICO-Gesetze?« wiederholte ich verständnislos.

»RICO – Racketeer-Influenced Corrupt Organizations, also vom organisierten Verbrechen beeinflußte Gesellschaften. Es gibt ein Bundesgesetz, das Privatpersonen dazu berechtigt, Klage auf dreifachen Schadensersatz gegen Organisationen und Gesellschaften anzustrengen, die von der Mafia kontrolliert werden oder mit dem organisierten Verbrechen zu tun haben. Die Bundesregierung hat dieses Gesetz dazu benutzt, Scheinfirmen und Geldwaschanlagen des Mobs zu schließen und ihre Mittel zu konfiszieren und dergleichen mehr, aber es erlaubt eben auch Privatpersonen die Klage, und daher gibt es für uns eine gute Cover-Story her.«

»Was darf ich dir als Anzahlung geben?« fragte ich und holte mein Scheckbuch hervor.

»Laß mich erst einmal einen guten Mann finden, und dann werden wir sehen, wie seine Preise sind.«

»Ich meine für deine eigenen Bemühungen ...«

»Mach dir darüber keine Gedanken, wir kennen uns schließlich schon lange genug«, sagte Paul. »Ich habe mich über die Jahre auf dem laufenden gehalten, was deine Familie angeht. Deine älteste Tochter hat früher mal im Hilton gesungen.«

»Sie hat inzwischen ihre eigene Serie von Platten für Kinder aufgenommen«, erzählte ich ihm.

»Und die andere Tochter hatte eine regelmäßige Fernsehsendung.«

»Das war Kerry.«

»Sie hat mich einmal interviewt, als ich für den Senat kandidierte. Sie sah großartig aus! Ich konnte es kaum fassen, sie war vollkommen erwachsen! Als ich sie das letzte Mal gesehen hatte, konnte sie kaum älter als sieben gewesen sein.«

»Sie ist inzwischen verheiratet und hat selbst zwei kleine Mädchen«, sagte ich.

»Ich mußte sie immer wieder ansehen und dachte, Mann, was für ein Prachtmädchen!« Er schwieg einen Moment und setzte dann sanft hinzu: »Ich habe viel von dir in ihr wiedergefunden.«

Ich stand auf und ging um den Schreibtisch herum, um ihn zu umarmen.

»Ich kann gar nicht glauben, daß du so wenig graue Haare hast«, meinte er und blickte auf meinen Kopf hinunter. Ich war dankbar dafür, daß er mit seiner Brille meine Haarwurzeln nicht sehen konnte.

Als ich später hinausging, sagte die Dame am Empfang: »Ms. Duncan, ich wollte Ihnen nur sagen, daß Sie meine absolute Lieblingsautorin sind!«

Alles in allem war es ein Tag, der weit über dem Durchschnitt lag.

Paul arbeitete rasch und effektiv. In weniger als einer Woche rief er an, um mir mitzuteilen, daß er einen Detektiv gefunden hatte, der von San Diego aus arbeitete.

»Er ist spezialisiert auf Nachforschungen für Anwälte«, sagte er. »Ein Großteil seiner Arbeit besteht darin, Leute zu finden, die nicht gefunden werden wollen – und er ist besonders vertraut mit den Vietnamesen und ihren Unfall-Betrügereien.«

Mich ergriff plötzlich Panik.

»Meinst du, die Sache ist sicher?«

»Dieser Mann wird auf gar keinen Fall erfahren, für wen er arbeitet«, versicherte mir Paul. »Ich werde eine Erklärung unterschreiben müssen, damit er zu den Behörden gehen und vertrauliche Informationen erhalten kann, weil diese so garantiert bekommen, daß dies aus legalen und angemessenen Gründen erfolgt, aber auf diesem Dokument wird nur mein Name stehen. Und ich werde ein spezielles Konto einrichten, von dem ich Zahlungen für dich leisten kann, ohne daß du die Schecks unterschreiben mußt.«

»Weißt du schon, wieviel die Sache kosten wird?«

»Er möchte zunächst eine Vorauszahlung von zweihundert Dollar. Danach wird er regelmäßig für alles, was er tut, Rechnungen senden. Für mein Gefühl sollten wir ihn als erstes diese R-&-J-Autovermietung überprüfen lassen. Wer hatte dort das Sagen? Wer besaß eine Minderheits-Beteiligung? Sind gegen irgendwelche dieser Leute Zivilprozesse angestrengt worden? Wenn dem so ist, werden wir die Namen der Kläger-Anwälte bekommen und anfragen, ob sie einverstanden sind, uns ihre Unterlagen zugänglich zu machen.«

»Ich möchte auch Informationen über diesen Anwalt, Minh Nguyen Duy«, sagte ich. »Duy mag in den Versicherungsbetrug verwickelt gewesen sein oder auch nicht, aber wir wissen, daß Tran bei ihm angestellt war. Ich möchte wissen, wie Duys Verbindung zu diesen Business Management Services aussieht, und ich möchte die Namen der anderen Anwälte erfahren, die dort praktizieren. Wenn wir die erst haben, können wir die Versicherungsgesellschaften fragen, welcher dieser Anwälte womöglich noch in Schadensersatz-Prozesse gegen sie verwikkelt war.«

Ich erzählte Robin, daß ich einen Privatdetektiv engagiert hatte, und erwartete, daß sie erfreut sein müsse, aber ihre Reaktion war entmutigend.

»Ihr verschwendet euer Geld«, sagte sie. »Du weißt doch, daß die Polizei von Albuquerque keine Informationen von uns akzeptiert, ganz gleich, wie wir in deren Besitz gekommen sind.«

»Wir werden sie einfach übergehen und sie gleich der Staatsanwaltschaft übergeben.«

»Die wird sie genausowenig akzeptieren«, sagte Robin.

»Das können wir doch nicht wissen. Mir hat man erzählt, daß Susan Riedel gewissenhaft arbeitet.«

»Es ist mir egal, wie gewissenhaft sie arbeitet, sie ist an die Bestimmungen gebunden. Ich habe mich nämlich gestern abend mit einem Strafverteidiger getroffen und ihn nach unseren Rechten gefragt. Er hat mir erklärt, daß wir gar keine Rechte haben, wenn es nicht um eine zivilrechtliche Klage geht. Dies ist ein Fall des Staates, nicht unserer. So wie dieser Anwalt es mir erklärt hat, sind an der Strafverfolgung zwei Gruppen beteiligt – diejenige, die dafür zuständig ist, alle Informationen zu sammeln; das ist die Polizei. Und diejenige, die den Fall vor Gericht bringt; das ist die Staatsanwaltschaft. Beide sind vollkommen unabhängig voneinander. Die Polizei ist die einzige Gruppe, die Informationen zusammentragen darf, und der Staatsanwaltschaft ist es gar nicht erlaubt, andere Informationen zu verwenden als die, die ihr die Polizei zur Verfügung gestellt hat.«

»Willst du damit sagen, daß sie sogar konkrete Beweismittel gegen diese Leute in Orange County, die wir ihnen verschaffen könnten, übergehen müßten, weil sie sie nicht verwenden dürften?«

»Nicht, solange sie die Polizei nicht dazu bringen können, solchen Spuren nachzugehen und die Beweismittel dann als Teil ihrer eigenen Nachforschungen zu präsentieren. Worauf das ganze hinausläuft, Mutter, ist folgendes: Dieser jämmerliche Versuch einer polizeilichen Untersuchung, wie ihn die Polizei von Albuquerque hier abgeliefert hat, ist das einzige Material, das wir haben. Als mir dieser Typ das erzählt hat, war ich völlig entgeistert. Ich bin nach Hause gegangen und habe die ganze Nacht geweint. Wir haben keinerlei Rechte, überhaupt keine! Wußtest du, daß es in manchen Staaten der Familie des Opfers nicht einmal erlaubt ist, beim Prozeß dabeizusein, weil der Anblick ihrer Trauer und ihres Schmerzes die Jury beeinflussen könnte?«

»So ist das aber nicht in New Mexico«, sagte ich. »Man wird uns erlauben, im Gerichtssaal zu sitzen.«

»Rechne besser nicht damit«, sagte Robin. »Alles, was eine der beiden Seiten zu tun braucht, ist eure Namen auf ihre Zeugenliste zu setzen. Sie brauchen euch nicht einmal wirklich in den Zeugenstand zu rufen. Es reicht, daß sie euren Namen auf die Liste setzen, und schon werdet ihr aus dem Gerichtssaal ausgeschlossen sein.«

»Dann werde ich mich eben verkleiden«, sagte ich. »Auf jeden Fall werde ich dasein.«

»Irgend jemand wird dich mit Sicherheit entdecken, und deinetwegen wird der Prozeß wieder aufgerollt werden müssen. Dann werden wir weder die Vietnamesen noch die tatsächlichen Killer kriegen.«

Ich hatte mich so sehr auf die Dinge in Kalifornien konzentriert, daß ich entgegen Bettys Aussagen anfing, mich zu fragen, ob nicht Mike mit seiner Überzeugung recht haben könnte, daß einer der Vietnamesen der Mordschütze gewesen war und die hispanischen Verdächtigen daher unschuldig sein mußten. Als ich die Polizeiakte daraufhin noch einmal durchging, fand ich allerdings etliche Stellen, die die Anklage gegen Miguel Garcia und Juve Escobedo zu stützen schienen.

Diese Stellen betrafen vor allem Marty Martinez, den vermuteten dritten Insassen des Camaro, denjenigen, von dem Betty Muench gesagt hatte, er sei »kein Teil des R-&-J-Symbols«. Aussagen, die Leute gegenüber der Polizei gemacht hatten, die Marty gut kannten, stellten ihn als einen jungen Mann dar, der zahlreiche Probleme hatte. Er war nicht nur mit einer Verunstaltung aufgewachsen – einer Hasenscharte, die erst kürzlich durch kosmetische Chirurgie einigermaßen beseitigt worden war –, er hatte nach Aussage von Nachbarn auch ein ernsthaftes Alkoholproblem.

Laut den Polizeiakten hatte Marty nach seiner Festnahme sowohl Insassen als auch Angestellten der Jugendhaftanstalt eine Menge über die Schüsse erzählt. Einem Mitinsassen hatte er sogar gesagt, sein Freund (Miguel Garcia) habe »jemanden (außer Kait) umgebracht, und sie haben ihn nicht gekriegt«.

Die überzeugendste dieser Aussagen stammte von Chris Mares, der in der Haftanstalt arbeitete und während der Zeit, als

Marty dort einsaß, Dienst gehabt hatte. Mares wirkte wie ein freundlicher, mitfühlender Mann; er schien der Typ, an den sich Jungen wenden würden, wenn sie in Schwierigkeiten waren, und offensichtlich hatte Marty das Bedürfnis verspürt, ihm manches anzuvertrauen.

Martys Aussagen gegenüber Mares stellten eine Art ungefragt abgelegtes Geständnis dar.

Im folgenden hierzu einige ausgewählte Passagen aus der längeren Mitschrift der Aussage von Chris Mares:

GALLEGOS: Während der Zeit, als Martinez einsaß und Sie Dienst hatten – an wie viele Gespräche mit ihm können Sie sich da erinnern?

MARES: Ich würde sagen, an vielleicht drei oder vier.

GALLEGOS: So, (Marty) hat also im wesentlichen gesagt, daß er nicht geschossen hat, sondern bloß mit in dem Wagen gefahren ist?

MARES: Er hat ganz eindeutig gesagt, daß er nicht geschossen hat.

GALLEGOS: Mike Garcia hat geschossen?

MARES: Das ist korrekt.

GALLEGOS: Aber er saß zur Zeit der Schüsse mit in dem Wagen?

MARES: Einmal hat er behauptet, er hätte zur Zeit der Schüsse in dem Fahrzeug geschlafen, und bei einer anderen Gelegenheit schien er über Informationen aus erster Hand über das zu verfügen, was während der Schüsse geschehen war.

GALLEGOS: Was waren bei dieser Gelegenheit seine genauen Worte?

MARES: Er hat im wesentlichen gesagt, daß sie ihn bei sich zu Hause absetzen wollten, und genau in dem Augenblick, als sie dort ankamen, wo sie ihn absetzen wollten, erblickten sie den Wagen von Kaitlyn Arquette, woraufhin sie vermutlich gleich begonnen haben, diesen Wagen zu verfolgen.

GALLEGOS: Hat er denn gesagt, daß sie sie verfolgt haben?

MARES: Nicht ausdrücklich, aber wenn ich mich richtig erinnere, ging das von der Gegend um die Edith hin zur Lomas, und offenbar versuchte die Frau in dem Wagen, als sie neben ihr auftauchten, Gas zu geben und ihnen davonzufahren. Michael Garcia hatte ... einen Revolver Kaliber

.22, kurbelte das Fenster herunter, zielte und schoß auf Ms. Arquette.

GALLEGOS: Hat er den Wagen beschrieben, in dem sie saßen?

MARES: Er erwähnte, daß es ein Camaro war.

GALLEGOS: Hat er den Wagen beschrieben, auf den Michael geschossen hat?

MARES: Er sagte, es sei ein kleinerer Wagen gewesen, aber nicht sehr stark ... Ich versuche mich zu erinnern, ob er gesagt hat, daß er rot war, aber ich bin mir nicht sicher ... aber er hat gesagt, daß es ein kleiner Wagen war und daß er versucht hat, dem Camaro wegzufahren, aber der Camaro war stärker und überholte ihn.

GALLEGOS: Zur Zeit der Schüsse – hat er gesagt, ob die Fahrzeuge da standen oder ob sie in Bewegung waren?

MARES: Ich hatte den Eindruck, daß sie sich bewegten.

GALLEGOS: Irgendwelche Worte, die zwischen den Insassen der beiden Wagen gefallen wären?

MARES: Nicht daß ich mich erinnern könnte. Es war wohl eher so, als hätte sie sie irgendwie ignoriert, und plötzlich war die Pistole in Michaels Hand, und Marty hatte das Gefühl, er werde dieses Mädchen erschießen.

GALLEGOS: Hat er das Mädchen irgendwie beschrieben?

MARES: Er hat erwähnt, daß ... sie ein hübsches Mädchen war, oder so etwas ähnliches.

GALLEGOS: Hat er irgend etwas davon gesagt, daß Michael üblicherweise diese Waffe bei sich trug?

MARES: Nein. Ich erinnere mich noch, gefragt zu haben, ob sie irgendwelche Gewissensbisse gehabt hätten, und er sagte, daß Michael bei dieser Geschichte überhaupt keine Gewissensbisse zu haben schien. Und ich hatte den Eindruck, daß (Marty) tatsächlich einen gewissen Grad an Reue und vielleicht auch an Furcht empfand.

GALLEGOS: Hat (Marty) irgend etwas darüber gesagt, was nach den Schüssen passiert ist?

MARES: An einem Punkt seiner Geschichte, von den verschiedenen Varianten der Geschichte, die er mir erzählt hat, hat er so etwas gesagt wie, Ms. Arquette sei wohl von der Straße abgekommen, gegen den Bordstein geschlingert, dann auf den

Bürgersteig geschleudert und danach gegen einen Pfahl oder sonst irgendein Hindernis geprallt.

LOWE: Schien er eine enge Bindung an Michael Garcia und Juve Escobedo zu haben? Ich meine, hat er gesagt, daß er immer mit ihnen herumgehangen hat?

MARES: Ich nahm an, daß er so eine Bindung hatte, oder aber er fürchtete sich irgendwie vor ihnen, denn er sagte ganz entschieden, daß er sie nicht verpfeifen werde. Ich erinnere mich daran, daß ich ihn gefragt habe, warum er sich nicht an die Polizei wendete, und er sagte: »Ich bin keine Ratte, die einen anderen verpfeift.«

GALLEGOS: Hat Martinez während Ihrer Gespräche mit ihm irgendwann einmal erwähnt, daß Michael Garcia mit Waffen vertraut war?

MARES: Ja, das hat er. Ich erinnere mich daran, daß ich ihn gefragt habe: »Hatte Michael Probleme damit, aus einem fahrenden Wagen zu schießen?« Und er meinte, Michael sei ein Experte mit Schußwaffen, weil schon sein Vater welche gehabt habe und er schon mit Waffen umgegangen sei, als er noch ein kleiner Junge war, und daher sei es für ihn auch kein Problem gewesen, diese Schüsse abzugeben.

GALLEGOS: Hat Martinez zu irgendeinem Zeitpunkt so geklungen, als wollte er mit dieser Geschichte angeben?

MARES: Nein, niemals. Er klang so, als machte ihm seine Situation juristisch Sorgen. Ich hatte auch den Eindruck, daß er eine gewisse Reue empfand.

LOWE: Gibt es sonst noch irgend etwas, an das Sie sich aus Ihren Gesprächen erinnern können?

MARES: Woran ich mich im Zusammenhang mit ihm vor allem erinnere, ist der Eindruck, daß er ein wirklich guter Junge ist, sehr kooperativ, und ich habe das Gefühl, wenn sich die richtigen Leute um ihn kümmerten, würde er noch eine ganze Menge mehr an Informationen geben. Ich bin nämlich sicher, daß er deutlich mehr weiß als das, was er bis jetzt erzählt hat.

Eine Aussage von einem Nachbarn der Martinez bestätigte dieses Bild eines gutwilligen, aber schwachen Jungen, dessen Beziehung zu Garcia und Escobedo von Furcht geprägt war.

Diesem Zeugen nach trugen die beiden »immer eine Waffe ... beide benutzten sie auch ... (Marty) ist ein guter Junge. Das ist er wirklich. Er ist nicht schlecht. Er hat bloß Angst vor Juve, und er hat Angst vor Michael ... Er hat immer schon eine Heidenangst vor den beiden gehabt«.

Wie groß war diese Angst, fragte ich mich. Groß genug, um sich dazu nötigen zu lassen, mit ihnen zu fahren und dabei zur Unterstützung selbst eine Waffe zu tragen, die er nicht abfeuerte? Oder vielleicht feuerte er sie doch ab, zielte aber absichtlich daneben, was dann die verirrte Kugel in der Fahrertür von Kaits Wagen erklären würde.

Die Anrufe, die Don und ich von Miguels Schwester bekommen hatten, sprachen auch deutlich gegen Garcia. Ihre Ankündigung, daß sie und ihre Verwandten vorhätten, uns umzubringen, schien Beweis genug, daß die Familie Garcia fähig war zu morden, und ihre Behauptung, »das Mädchen war eine Schlampe und hat es verdient zu sterben«, deutete darauf hin, daß sie etwas über ein Motiv für den Mord an Kait wußte.

Und für jeden, der so etwas wie Vorahnungen akzeptierte, gab es noch einen zusätzlichen Hinweis darauf, daß Miguel Garcia der Killer gewesen war. Er tauchte in dem Protokoll eines Verhörs auf, das Detective A.V. Romero mit Robert Garcia gemacht hatte, dem »Zeugen, der nicht dabei war«.

Die Frage, die Romero ihm gestellt hatte, betraf Garcias Namen.

ROMERO: Weißt du, ob Mike Garcia sein vollständiger Name war?
ROBERT: Mike Garcia?
ROMERO: Ja.
ROBERT: Ich weiß nicht. Nun, sein Spitzname war »Vampir« oder so. Sie haben ihn immer »Vamp« genannt.

In *Don't Look Behind You* hatte ich meinen Killer »Mike Vamp« getauft.

:NTERVIEW: DETECTIVES S. GALLEGOS & A.V. ROMERO, ROBERT GARCIA
'AGE #13

:OMERO: Do you know if Mike Garcia was his last name, wasn't it?

ARCIA: Mike Garcia?

OMERO: Yeah.

ARCIA: I don't know. Well his nick name was vampires or something, they always called him vamp.

Mother turned in Dad's arms. "What sort of things?"

"Come sit down, honey," Dad said gently, drawing her ›wn beside him on one of the beds. "There's something ›portant we're going to have to discuss."

"Loftin's case is being appealed," Max told us. "That ›ans that in less than a week he'll be out on bail. It also ›ans that if the judge decides there was a mistrial, George ll have to testify all over again. He's still in serious dan- r, and so are the rest of you."

"But we can't keep living in hotels forever!" I exclaimed, ›rrified by the thought of returning to the Mayflower.

"Of course you can't," agreed Max. "That was an emer- ›ncy measure, and it served its purpose, but now you need ›re permanent protection. Have any of you heard of the ›deral Witness Security Program?"

The color left Mother's face. "Oh, Max, no way! You're t about to get us involved in *that*!"

"The program's run by the U.S. Marshals Service," Max ›tinued, ignoring her outburst as though he had not ›ard her. "It's supposed to be highly successful. Over four- n thousand people have been relocated and helped to ›rt their lives over in a safe environment."

'Helped to *start their lives over*!" Mother repeated incred- ›usly. "George and I are happy with the life we *have*! We e our home, we have friends and careers, our children happy in their schools—how can you suggest we begin over at this point?"

'What is this?" I asked in bewilderment. "What program you talking about?" I couldn't recall ever seeing Mother upset.

'The Witness Security Program is just what the name ›lies," Dad explained. "It's designed to provide protec- › for people whose lives are in danger because they've ›wn the whistle on federal criminals. The program relo- ›s those witnesses and their families. They're secretly

moved to a different part of the country and given new identities so nobody can trace them."

"I don't want to move!" cried Bram. "Then I can't play with Chris!"

"And what about Steve!" I exclaimed. "I won't leave Steve!"

"I know this is tough," said Dad. "I'd give the world if I hadn't gotten us into it, but the fact of it is, we *are* in it, and there's no pulling out. You know about the letters that I've been getting. After what happened today, we have to take them seriously."

"The person who wrote those letters could be bluffing," I said. There was no way I was going to agree to leave Norwood! "That man who tried to shove his way into our hotel room might only have been planning to put a scare into us. There's no way we can be sure he intended to hurt us."

"Mike Vamp doesn't play pattycake, April," said Max. "He's one of the most notorious hitmen in the country. It's not just because of his name that he's known as 'the Vampire.' He follows the scent of blood as though he's got a hunger for it."

I closed my ears to that statement. "I won't leave Steve!"

"I'm afraid you're not going to have much choice," said Max. "There's something I haven't told you. We *did* find Jim tonight."

"I don't understand," began Mother. "Then why did we have to—"

"The reason I was in such a rush to get you out of the Mayflower was because I knew it was due to be invaded by police." Max paused and then continued. "Jim was shot in the head. His body was crammed in a linen closet at the end of the hall. He was carrying a gun, but he never got to use it. Apparently he wasn't able to get it out of his holster."

For a moment we were all too stunned to react.

"His hands," I finally whispered. "He had arthritis in his fingers."

»Mike Vamp«, wie er in Don't Look Behind You *beschrieben wird.*

20

Ich war der sicheren Hoffnung, etwas von meinem alten Schulfreund Marcello Truzzi zu hören; dennoch war es eine Überraschung für mich, als ich Anfang Oktober einen Anruf von Dr. Roll, dem Direktor der Psychical Research Foundation, bekam.

»Ich fand den Brief über Ihre präkognitiven Erfahrungen höchst interessant«, sagte er mit einer sehr sanft klingenden Stimme und starkem skandinavischem Akzent zu mir. »Die Tragödie, die Sie durch den Verlust Ihrer Tochter durchgemacht haben, hat für Sie auf einer ganzen Anzahl von Ebenen Erweiterungen mit sich gebracht. Sie haben begonnen, das Potential des menschlichen Geistes wahrzunehmen und seine Fähigkeit, in die Zukunft zu schauen, zu erkennen und zu akzeptieren.«

»Das ist also etwas, das Sie akzeptieren können?«

»Natürlich«, sagte Dr. Roll leichthin. »Präkognition ist vielfach belegt, und kreative Menschen scheinen eher über diese Fähigkeit zu verfügen als andere. Es gibt etliche bemerkenswerte Beispiele in der Literatur, die auf Präkognition beruhen. Eines beispielsweise hatte mit dem Untergang der Titanic zu tun. Einige Jahre vor diesem Ereignis wurde eine Geschichte über ein Titanenschiff veröffentlicht, das gegen einen Eisberg fuhr. Die meisten Details, darunter die Tonnage, das Fehlen von Rettungsbooten, die Anzahl der Leute an Bord und die Anzahl der Opfer, entsprachen exakt dem späteren Unglück.«

»Ich war mir nie klar darüber, daß ich diese Fähigkeit besitze«, sagte ich.

»Die besitzen wir alle in gewissem Maße, besonders dann, wenn es um Gewalt gegen Menschen geht, denen wir sehr nahestehen«, erklärte mir Dr. Roll. »Es scheint so, als würden unsere Familie und nahe Freunde so fest mit uns verbunden, daß es scheint, wir wären Teile eines einzigen Organismus, und wir spüren den Schmerz, der andere Glieder dieses Körpers betreffen wird. Übersinnliche Wahrnehmungen im Zusammenhang mit denjenigen, die uns nahestehen, haben oft mit Verletzung oder Tod zu tun. Ihre Antenne war von dem Augenblick ihrer Geburt an auf Kait ausgerichtet, und diese Sensibilität verwob sich mit Ihrer Kreativität. Kreative Individuen scheinen über die Fähigkeit zu verfügen, dieselbe universelle Quelle anzuzapfen wie diejenigen Menschen, die übersinnliche Wahrnehmungen haben. Ein Kollege von mir hat eine Reihe von Experimenten zur übersinnlichen Wahrnehmung mit Musikstudenten aus Juilliard durchgeführt, und sie haben weitaus bessere Ergebnisse erzielt als die üblichen Versuchspersonen. Den Menschen, deren Geist diese Möglichkeiten verschlossen bleiben, kommt dies alles natürlich wie Blödsinn vor, so wie es zweifellos auch Ihnen ergangen ist, bevor Sie sich diesen Phänomenen geöffnet hatten.«

»Warum ist mir dies alles nun auf einmal bewußt geworden?« fragte ich.

»Sie sind hineingestoßen worden«, sagte Dr. Roll. »Es kommt in unserem Leben nicht häufig vor, daß jemand, dem wir nahestehen, einen gewaltsamen Tod erleidet, und wenn dies einer Mutter zustößt, ist es eine erschütternde Erfahrung. Eine Mutter hat eine multiple Identität, da ihr Ich ihre Kinder mit einschließt. Indem Sie Ihr Kind verloren haben, haben Sie in der Tat einen Teil Ihres Ichs verloren, und ein Schock dieses Ausmaßes kann starke Auswirkungen auf die Psyche haben.«

»Glauben Sie an ein Leben nach dem Tod?« fragte ich.

»Als eine Möglichkeit?«

»Als eine Tatsache.«

»Das Bild eines Geistes, der für eine gewisse Zeit mit einem Körper verbunden ist, war immer die Leithypothese für alle Forschungen auf diesem Gebiet«, sagte Dr. Roll. »Da er aus einer gänzlich anderen Substanz besteht als der Körper, wäre der

Geist demnach nicht von den mechanischen Gesetzen abhängig, die diesen Körper bestimmen. Wenn also die Maschine des Körpers nicht mehr funktioniert, müßte der Geist weiterhin fortbestehen. Nach meiner eigenen Überzeugung existiert das Psychische losgelöst vom Physischen, und in dieser Hinsicht transzendiert die Seele den Tod.«

»Ich verstehe nicht ...«

»Um es einfach auszudrücken: Es gibt verschiedene Ebenen der Seele. Zunächst ist da die kleine Seele, eine ›Alltagsseele‹, wenn Sie so wollen. Dies ist die Seele, die sich in Streßzeiten vom Körper löst. Haben Sie jemals ein solches Erlebnis gehabt?«

»Nein, aber ich habe darüber in *Stranger with My Face* (Der Fremde mit meinem Gesicht) geschrieben.«

»Derartige Erlebnisse sind gar nicht so ungewöhnlich. Ich selbst habe eine ganze Anzahl davon gehabt; tatsächlich war dies der Anlaß für mich, diese Art von Forschungsarbeit zu beginnen. Am häufigsten sind sie zu Zeiten physischer oder psychologischer Erschöpfung, wenn das Bild des Körpers sich für Momente vom Körper selbst löst. So kann zum Beispiel bei einer Beinahe-Tod-Erfahrung eine Frau aus ihrem Körper projiziert werden, der auf dem Operationstisch liegt. Sie bewegt sich zur Decke hinauf und dann den Flur entlang bis in den Wartebereich, wo sie ihre Familie sieht und bemerkt, daß ihre Tochter nicht zusammenpassende Kleidung trägt, weil das Mädchen in der Eile nach irgend etwas gegriffen hat, das gerade als erstes auf dem Wäschestapel lag. Das wird die Mutter bestürzt registrieren, die mit ihrer *kleinen* Seele auf dieselbe Weise reagiert, wie sie das im täglichen Leben getan hätte. Warum ist ihre Tochter nicht vernünftig angezogen? Sie wird versuchen, mit ihrer Tochter in Verbindung zu treten – warum bist du so angezogen? Sie wird auf ihren Mann böse werden, weil er nicht auf diese Dinge geachtet hat. Sie bewegen immer noch die kleinen Sorgen des Alltags.

Am anderen Ende der Skala befindet sich die Seele auf ihrer am weitesten entwickelten Ebene. Das ist dann der Fall, wenn sich das Ego mit etwas vermischt, das als ein universales Wesen aus Licht und Liebe erfahren wird. Das geschieht aber nicht beim Menschen während seiner Beinahe-Tod-Erfahrungen.

Diejenigen, die bis zu dieser Ebene gelangen, kehren nicht zu den irdischen Gegebenheiten zurück.«

»Aber was ist mit Kait? Haben Sie den Eindruck, daß sie wirklich mit uns in Verbindung steht?«

»Das ist sehr interessant, solche Details wie die R-&-J-Geschichte und dergleichen. Die Art, wie solche Kommunikation stattfindet, ist der Weg über die ›Familienseele‹ oder ›Stammesseele‹. Die Menschen hatten durch die Jahrhunderte die unterschiedlichsten Namen dafür. Die Irokesen bezeichneten sie als den ›Langen Körper‹, während die Christen sie den ›Leib Christi‹ nennen. Auf dieser Ebene besitzt die Seele die Fähigkeit, sich mit Menschen, Orten und konkreten Gegenständen zu identifizieren, denen sie sich nahe weiß. Es gibt einige Hinweise darauf im Neuen Testament.«

Ein Abschnitt kam mir sofort in den Sinn.

»›Das, was du dem geringsten meiner Brüder tust, hast du mir getan‹?«

»Es gibt noch einen deutlicheren Verweis, in den Korintherbriefen: ›Wie nämlich der Leib nur einer ist, jedoch viele Glieder hat, alle Glieder des Leibes aber trotz ihrer Vielheit einen einzigen Leib bilden, so ist es auch mit Christus ... Und wenn ein Glied leidet, leiden alle mit; wenn ein Glied ausgezeichnet wird, freuen sich alle Glieder mit.‹«

»Ist Kait in ihrer augenblicklichen Situation noch ein Individuum? Ist sie noch nicht Teil dieses universellen Lichtes geworden?«

»In dem Raum, in dem sie nun wohnt, scheint Kait immer noch Kait zu sein, so wie sie es in ihrer Beziehung zu Ihnen war. Ich kann das am besten erklären, wenn ich es mit meinem Körper vergleiche. Meine Nieren unterscheiden sich deutlich von meinen Lungen, mein Herz von meiner Leber, meine rechte Hand von meiner linken Hand, und daher hat jedes Teil eine eigene Identität; zur gleichen Zeit sind sie aber auch Teil meines Körpers. Ihre Seele und diejenige von Kait, und vermutlich auch die Seelen einiger anderer Mitglieder Ihrer Familie, sind Teil eines ›Stammesleibes‹. Kait hält diese Beziehung immer noch aufrecht, und das ist die Art, wie sie Sie erreichen kann. Sie haben Kait verinnerlicht, sie ist in Ihnen fortdauernd präsent.

Sie kann die Energie ihrer Intelligenz übermitteln, weil sie immer noch ein Teil von Ihnen ist.«

»Sie haben auch ›Orte und konkrete Gegenstände‹ erwähnt ...«

»Der ›Lange Körper‹ wird durch Merkmale charakterisiert, die mental und materiell zugleich sind. Jede körperliche Existenz findet an einem *Ort* statt, und die Orte, die von der Seele auf physische Weise erfahren werden, können auch einen Teil des ›Langen Körpers‹ darstellen. Wenn Sie sich einmal Berichte über Erscheinungen oder ›Geister‹ anschauen, werden Sie feststellen, daß diese fast immer an Stellen auftauchen, wo die verstorbene Person in ihrem Leben gewesen ist. Solche Erscheinungen werden in aller Regel gleich nach dem Tod wahrgenommen und verlieren sich dann rasch während der folgenden Tage und Wochen, wenngleich Bilder von Menschen, die eines plötzlichen oder gewaltsamen Todes gestorben sind, auch länger fortbestehen können. Diese Neigung der Toten, sich in ihrer physischen oder sozialen Umgebung zu zeigen, hat zu der Legende von Spukerscheinungen geführt.«

»Und was ist mit Gegenständen?«

»Hierbei gilt das gleiche Prinzip. Dadurch wird die Psychometrie ermöglicht.«

»Ich bin mit diesem Begriff nicht vertraut«, sagte ich.

»Psychometrie ist das Mittel, welches einem Menschen mit psychischen Fähigkeiten erlaubt, mit anderen durch den Kontakt mit Gegenständen in Verbindung zu treten, die diese anderen berührt haben. Die meisten Medien arbeiten auf diese Weise. Der Grundgedanke dabei ist, daß die Erinnerungen eines Menschen nach dessen Tod in den Gegenständen weiterzuleben vermögen, mit denen dieser Mensch zu Lebzeiten zu tun hatte.«

»Das hat ein Medium hier in Albuquerque getan«, sagte ich. »Als sie Kaits Lippenstift in der Hand hielt, sa gte sie mir, daß Kait geweint hatte, und als sie Kaits Uhr hielt, sagte sie, daß Kait an dem Abend, als sie erschossen wurde, immer wieder nachgesehen hat, wie spät es war. Das Mädchen, das mit ihr an diesem Abend zusammen war, hat beide Dinge bestätigt.«

»Das klingt nach einem fähigen Medium, aber es gibt etliche, die Scharlatane sind. Wenn Sie anfangen, sich an solche Medien zu wenden, müssen Sie vorsichtig sein.«

»Kennen Sie jemanden namens Marcello Truzzi?« fragte ich ihn.

»Ja, er ist ziemlich bekannt.«

»Was halten Sie von ihm?«

»Der Mann hat eine Rolle zu spielen, und das erledigt er hervorragend. Es gibt eine Gruppe von Leuten, die in höchstem Maße skeptisch gegenüber allem sind, was in diese Richtung geht, und die versuchen, jede Art von Parapsychologie zu beseitigen. Sie sind von fast religiösem Fanatismus, wenn es darum geht, dieses Forschungsgebiet zu zerstören. Truzzi ist ein aufgeschlossener Mann, der als Vermittler zwischen solchen Leuten und denjenigen arbeitet, die auf diesem Gebiet forschen.«

»Das ist ja eine ziemliche Menge, was ich da zu verdauen habe«, sagte ich.

»Das ist es in der Tat. Aber ich möchte alles tun, was in meiner Macht steht, um Sie in Ihren Bemühungen zu unterstützen, auf diesem Gebiet weiter zu lernen und zu wachsen.«

»Auf dem Gebiet des Paranormalen?«

»Das ist *nicht* ›paranormal‹«, sagte Dr. Roll heftig. »Unsere psychischen Beziehungen sind völlig normal und natürlich. Das einzige, was sie übernormal macht, ist die Tatsache, daß sie nicht mit der volkstümlichen Vorstellung von Realität übereinstimmen. Aber wenn Sie die Vorstellung akzeptieren, daß Ihr Geist mit anderen verbunden ist – daß wir alle auf diese Erde gekommen sind, um miteinander in Verbindung zu treten –, dann erscheinen ›psychische Phänomene‹ nicht länger als etwas Unnormales. Wir sehen diese Dinge dann nämlich nicht mehr als etwas Gespenstisches, Übernatürliches, sondern einfach als Manifestationen unseres Seins.«

Bevor er das Gespräch beendete, bat Dr. Roll mich noch, einen Aufsatz über meine präkognitiven Erfahrungen für *Theta* zu schreiben, die Zeitschrift der Psychical Research Foundation.

Ein paar Tage später bekam ich einen Anruf von Marcello Truzzi. Erfreut stellte ich fest, daß er sich aus unserer High-School-Zeit noch an mich erinnerte, und er war bereit, mir die Namen einiger spiritistischer Detektive zu nennen.

»Noreen Renier aus Maitland in Florida hat ein paar bemerkenswerte Treffer gehabt«, sagte Marcello. »Sie wird in ein paar kriminologischen Lehrbüchern erwähnt, und sie hält Vorträge für etliche Behörden, die mit Verbrechensbekämpfung befaßt sind. Tatsächlich hat sie während eines solchen Vortrags an der FBI-Akademie die Schüsse auf Präsident Reagan vorhergesagt – zwei Monate, bevor sie dann wirklich fielen.

Nancy Czetli aus Greensburg in Pennsylvania hat ebenfalls beeindruckende Ergebnisse erzielt. Sie bekommt einen Großteil ihrer Informationen über Telepathie, indem sie sich Fotografien von Tatorten anschaut.

Dann gibt es noch Greta Alexander in Delavan, Illinois. Auch sie hat ein paar verblüffende Erfolge gehabt. Einer ihrer Volltreffer war der Fund einer Leiche an einem Ort, den die Polizei schon abgesucht hatte – sie ließ sie dort noch einmal nachsuchen –, und sie machte zweiundzwanzig genaue Vorhersagen über die Situation, darunter auch die Tatsache, daß derjenige, der den Leichnam finden würde, eine mißgebildete Hand haben würde. Diese Frau ist auch noch in manch anderer Weise bemerkenswert. Sie betreibt zum Beispiel eine Art Heim für kranke Kinder, und der größte Teil ihrer Honorare wird von ihr dafür verwendet.«

»Hast du selber jemals irgendwelche übersinnlichen Erfahrungen gemacht?« fragte ich.

»Nichts in irgendeiner Weise Stichhaltiges«, sagte Marcello. »Sicher, ich habe schon eine ganze Menge von Erlebnissen gehabt, die man in dieser Richtung interpretieren könnte, so wie jeder andere auch, aber ich bin im Grunde ein Skeptiker.«

»Was hat dich dann auf dieses Arbeitsgebiet gebracht?«

»Mich macht alles neugierig, was seltsam und ungewöhnlich ist«, sagte Marcello. »Das war schon immer so, vielleicht erinnerst du dich, sogar als Teenager. Die Menschen berichten über alle möglichen phantastischen Dinge, und mich interessiert das. Ich denke immer wieder, hinter soviel Rauch muß es irgendein Feuer geben. Ganz gewiß gibt es Dinge, die ich untersucht und nicht verstanden habe, und die Qualität mancher Beweise, die von spiritistischen Medien stammten, hat mich sehr beeindruckt. Wenn jemand etwas aus der Entfernung beschreibt, und du blickst dabei auf das Foto, und es sieht genauso aus wie das, was man dir gerade beschreibt, ist das schon sehr eindrucksvoll. Zugleich bin ich aber auch vernünftig genug, um zu wissen, daß so etwas Zufall sein könnte.«

Ich schrieb Briefe an Noreen Renier, Greta Alexander und Nancy Czetli, in denen ich ihnen mitteilte, daß ich für Woman's Day arbeitete, und sie um Angaben zu ihrem Lebenslauf und zu Fällen bat, an denen sie gearbeitet hatten. Jeden dieser Briefe beendete ich mit dem Hinweis, daß ich persönlich an diesem Thema interessiert sei, weil man meine jüngste Tochter ermordet hatte.

Als erste reagierte Noreen Renier auf meinen Brief; sie schien mehr an unserer persönlichen Tragödie interessiert zu sein als daran, in einer Zeitschrift vorgestellt zu werden.

»Meine Spezialität ist die Arbeit an Mordfällen«, erzählte sie mir. »Ich habe schon überall in den Vereinigten Staaten und bis hin nach Japan mit der Polizei zusammengearbeitet. Wenn man mir einen Gegenstand sendet, den das Opfer am Körper getragen hat, kann ich normalerweise das Opfer und den Tatort beschreiben. Wenn diese Angaben dann bestätigt werden, stelle ich mich auf den Mörder ein. Ich versetze mich in eine Trance und beschreibe den Mörder einem Polizeizeichner, der dann ein Phantombild des Gesichts anfertigt. Manche Gesichter gelingen besser als andere, aber üblicherweise kommen sie der Sache ziemlich nahe. Bisher ist noch niemand hinterher zu mir gekommen und hat gesagt: ›Wir haben einen Farbigen verhaftet, und Sie haben uns einen Weißen beschrieben‹, oder irgendwas in der Art.«

»Das ist unglaublich!« rief ich aus.

»Es ist meine Gabe«, sagte sie. »Da ist kein Hokuspokus bei, ich bin auf dem Umweg über die Wissenschaft darauf gestoßen. Haben Sie noch irgend etwas von dem, was Ihre Tochter am Leibe trug?«

»Ihre Ohrringe und eine Uhr.«

»Wenn Sie mir die schicken mögen, will ich sehen, was ich herausfinden kann. Der Polizei stelle ich meine Arbeit in Rechnung, aber für Sie werde ich es umsonst machen. Der Zeichner, der das Phantombild anfertigt, wird allerdings seine Bezahlung haben wollen.«

»Hat der Zeichner auch spiritistische Fähigkeiten?«

»Nein, er tut bloß das, was ich ihm sage. Er ist ein Polizist. Er ist daran gewöhnt, daß ihm die Opfer sagen: ›Dies ist derjenige, der mich vergewaltigt hat – dies ist derjenige, der mich ausgeraubt hat‹, und daß er dann nach ihrer Beschreibung seine Zeichnung macht. Wollen Sie es einmal auf diese Weise versuchen?«

»Ja«, sagte ich auf der Stelle.

»Okay. Eine Garantie gibt es nicht, aber wir wollen den Versuch machen.«

»Wie lange bleibt die Energie eines Menschen in solch einem Gegenstand zurück? Kait ist inzwischen schon über ein Jahr tot.«

»Letzte Woche habe ich an zwei Kriminalfällen gearbeitet – einer war vier Jahre alt, der andere fünf Jahre –, mit guten Ergebnissen«, sagte Noreen. »Ich weiß nicht, wie es funktioniert, also bitten Sie mich nicht darum, es zu erklären. Schicken Sie mir einfach die Sachen, die sie am Körper getragen hat. Es funktioniert am besten, wenn sie aus Metall sind.«

»Ich habe die Uhr schon selbst getragen.«

»Dann werde ich mich genauso auf Sie einstellen wie auf Ihre Tochter. Sie haben gesagt, es gebe auch noch Ohrringe?«

»Sie sind nicht aus Metall.«

»Aus Plastik? Mit Plastik habe ich keine guten Ergebnisse erzielt.«

»Sie sind aus Muschelschalen gemacht, aber sie haben eine Fassung aus Gold.«

»Senden Sie mir die Muschelanhänger und die Uhr – senden Sie mir so viele Sachen wie möglich, und ich werde einfach alles anfassen und schauen, was ich herausfinden kann. Bitte, legen Sie aber keine Informationen über den Mord bei. Ich möchte nichts über das Mädchen oder den Fall erfahren. Wenn ich fertig bin, werde ich Ihnen das Tonband und die Zeichnung zusenden.«

»Das Tonband?«

»Ich nehme alles auf Tonband auf. Ich arbeite mit einer Hilfskraft, die mich befragt, während ich in Trance bin, und Sie werden diese Fragen ebenso hören wie meine Antworten. Wir könnten tatsächlich, wenn Sie wollen, eine Telefonkonferenz abhalten; Sie können gleich mit in der Leitung sein, während wir es versuchen. Das mache ich normalerweise nicht mit den Familienangehörigen von Opfern, aber Sie scheinen alles so weit verarbeitet zu haben, daß Sie in der Lage sein müßten, damit fertig zu werden.«

Sobald ich den Hörer aufgelegt hatte, packte ich Kaits Portemonnaie, Brieftasche, Ohrringe, Lippenstift und Sonnenbrille zusammen, um sie an Noreen zu schicken. Es war frustrierend, daß so wenige dieser Gegenstände aus Metall waren. Dann fiel mir das Kreuz wieder ein, das Kait getragen hatte. Ich wußte, daß es ihr viel bedeutet hatte, weil es von ihrem Großvater stammte; deshalb hatte ich es Heidi gegeben, ihrer Lieblingscousine.

Heidi war fort, im College, und ich wußte nicht, wie ich sie erreichen sollte, aber ich rief meinen Bruder an und bat ihn, sich mit ihr in Verbindung zu setzen und sie zu bitten, die Kette direkt an Noreen zu senden.

Ich hatte das sichere Gefühl, daß Kaits Energie, wenn sie überhaupt noch irgendwo war, dann in diesem Kreuz sein würde.

21

Halloween war immer einer von Kaits Lieblingsfeiertagen gewesen, weil sie ganz versessen darauf war, sich zu verkleiden, und als sie selbst schon lange zu alt für den Halloween-Unfug war, begleitete sie wenigstens die Kinder aus der Nachbarschaft bei deren Umtrieben. Dieses Jahr nahm ich eine der typischen Kürbiskopf-Laternen mit auf den Friedhof, und ich empfand deutlich, daß ihr das gefiel. Andere Gräber protzten mit üppigen Herbstblumensträußen, aber nur Kait hatte einen Kürbis.

Ich blieb eine Weile und genoß die Sonnenwärme des Indian Summer, die zwischen den Ästen der Bäume hindurchschlüpfte und Muster aus Licht und Schatten auf das Gras malte. Dann fuhr ich zu unserer Wohnung zurück, um den Rest des Tages in der improvisierten Dunkelkammer zu verbringen, die Don für mich im Hausarbeitszimmer eingerichtet hatte. Die wieder aufgefrischte Freundschaft mit Marcello hatte bei mir alte Erinnerungen an seinen Vater wachgerufen, der mit Bällen und Tellern jonglierte, während mein Vater diese Vorführung fotografierte, und ich hatte bei meinem Verlag angefragt, ob es nicht möglich wäre, ein Kinderbuch über den Ringling Brothers-Zirkus zu machen. Sie hatten die Idee begeistert aufgegriffen, und nun arbeitete ich daran, Abzüge von den fünfzig Jahre alten Schwarzweißnegativen meines Vaters zu machen, von tanzenden Elefanten, grimassenschneidenden Gorillas und solch legendären Gestalten wie dem »Großen Karl Wallenda«, der seiner fünf Jahre alten Tochter beibringt, in einem Hinterhof auf dem Seil zu tanzen.

Es war eine zeitraubende Prozedur, Abzüge von Hunderten von Negativen zu machen. Fünf Tage später war ich noch immer bei dieser Arbeit und machte gerade einen Schnappschuß des berühmten Clowns Emmett Kelly fertig, der ein Schaumbad nahm, als das Telefon klingelte.

Ich legte den Abzug in das Fixierbad und lief zum Apparat. Der Anruf kam von Gwen Spoon, der Assistentin von Noreen Renier.

»Noreen ist soweit«, sagte sie. »Der Polizeizeichner ist auf dem Weg zu ihr, und sie werden ein Phantombild von dem Mörder Ihrer Tochter anfertigen. Wenn Sie zuhören wollen, können Sie sich mit einer Konferenzschaltung bei uns einklinken.«

»Sind Sie denn nicht bei ihr?« fragte ich überrascht. »Nein, ich rufe von der Arbeit aus an. Ich werde meine Mittagspause dafür benutzen. Möchten Sie zuhören?«

»Auf jeden Fall!«

»Dann rufen Sie einfach dort an, und wenn wir alle miteinander verbunden sind, wird Noreen versuchen, sich auf Kaits Persönlichkeit einzustimmen. Sie wird sicherlich bei Ihnen zurückfragen, um zu sehen, ob sie auch auf der richtigen Wellenlänge ist.«

Ich ließ von der Vermittlung eine Verbindung mit Noreen herstellen, und nach ein paar Minuten waren wir alle drei zugleich in der Leitung.

»Hat meine Nichte Ihnen Kaits Kreuz geschickt?« fragte ich Noreen.

»Ja, und sie hat einen Brief dazugelegt, in dem sie schreibt, daß sie es noch nicht getragen hat«, sagte sie. »Das ist gut, denn es bedeutet, daß die Energie Ihrer Tochter noch nicht von der ihrer Cousine überlagert worden ist. Ich will versuchen, ob ich sie emotional und mental beschreiben kann. Gwen, würdest du bitte ihren Namen sagen?«

»Ihr Name ist Kait.«

»Ich möchte Kait sein«, sagte Noreen. »Kait – ich möchte Kait sein. ... War Kait gerade dabei umzuziehen, oder hatte sie es vor, oder war sie vielleicht kurz vorher umgezogen? Ich sehe so etwas in ihrem Umfeld, ungefähr zu der Zeit, als es geschehen ist.«

»Das stimmt«, sagte ich. »Sie hatte gerade vorher ihre eigene Wohnung bekommen.«

»Kait ... Ich möchte Kait sein. Ich spüre etwas Schulisches um mich herum. Nicht viel, nur ein wenig. Ich weiß nicht, ob sie nicht so oft hinging oder was, aber es ist nur eine Andeutung von Schule.«

»Sie hat zwei Sommerkurse an der Universität besucht.«

»Ich möchte Kait sein ... Ich möchte Kait sein. Ich möchte in ihre Gefühle eindringen. Ich möchte in ihren Geist eindringen. Ich möchte Kait werden ... Alles geht gut aus für Kait. Alles klang gut. Sie wollte alles ein paarmal ausprobieren. Sie interessierte sich für viele, viele Gebiete, und Dinge langweilten sie schnell. Kait, laß mich dich sehen ... Sie war nicht immer sehr überlegt. Sie konnte zu spät zu einer Verabredung kommen, weil sie so vieles gleichzeitig tun wollte, aber die Menschen mochten sie. Ihre Altersgenossen mochten sie; sie war beliebt, und sie liebte die Menschen.

Kait – ich möchte mich in deinen Körper einfühlen ... Ich spüre, daß sie immer ziemlich schlimme Krämpfe hatte. Ich spüre Probleme mit dem Bauch, starke Bauchschmerzen. Ich bin Kait, und mein Bauch scheint recht häufig zu schmerzen. Lois, können Sie das bestätigen?«

»Ihr Verdauungssystem war stark angegriffen; weil sie als Baby an Coeliakie litt«, sagte ich. »Sie hat zeitlebens immer wieder starke Bauchschmerzen ertragen müssen.«

»In welcher Nacht wurde sie umgebracht?«

»Es war die Nacht des 16. Juli 1989, ein Sonntag.«

»16. Juli 1989. Ich sehe mich in einem Wagen – ich spüre, daß ich fahre, also muß es mein eigener Wagen sein. Ich möchte sehen, was mir in dieser Nacht zustößt. ... Da waren Leute um mich herum. Ich war nicht allein, bevor es geschah. ... Ich spüre, daß da ein Messer war. Ich wurde mit einem Messer bedroht.«

»Das ist aber nicht das, was geschehen ist«, sagte ich verblüfft.

»Dann stimmt es auch nicht. Das ist in Ordnung, es stimmt nicht immer; manchmal gerate ich auf eine falsche Fährte. Und dennoch spüre ich ganz deutlich ein Messer. Warum spüre ich dieses Messer?«

»Sie wurde nicht mit einem Messer umgebracht«, sagte ich. »Sie wurde erschossen.«

»Und trotzdem sehe ich bloß ein *Messer*! Ich sehe immer weiter ein *Messer*! Ich habe Angst vor dem Messer!«

»Vielleicht war das bei einer anderen Gelegenheit, von der wir nichts wissen«, schlug Gwen vor.

»Sie wurde in den Kopf geschossen, während sie ihren Wagen steuerte«, sagte ich.

»Oh, dann fuhr sie also tatsächlich? Gut! Da war ich mir so sicher. Aber die Schußwaffe ist für mich nicht so deutlich. Ich glaube nicht, daß sie die gut hat sehen können. Wir müßten die Patrone oder das Geschoß haben. Dann könnte ich mich darauf konzentrieren, wer die Patrone in die Waffe geschoben hat. Würde die Polizei Ihnen so etwas überlassen?«

»Auf gar keinen Fall«, sagte ich.

»Zu schade. Das wäre so hilfreich. Kait ... Was hast du gemacht? Ich möchte Kait sein – bevor man mich umbringt – ich möchte leben. ... Kait – geh zurück zu dieser Nacht ...

Ich spüre, daß es um mich herum hügelig ist, starke Steigungen. Ich sehe auch die Lichter einer Stadt, aber ich habe nicht das Gefühl, direkt in dieser Stadt zu sein, während ich fahre. Ich spüre, wie ich hineinfahre – trifft das zu, Lois?«

»Albuquerque ist von Bergen umgeben, aber sie war auf keinem Hügel, als sie erschossen wurde. Sie fuhr durch eine Gegend unten in der Stadt.«

»Das ist aber nicht das, was ich sehe. Ich habe dieses Gefühl, als führe ich gerade in die Stadt hinein. Die Stadt liegt unter mir ... Ich sehe die Lichter.« Sie machte eine Pause. »Lois, es tut mir leid, aber ich fürchte, ich kann nicht weitermachen, während Sie mit in der Leitung sind. Ich weiß, daß Sie schon vorgeprägte Vorstellungen haben, und ob richtig oder falsch, es scheint jedenfalls, als widersetzte ich mich dem, was Sie denken, und es würde auch keinem von uns nützen, wenn ich Ihre Vorstellungen als Echo an Sie zurückgebe.«

»Wollen Sie damit sagen, daß ich Ihnen Visionen aus meinem Geist übermitteln kann?«

»Das können Sie ganz einfach, und ich scheine mich dagegen zur Wehr zu setzen. Ich will nicht das sehen, was Sie sehen oder was ich Ihrer Meinung nach sehen sollte; ich muß sicher sein können, daß es wirklich das ist, was ich ganz allein sehe. Wir sollten also besser die Verbindung unterbrechen, und ich werde mit dem Zeichner weiterarbeiten und versuchen, ob wir ein Gesicht zusammenbekommen. Dann rufe ich Sie zurück und erzähle Ihnen, was passiert ist.«

Die nächsten zwei Stunden hindurch saß ich in einem Sessel neben dem Telefon und versuchte, mit Kait in Verbindung zu treten.

»Bitte nutze doch diese Möglichkeit, und sende uns eine Botschaft«, sagte ich im stillen zu ihr. *»Sende uns mehr als ein Bild von Miguel Garcia. Wir werden vermutlich nie wieder die Chance haben, dies zu tun, also bitte, wenn es irgend möglich ist, versuche uns mitzuteilen, warum sie dich ermordet haben.«*

Endlich rief Noreen zurück.

»Wir sind fertig«, sagte sie. »Der Zeichner ist gerade gegangen, und wir haben zwei Bilder. Der eine ist der Mann, der für mein Gefühl tatsächlich geschossen hat, und der andere derjenige, der für den Mord verantwortlich ist.«

»Welcher Rasse gehören sie an?«

»Nun, sie sehen beide mehr oder weniger weiß aus, aber ich bin mir nicht sicher, was die Nationalität angeht. Es mag durchaus etwas Italienisches oder Mexikanisches oder so mit darinnen sein.«

»Könnte der Mann, der für den Mord verantwortlich ist, auch ein Asiate sein?«

»Das kann ich wirklich nicht sagen, weil dieses Bild nicht so detailliert ist wie das andere. Er hat ein kantiges Gesicht und sehr glattes, schwarzes Haar mit hohen Ecken. Die Bilder werden nicht hundertprozentig akkurat sein, weil dieser Zeichner dazu neigt, die Leute zu schön darzustellen, aber sie kommen dem, was ich gesehen habe, ziemlich nahe. Ich werde Ihnen die Zeichnungen und ein Tonband von den Passagen schicken, bei denen Sie nicht mehr dabei waren. Sehen Sie sich die Bilder an und hören Sie das Band ab. Dann sehen Sie ja, ob es weitere Fragen gibt, auf die Sie eine Antwort haben möchten, und wir können eine zweite Sitzung verabreden, um die Lücken zu schließen.«

Drei Tage später kamen die Zeichnungen von Kaits Mördern.

Die erste zeigte ein Gesicht, das mir irgendwie bekannt vorkam, so als hätte ich es schon einmal in einer Zeitung gesehen, aber erst die zweite Zeichnung haute mich wirklich um.

Der Killer war »Mike Vamp«. Der gedungene Mörder aus *Don't Look Behind You* sah auf der Skizze des Polizeizeichners exakt so aus, wie er auf dem Umschlagbild der britischen Ausgabe dieses Buchs auftaucht. Dieses Bild fand sich nicht auf dem Cover der amerikanischen Ausgabe, so daß die Leser in den Vereinigten Staaten es nicht kannten, aber die englische Ausgabe zeigt meine Heldin, wie sie telefoniert, während das Gesicht des Killers durch ein Fenster hinter ihrem Rücken hereinstarrt.

Irgendwie brachte ich es fertig, vom Postamt nach Hause zu fahren, und ich schaffte es sogar, den Schlüssel in die Tür zu bekommen. Dann lief ich sofort zu dem Regal, in dem die ausländischen Ausgaben meiner Romane standen. Als ich die Zeichnung neben den Umschlag von *Don't Look Behind You* hielt, war die Ähnlichkeit sogar noch verblüffender, als ich gedacht hatte. Jedes Detail von Mike Vamps Gesicht war auch auf der Zeichnung zu finden – die eingefallenen Wangen, die tiefliegenden schwarzen Augen, die knollige Nase, die langen, spitzen Ohren, und sogar eine Narbe, die quer zwischen den Augenbrauen verlief. Es war genauso, als hätte Noreens Zeichner einfach den Buchumschlag kopiert.

Noreen hatte zusammen mit den Phantombildern auch die Tonbandkassette geschickt; ich legte sie in unser Gerät ein und saß zusammengekauert auf dem Sofa, und während ich der Fortsetzung des Gespräches lauschte, zitterte ich so, als wäre mir furchtbar kalt.

Gwen Spoons Gesprächsanteil war nicht auf dem Band, aber aus Noreens Antworten konnte ich mir die Art der Fragen erschließen.

»Mit der Mutter in der Leitung hat es einfach nicht funktioniert«, sagte Noreen. »Sie war zu emotional. Also, wollen wir versuchen, ob ich mich wieder zurück in Kait versetzen kann.

Was kann ich über den Killer herausfinden? Warum hat er

dieses Mädchen ermordet? Was war das Motiv? ... Oh, mein Gott, es war ein abgekartetes Spiel! Er hat sie umgebracht, weil sie zuviel wußte ... Ich glaube, sie wußte nur ›zufällig‹ zuviel. Sie ist bis zum Hals in eine Sache geraten, ehe sie auch nur ahnte, daß sie so tief drinsteckte. Ich glaube, sie haben überschätzt, was sie wußte. In der Nacht, als sie umgebracht wurde, war sie irgendwo, als dort gerade etwas passierte, und sie sah zuviel, und sie sah zu viele Leute.

In diese Sache, über die sie etwas herausgefunden hatte, waren mehrere Leute verwickelt. Einer war ein Mann, der Stoff besaß. Ich weiß nicht, ob er einer von den Männern auf den Zeichnungen ist, aber er war jedenfalls dort. Hat er in einem Club gearbeitet, oder gehörte ihm vielleicht sogar ein Anteil davon? Vielleicht eine Art Discothek oder Nachtclub? Dieser Eindruck ist sehr stark, ein Nachtclub oder eine Disco ... Hat Kait irgendwie für ihn gearbeitet, oder hat sie zumindest dort gearbeitet? Das spüre ich, *arbeiten* – daß sie irgendwie für ihn gearbeitet hat; aber in welcher Weise sie für ihn gearbeitet hat, das kann ich im Moment nicht sagen.

So, nun wollen wir einmal versuchen, ob ich herausbekommen kann, wo das alles stattgefunden hat. Da ist dieser Mann, der sich denkt, ›Bloß weil ich hier bin, um diese Organisation aufzubauen, brauche ich nicht unbedingt ein Haus zu kaufen, ich kann es auch mieten‹. Ich würde es fast als eine Art Villa bezeichnen, weil es Stuckverzierungen gibt, ein niedriges Dach, spanischer oder mexikanischer Stil. Ziemlich dicht dahinter hebt sich scharf ein Gebirgszug ab.

Ich denke, Kait fuhr von dort fort; sie war auf dem Weg zurück in die Stadt. Ich weiß nicht, ob sie hinter ihr herfuhren oder nicht, aber als ich mich das erste Mal in sie hineinversetzte, lag die Stadt vor mir, und ich kam von den Bergen herunter in ein Tal, in dem ich die Lichter der Stadt sehen konnte. Dieser Mann wohnte in den Außenbezirken der Stadt, und ganz eindeutig in östlicher Richtung, vielleicht ein wenig in Richtung Nordosten. Wenn wir die Stelle, wo Kait gefunden wurde, zum Mittelpunkt machten, um den herum wir den Kreis einer Uhr ziehen würden, dann würde ich seine Villa ungefähr bei zwei Uhr oder halb drei suchen. Sie lag vielleicht zwölf Meilen oder ein bißchen weiter als zwölf Meilen entfernt. Auf jeden Fall ist eine Zwölf dabei.«

Das Band war zu Ende, und ich lief zum Telefon und rief Noreen an.

»Bei einem der Bilder ist etwas Verrücktes passiert«, berichtete ich ihr. »Ihr Zeichner hat eine Figur aus einem meiner Bücher porträtiert.«

»Bei welchem Bild?«

»Der Mann mit dem dichten, lockigen Haar. Der Todesschütze.«

»Er stammt aus einem *Buch*?«

»Ich habe ein Buch mit dem Titel *Don't Look Behind You* geschrieben, dessen Hauptheldin nach dem Modell von Kait geformt ist. In dieser Geschichte wurde meine Heldin von einem Killer in einem Camaro verfolgt. Das Buch ist im Juni 1989 erschienen. Im Juli 1989 wurde Kait von einem Killer in einem Camaro verfolgt und erschossen. Ihr Zeichner hat meinen Killer porträtiert.«

»Das ist unmöglich!« sagte Noreen. »*Ich* habe dem Zeichner doch gesagt, was er zeichnen sollte.«

»Aber das Gesicht, das Sie beschrieben haben, stammt von einer erfundenen Gestalt! Das ist nicht die Person, die Kait erschossen hat; es ist jemand, den ich *erfunden* habe!«

»Aber ich kann ihn nicht aus Ihrem Bewußtsein übernommen haben«, sagte Noreen. »Zu dem Zeitpunkt waren Sie gar nicht mehr in der Leitung. Wir hatten die Verbindung ja extra unterbrochen.«

»Aber trotzdem ist er es!« beharrte ich. »Es ist Mike Vamp irgendwie sind Sie auf dieses Bild gekommen. In meinem Buch war Mike Vamp ein Profikiller, den eine im ganzen Land operierende Bande von Drogenhändlern engagiert hatte.«

»Hat Kait jemals ein Bild dieser Figur gesehen?« fragte Noreen mich.

»Sie gehört zu den wenigen Menschen in diesem Land, die dieses Bild kennen. Der Andruck des Covers kam ein paar Tage vor ihrem Tod, und ich habe sie gefragt, wie es ihr im Vergleich zu dem amerikanischen Umschlagbild gefiel. Sie meinte, daß sie es für sehr viel furchteinflößender hielte. Das Bild soll symbolisch sein.«

»Dann ist das auch die Antwort«. sagte Noreen. »Das Bild ist symbolisch. Die Botschaft, die Kait uns zu übermittern versuchte, soll besagen, daß man einen Profikiller angeheuert hat, der sie ermorden sollte, weil sie im Begriff war, illegale Machenschaften auffliegen zu lassen.«

»Sie haben gesagt, daß sie in dieser Nacht etwas gesehen hat, das zu ihrem Tod geführt hat«, sagte ich. »Dafür hatte sie aber gar keine Zeit. Sie fuhr direkt von uns zur Wohnung ihrer Freundin und sie wurde erschossen, als sie deren Wohnung gerade eben verlassen hatte.«

»Vielleicht irre ich mich ja, aber das ist nicht das, was ich herausbekommen habe«, sagte Noreen. »Nach meinen Eindrücken ist sie in jener Nacht irgendwohin gefahren und wurde mit einem Messer bedroht.«

»Können Sie sich noch einmal in Trance versetzen und versuchen, tiefer in diesen Bereich einzudringen?«

»Ja, aber diese Woche habe ich furchtbar viel zu tun. Ich will versuchen, innerhalb der nächsten zehn Tage noch einmal daran zu arbeiten. Dann können wir alles der Polizei übergeben, damit die sich weiter darum kümmern kann.«

»Die Polizei von Albuquerque würde etwas, das von mir kommt, nicht einmal mit einer Kneifzange anfassen«, sagte ich daraufhin.

»Sie werden ihre Meinung ändern, wenn sie sehen, was mit meiner Mithilfe schon alles aufgeklärt worden ist«, meinte Noreen zuversichtlich.

»Das werden sie sich gar nicht erst ansehen. Die Polizei hier wird sich überhaupt nichts ansehen. Sie sind mittlerweile so wütend auf uns, daß sie nicht einmal mehr mit uns reden wollen.«

»Dann wenden Sie sich doch einfach an die Bundesbehörden«, sagte Noreen. »Was ist mit dem FBI? Wenn es sich hier doch um ein Verbrechen handelt, das über die Staatsgrenze hinausgeht, dann müßten Sie es doch schaffen, die Leute vom FBI dafür zu interessieren!«

»Das haben wir versucht«, sagte ich. »Das FBI antwortet nicht einmal auf unsere Briefe.«

»Warum nicht?«

»Ich weiß es nicht.«

»Und wie soll die Sache dann weitergehen?« Noreen war merklich irritiert. »Diese ganze Arbeit ist keinen Pfifferling wert, wenn keiner mit den Ergebnissen etwas anfangen will.«

»Bitte, versuchen Sie doch weiter, mit uns die Stücke zusammenzusetzen«, sagte ich. »Wenn wir so viel herausfinden, daß alles zusammenpaßt und einen Sinn ergibt, dann können wir die Polizei von Albuquerque vielleicht dazu zwingen, der Sache nachzugehen.«

»Wenn Sie nach konkreten Fakten suchen, dann werden Sie die von mir nicht bekommen«, sagte Noreen. »So funktioniert es nämlich nicht. Wenn ich mit Namen und Adressen dienen könnte, dann würde ich Millionen kassieren und auf großem Fuße leben. Spiritistische Detektivarbeit basiert auf Eindrükken. Der Fall ist ein Puzzle – man bekommt eine Menge Bruchstücke, und man weiß, zusammen ergeben sie ein Bild; aber das Zusammensetzen selbst ist Aufgabe der Polizei.«

Die von Polizeizeichner Mike Deal angefertigte Phantomzeichnung des Killers, so wie er ihm von dem Medium Noreen Renier beschrieben wurde.

Der Drogenkurier und Mietkiller »Mike Vamp« späht auf der Coverillustration der englischen Ausgabe von Don't Look Behind You *durchs Fenster herein.*

22

Als wir in die Stadtwohnung gezogen waren, hatten wir für unser Telefon einen nicht registrierten Anschluß beantragt. Die Telefongesellschaft jedoch machte einen Fehler, und als im November die neuen Telefonbücher herauskamen, stand prompt unsere neue Nummer darin.

Sofort bekamen wir wieder anonyme Anrufe mit »Tips«, die den Mord an Kait betrafen. Die meisten stammten offensichtlich von Verrückten; einer jedoch raubte mir auf der Stelle den Atem.

»In der Nacht, als Ihre Tochter umgebracht wurde, hatte sie herumgeschnüffelt, und dabei wurde sie Zeugin, wie ein hohes Tier Koks kaufte«, sagte der Anrufer.

»Wen hat sie gesehen?« fragte ich und versuchte dabei, so ruhig wie möglich zu bleiben.

»Der Typ, den ich darüber hab reden hören, hat keinen Namen genannt.«

»Sagen Sie das der Polizei«, sagte ich. »Auf uns hören sie nicht.«

»Die nehmen alle Anrufe auf Band. Ich will nicht, daß die meine Stimme haben.«

»Dann rufen Sie Mike Gallagher beim *Journal* an. Ich gebe Ihnen seine Nummer, einen Moment.«

Mein eigener Kassettenrecorder war an das Telefon in meinem Arbeitszimmer angeschlossen, aber zu meinem Pech hatte ich diesen Anruf in der Küche entgegengenommen. Nun rannte ich zu dem anderen Anschluß, drückte auf den

Aufnahmeknopf und nahm den Hörer hoch – ich hörte nur noch das Freizeichen.

Der Mann hatte aufgelegt.

Dieser Anruf hatte mich nicht nur deshalb erschüttert, weil der Mann so sicher geklungen hatte, sondern auch deshalb, weil das, was er mir erzählt hatte, alles zu bestätigen schien, was Noreen über Kaits Aktivitäten an dem Abend gesagt hatte, an dem sie erschossen worden war. Auch Betty hatte uns gesagt, daß es etwas gebe, das Kait »an eben diesem Abend« getan habe, und bei einer anderen Sitzung: »Es ist etwas, das an *jenem Abend* geschah, ein Besuch, der nicht vollendet wurde, eine unvollständige Information, eine fehlende Lösung, nach der sie suchte, mangelnde Zusammenarbeit«.

Und dennoch fiel mir keine Möglichkeit ein, wie Kait an jenem Abend irgendwo hätte »herumschnüffeln« können. Jede Minute, die sie irgendwo verbracht hatte, schien doch inzwischen belegt zu sein.

Ich suchte die mittlerweile ziemlich zerlesen wirkende Polizeiakte heraus und arbeitete sie zum x-ten Male durch. In einem Gespräch, das Gallegos mit Susan Smith geführt hatte, fand ich etwas, das mir bislang entgangen war:

> Smith sagte, (...) das Opfer sei zum Abendessen zu ihren Eltern gefahren. (...) (Kait) kam gegen halb zehn zu ihr (Susan), und sie saßen eine Zeitlang da und unterhielten sich.

Irgendwie war mir diese Zeitangabe nie aufgefallen. Sie bedeutete aber ganz eindeutig: Kait hatte uns angelogen, als sie uns erzählt hatte, sie werde bei Susan zu Abend essen, und sie hatte Susan angelogen, als sie ihr erzählt hatte, sie habe bei uns gegessen. So hatte sie sich für beide Seiten ein Alibi verschafft, das ihr drei Stunden schenkte, in denen sie etwas tun konnte, das keiner von uns wissen sollte.

Ich blätterte zu einem früheren Kapitel des Berichtes zurück, in dem Gallegos eine Aussage zitiert, die er fälschlicherweise mir zuschreibt: »Mrs. Arquette sagte, ihre Tochter habe früh am Abend bei ihr gegessen und sei dann aufgebrochen; sie habe gesagt, sie wolle eine Freundin besuchen fahren.«

Ich hatte das als ungenaues, sorgloses Zitat angesehen, das nicht wichtig genug war, um weiter darüber nachzudenken, aber nun konnte ich erkennen, daß es auf diese Lücke von drei Stunden hinwies.

Ich schrieb an Noreen und bat sie, sich bei ihrer nächsten Sitzung darauf zu konzentrieren, wo Kait während dieser drei fehlenden Stunden gewesen war. Ich berichtete ihr auch, daß Kait Organspenderin gewesen war, und ich nannte ihr den Namen und die Adresse des Mannes, der ihr Herz und ihre Lungen erhalten hatte. Wir konnten ihn natürlich nicht gut bitten, nach Florida zu fliegen, damit Noreen bei der nächsten Sitzung ihre Hand auf seine Brust legen konnte, aber vielleicht war es ihr möglich, sich auch über die Entfernung hinweg so auf ihn einzustellen, daß sie etwas von Kaits noch vorhandener Energie aus ihren Spenderorganen aufgreifen konnte.

Ich wußte nicht, daß Noreen diese zweite Sitzung durchgeführt hatte, bis ich das Band dazu in meiner Post fand:

NOREEN: Hier sind Gwen und Noreen. Wir haben den 27. November 1990, und es ist Abend. Ich möchte für Lois Duncan an dem Fall ihrer Tochter Kait arbeiten. Ihr Herz ist noch hier, ihre Lungen ebenso. Ihr Herz ... ihre Lungen, ihr Herz ... *Ich lebe noch!*

Gwen, bring mich dahin, wo du mich haben willst.

GWEN: Wir sind an dem Abend interessiert, an dem du ermordet wurdest. Du hast das Haus verlassen und behauptet, du würdest zu Susan fahren. Wir wollen wissen, was zwischen dem Moment passiert ist, als du das Haus verlassen hast, und dem Zeitpunkt, als du schließlich bei Susan eingetroffen bist.

NOREEN: Ich bin nach Norden hinauf in die Berge gefahren, zu diesem großen Haus da oben – es ist teilweise von Mauern umgeben; nicht ganz, denn es gehört eine große Menge Land dazu. Ich fahre hinauf. Da ist ein Mann ...

GWEN: Bist du allein?

NOREEN: Während ich fahre, bin ich allein.

GWEN: Fährst du deinen Wagen?

NOREEN: Ich fahre meinen Wagen. Nein, warte einen Moment – fahre ich wirklich meinen Wagen? Zunächst wohl, aber dann treffe ich jemanden. Ich treffe jemanden bei einem Einkaufszentrum, in dessen Namen ein C vorkommt. Ich parke meinen Wagen und steige bei ihm ein. Er hat einen Geländewagen.

GWEN: Hat er auf dich gewartet?

NOREEN: Wir hatten dieses Treffen verabredet, um zusammen zu diesem Haus zu fahren – ich möchte es das »Wüstenschloß« nennen.

GWEN: Wie gut kennst du diese Person, mit der du jetzt zusammen bist?

NOREEN: Wir waren Freunde – vielleicht auch mehr.

GWEN: Erzähl uns mehr über diese Person.

NOREEN: Er ist irgendwie ... Mutter würde ihn nicht mögen.

GWEN: Kennt sie ihn denn?

NOREEN: Sie hat ihn vielleicht ein- oder zweimal getroffen. Aber ich konnte sehen, daß sie ihn nicht schätzt.

GWEN: Hattest du eine intime Beziehung mit dieser Person?

NOREEN: Ja.

GWEN: Dauert sie noch an?

NOREEN: Ohne daß sie es weiß, ja.

GWEN: Und dann hattet ihr also abgemacht, euch dort zu treffen?

NOREEN: Ja.

GWEN: Und ihr hattet eine Verabredung beim Wüstenschloß?

NOREEN: Ja.

GWEN: Als ihr beim Schloß ankommt, wie werdet ihr da begrüßt?

NOREEN: Es scheint dort eine Menge anderer Wagen zu geben. Die Auffahrt verläuft im Halbkreis. Dort ist auch eine wichtige Person, und ich soll nicht wissen, daß sie da ist. Ich verspreche, niemandem davon zu erzählen. Sie lassen mich gehen. Ich hätte zu dieser Zeit nicht dort sein sollen, weil diese andere Person kam und nicht wußte, daß ich auch kommen würde. Es ist jemand, den ich nicht sehen sollte, von dem ich nichts wissen sollte. Und ich sehe ihn. Ich sehe auch seinen Wagen. Ich sehe allerdings nur einen Teil davon, weil die Auffahrt so gebogen ist. Es ist ein langer, schwerer Wagen. Er ist schwarz, ganz dunkel.

GWEN: Hast du den Wagen vorher schon einmal gesehen?
NOREEN: Nein, ich habe bloß von diesem Mann gehört.
GWEN: Hast du ihn vorher schon einmal irgendwo getroffen?
NOREEN: Ich kannte ihn aus der Stadt – wir sind jetzt nicht in der Stadt. Ich weiß, wer er ist. Er ist die Person auf dem anderen Bild, das ich beschrieben habe und das sie nicht erkennen. Ich kann diese Person identifizieren. Er ist bei dieser Gruppe von Leuten, mit denen ich mich besser nicht abgegeben hätte, eine sehr mächtige Figur.
GWEN: Was ist im Wüstenschloß passiert?
NOREEN: Dort geschehen viele Dinge. Ich hätte zu dieser Zeit nicht hinfahren sollen. Dort sind Leute. Dort passieren Dinge, als wir hinkommen, die ich nicht hätte sehen sollen. Ich hätte einfach nicht hinfahren sollen. Es war nicht der richtige Augenblick.

Ich möchte einfach raus aus der Sache. Ich möchte nichts mehr damit zu tun haben.

Ich weiß gar nicht, warum jeder so wütend auf mich zu sein scheint. Es gibt irgendeinen Streit. Ich sage ihnen, daß ich eine Freundin treffen muß. Wenn ich wieder in der Stadt bin, muß ich immer noch eine ganze Strecke fahren. Es ist wichtig. Ich muß diese Freundin treffen.

Ich sage den Leuten im Wüstenschloß, daß meine Freundin mich erwartet, ich muß los. Also lassen sie mich fahren, aber jeder scheint wütend auf mich zu sein.
GWEN: Erzähl uns von diesem Streit.
NOREEN: Der Streit ging bloß um ... Ich habe ihnen gesagt, es gäbe Leute, die wüßten, wohin ich gefahren sei ... Sie erwarteten mich zum Abendessen zurück ... sie wüßten, wo ich jetzt wäre. Ich habe gelogen. Niemand wußte, daß ich dorthin gefahren bin. Ich habe eine Reihe Leute in mehr als einem Punkt belogen. Es tut mir leid, daß ich gelogen habe.
GWEN: Wie lange warst du dort?
NOREEN: Vielleicht anderthalb Stunden.
GWEN: Wie hat sich dein Freund verhalten, während du dort warst? Dir gegenüber und den anderen Leuten gegenüber?
NOREEN: Er ist wütend auf mich. Er scheint auf mich wütend zu sein. Ich weiß nicht, warum er so wütend auf mich ist.

Ich fahre los. Ich fahre mit meinem Freund. Ich beruhige mich. Ich bin wieder in Ordnung. Er setzt mich an dem Einkaufszentrum ab, und ich steige in meinen eigenen Wagen und fahre zu meiner Freundin. Als ich dort wieder wegfahre, werde ich umgebracht.

GWEN: Während du fährst?

NOREEN: Ja.

GWEN: Wie weit bist du da schon vom Haus deiner Freundin entfernt?

NOREEN: Sie haben mich schon vorher verfolgt. Die Leute wußten ja, wohin ich fuhr! Ich hatte ihnen gesagt, daß ich dahin wollte! Ich glaube, sie haben jemanden hinter mir hergeschickt. Jemand ist mir gefolgt. Ich habe die Angst und die Gefahr gespürt, als ich aus den Bergen zurückfuhr. Ich traf mich mit meiner Freundin. Ich versuchte, mich so normal zu benehmen wie möglich. Sie war in bester Stimmung. Ich fahre von ihr weg – und man schneidet mir den Weg ab.

GWEN: Was möchtest du uns darüber erzählen? Etwa darüber, wie viele Personen in dem anderen Wagen saßen?

NOREEN: Ich sehe bloß zwei. Sie schneiden mir den Weg ab. Sie kommen von beiden Seiten an meinen Wagen. Sie wollen, daß ich das Fenster herunterkurbele.

GWEN: Fährst du noch?

NOREEN: Nein, ich habe angehalten. Sie haben mir den Weg abgeschnitten.

GWEN: Wer sind diese Leute?

NOREEN: Leute, die sie aus den Bergen geschickt haben.

GWEN: Worüber sprichst du mit ihnen, als sie sich dem Wagen nähern?

NOREEN: Sie sagen bloß, »Kurbel das Fenster runter«. Ich werde erschossen. Es ist wie eine Exekution.

GWEN: Siehst du irgendwelche Waffen?

NOREEN: Ich sehe eine Schußwaffe. Ich sehe den Schalldämpfer darauf – dieses dicke Ding am Ende des Laufes.

GWEN: Hast du irgendeine Vorstellung darüber, was dazu geführt hat?

NOREEN: Ich war zur falschen Zeit am falschen Ort. Ich habe jemanden gesehen, den ich nicht hätte sehen sollen. Ich habe

Dinge gesehen, die ich nicht hätte sehen sollen. Sie mußten sichergehen, daß ich auf keinen Fall je würde reden können, und dies war die Art, mich zum Schweigen zu bringen. Das Verbrechen, das sie an mir verübt haben, war genau das: mich zum Schweigen zu bringen.

Sie werden mich nie zum Schweigen bringen! Ich bin kein schlechter Mensch! Ich war doch nur jung, und ich war bloß neugierig auf das Leben und auf Menschen und Dinge, und jede Aufregung und Menschen in aufregenden Positionen interessierten mich. *Ich war gut!* Ich war dir eine gute Tochter, Mutter! Ich habe dir beinahe alles erzählt. Beinahe.

GWEN: Gibt es sonst noch irgend etwas, das du deiner Mutter jetzt sagen möchtest, etwas, das du ihr bislang noch nicht gesagt hast?

NOREEN: Hör nicht mit dem auf, was du tust. Denk immer daran, daß die Polizei Angst hat. Die Leute, die darin verwikkelt sind, haben große Macht. Die Polizei fürchtet sich. Sie will mit der ganzen Sache absolut nichts zu tun haben. Sie wollen etwas anderes daraus machen, als es in Wirklichkeit ist, und nicht darüber hinausgehen. Sie haben jemand, den sie belangen können. Dabei wollen sie es bewenden lassen.

GWEN: Außer den Dingen, die du in jener Nacht gesehen hast, obwohl du sie nicht hättest sehen sollen – hast du da noch irgend etwas Besonderes gehört, das du nicht hättest hören sollen?

NOREEN (ihre Stimme klingt ärgerlich und frustriert): Es geht nicht um das, was ich gehört habe, es geht darum, *wen ich gesehen habe! Es geht darum wen ich gesehen habe – wen ich gesehen habe – wen ich gesehen habe!*

GWEN: Gibt es etwas Spezielles, das du deiner besten Freundin sagen möchtest?

NOREEN: Meine beste Freundin ist meine Mutter.

GWEN: Gibt es etwas, das du Susan oder deinem Freund sagen möchtest?

NOREEN: Auf meinen Freund bin ich wütend. Ich bin immer noch wütend auf ihn. Meine Freundin – sie liebe ich.

GWEN: Wirst du deiner Mutter bei diesem Fall weiter helfen?

NOREEN: Ich lebe noch. (Es folgt eine lange Pause.) Ja ... ja.

Das Band war zu Ende, und ich blieb reglos auf meinem Stuhl sitzen, von meinen Gefühlen wie erschlagen und unfähig, mich zu erheben. Kaits Worte zu hören, die auf Kaits Weise gesprochen wurden, das alles aber mit der rauhen Stimme einer älteren, fremden Frau – das war die bizarrste Erfahrung meines gesamten Lebens. Und es *waren* Kaits Worte. Daran bestand für mich nicht der geringste Zweifel. Das Einkaufszentrum mit einem C im Namen war das Coronado Center, das größte Einkaufszentrum in Albuquerque, das nur ein paar Blocks von unserem Haus entfernt lag. Und wie viele Teenager nannte ihre Mütter so wie Kait »Mutter«? Alle ihre Freundinnen hatten ihre Mütter »Mom« genannt. Sogar die blumige Bezeichnung »Wüstenschloß« klang für mich authentisch, da Kait immer zu romantischen Übertreibungen geneigt hatte: Auch der Ausbruch frustrierten Zorns war mir vertraut – »Es geht nicht um das, was ich gehört habe, es geht darum, *wen ich gesehen habe – wen ich gesehen habe – wen ich gesehen habe!*« Ich kannte auch den anklagenden Ausruf, der mit Sicherheit gefolgt wäre, ohne daß ich ihn erst zu hören brauchte: *»Mutter, du hörst mir einfach nicht zu!* Hörst du mir denn niemals zu?«

Wer war der Mann, den Kait in dem Haus in den Bergen gesehen hatte? Und wer war jener andere Liebhaber, der sie dorthin gefahren hatte; jemand, den ich nicht gutgeheißen hatte und dem ich ein- oder zweimal begegnet war? Welchen von Kaits zahlreichen früheren Freunden hatte ich so selten gesehen? Normalerweise hatten sie sich bei uns eingefügt wie Familienmitglieder.

Mir kam der allererste Junge in den Sinn, mit dem Kait jemals fest gegangen war. Sein Name war Rod gewesen, und sie hatte ihn zweimal mit nach Hause gebracht. Ich hatte versucht, ihr diese Beziehung auszureden, weil Rod zu alt für sie war; er hatte irgendwann einmal die High School abgebrochen und war dann zurückgekehrt, um seinen Abschluß nachzuholen. Ich hatte befürchtet, er würde Kaits Hang zu verklärender Romantik ausnutzen, und wie sich herausstellte, hatte ich mir zu Recht Sorgen gemacht. Sie hatte ihm ein silbernes Armband geschenkt, auf das sie ihre Namen hatte gravieren lassen, und am selben Tag mußte sie entdecken, daß er fest mit einem anderen Mädchen liiert war.

Sie hatte sich in jener Nacht in den Schlaf geweint, und soweit ich wußte, hatte sie sich mit Rod niemals wieder verabredet.

Aber das alles war vier Jahre vorher passiert, es konnte also nicht Rod sein. Vielleicht war es Tuan, dessen Nummer in ihrem Adreßbüchlein aufgetaucht war. Aber nein, ich hatte Tuan häufiger als zweimal gesehen. Und wie oft hatte ich Khanh getroffen? Und was war mit Nam? Wäre Kait unvernünftig genug gewesen, um sich auf einen von Dungs Freunden zu verlassen? Das war schwer vorzustellen, aber ich hätte auch nichts ausschließen mögen, was diesen Lebensabschnitt Kaits betraf. Nach Bettys Aussage hatte Kait »immer den falschen Leuten vertraut« und »sich immer wieder Gefahren ausgesetzt«; wer wollte da sagen, bei wem sie emotionale Wärme und Trost gesucht haben mochte?

Das Telefon klingelte, und ich griff automatisch nach dem Hörer. Es war die mit mir befreundete Psychologin, die mir *Many Lives, Many Masters* gegeben hatte; sie rief an, um mir über die Erfolge zu berichten, die sie erzielt hatte, indem sie manche Patienten in ein früheres Dasein zurückversetzt hatte, um so an die Wurzeln von deren gegenwärtigen Phobien zu gelangen.

Zu jeder anderen Zeit hätte ich mit größtem Interesse zugehört, aber in jenem Augenblick mußte ich mich mit mir selbst auseinandersetzen. Ich unterbrach sie mitten im Satz und überschüttete sie mit allem, was geschehen war, einschließlich Noreens Beschreibung von Kaits »Wüstenschloß«.

»Ich glaube, ich weiß, wo das ist«, sagte meine Freundin. »Es gibt ein Anwesen, auf das diese Beschreibung paßt. Es liegt in der Nähe der Stelle, wo der Bergpfad anfängt, auf dem mein Mann und ich immer klettern gehen. Von allem, was ich in New Mexico gesehen habe, kommt dieses Gebäude einem ›Schloß‹ am nächsten.«

»Wie komme ich dahin?« fragte ich, und sie beschrieb mir die Richtung. Wenn es nicht schon so spät gewesen wäre, hätte ich mich sofort auf den Weg gemacht, aber im November wird es sehr früh dunkel, und die Vorstellung, in den

Bergen von der Nacht überrascht zu werden, behagte mir überhaupt nicht.

Ich beschloß also, die Suche nach dem Schloß auf den nächsten Morgen zu verschieben.

23

Ich fand das Anwesen im mediterranen Stil ohne Schwierigkeiten, wenngleich es weit mehr als zwölf Meilen von der Stelle entfernt lag, an der Kait ermordet worden war.

Es lag da, am Fuß des Höhenzuges, genau wie Noreen es beschrieben hatte, und überblickte die Stadt Albuquerque. Die Sandia Mountains bildeten mit ihren schneebedeckten Gipfeln den malerischen Hintergrund.

Ich parkte meinen Wagen ein Stück von der Schotterstraße entfernt, hängte meine Kamera um und näherte mich dem Gebäude von der Nordseite her über einen Geröllpfad. Das Tor war verschlossen, und ich konnte keinerlei Anzeichen für irgendwelches Leben entdecken; weder auf dem Hof noch in der halbkreisförmigen Auffahrt standen Fahrzeuge.

Ich kletterte über das Tor und lief über den Hof. Als mir niemand entgegentrat, ging ich immer weiter; durch einen Bogengang, geflieste Stufen hinauf und bis zum bronzebeschlagenen Eingangsportal des Hauptgebäudes. Die Bezeichnung Schloß paßte hervorragend; es gab noch vier Nebengebäude, darunter einen luxuriösen Stall und eine Badehütte am Swimmingpool.

Ich spähte durch die Fenster hinein und stellte fest, daß es in diesem Anwesen zwar Möbel gab, über allem aber eine Atmosphäre der Verlassenheit lag; Liegestühle waren vom Wind umgeweht worden, auf dem Wasser des Pools trieb jede Menge Unrat, die Marmorstatuen waren von Unkraut überwuchert.

Ich entschied, daß es wohl sicher genug für mich sein müsse, wenn ich nicht längst irgendwo einen unhörbaren Alarm ausgelöst hatte; also untersuchte ich das Gelände eingehend und schoß Fotos aus allen möglichen Blickwinkeln. Dann kletterte ich zurück über das Tor und fuhr wieder in die Stadt, wo ich von jedem Bild zwei Abzüge machen ließ; einen, um ihn Don zu zeigen, und einen, den ich Noreen schickte.

Als ich wieder zu Hause war, fand ich auf meinem Anrufbeantworter eine Nachricht vor, ich solle Barbara Adams zurückrufen, die Sekretärin des Mediums Nancy Czetli.

»Nancy hat Ihren Brief erhalten«, sagte Barbara, als ich sie am Apparat hatte. »In dem Augenblick, als sie den Umschlag öffnete, überkam sie ungeheure Furcht – um Sie. Sie hat sehr starke Gefühle über das empfangen, was Ihrer Tochter zugestoßen ist. Demnach wurde Ihre Tochter umgebracht, weil sie illegale Drogengeschäfte beobachtet hat. Nancy hat das Gefühl, daß ein Drogenkurier an der Sache beteiligt ist, der die Staatsgrenzen überschritten hat und in irgendeinen Deal mit einem hohen Tier verwickelt ist. Nancy bat mich, Ihnen auszurichten, daß Sie mit dem Feuer spielen und wirklich sehr, sehr vorsichtig sein müssen!«

»Wäre Nancy denn bereit, mit uns zusammenzuarbeiten, um noch mehr herauszufinden?« fragte ich.

»Nancy möchte nicht direkt mit den Familien von Opfern zusammenarbeiten«. erwiderte Barbara. »Die Anfrage muß von der Polizei kommen.«

»Wir haben keine Möglichkeit, die Polizei mit einzubeziehen«, erklärte ich ihr. »Sie weigern sich, irgend etwas anderes in Betracht zu ziehen als eine wilde Schießerei, bei der zufällig unsere Tochter getroffen wurde.«

»Nancy hat es sich zur Regel gemacht, nicht mit den Familien zu arbeiten«, wiederholte Barbara. »Deren emotionale Beteiligung kann ihrer Objektivität im Wege stehen. Ein weiteres Problem ist, daß sie in der Lage sein könnte, Ihnen zu benennen, wer der Mörder war, Sie dann aber mit dieser Information absolut nichts anfangen könnten. Sie können ja nicht vor ein Gericht gehen und sagen, ›das Medium hat es uns aber gesagt‹, denn so etwas ist als Beweismittel nicht zulässig. Wenn Nancy mit der Polizei zusammenarbeitet, weist sie auf Spuren hin, denen dann nachgegangen werden kann, woraus sich dann erst die verwendbaren Beweise ergeben.«

»Die Polizei von Albuquerque wird aber keinen Spuren nachgehen«, sagte ich resigniert.

Es folgte ein längeres Schweigen.

Dann meinte Barbara: »Wenn die Sache so steht, dann werden sie Ihnen vermutlich auch keine Fotos des Tatortes überlassen, oder?«

»Nein«, sagte ich, »aber davon haben wir eine Videokassette. Unser ältester Sohn hat die Nachrichtensendungen aufgezeichnet.«

»Lassen Sie mich noch einmal mit Nancy sprechen und hören, was sie meint«, sagte Barbara.

Am nächsten Tag rief sie zurück.

»Nancy sagt, Sie sollen aus der Sache aussteigen, ehe die Sie als nächste erwischen«, berichtete sie. »Sie sagte, Sie müssen versuchen, das System für Sie arbeiten zu lassen. Sie macht sich wirklich große Sorgen darüber, daß Sie versuchen könnten, die Angelegenheit auf eigene Faust weiterzuverfolgen. Es geht um landesweiten Drogenschmuggel, in den ein paar hohe Tiere verwickelt sind, und bei so etwas müssen Sie sich verdammt in acht nehmen. Sie macht sich furchtbare Sorgen; sie sagt, *lassen Sie die Finger davon*. Ihr Interesse muß sein, das FBI damit zu befassen. Haben Sie Beweise dafür, daß die Polizei Dinge aus den Unterlagen hat verschwinden lassen? Wenn die Polizei zu den FBI-Leuten sagt, ›Wir kümmern uns um den Fall, haltet ihr euch da raus, dann sind Ihnen so lange die Hände gebunden, wie Sie keine schweren Fehler bei der Polizeiarbeit oder womöglich Vertuschungen nachweisen können.«

»Das können wir eben nicht, solange wir nicht mehr Informationen haben«, sagte ich verzweifelt.

Nach einem weiteren Austausch, der ebenfalls über Barbara lief, gab Nancy nach und erklärte sich bereit, direkt mit uns zusammenzuarbeiten, aber nur unter der Bedingung, daß ich ihr versprach, diejenigen Spuren nicht weiterzuverfolgen, bei denen sie mir dies untersagte.

»Sie möchte nicht dafür verantwortlich sein, daß man Sie auch noch umbringt«, sagte Barbara. »Das macht ihr wirklich große Sorgen.«

»Diese Vorstellung behagt mir selber auch nicht gerade«, meinte ich.

»Dann schicken Sie ihr ein Foto Ihrer Tochter, auf dem die Augen zu erkennen sind«, sagte Barbara. »Schicken Sie auch die Videoaufnahme des Tatortes, eine Karte, auf der die Stelle markiert ist, an der Ihre Tochter umgebracht worden ist, das genaue Datum der Tat, ein Kleidungsstück oder sonst etwas Persönliches, das Ihrer Tochter gehört hat, und ein Muster ihrer Handschrift. Dann werde ich für Sie einen telefonischen Termin vereinbaren.«

Ich schickte ihr ein Paket mit der Videokassette, einem der Flugblätter, auf dem Kait zusammen mit Dung abgebildet war, einen Stadtplan, auf dem der Tatort mit einem X markiert war, eine Seite aus einem von Kaits Übungsheften und den Teddybären, den Kait auch dann noch mit ins Bett genommen hatte, als Dung bei ihr eingezogen war.

Barbara rief mich an, um mir zu sagen, daß mein Päckchen angekommen war, und wir verabredeten mein Gespräch mit Nancy für den vierten Dezember.

Nancys Vorgehensweise unterschied sich grundsätzlich von Noreens Art. Knapp und geschäftsmäßig hakte sie auf möglichst objektive Weise alle ihre Reaktionen ab:

NANCY: Die Videoaufnahme hat mir wirklich geholfen.
Ich habe das Gefühl, daß Geld den Besitzer gewechselt hat. Das habe ich von der Szene im Gerichtssaal. Ich spüre, daß es um die tausend Dollar gewesen sind.

Ich weiß nicht, wie das alles zusammenpaßt, aber auf dem Video habe ich einen kurzen Blick auf den vietnamesischen Freund werfen können, wie er aus dem Bestattungsunternehmen kommt, und gleichzeitig mit einem Gefühl von Trauer gingen von ihm Zorn und Befriedigung aus. Ich kann fühlen, daß es zwischen ihm und diesen anderen irgendeine Beziehung gegeben hat. Ich kann nicht sagen wie – das Ganze war nur ein winziger Moment, ehe er dann bemerkte, daß er gefilmt wurde –, aber da war so etwas zu spüren, als habe er eine Rechnung mit ihr beglichen. Es ist nicht damit getan, ihn anzuklagen, er hätte jemanden engagiert, aber irgendwer hat genau das getan. Ich habe das ganz sichere Gefühl, daß die Leute, die es erledigt haben, bezahlt wurden, aber das werden sie kaum zugeben, weil eine Verurteilung wegen eines Mordes auf Bestellung ihnen die Todesstrafe einbringen könnte.

LOIS: Dann haben Sie also das Gefühl, daß es die Hispanos gewesen sind?

NANCY: Ja, das habe ich. Ich kann die Spuren ihrer Präsenz auf dieser Straße fühlen. Ich nehme ihnen auch nicht ab, daß es ein Zufall war, weil ich da deutlich etwas empfange, als habe irgendwer ihr Nummernschild mit einer Nummer verglichen, die auf einem Stück Papier stand. Sie scheinen auch gewußt zu haben, wo sie ungefähr sein würde und zu welcher Zeit sie etwa dort sein müßte.

Im übrigen, wenn das einfach irgendeine zufällige Schießerei gewesen wäre, dann wären sie bloß so herumgefahren und hätten in der Gegend rumgeballert, aber ich habe das sichere Gefühl, daß sie verfolgt und gejagt wurde. Wenn sie einen stärkeren Wagen gehabt hätte, dann wäre sie ihnen vielleicht tatsächlich entkommen, denn ich spüre, daß sie mit ihrem eigenen Wagen Probleme hatten. Als ich ihren Wagen in dem Video gesehen habe, überkam mich das Gefühl ihrer Angst und Verzweiflung. Sie wurde verfolgt, und sie ahnte, daß sie umgebracht werden sollte, und sie schien ziemlich genau zu wissen, daß es mit Informationen zu tun hatte, die sie über ihren Freund oder seine Kumpane besaß. Es geht um irgendwelche illegalen Aktivitäten, von denen sie kurz vorher erfahren hatte, und sie scheint gedroht zu haben, alles zu verraten. Dabei wollte sie das gar nicht wirklich tun, denn unglücklicherweise liebte sie ihn mehr, als sie sich hätte leisten können.

LOIS: Was können Sie noch über den Freund herausbekommen?

NANCY: Von dem Teddybären und der Aura um ihren Wagen auf dem Video wird ganz deutlich, daß sie wütend ist und ernstlich erwägt, diesen vietnamesischen jungen Mann anzuzeigen. Wenn sie es getan hätte, würde er vermutlich wegen eines schwerwiegenden Verbrechens angeklagt und des Landes verwiesen worden sein.

Er scheint auch von seinen Gefühlen her große Probleme

gehabt zu haben. Das merke ich schon bei dem Foto, das Sie mir von den beiden zusammen geschickt haben, und ganz sicher wird es bei seinem Bild im Fernsehen: Es hat ihm große Schwierigkeiten bereitet, mit ihrer Unabhängigkeit umzugehen und mit der Tatsache, daß sie intelligenter war als er. Diese Krise hat bei ihm eine Reaktion ausgelöst; sie hatte seine Männlichkeit bedroht, und er reagierte mit Gefühlen wie »Das werd ich ihr schon beibringen – ich werde ihr zeigen, wer hier der Boß ist«. Er wollte nicht die Kontrolle über sie verlieren.

LOIS: Barbara Adams hat gesagt, Sie meinten, es hätte etwas mit Drogen zu tun.

NANCY: Ich glaube, Ihre Tochter war eine wunderbare Person, sie war bloß zu naiv. Sie machte sich nicht klar, daß von dem Augenblick an, wo sie mitbekommen hatte, was da lief, ihr Leben in Gefahr war. Sie hätte auf der Stelle zu den Bundesbehörden gehen sollen. Sie hätte sich gar nicht erst die Mühe machen sollen, sich an die örtliche Polizei zu wenden; das wäre zu riskant gewesen. Unglücklicherweise behielt sie es für sich. Hätte sie es nicht für sich behalten, dann hätte sie eine Chance gehabt, aber vermutlich hätte man sie dann in das Zeugenschutzprogramm aufnehmen müssen. Was immer es war, auf das sie gestoßen ist, es hatte in jedem Fall mit Drogengeschäften zu tun, bei denen es um Unsummen von Geld ging.

Die Wahrscheinlichkeit, daß es in diesem Fall zu einer Verurteilung kommt, ist sehr gering, weil die Anklage nichts in der Hand hat, was diese Hispanos mit den Vietnamesen in Verbindung bringen würde, und ihre Zeugen sind nicht besonders stark.

Nun gibt es aber immer noch eine andere Person, jemanden, der ein sehr ins einzelne gehendes Gespräch darüber mitgehört hat, wie das Ganze geplant war, und er fühlt sich sehr unwohl dabei. Mit Mord will er nichts zu tun haben, und Frauen bedeuten für ihn etwas, anders als für die Mörder, so daß er von Anfang an seine Probleme hatte. Ich habe auch den Eindruck, daß diese Person bei den Crime Stoppers angerufen hat, ohne sich allerdings zu erkennen zu geben.

Wenn diese Person reden würde, dann könnte man die Killer festnageln, denn dieser Mann ist glaubhaft und kein so unsicherer Zeuge wie die anderen. Er hat Angst zu reden, und das liegt am Inhalt dessen, was er gehört hat. Die Tatsache, daß Ihre Tochter Beweise für so umfangreiche kriminelle Aktivitäten mitbekommen hat, daß es ausreichte, um einen Mordkontrakt auf ihren Kopf auszugeben, macht diesem Mann Angst. Nicht daß er nicht helfen wollte, das würde er sogar sehr gern, und er fühlt sich sogar dazu verpflichtet. Das Problem ist, daß er befürchtet, man könnte ihn auch umbringen, und er hat eine Familie. Er hat schon sehr mit seinem Gewissen gekämpft. Seine Zeugenaussage wäre sehr, sehr gut, denn er war mehrmals dabei, als sich die Mörder über das Geld unterhielten, das man ihnen gezahlt hatte, und auch einige Informationen über den Mann gaben, der sie engagiert hatte. Die Aussage dieses Mannes würde klarstellen, daß es keinesfalls eine zufällige Schießerei gewesen ist.

LOIS: Man kann sich schwer vorstellen, daß diese Gruppe, die in großem Maßstab und landesweit mit Drogen handelt, dumme, auf der Straße herumhängende Jungens anheuern sollte, um diesen Mord für sie zu erledigen.

NANCY: Nun, das wäre viel eher ein ziemlich guter Trick, denn diese Jungens sind für grundlose Gewalttätigkeiten bekannt, womit es leicht glaubhaft würde, daß es ein zielloses, zufälliges Verbrechen war, und genau so sollte es ja auch wirken. Sie brauchten sich auch keine Sorgen darüber zu machen, daß diese Herren reden könnten, denn wenn man sich die Urteile einmal ansieht, stellt man schnell fest, daß eine Verurteilung wegen eines fahrlässigen Totschlages weitaus weniger schwer wiegt als das, was auf grenzüberschreitenden Drogenhandel oder Mord auf Bestellung steht.

LOIS: Barbara hat gesagt, Sie glaubten, Kait sei Zeugin eines Drogendeals geworden.

NANCY: Ich glaube, sie wußte von Drogenlieferungen, die schon eine ganze Weile stattgefunden hatten, und darüber wollte sie vielleicht weitere Informationen sammeln, als sie in jener Nacht umgebracht wurde.

LOIS: Hat Ihrer Meinung nach die Bedrohung mit einem Messer irgend etwas mit dieser Sache zu tun?

NANCY: Das bringe ich mit den Vietnamesen in Verbindung. Ich sehe regelmäßig wiederkehrende Gewalt in Kaits Erfahrungsbereich. Dieser Teddybär übermittelt mir das Gefühl, daß sie bei einer ganzen Reihe von Gelegenheiten Gewalt erfahren hat.

LOIS: Können Sie mir sonst noch etwas sagen?

NANCY: Ich glaube, daß im Zusammenhang mit diesem Vietnamesen noch Dinge passieren werden, die ein etwas realistischeres Licht auf seine mögliche Verwicklung in ihren Tod werfen werden. Daher glaube ich nicht, daß die Sache schon beendet ist, aber bevor etwas geschieht, dürfte noch einige Zeit vergehen. Ich habe auch keine großen Hoffnungen, was den Prozeß gegen Garcia betrifft.

Für mein Gefühl wurde das Ganze mit hispanischen Killern arrangiert, weil jeder Asiate, den man in ihrer Nähe mit einer Waffe gesehen hätte, sofort alles hätte auffliegen lassen. Daher haben sie sich ein ganz anderes ethnisches Umfeld gesucht, um von sich selbst abzulenken.

Und doch gab es irgendeine Verbindung. Ich weiß nicht, ob das über den Freund selbst gelaufen ist oder über seine Organisation, aber ich spüre, daß es zu den Hispano-Killern eine Verbindung gab. Innerhalb einer solchen Drogenorganisation kann man Leute um solche Gefallen bitten.

LOIS: Haben Sie das Empfinden, daß diese Hispanos schon früher Morde begangen haben?

NANCY: Ich fühle, daß sie in einen Vorfall verwickelt gewesen sein könnten, bei dem ein Bundesbeamter entweder getötet oder schwer verletzt wurde. Das müßte ziemlich nahe an der mexikanischen Grenze passiert sein.

LOIS: Wie um alles in der Welt kommen Sie an derart präzise Informationen?

NANCY: In diesem Fall war das mit Abstand effektivste Hilfsmittel das Video. Am besten arbeite ich immer, wenn ich vom Tatort ausgehen kann. Wenn die Menschen verängstigt sind, dann verströmt ihr Geist immer eine ganze Menge Informationen, und die gelangen dann irgendwie in die Zellen ihres

Umfeldes. Ich verstehe auch nicht genau, wie das funktioniert; ich weiß nur, daß diese Zellen tatsächlich Informationen speichern können. Da bin ich absolut sicher. Das ist eine Art von Narben, die lange Zeit erhalten bleiben. So etwas findet man auf alten Schlachtfeldern, an den Tatorten besonders brutaler Morde. Es ist fast wie eine Art Gedächtnis, in dem all das haftet, was geschehen ist.

Dann waren da noch Garcias Augen. Als ich die gesehen hatte, erkannte ich das Gedankenmuster des Tatortes. Jedesmal, wenn ich mir den Tatort in dem Video ansah, bekam ich das Gefühl für die Männer. Als ich dann die Männer in dem Gerichtssaal sah, gab es einmal eine sehr gute Aufnahme von Garcia, bei der ich ganz deutlich seine Augen sehen konnte, und ich erkannte das Muster – es war dasselbe Gedankenmuster, das ich auch vom Tatort empfangen hatte. Als ich Garcia erst einmal hatte in die Augen sehen können, war ich sicher, daß sie den Richtigen erwischt hatten.

LOIS: Ganz herzlichen Dank dafür, daß Sie dies für uns getan haben.

NANCY: Eines würde ich Ihnen gerne noch sagen, als Mutter und als jemand, der sein ganzes Leben lang schon diese merkwürdigen Fähigkeiten besessen hat. Ich hoffe, Sie wissen, daß Ihre Tochter auch jetzt existiert. Es ist nicht dasselbe, das es vorher gewesen ist, aber ihre Seele ist sich durchaus bewußt, wie tief Sie empfinden und welchen Schmerz Sie verspüren, und wenn Sie laut an sie denken, wird ihr ganz deutlich, was Sie denken. Ich habe das eindeutige Gefühl, daß sie mit aller Macht versucht, mit Ihnen durch Träume und sogar direkt in Verbindung zu treten. Sie versucht, Ihnen das Gefühl und die Erkenntnis zu übermitteln, daß ihre Seele fortbesteht.

Immer, wenn ich sie gefühlsmäßig erfassen konnte, machte sie einen wirklich frustrierten Eindruck, und das hatte damit zu tun, daß Sie immer wieder einmal daran zweifeln. Sie ist fest entschlossen, Sie wissen zu lassen, daß dies nicht bloß Ihre Einbildung ist – also nicht bloß der Wunsch als Vater des Gedankens –, sie hat wirklich versucht, mit Ihnen und anderen Mitgliedern der Familie in Verbindung zu treten. Sie versucht auch, sich Freundinnen mitzuteilen. Und sie macht sich ernsthafte Sorgen über die Reaktion ihres Vaters. Sie hat Angst, daß er wegen dieser Sache beginnen könnte zu hassen, und sie möchte nicht, daß jemand von Ihnen noch mehr Schaden nimmt. Es macht sie besorgt, daß sein Zorn kein Ventil findet. Sie haben Ihren Zorn in Aktion münden lassen, so wie Frauen es häufig tun, er aber nicht. Das ist für einen Mann weitaus schwieriger.

Ich habe das Gefühl, daß ihr Vater vieles von der Gefährlichkeit dieses Vietnamesen gespürt haben könnte und sich nun schuldig fühlt, weil er seiner Tochter nicht mehr dazu gesagt hat, um sie zu beschützen. Er muß begreifen, daß er nicht die Verantwortung dafür trägt. Bei dem Grad von Unabhängigkeit, auf den sie pochte, würde sie auch dann nicht auf ihn gehört haben, wenn er mehr gesagt hätte. Sie glaubte an das grundsätzlich Gute im Menschen, und diese Art von Naivität ist absolut fehl am Platze, wenn man mit solchen Menschen zu tun hat, denn die werden sie gegen einen selbst verwenden.

Nancy öffnete in vielfacher Hinsicht neue Türen für uns. Don gestand ein, daß er nie sonderlich gute Gefühle in bezug auf Dung gehabt hatte, diese Abneigung aber verborgen hatte, weil er nicht als Rassist gelten wollte.

Robin reagierte auf den Hinweis, daß die Verdächtigen in irgendeiner Weise in einen Zwischenfall verwickelt gewesen sein könnten, bei dem ein Bundesbeamter verletzt worden war, und bat mich, in der Polizeiakte nachzusehen, ob einer der Männer eine Identifizierungsnummer des FBI hatte. Ich prüfte das in der Akte nach und stellte fest, daß beide solch eine Nummer hatten, aber nirgendwo stand, wofür sie war. Marty Martinez, der Junge, der hinten gesessen hatte, besaß keine FBI-Nummer.

Mir hatte Nancy eine Antwort auf die Frage gegeben, wieso der Lastwagenfahrer Eugene Lindquist, der durch eine Falschaussage nichts zu gewinnen hatte, ausgesagt hatte, er habe gesehen, wie Hispanos in einem Camaro, auf den die Beschreibung von Juves Wagen paßte, in westlicher Richtung auf der Lomas hinter einem Mädchen in einem Ford Tempo herjagten, und das zu einer Zeit, als Kait längst noch nicht von Susan weggefahren war.

Wenn sie den Auftrag gehabt hatten, ein Mädchen in einem Tempo umzubringen, dann konnte Lindquist sehr wohl gesehen haben, wie die Killer die Nummernschilder *sämtlicher* Mädchen überprüften, die in jenem Abschnitt der Lomas in solch einem Wagen unterwegs waren. Und die Wagen, die sie überprüften, waren deshalb in westlicher Richtung unterwegs, weil Kait um halb zehn erst zu Susan unterwegs gewesen war und nicht von ihr kam. Bettys Feststellung, daß Kait immer wieder auf die Uhr gesehen hatte und dabei an neun Uhr dachte, hatte für uns keinen Sinn ergeben, solange wir noch glaubten, daß Kait um halb sieben zu Susan gefahren war. Aber die Entdeckung von Kaits drei »gestohlenen« Stunden änderte alles. Sie mochte durchaus schon spät dran gewesen sein – für eine Verabredung um neun.

Und was war mit dem Informanten, der uns wegen des Drogendeals angerufen hatte und der zugleich die Karte an den Generalstaatsanwalt geschrieben haben mochte? Von nun an sprachen wir immer, wenn von ihm die Rede war, voller Sympathie und Zuneigung von dem »guten Mann, der Angst hat«.

24

Unser zweites Weihnachten ohne Kait kam schnell immer näher, und keines unserer Kinder wollte zurück nach Albuquerque kommen. Durch unsere vielen Geschäftsflüge hatten Don und ich mittlerweile als Bonus das Anrecht auf insgesamt drei Gratisflüge erworben, und daher beschlossen wir, die Feiertage bei meiner Stiefmutter in Florida zu verbringen; das dritte Ticket war für Donnie bestimmt, damit er uns begleiten konnte.

In der Woche vor unserem Abflug rief ich bei Betty Muench an. Die Informationen, die wir von Noreen und Nancy erhalten hatten, ähnelten sich inhaltlich dermaßen, daß ich der Versuchung nicht widerstehen konnte, bei unserem »Hausmedium« nachzufragen, ob sie bei einer weiteren Sitzung zu Ergebnissen kommen würde, die das unterstützten, was ihre beiden Kolleginnen herausgefunden hatten.

Es war mittlerweile sechs Monate her, daß ich mit Betty gesprochen hatte. Ich fragte sie, ob sie sich für mich um Antworten auf drei weitere Fragen bemühen könne, und sie sagte, sie wolle es versuchen, trotz der Tatsache, daß die Fragen in sich für sie zunächst keinerlei Sinn ergaben.

Sie tippte das Ergebnis ihrer Sitzung wie üblich in die Maschine und las es mir am Telephon vor:

FRAGE: *Was können wir über Kaits Erlebnisse in der Nacht erfahren, in der sie starb, und zwar zwischen dem Zeitpunkt, als sie das Haus ihrer Eltern verließ, und dem Moment, als sie bei Susan eintraf?*

ANTWORT: Kait dringt sehr stark herüber. Sie kommt sehr nahe, und ihre Präsenz dringt wie eine sengende Hitze herein. Das spürt sie, und sie weicht zurück, um nicht mit solch überwältigender Intensität auf mich einzustürmen.

»Wenn ich normalerweise Personen empfangen kann, dann ist das links von mir und zumindest eine Armeslänge entfernt«, sagte Betty. »Aber Kait kam wirklich richtig nahe. Die Verbindung war ungeheuer stark.«

ANTWORT: Da ist ein starker Druck oben links im Kopf, und dies soll zeigen, daß in ihr an jenem fraglichen Tag schwerwiegende Gedanken umgegangen sein werden. Dann wird da dies sein, das ihr bewußt geworden ist, und sie wird verschiedene Versuche unternommen haben, greifbare, klare Beweise zu finden, die ihre Gedanken unterstützten.

»Sie hat über etwas nachgedacht, und sie ist an verschiedenen Orten gewesen, um herauszufinden, ob das, was sie dachte, stimmte«, sagte Betty.

ANTWORT: In der betreffenden Nacht wird es einen Zeitrahmen gegeben haben, der ihr erlaubt haben wird, mit verschiedenen Leuten zusammenzutreffen. Sie wird den Besuch bei ihren Eltern erledigt haben, und dann wird es zwei weitere Stationen gegeben haben, bevor sie bei Susan angekommen sein wird. Es wird einen Halt gegeben haben, bei dem sie allein in ihrem Wagen gesessen zu haben scheint, und dies wird mit etwas zu tun gehabt haben, über das sie nachgedacht haben wird. Es scheint, als habe sie sich wieder auf den Weg dahin gemacht, wo sie gewesen war, bevor sie zu ihren Eltern gefahren war, und sie wird etwas gesehen haben, das sie in Alarmstimmung versetzt haben wird, und dennoch wird sie zu jener Zeit gedacht haben, daß es sicherlich eine Erklärung dafür gebe.

»Ich hatte den Eindruck, sie sei zu ihrer Wohnung zurückgefahren und habe dort etwas beobachtet«, sagte Betty.

ANTWORT: Es wird etwas gegeben haben, das sie zu jener Zeit als eine Art Hintergehen empfunden haben wird; jemand wird etwas gesagt und dann seine Meinung geändert haben, er wird etwas versprochen haben und dann offensichtlich nicht daran gedacht haben, dieses Versprechen zu halten. Sie wird bemerkt worden sein, und sie wird sich aus dieser Situation gelöst haben und fortgefahren sein, und dann wird sie einen weiteren Halt gemacht haben, einen Halt, der gezeigt haben wird, daß sie damit zögerte, das, was sie gesehen hatte, ans Licht zu bringen. Da wird diese linksseitige Energie sein, die von ihrer Intuition stammt, die in dem betreffenden Zeitraum sehr stark gearbeitet haben wird. Sie war im Beariff, eine Entscheidung zu fällen, die nicht nur sie selbst, sondern alle, die sie kannten, in Gefahr gebracht hätte. Das war der Stand ihres Dilemmas im Augenblick ihres Todes. Die Orte werden Orte sein, an denen sie häufig gewesen sein wird – dort, wo sie selbst wohnte, und ein weiterer für sie sehr wesentlicher Ort.

»Dann ist sie also zu ihrer Wohnung zurückgefahren«, sagte Betty nachdenklich. »Dort hat sie jemanden gesehen – ihren Freund vielleicht? –, der etwas tat, von dem er versprochen hatte, er würde es nicht tun. Sie wollte es nicht glauben, bis sie es endgültig glauben mußte, und daher fuhr sie noch an einen anderen Ort, um das nachzuprüfen, was sie gesehen hatte. Vermuten Sie, daß sie überlegte, ob sie ihn der Polizei ausliefern sollte?«

»Lassen Sie uns darüber reden, nachdem Sie zum Ende gekommen sind«, sagte ich.

Frage: Was können wir über das Wüstenschloß erfahren, über die Besitzer oder die Anwesenden in der Nacht von Kaits Tod?

ANTWORT: Da ist ein Empfinden, als glitte etwas über die Brust, über das Herz-Chakra, und als stiege es die rechte Halsseite hinauf. Es wird so sein, als gäbe es ein sehr maskulines Empfinden, was diesen Ort betrifft.

»Die rechte Seite ist die männliche Seite«, erklärte Betty mir.

ANTWORT: Da ist diese Energie um dieses Wüstenschloß herum, die zeigen wird, daß in sehr kurzer Zeit etwas über diesen Ort ans Tageslicht kommen wird, das zeigen wird, daß die Dinge, die in der Nacht von Kaits Tod dort vorgefallen sind, etwas sein werden, das häufiger vorkommt, als man gedacht hat.

Da ist ein Empfinden für diesen Ort, als werde recht häufig über das Thema des Todes gesprochen, und es gibt eine bestimmte Art von Beziehung zum Tod. All dies wird, so scheint es, sehr an dem orientiert sein, was die Männer wollen, und es liegt darin eine Art kultähnlicher Energie, die um dieses Thema des Todes herum so stark ist, daß es einen auch emotional direkt trifft.

Es wird an diesem Ort einen geben, der behaupten wird, er sei der Besitzer, aber das ist eine Lüge. Derjenige besitzt überhaupt nichts und wird nach allen Beschreibungen zu nichts taugen.

Da ist ein Gefühl von Gesetzlosigkeit, das diesen Ort umgibt und die Transaktionen, die dort stattfinden. Es ist ein Treffpunkt für diejenigen, die Vorstellungen von einem Mißbrauch der Macht zu haben scheinen. Es gibt die Vorstellung, es sei alles erlaubt, solange es den unmittelbaren Zielen der Gruppe dient. Dies ist ein Ort, an dem jene anzutreffen sein werden, die mit dem Tod arbeiten und dies für Geld tun werden. Wer den Ort besitzt, ist fraglich, und das Gefühl sagt, er sei aus Furcht von dieser Gruppe von Bewohnern verlassen worden; Bewohner, die sich in ihren Handlungen und im Besitz dieses Ortes außerhalb der Gesetze stellen. Im wesentlichen empfange ich die Energie von einer Art Bandenkult.

»Ich empfange das Gefühl, daß die Leute in diesem ›Wüstenschloß‹ diejenigen sind, die den Mordbefehl ausgegeben haben«, sagte Betty. »Es macht auch den Eindruck, als würden sie dies wieder tun. Zumindest interpretiere ich so den Teil, wo es heißt, daß an jenem Ort bald etwas geschehen wird, das ›zeigen wird, daß die Dinge, die in der Nacht von Kaits Tod dort vorgefallen sind, etwas sein werden, das häufiger vorkommt, als man gedacht hat‹. Ich glaube, wir müssen uns auf einen weiteren Mord gefaßt machen.«

FRAGE: *Was können wir über die Person erfahren, die Kait bei einem Drogendeal beobachtet hat?*

ANTWORT: Die Person, die Kait in der Nacht ihres Todes beim Kauf von Drogen beobachtet hat, ist jemand von erheblicher Bedeutung. Dieser Mann achtet auf seinen Ruf und ist üblicherweise sehr vorsichtig bei allem, was er tut. Und doch wird es einen Augenblick gegeben haben, in dem ihn bestimmte dringende Bedürfnisse überkommen haben, und so wird es diesmal nicht die übliche Vorsicht gegeben haben. Da gibt es eine Furcht vor Entdeckung, die an Paranoia grenzt, und dies wird Teil seiner Furcht sein, da Kait ihn beobachtet hat. Er wird nichts mit dem zu tun gehabt haben, was danach geschah, aber seine Gefolgsleute werden darin verwickelt sein, und das muß bei Kaits Tod berücksichtigt werden.

»Dieser Mann hat den Mord an Kait nicht angeordnet, aber seine Anwesenheit hat ihn ausgelöst«, sagte Betty. »Woher haben Sie bloß derart weit hergeholte Fragen?«

Ich erzählte ihr von Noreen und Nancy und fühlte mich dabei so schuldig, als müßte ich gestehen, drei Freunde zugleich zu demselben Tanz eingeladen zu haben. Betty überraschte mich, indem sie sagte, daß sie es für eine ausgezeichnete Idee hielt, sich Material aus verschiedenen Quellen zu verschaffen.

»Spiritistische Medien sind nicht alle gleich«, sagte sie. »Unsere Fähigkeiten unterscheiden sich, und wir nutzen unterschiedliche Formen von Energie. Daher werden Sie ein ausgewogeneres Bild bekommen, wenn Sie mehrere zusammenbringen und dann vermischen.«

Sie zeigte sich interessiert an Noreens Phantombildern und bat mich, ihr Kopien zu schicken. Als ich diese zur Post brachte, sandte ich auch gleich Abzüge der Bilder des »Wüstenschlosses« an Nancy Czetli und fragte sie, ob dies der Ort war, an dem Kait den Drogenhandel beobachtet hatte.

Don und ich flogen am 14. Dezember nach Florida ab, und die bloße Tatsache, daß wir aus Albuquerque fort waren, fort von den Erinnerungen, die es für uns verkörperte, genügte, um uns beinahe unbeschwert werden zu lassen. In gewisser Weise waren die glücklichen Erinnerungen schmerzvoller als die traurigen, da sie Teil einer Vergangenheit waren, die wir niemals wieder erleben würden.

Zunächst flogen wir nach Orlando, wo wir zwei Tage wie Kinder auf einem Ferienausflug verbrachten. Wir besichtigten die Universal-Studios, genossen den Sonnenschein und die Blumen und das lauwarme Wasser. Dann mieteten wir uns einen Wagen und fuhren in das nahegelegene Maitland, damit ich Noreen Renier für meinen Artikel für *Woman's Day* interviewen konnte.

Noreen erwies sich als hübsche, dunkelhaarige Frau mit einem markanten Gesicht und der geschmeidigen, gepflegten Figur einer Tennisspielerin. Sie erzählte uns, daß sie als Kind noch keinerlei spiritistische Fähigkeiten besessen hatte und sich erst für das Paranormale zu interessieren begann, als sie in der Public-Relations-Abteilung eines Hyatt-Hotels beschäftigt war und dort für ein spiritistisches Medium arbeiten sollte, das eine Zeitlang in dem Hotel wohnte.

»Allein schon die Gegenwart dieser Frau übte eine sonderbare Wirkung auf mich aus«, sagte sie. »Sie besaß eine außergewöhnliche Kraft, oder vielleicht war ich auch sehr empfänglich. Sie förderte mein Interesse, und ich begann, Bücher über das Thema zu lesen und schließlich mit zwei Freundinnen erste Meditationen zu versuchen.

Eines Nachmittags meditierten wir mit geschlossenen Augen, als sich mein Körper urplötzlich so anfühlte, als hätte ihn irgend jemand in eine Steckdose eingestöpselt. Ich hörte, wie meine Stimme von ganz allein zu reden begann, und ich dachte, ich wäre im Begriff, verrückt zu werden! Ich öffnete die Augen, und meine Freundinnen starrten mich voller Entsetzen an. Eine nahm einen Schluck aus meiner Kaffeetasse, um herauszufinden, was zum Teufel ich dort trank, und die andere weinte, weil ich ihr gerade eine Botschaft von ihrer toten Mutter überbracht hatte!«

Noreen sagte, daß sie fünf Jahre lang Laboruntersuchungen an der Duke University und an der Psychical Research Foundation unterzogen wurde, ehe sie dann begonnen hatte, für die Polizei zu arbeiten.

»An der Universität haben sie mich an ein EEG-Gerät gehängt«, sagte sie. »Erst haben sie mich ganz einfach so genommen und meine Hirnströme überwacht. Dann baten sie mich, mich psychometrisch auf einen Gegenstand einzustellen, und sie entdeckten, daß ich dafür einen anderen Teil meines Gehirns benutzte. Die medialen Fähigkeiten kommen von der Gefühlsseite. Man findet nicht so viele männliche Medien wie weibliche, weil die Männer von Kindesbeinen an dazu erzogen worden sind, ihre Gefühle zu unterdrücken.«

Ich fragte, ob die Fotos Kaits »Wüstenschloß« zeigten, so wie sie es gesehen hatte.

»Das weiß ich nicht«, sagte sie. »Ich bekomme diese Eindrükke in einem Trancezustand, und wenn ich daraus zurückkehre, erinnere ich mich an gar nichts mehr. Ich habe mir die Dinge, die ich gesagt habe, noch einmal auf dem Band angehört, und dieser Ort entspricht meiner Beschreibung, aber solange ich nicht Kait als Sprachrohr diene, habe ich keine Möglichkeit, es zu überprüfen.«

Als wir wieder in unserem Mietwagen saßen, fragte ich Don: »Was für einen Eindruck macht sie auf dich?«

»Ich mag sie«, sagte er. »Und ich schätze ihre Aufrichtigkeit; sie gibt nicht vor, mehr zu sein, als sie tatsächlich ist.«

Lois Duncan mit dem Medium Noreen Renier in Maitland, Florida

Weihnachten 1990 in Florida. Stehend: Don und Lois. Zweite Reihe, sitzend: Bret; Robin; Donnie; Schwiegersohn Ken mit Erin, 5. Auf dem Boden sitzend: Kerry mit Brittany, 3.

Dieses Weihnachtsfest war weniger traumatisch als das vorangegangene. Wir mieteten ein paar Zimmer in der Nähe meiner Stiefmutter, und Robin und Brett kamen von der Ostküste, um mit uns zusammen zu sein. Sogar unsere jüdische Abteilung kam über die Feiertage her; sie nannten ihren Besuch pflichtschuldigst einen »Winterausflug«. Wir schmückten einen Baum mit Muscheln und Weihnachtssternen, und nachdem wir die Zeremonie mit dem Auspacken der Geschenke hinter uns gebracht hatten, verbrachten wir den Tag am Strand.

Ich beschloß, den Aufenthalt in Florida dafür zu nutzen, für das Zirkusbuch zu recherchieren, und widmete einen Vormittag einem Interview mit den »Großen Wallendas«. Carla, die seiltanzende Fünfjährige von den Fotos meines Vaters, war inzwischen eine Großmutter mit einem eigenen Zirkus, die faszinierende Geschichten über ihre europäischen Vorfahren zu erzählen hatte.

»Meine Großeltern pflegten ihren Zirkus mit Pferdewagen bei Nacht von einer kleinen Stadt zur anderen zu transportieren«, berichtete sie mir. »Zwischen den Orten wurden sie dann manchmal von Wölfen angegriffen. Dann banden sie ein Pferd los, erschossen es und und ließen den Kadaver zurück, um die Wölfe so lange zu beschäftigen, bis sich die Artisten in Sicherheit gebracht hatten.«

Ich mußte einen Schauder unterdrücken, als ich mich an Bretts Essay erinnerte, der von den Wölfen handelte, die in unsere Herde eingedrungen waren und ein Lamm gerissen hatten.

Bei unserer Rückkehr nach Albuquerque fanden wir eine Nachricht von Nancy Czetli auf unserem Anrufbeantworter vor:

»Ich habe die Bilder bekommen, die Sie mir geschickt haben, und es ist nicht das richtige Haus.«

Die Enttäuschung brach über mich herein wie ein Erdrutsch. Ich war so sicher gewesen! Und dennoch: Als Don eine Karte hervornahm und eine Zwölf-Meilen-Linie in Richtung halb drei auf einer imaginären Uhr zog, konnte ich sehen, daß mein Anwesen, das ich fotografiert hatte, viel zu weit nördlich lag. Mit dieser Karte verbrachten wir den größten Teil des Neujahrstages im Wagen, immer am Fuß der Berge entlangfahrend und auf der Suche nach Häusern, die wir dann fotografierten. Es gab eine ganze Anzahl beeindruckender Residenzen mit stuckverzierten Wänden, flachen Dächern und halbkreisförmigen Auffahrten, aber keine davon hätte man mit Fug als »Schloß« bezeichnen können.

»Es gibt keine Möglichkeit, den Ursprung dieser Bezeichnung herauszufinden«, gab Don zu bedenken. »Es könnte ein Codename sein. Oder vielleicht hat der Besitzer immer von einem ›Schloß‹ gesprochen, weil der Bau so teuer gewesen ist.«

Wir machten drei ganze Filme voll und schickten die Aufnahmen dann an Nancy.

Am nächsten Tag erlebten wir eine weitere Enttäuschung. Ich bekam einen Anruf von Paul Becht, der Nachrichten von unserem Privatdetektiv in Kalifornien hatte. Er hatte erbärmliche Arbeit geleistet. Er hatte sich nicht nur als unfähig erwiesen, irgend etwas über die R-&-J-Autovermietung herauszufinden, er hatte auch noch den Anwalt Minh Nguyen Duy in seinem neuen Büro in Van Nuys in Kalifornien aufgesucht, anstatt insgeheim Nachforschungen über ihn anzustellen, und ihn direkt gefragt, wie seine Beziehungen zu Business Management Systems aussahen. Duy hatte kategorisch abgestritten, jemals von dieser Firma gehört zu haben, und der Detektiv hatte diese Behauptung ohne weitere Fragen akzeptiert, und das trotz der Tatsache, daß jene Firma dieselbe Adresse und dieselbe Telefonnummer aufwies wie Duys ehemalige Praxis.

»Es tut mir leid, daß die Sache nicht so gelaufen ist, wie wir gehofft hatten«, sagte Paul.

»Wir haben es zumindest versucht«, erwiderte ich. »Und inzwischen ist noch etwas anderes zum Vorschein gekommen, das mir Grund zu der Vermutung gibt, daß diese Versicherungssachen nur die Spitze eines Eisbergs sind.«

Ich erzählte ihm von dem Anruf des Informanten, der mir erzählt hatte, daß Kait Zeugin bei einem Drogendeal geworden war. Ich war versucht hinzuzufügen, daß drei verschiedene spiritistische Medien, die von diesem Anruf nichts wußten, genau das gleiche gesagt hatten, aber ich wollte meine Glaubwürdigkeit nicht aufs Spiel setzen und ließ daher die Aussage meines Informanten für sich sprechen.

»Ich denke, wir sollten diesen telefonischen Hinweis ernst nehmen«, meinte Paul. »Er kam genau in dem Augenblick, als das neue Telefonbuch herausgekommen war, was für mich den Gedanken nahelegt, daß der Informant vermutlich schon früher hatte anrufen wollen, aber nicht wußte, wie er euch erreichen sollte, da der neue Anschluß ja nicht eingetragen war. Aber der Tip nützt uns nichts, solange wir nicht die Namen der beteiligten Leute haben. Es gibt eine ganze Menge Hinweise darauf, daß Kaits Freund oder seine Freunde als Drogenkuriere gearbeitet haben, aber wir haben keinerlei konkrete Beweise, wie sie für eine Verurteilung erforderlich sind.«

»Ich habe aber jede Menge Beweise dafür, daß sie die Staatsgrenzen überquert haben, um Versicherungsbetrug zu begehen«, sagte ich. »Und ich habe Bao Trans Scheck, um zu beweisen, daß er die Geschichte mit den fingierten Unfällen finanziert hat. Weder die Polizei noch das FBI denken daran, sich darum zu kümmern. Gibt es denn irgendeine Möglichkeit, wie wir die Behörden dazu zwingen können, irgend etwas zu unternehmen?«

»Die Versicherungsgesellschaften könnten es schaffen«, sagte Paul. »Welche Gesellschaften sind denn im Namen der Autoverleiher für die ›Geschädigten‹ zahlungspflichtig geworden?«

»National General, State Farm, Progressive und Farmers. Und sämtliche vorgetäuschten Verletzungen wurden im Humana Hospital behandelt.«

»Ich kenne ein paar Leute bei einigen dieser Gesellschaften«, sagte Paul. »Ich werde denen einfach einmal das Material zukommen lassen, das du zusammenbekommen hast, und dann werden wir ja sehen, wie sie reagieren. Aber selbst wenn Bao Tran und die anderen wegen Versicherungsbetruges verhaftet und vielleicht sogar verurteilt werden, bekommst du sie immer noch nicht wegen Mordes zu fassen, solange du nicht mehr Beweise hast.«

25

Ein paar Tage später rief Nancy Czetlis Sekretärin an und sagte uns, daß Nancy unseren neuen Stapel mit Photos durchgesehen hatte und bei zweien der Bilder sehr stark reagiert hatte. Unser erster Gedanke war, daß sie sich nicht festlegen wollte, aber als wir uns die Negative genau ansahen, stellten wir fest, daß die Bilder, die sie ausgesucht hatte, zwei sehr unterschiedliche Ansichten desselben Gebäudes zeigten, eine Frontalansicht und dann noch einen Schnappschuß von der Seite, als wir auf unserem Weg aus den Bergen daran vorbeigefahren waren.

Ich verabredete eine weitere telefonische Sitzung mit Nancy:

NANCY: Nachdem ich mir die Fotos angesehen habe, glaube ich, daß Kait an jenem Abend und zu anderen Zeiten in der Gegend dieses Hauses und vermutlich auch in dem Haus selbst gewesen ist, und sie dürfte gewußt haben, daß dort Drogengeschäfte gemacht wurden. Dies war ein Teil der Machenschaften, die sie ans Licht bringen wollte.

Seltsam daran ist, daß sie in dem Augenblick, als der Austausch stattfindet, nicht im Haus ist, sondern draußen. Die Leute, die mit diesem Deal zu tun haben, sind nicht dieselben, die das Haus besitzen. Ich weiß nicht, ob der Mann ein Freund ist und hinkommen kann, wann immer er möchte; ob er es vielleicht gemietet hat oder sonst etwas, aber es ist nicht sein Haus. Und ich glaube nicht, daß der Besitzer dieses Hauses irgend etwas von diesen Aktivitäten wußte. Dieses Gebäude wurde als Ort für die Übergabe benutzt, aber soweit ich es sagen kann, war der Besitzer zu jener Zeit nicht da.

Zu denen, die zum Zeitpunkt der Übergabe im Haus waren, gehören zwei kleine, nicht sehr kräftig gebaute Asiaten und ein Weißer. Er ist mittleren Alters, recht stämmig und hat glänzendes schwarzes Haar.

LOIS: Haben Sie das Gefühl, daß diese Asiaten diejenigen waren, die diese Drogen beschafft hatten?

NANCY: Die beiden Asiaten hatten mit dem Transport der Drogen zu tun. Ich habe das Gefühl, daß Albuquerque der Knotenpunkt eines weitverzweigten Netzwerkes ist und daß Drogen aus zumindest zwei Staaten hierhergeschafft werden.

LOIS: Was sagt Ihnen Ihr Gefühl über die jetzige Situation in diesem Haus?

NANCY: Es scheint jetzt sauber zu sein. Sie benutzen es nicht mehr als Drogen-Umschlagplatz.

LOIS: Wie sind sie dort hineingekommen?

NANCY: Mit einem Schlüssel. Der Weiße hatte einen Schlüssel. Er muß den Besitzer des Hauses kennen, denn er hatte einen Schlüssel und die Erlaubnis, dort zu sein.

LOIS: Haben Sie das Gefühl, daß dies der Mann war, der den Mordbefehl erteilt hat?

NANCY: Nein, mit Sicherheit nicht. Dieser Mann war in keiner Weise für den Mord an Kait verantwortlich, und es ist auch nicht sicher, daß ihm überhaupt klar ist, daß dieser Mord mit dem, was er getan hat, in Verbindung steht. Als er erfuhr, daß man sie umgebracht hatte, ist ihm anfangs wohl in den Sinn gekommen, daß es da irgendwelche Zusammenhänge geben könnte, da er ja wußte, worin sie verwickelt war. Aber inzwischen hat er sich die in der Öffentlichkeit akzeptierte Version der Ereignisse zu eigen gemacht. Er hat ihre Ermordung nicht angeordnet, das möchte ich hier ganz klar feststellen.

LOIS: Gleich nachdem man Kait für hirntot erklärt hatte, wurde aus ihrer Wohnung bei jemandem in Santa Ana angerufen. Hatte das mit den Drogengeschäften zu tun?

NANCY: Ich glaube, dieser Mann ist derjenige, der einen Mordkontrakt auf Kait ausgegeben hat. Und als der Kontrakt erfüllt war, wurde dieser Mann benachrichtigt, und es kam zu einer weiteren Geldübergabe. Es hatte eine Vorauszahlung gegeben, und dann erfolgte eine weitere Zahlung. Aber ich fühle, daß diese zweite Rate niemals in den Besitz der Mörder gelangt ist. Das Geld wurde unterwegs gestohlen.

LOIS: Worin bestand die Verbindung zwischen diesen Vietnamesen und den tatsächlichen Mördern? Wir brauchen unbedingt irgendein Verbindungsglied.

NANCY: Für mein Gefühl sind die Drogen das einzige Verbindungsglied. Junge Burschen hispanischer Abstammung dienen als Kuriere von einem anderen Teil des Netzwerks nach Albuquerque. Es ist der lateinamerikanische Teil des Transportsystems. Und wenn man in solch einer Art Netzwerk arbeitet, sagt man nicht nein zum Boß, wenn man nicht irgendwo tot aufgefunden werden möchte. Es ist also nicht so, als hätten sie eine nennenswerte Wahl gehabt. Man hat ihnen gesagt, was sie tun sollten, und sie haben es getan. Aber sie wurden dafür bezahlt und haben das Geld sehr schnell durch den Schornstein gejagt.

LOIS: Was ist mit Juve Escobedo, der vermutlich den Wagen der Mörder gefahren hat? Haben Sie irgendeine Vorstellung davon, wo er jetzt ist?

NANCY: Ich spüre, daß er sich im Augenblick im nördlichen Mexiko aufhält. Er ist allerdings schon ein paarmal hiergewesen. Er hat ziemliche Freiheiten, weil er weiß, daß niemand wirklich ernstlich nach ihm sucht. Er dürfte vermutlich gegen Ende nächster Woche wieder in der Stadt sein.

LOIS: Sagt Ihnen Ihr Gespür, daß die Polizei Dinge zu vertuschen versucht? Ist jemand bestochen worden?

NANCY: Nein, ich habe nicht das Gefühl, daß irgendwelches Geld bezahlt wurde. Ganz am Anfang ist etwas passiert; ich weiß nicht, was es war –, das den Grund dafür lieferte, daß die Nachforschungen nicht in die richtige Richtung gingen, aber als die Polizei dann die Hispanos als die Mörder identifiziert hatte, waren fast alle bei der Mordkommission davon überzeugt, daß es ein reiner Zufall war. Cops können sehr blind werden, wenn sie glauben, sie hätten etwas herausgefunden. Es ist also nicht direkt der Versuch; etwas zu vertuschen, auch wenn es ganz sicher so aussehen mag. Es ist eher so, als hätten sie den Fall gelöst und wollten jetzt nicht begreifen, warum Sie immer noch solchen Ärger machen.

Ich glaube allerdings, daß es unter den Detectives einen gibt, der ganz Ihrer Meinung ist. Er wagt es nicht, das zuzugeben, aber er findet, daß Sie recht haben. Da gab es einfach zu viele Dinge im Zusammenhang mit diesem Freund, die nicht zusammenpaßten. Er hat die Sache weiter verfolgt, aber er will nicht, daß irgendwer davon Wind bekommt. Aber es gibt zumindest noch einen Beamten, der noch immer nicht zufrieden ist.

LOIS: Sind Sie sicher, daß es sich um einen Mann handelt? (Ich hoffte, es wäre Sergeant Lowe.)

NANCY: O ja, ganz sicher, und er ist ein sehr guter Ermittler. Er verfügt selbst über gewisse, über das Normale hinausgehende Fähigkeiten, aber das würde er nie zugeben. Er wußte, daß der Freund nur Lügen erzählte, und das erschien ihm äußerst verdächtig. Also denkt sich dieser Ermittler, wenn er nichts mit der Sache zu tun hatte, warum sollte er dann lügen? Dieser Mann versteht es, einen Charakter zu lesen. Er wußte, wen er da vor sich hatte.

LOIS: Glauben Sie, daß er Erfolg haben wird?

NANCY: Ich glaube, daß die Tragödie an dieser Sache darin liegt, daß dieses Rätsel erst dann gelöst werden wird, wenn ein weiterer Mord geschehen ist. Dieser Detective hat den Freund überprüft, und meinem Gefühl nach hat er ein Paar von seinen Freunden bei der Drogenfahndung wissen lassen, daß der junge Mann möglicherweise in Drogengeschäfte verwikkelt ist. Der Tag scheint nicht mehr fern zu sein, an dem sie ihn hochnehmen werden.

Ich glaube auch, daß einer der anonymen Anrufe, die bei der Polizei eingegangen sind und in denen irgend jemand zu wissen behauptete, wo man nach den Mördern suchen müsse, von den Leuten selber stammte, die den Mordauftrag gegeben hatten. Sie hatten nicht ihre eigenen Leute beauftragt, weil von vornherein geplant war, die Mörder ans Messer zu liefern. Auf diese Art konnten sie weitere Nachforschungen verhindern. Hätte man weiter ermittelt, wären die ganzen schmutzigen Geschäfte der Vietnamesen ans Licht gekommen. Was für uns, die wir normale, konventionelle Leben leben, so entsetzlich ist, ist die Leichtigkeit, mit der man jemanden findet, der willens ist,einen Mordauftrag zu übernehmen. Es ist nicht mal besonders teuer.

LOIS: Ich nehme an, Juve, der Fahrer, wird nicht auftauchen?

NANCY: Oh, sie werden ihn schon irgendwann kriegen, aber ich glaube nicht, daß man ihn vor dem Sommer finden wird, frühestens. Aber wie ich gesagt habe, wird er Ende nächster Woche in der Gegend sein. Wenn sie seine üblichen Schlupflöcher im Auge behalten, könnten sie ihn erwischen.

LOIS: Glauben Sie, daß Kait gespürt hat, was mit ihr passieren würde?

NANCY: Nach dem, was ich von Kait empfange, hatte sie Alpträume darüber – wie sie ein Wagen verfolgte und wie sie die Schüsse hörte, und im Traum wußte sie sofort, daß sie nicht davonkommen würde. Deshalb hat sie auch alles versucht, als sie den Wagen hinter sich sah, weil sie sich an den Traum erinnerte, und sie versuchte verzweifelt, ihnen zu entkommen.

LOIS: Spüren Sie, daß Kait weiterhin als Kait existiert und nicht bloß als eine Art Energie?

NANCY: Sie existiert als etwas, das mehr ist als das, was Kait war. Wenn man nämlich die Trennlinie zwischen dieser Dimension und der Dimension überschreitet, in welcher die Seelen zwischen ihren Lebenszeiten verharren, verfügt man über mehr Wissen und ein größeres Verständnis für den Entwicklungsprozeß der Seele, als wir jemals haben können.

LOIS: Glauben Sie, daß wir je wieder mit den Menschen zusammenkommen werden, die wir lieben?

NANCY: In jedem Fall. Wenn man diese Linie überschreitet, begegnet man unweigerlich jemandem, den man wiedererkennt und mit dem man sich wohlfühlt, und das ist der Zweck dieser Begegnung. Sie wollen nicht, daß man sich fürchtet.

LOIS: Ich frage mich, wen Kait getroffen hat.

NANCY: Nach meinem Gefühl war es ein älterer Herr – nach seinem Alter zu urteilen, würde ich sagen, daß er vermutlich ein Großvater gewesen ist –, der ihr wirklich ungeheuer geholfen hat, denn sie hat immer noch große Angst. Ihr war nicht klar, daß sie tot war, und sie versuchte immer weiter zu fliehen.

Er war mit zwei Frauen zusammen. Kait kannte eine von ihnen, und die andere hatte sie zwar niemals persönlich getroffen, aber sie wußte instinktiv, wer sie war. Sie war nicht lange allein. Sie waren von Anfang an für sie da.

LOIS: Mein Vater starb, als Kait fünfzehn war, und Dons Mutter, als sie elf war. Meine eigene Mutter starb drei Jahre vor Kaits Geburt.

An dem Morgen des Tages, als sie erschossen wurde, kam Kait zu uns und wollte die alten Familienalben durchsehen. Das erstaunte mich, weil sie sich vorher nie dafür interessiert hatte. Ich suchte sie hervor und setzte mich mit ihr hin, und sie suchte immer wieder die Bilder mit meiner Mutter heraus und sagte: »Sieh doch, Mutter, sie sieht genau so aus wie du!« Glauben Sie, daß sie unbewußt versuchte, eine Verbindung zu ihr zu knüpfen?

NANCY: Sie erkannte sie alle irgendwie. Sie wußte, in welcher Beziehung sie zu ihr standen. Zunächst begriff sie die Bedeutung noch nicht – warum sie da waren, warum sie da war, was genau geschehen war –, aber schließlich gelang es ihnen zu ihr durchzudringen und sie zu beruhigen.

LOIS: Haben Sie irgendein Gefühl dafür, wie es ihr jetzt geht?

NANCY: Ich habe das Gefühl, daß sie über ihre neuen Möglichkeiten ganz aufgeregt ist. Sie ist über sich selbst und die Art, wie sie ihr Leben gelebt hat, ziemlich enttäuscht. Sie hat das Gefühl, sie habe Sie und sich selbst enttäuscht. Aber das will sie überwinden. Sie ist sehr neugierig. Sie ist außerordentlich daran interessiert, was sie nun lernen kann. Sie lernt gerne.

LOIS: Ist sie über das auf dem laufenden, was hier geschieht?

NANCY: Vollkommen. Und sie läßt Ihnen sagen: »Mach dir keine Sorgen. Auch wenn sie nicht verurteilt werden, macht es nichts.« Und ich weiß, was sie damit meint, denn wenn man in diese andere Dimension hinüberwechselt, muß man sich mit sich selbst auseinandersetzen. Ich denke, das ist in gewisser Weise mit dem Jüngsten Gericht gemeint. Alles, was man getan hat, ist Gott bekannt, und man muß Rechenschaft darüber ablegen, wie man während seiner vergangenen Lebenszeit karmisch gewachsen ist oder auch nicht. Daher wird es sie nicht so stark treffen, wenn diese Leute nicht verurteilt werden, da sie sicher ist, daß diese Leute das bekommen, was sie verdienen.

Was ihr allerdings Sorge bereitet, ist die Angst vor weiteren Morden. Das macht ihr großen Kummer.

LOIS: Morde an Mitgliedern unserer Familie?

NANCY: Nein, ganz allgemein, Morde dieser speziellen Gruppe von Drogenhändlern. Sie ist außerordentlich besorgt darüber, daß sie einen weiteren Mord begehen könnten. Sie hat dies mit den Menschen durchgesprochen, die ihr helfen zu lernen, wie sie wieder in Verbindung treten kann.

LOIS: Was meinen Sie damit, »helfen zu lernen, wie sie wieder in Verbindung treten kann«?

NANCY: Telepathie will erst gelernt sein. Kait kann zwar empfangen, aber es fällt ihr noch schwer zu senden.

LOIS: Gibt es etwas, was ich tun kann, um ihr dabei zu helfen?

NANCY: Sie werden vermutlich um so mehr helfen können, je eher ihre Wunden heilen. Der Geist vermag sowohl zu senden als auch zu empfangen. Sie kennen das doch, wenn Sie etwas verloren haben und überall danach suchen, ohne es zu finden, endlich aufgeben und weggehen, nur um sofort darauf zu kommen, wo es ist. Die Ursache dafür ist, daß Sie ihren Geist ganz auf Senden eingestellt haben, und erst wenn Sie nicht mehr derart blockiert sind, kann eine Information durchkommen. Es ist ein subtiler Unterschied, in der Art zu denken. Meditation kann einem helfen, es besser zu steuern.

LOIS: Wir wissen nicht, wann der Prozeß stattfinden wird.

NANCY: Sie werden ihn weiter verschieben.

LOIS: Wir haben Sorge, daß man uns aus dem Gerichtssaal fernhalten wird.

NANCY: Tatsächlich wäre das auch egal. Ich rate meinen Klienten immer – nicht daß sie auf mich hören würden, aber ich rate es ihnen trotzdem –, sich vom Gerichtssaal fernzuhalten, weil das, was sich dort abspielt, nichts mit der Suche nach der Wahrheit zu tun hat, sondern mit der Frage, wer die beste Show abzieht. Die Theorie, nach der unser Justizsystem aufgebaut wurde, ist gut, und wenn die Menschen in der Weise handeln würden, wie es beabsichtigt war, wäre alles in Ordnung, aber so geschieht es nicht.

Und lassen Sie mich Ihnen noch einen anderen Rat geben. Versuchen Sie sich mit der Anklagebehörde zu arrangieren. Ich habe das Gefühl, daß sich Ihre Beziehung zur Polizei im Augenblick recht schwierig gestaltet. Die Anklagebehörde ist Ihnen gegenüber sehr mißtrauisch, weil Sie als einigermaßen verrückt gelten. Sie halten Sie sogar für so verrückt, daß Sie deren Fall schaden könnten. Wenn Sie ihnen klarmachen können, daß das nicht Ihre Absicht ist, werden die sich auch wieder kooperativer zeigen. Im Augenblick allerdings haben sie ziemlich starke Vorurteile, was Ihre Person betrifft.

Wir wollten wissen, wem das Wüstenschloß gehörte, auch wenn der Besitzer nichts mit dem Drogenring zu tun hatte und sein Haus aus Furcht vor dieser Gruppe verlassen hatte.

Als ich selbst nichts über das Haus herausfinden konnte, bat ich eine Freundin, die im Immobiliengeschäft tätig war, für mich nachzuforschen, und sie fand den Namen des Besitzers heraus.

Nach den amtlichen Eintragungen war er der einzige Bewohner.

Ich gab diese Information an Robin weiter, die eine Kreditauskunft über den Mann einholte. Diese erwies sich als äußerst ungewöhnlich. In den anderthalb Jahren seit Kaits Tod hatte er viermal einen Kredit beantragt und dabei jedesmal eine andere Adresse angegeben. Keine davon war die Adresse des Wüstenschlosses.

Ich holte unseren Stadtplan hervor und zog mit meiner Kamera los, um jede dieser Adressen zu fotografieren; die Bilder wollte ich an Nancy senden, um zu sehen, ob sie das Geheimnis dieses Mannes lüften konnte. Die Straßen waren auf meiner Karte verzeichnet und leicht zu finden, aber alle endeten sie kurz vor der angegebenen Hausnummer. Der Besitzer des Wüstenschlosses wollte augenscheinlich nicht gefunden werden. Keine der Adressen von seinen Kreditanträgen existierte.

26

Februar. Der scheußlichste Monat des Jahres. Der Herbst ist längst vorbei, und bis zum Frühling ist es noch so lange hin, daß es sich nicht einmal lohnt, daran zu denken.

Der Ententeich im Park hinter unserem Wohnhaus in der Stadt war zugefroren, und die Enten watschelten vorwurfsvoll auf dem blauschwarzen Eis umher; sie konnten nicht verstehen, warum sie nicht mehr im Wasser herumpaddelten. Dons Wagen sprang morgens nicht mehr an, wenn er ihn nicht anschob. Donnie verletzte sich am Knie und mußte operiert werden. Ich begann mit der Arbeit an den Texten zu *The Circus Comes Home* (Der Zirkus kehrt heim), schrieb einen weiteren Artikel für *Woman's Day* und schickte auch den Beitrag ab, den Dr. Roll für seine parapsychologische Zeitschrift erbeten hatte.

Jemand machte ein Kaufangebot für unser Haus, und unsere Maklerin gab uns den Rat, es anzunehmen, obwohl es viel niedriger war, als wir gehofft hatten. Sie sagte, die ganzen Schlagzeilen über Kaits Tod hätten einen negativen Effekt auf potentielle Käufer gehabt, die sich morbide Gedanken darüber machten, »in welchem Raum das ermordete Mädchen geschlafen hatte«. Wir nahmen das Angebot an und schlossen endgültig mit dem Haus ab, wobei wir uns mit dem Bewußtsein trösteten, daß es jetzt eine Sache weniger gab, um die wir uns Sorgen machen mußten.

Donnie verkündete, daß er vorhabe, nach Florida zu ziehen, weil Albuquerque für ihn nicht länger ein Zuhause sei, und obwohl er gerade von seiner Firma für besondere Leistungen ausgezeichnet worden war, beschloß Don, sich vorzeitig in den Ruhestand versetzen zu lassen, so daß auch wir zum Jahresende fortziehen konnten.

Wir wußten nicht, wohin wir gehen würden; wir wollten nur »irgendwohin, fort von hier«.

Auf unsere Anfrage teilte uns die Staatsanwaltschaft mit, daß für den Prozeß immer noch kein Termin anberaumt worden sei. Die einzige Auskunft, die man uns zu geben bereit war, besagte, daß der Termin immer wieder »in gegenseitigem Einvernehmen« verschoben worden sei. Juve Escobedo war immer noch nicht in Haft, obwohl ihm andauernd halb Albuquerque irgendwo zu begegnen schien. Eine Fremde, die mich nur vom Fernseher her kannte, sprach mich im Lebensmittelladen an und sagte mir, sie habe die Polizei angerufen, um ihr mitzuteilen, daß Juve sich bei seiner Freundin aufhalte, aber niemand sei gekommen, um ihn festzunehmen.

Am 14. Februar ging ich auf den Friedhof und fand zu meiner Überraschung ein Blumengesteck auf Kaits Grab. Es waren in Herzform arrangierte Vergißmeinnicht und Rosenknospen, und ein kleines rosa Herz schaukelte fröhlich auf einem Pfeifenreiniger. Zuerst dachte ich, die Blumen müßten von Dung stammen, aber dann fiel mir ein, daß Kait mir erzählt hatte, vietnamesische Männer hätten kein Verständnis für so etwas wie den Valentinstag. War es möglich, daß Kaits »anderer Freund« dagewesen war und um sie getrauert hatte?

Ich setzte mich auf das braune verfilzte Gras nieder und weinte für uns alle.

In jener Nacht träumte ich von Kait. Sie war etwa zehn Jahre alt und stand an meinem Bett.

»Ich brauche zwei Bläter von deinem guten Papier, damit ich meiner Freundin Greta schreiben kann«, sagte sie.

Der Traum war mir noch so deutlich gegenwärtig, als ich am Morgen erwachte, daß ich mich fragte, ob er nicht etwas zu bedeuten hätte. Ich suchte Kaits Wochenplaner heraus, in dem alle ihre Telefonnummern standen, aber es war keine Greta aufgeführt.

Dann fiel mir ein, daß sie Greta Alexander meinen könnte, das einzige Medium, das nicht auf meinen Brief geantwortet hatte. Ich schrieb ihr einen zweiten Brief, in dem ich ihr erklärte, daß Kait nach ihr fragte.

Greta rief mich an.

»Es tut mir leid, daß ich nicht schon eher angerufen habe«, sagte sie. »Ihr erster Brief ist in meinem Poststapel verlorengegangen. Ich würde gerne an einem der nächsten Abende einmal mit Ihnen reden, wenn das möglich wäre.«

»Sehr gerne«, sagte ich. »Ich glaube, daß meine Tochter mir durch Sie eine Botschaft zukommen lassen will.«

»Sie sagte mir: ›Wenn es dunkel ist, wenn das Licht am Himmel ist‹«, sagte Greta. »Dann will sie sich melden.«

»Haben Sie denn schon mit ihr in Verbindung gestanden?«, fragte ich ungläubig.

»Darauf können Sie wetten.«

»Wann wäre es Ihnen denn recht?«

»Ich muß sehen«, sagte Greta zu mir. »Ich habe gestern fünf Fälle für die Polizei übernommen, und im Moment bin ich gefühlsmäßig ziemlich am Ende. Ich würde das gerne spontan entscheiden und erst noch einmal abwarten, wie sich alles weiterentwickelt.«

Ich hatte gedacht, ich wüßte inzwischen über spiritistische Medien Bescheid, aber offensichtlich hatte ich noch einiges zu lernen.

Dr. Roll hatte meinen Artikel bekommen und rief mich an, um sich zu bedanken.

»Sollten wir uns nicht mit Vornamen anreden?« fragte er. »Ich würde mich freuen, wenn Sie mich Bill nennen würden. Ich fand die Phantombilder von Noreen faszinierend. Ich darf doch davon ausgehen, daß der Mann auf dem Bild nicht der wirkliche Mörder ist, oder?«

»Wir haben keinen Grund, das anzunehmen«, sagte ich. »Noreens Empfinden nach war dies Kaits Art, uns wissen zu lassen, daß es um einen Mordauftrag ging, der im Zusammenhang mit Drogengeschäften stand. Auch Nancy Czetli glaubt, daß der Mord mit Drogen zu tun hat.«

»Wieviel an Informationen haben Sie diesen Medien gegeben, als Sie ihnen geschrieben haben?«

»Sie hatten ausdrücklich darum gebeten, daß ich ihnen gar

nichts erzählen sollte«, sagte ich. »Das einzige, was sie wollten, waren ein paar Dinge aus Kaits Besitz und Bilder vom Tatort.«

»Und die Polizei hat nichts mit diesen Versuchen zu tun?«

»Sie würden so etwas niemals akzeptieren.«

»Sie haben vermutlich recht«, sagte Bill. »Meine Erfahrungen bei der Zusammenarbeit mit der Polizei sind sehr enttäuschend gewesen, weil die meisten nicht mit der Tatsache zurechtkommen, daß übersinnliche Wahrnehmung nichts mit exakter Wissenschaft zu tun hat. In unserem Alltagsleben sind wir daran gewöhnt, uns auf den Gegenstand zu konzentrieren, an dem wir am meisten interessiert sind. Übersinnliche Wahrnehmung scheint aber so gerade nicht zu funktionieren. Für ein Medium ist es oft ziemlich schwer, sich auf ein Zielobjekt zu konzentrieren, und was ihm in den Sinn kommt, kann alles mögliche von dem sein, was mit der Situation zu tun hat.

Wenn man ein Medium an solch eine Aufgabe setzt, versucht man üblicherweise mit Gegenständen, die dem Zielobjekt gehört haben, diese Konzentration zu ermöglichen. Normalerweise hilft das auch. Aber selbst dann bleibt immer noch ein Rest an Ungewißheit, den wir bislang nicht haben überwinden können, da wir noch immer nicht ganz sicher sind, wie übersinnliche Wahrnehmung überhaupt funktioniert. In Laborexperimenten nennt man diesen Rest an Ungewißheit ›Verschiebung‹. Anstatt das Zielobjekt zu treffen, trifft man irgendwo in seiner Umgebung. Die Frage wäre demnach also, wieso Noreen eine solche Verschiebung auf dieses Bild hin erlebt hat. Der Grund, den Sie vermuten, scheint mir ziemlich einleuchtend – daß nämlich darin eine Botschaft liegt, der zufolge es vor allem um die Drogenverbindung geht, und daß Noreen auf diese Weise darauf gestoßen ist.«

»Da war noch etwas, das sie nicht richtig wiedergegeben hat«, sagte ich. »An einer Stelle wurde sie zu Kait und beschrieb ihre letzten Augenblicke, und sie sagte, Kait sei von einem anderen Wagen geschnitten worden. Dann sagte sie, die Mörder seien von beiden Seiten an ihren Wagen gekommen und hätten sie im Stile einer Exekution erschossen. Nach allem, was man uns erzählt hat, ist es so nicht gewesen.«

»Ich kenne Noreen«, sagte Bill. »Sie arbeitet mit Psychometrie.

Ich nehme an, sie hat dabei irgend etwas in der Hand gehalten, was Kait getragen hat, als sie erschossern wurde?«

»Ja, sie hielt Kaits Kreuz in der Hand.«

»Und könnte es noch einen anderen Wagen auf der Straße gegeben haben?«

»Es ist möglich, daß es dort noch einen VW-Käfer gab.«

»Dann bestand die Verschiebung vermutlich darin, daß Noreen das wiedergab, was Kait im entscheidenden Moment dachte. Der VW schnitt ihr den Weg ab, und sie dachte: *Ich kann ihnen nicht entkommen!* Sie stellte sich die Exekutionsszene vor, und diese Vision war ein Teil der mentalen Bilder, die das Kreuz in sich aufnahm. Wie ich bereits gesagt habe, ist die übersinnliche Wahrnehmung alles andere als eine exakte Wissenschaft. Sich mehrerer Medien zu bedienen, um zu einer Art Mehrheitsmeinung zu kommen, ist eine hervorragende Idee. Sie dürfen bloß nicht erwarten, daß alle Details, die Sie von ihnen bekommen, dann auch übereinstimmen.«

Mittlerweile hatte ich die meisten Bücher der New-Age-Abteilungen der umliegenden Buchhandlungen gelesen. Einige wirkten wie frei erfundene Machwerke, aber andere gaben interessante Denkanstöße. Fasziniert war ich von Dr. Raymond Moodys Interviews mit Kindern, die Beinahe-Tod-Erlebnisse gehabt hatten; von Dr. Roger Woolgers Berichten über die Regression zu einem früheren Dasein; von Robert A. Monroes Erfahrungen mt Astralprojektionen und von Jane Roberts' Gesprächen mit einem spiritistischen Führer.

Nachdem ich mir alles angesehen hatte, was ich in den normalen Buchhandlungen hatte finden können, begab ich mich in einen metaphysischen Buchladen und trieb dort Werke von Alice A. Bailey auf. Betty Muench hatte mir erzählt, daß sie Alice Baileys Bücher für bedeutend hielt, und daher kaufte ich das über Telepathie. Obwohl es schon vierzig Jahre zuvor erschienen war, enthielt es Material, das eine von Nancys Theorien unterstützte.

Indem sie auf den Unterschied zwischen emotionaler und mentaler Telepathie verwies, stellt Bailey fest, daß erstere die mentale Telepathie behindern könne. Sie war davon überzeugt, daß mentale Telepatie »um so akkurater gelingen wird, je weiter Emotionen, Gefühle und starke Wünsche eliminiert werden können. (...) Eine unverbindliche Haltung und eine sorglose Einstellung sind ausgesprochen hilfreich. (...) Emotionen und der Wunsch nach irgend etwas schaffen beim Empfänger Ströme von unausgesendeter Energie, welche diejenige Energie abweisen oder zurückwerfen, die versucht, den Kontakt zum Empfänger herzustellen. (...) Wenn diese Ströme entsprechend stark sind, wirken sie wie ein Bumerang. (...) In diesem Gedanken liegt das Versagen seitens des Empfängers, dessen eigener intensiver Wunsch, erfolgreich zu sein, einen derartigen Strom ausgehender Energie sendet, daß der Strom der hereinkommenden Energie ... dorthin zurückgestoßen wird, woher er kam«.

Das konnte erklären, warum beide Brüder von Kait Träume gehabt hatten, in denen sie Kait trafen, während ihre beiden Schwestern, die gefühlsmäßig noch stärker engagiert waren, dies nicht erlebt hatten. Es konnte gleichfalls erklären, warum Noreen mich aus der Konferenzschaltung ausgeschlossen hatte.

In der Nacht des 28. Februar hatte ich Schlafschwierigkeiten, und um halb zwei Uhr morgens zog ich einen Skianorak über meinen Schlafanzug und ging nach draußen, um einen Spaziergang zu machen. Es war eine sternenlose Nacht, aber ein voller weißer Mond lugte durch einen Spalt zwischen den Wolken hindurch und schuf so einen Pfad aus Licht, dem ich bis zur anderen Seite des Teiches folgte, wo die Enten in einer Reihe am Rande des Eises schliefen. Eine quakte verschlafen, als sei sie aus einem Traum aufgeschreckt worden, der von einem sommerlichen See voller Wasserflöhe handelte.

Ich blickte zum blaugeränderten Mond hinauf, und plötzlich hatte ich die Erleuchtung – »Wenn es dunkel ist, wenn ein Licht am Himmel ist!« Warum hatte Kait Greta Alexander diese Botschaft übermittelt? Lag in dem Mondlicht etwas, das ihre Energie verstärkte?

Die Wolkenbank glitt vor den Mond, und die Nacht wurde schwarz; Zweige ächzten im Wind, und plötzlich fröstelte ich. Vorsichtig tastete ich mich zum Haus zurück und stolperte dabei über Gesträuch, das nun im Dunkeln verborgen lag. Dann kroch ich zurück ins Bett neben Don, der so tief schlief, daß er nicht einmal bemerkt hatte, daß ich fort gewesen war.

Ich wußte, daß gleich das Telefon klingeln würde, und es klingelte.

»Da ist mehr an Kaitlyns Tod, als es auf den ersten Blick scheint«, sagte eine weibliche Stimme, als ich den Hörer aufnahm.

»Greta?«

»Natürlich«, sagte Greta. »Heute ist die Nacht, in der meine Engel Kaitlyn zu mir gebracht haben.«

»Warten Sie bitte noch einen Augenblick«, sagte ich, »ich muß an den anderen Apparat gehen.« Ich lief schnell in mein Arbeitszimmer, nahm den Hörer hoch und schaltete den Kassettenrecorder ein.

»Ich habe heute nacht lange über Kaitlyn nachgedacht«, fuhr Greta fort. »Ich spüre, daß ihr Freund etwas mit ihrem Tod zu tun gehabt haben könnte. Sie wurde benutzt – ich weiß nicht, wie ich es ausdrücken soll – benutzt in der Art: ›Entweder tust du das, was ich dir gesagt habe, oder ...‹ Er war in Dinge verwikkelt, die nicht in Ordnung waren. Kaitlyn wußte einiges darüber, aber ich glaube nicht, daß sie umgebracht wurde, bloß um sie zum Schweigen zu bringen. Es geschah wegen ihrem Freund, aber nicht notwendigerweise, um sie am Reden zu hindern. Sie hatte tatsächlich vor, alles zu verraten, aber es ging noch um weit mehr. Sie ist noch nicht zur Ruhe gekommen. Das kann man fühlen. Daher nagt die Sache auch noch so an Ihnen. Sie hat versucht, Ihnen etwas zu sagen. Ich glaube, sie ist sehr traurig darüber, daß sie sich ihre Freunde nicht besser ausgesucht hat. Und sie fühlt sich unwohl bei dem Gedanken, daß Sie denken könnten, Sie hätten etwas tun können und dies versäumt, da Sie absolut nichts hätten ausrichten können. Sie sagt mir, daß sie ein Kind mit einem sehr starken Willen gewesen ist und daß Sie ihr gestattet haben, eine eigene Persönlichkeit zu sein. So, ich melde mich dann wieder, meine Liebe.«

Klick – sie hatte aufgelegt.

»Deine Freundinnen rufen aber zu merkwürdigen Zeiten an« meinte Don beim Frühstück.

»Das war Marcellos Superdetektivin«, erklärte ich ihm.

»Hat sie denn auch eine Rechnung geschrieben wie eine Superdetektivin?«

»Nach Geld hat sie nicht gefragt. Trotzdem kann ich mir nicht vorstellen, warum Kait so versessen darauf war, sie einzuschalten. Sie hat mir überhaupt nichts Wichtiges erzählt.«

Als ich mit Robin darüber sprach, war sie vollkommen anderer Meinung.

»Greta ist die erste, die erklärt, daß das Motiv für den Mord an Kait nicht allein darin zu suchen ist, daß man sie zum Schweigen bringen wollte«, sagte sie. »Diese Sache, daß Kait benutzt worden ist, erscheint mir sehr einleuchtend. Als Kait eure Kreditkarte verwendet hat, um einen Wagen für Dungs fingierten Unfall zu mieten, hielt sie das vermutlich für nicht gerade nett, aber nicht für wirklich schlimm. Es war eine etwas ausgefallene Art, dem armen Dung dabei zu helfen, ein bißchen Geld zu verdienen, und alle seine Freunde taten es. Aber sobald sie erst einmal darin verwickelt war, ging es weiter wie bei einem Schneeball. Vielleicht wollte Dung als nächstes von ihr einen Wagen für eine Drogentour gemietet haben.«

»Die Belastung dafür wäre dann aber auf unserer Kreditkartenabrechnung aufgetaucht«, sagte ich.

»Nicht, wenn Dung bar bezahlt hätte, als er den Wagen abholte.«

»Kait hätte bei so etwas Schwerwiegendem nicht mehr mitgemacht.«

»Wir wissen doch nicht, was für eine Art Druck diese Kerle ausgeübt haben, Mutter. Nancy hat von Gewalt gesprochen; Noreen meinte, es sei ein Messer im Spiel gewesen. Sie können auch das Leben anderer Familienmitglieder bedroht haben. Hat es, nachdem Kait und Dung zusammengezogen waren, jemals eine Zeit gegeben, wo sie für ein paar Tage verschwunden ist, und du nicht wußtest, wo sie war?«

»Sie ist jeden Tag vorbeigekommen –«, fing ich an, dann hielt ich inne. »Da gab es einmal etwas, wo ich mich gefragt habe –«.

»Was ist passiert?«

»Kait hatte gerade ihre Wohnung bekommen; also war das Nest leer, und Daddy und ich haben uns einen Vier-Tage-Trip nach San Diego gegönnt. Brett hat den Hund mit zu sich genommen, und Kait versprach, täglich vorbeizukommen, um die Katze zu füttern. Wir baten sie auch, die letzte Folge von *L.A. Law* für uns aufzunehmen. Wir kamen an einem Sonntagabend zurück.« Die Erinnerung stand mir wieder ganz klar vor Augen.

»Es war offensichtlich, daß Kait nicht dagewesen war, weil die arme Katze halbverhungert war. Und sie hatte *L.A. Law* nicht aufgenommen, sondern das von einer ihrer Freundinnen erledigen lassen.«

»Und was war ihre Erklärung?«

»Sie sagte, sie hätte einfach zu viel zu tun gehabt. Sie hätte eine große Schüssel mit Trockenfutter für die Katze nach draußen gestellt, und sie war gar nicht auf die Idee gekommen, daß sich alle herumstreunenden Katzen der Nachbarschaft sofort darüber hermachen würden. Und sie erzählte uns, ihr Videorecorder sei kaputt, so daß sie die Folge nicht aufnehmen konnte.«

»Aber der Videorecorder war doch brandneu! Sie hatte ihn doch gerade erst zum Schulabschluß bekommen!«

»Und nachdem sie gestorben war, hat Brett ihn uns gebracht. Es hat nie Probleme damit gegeben.«

»Wenn Kait absichtlich so viel Katzenfutter hingestellt hat, daß die Katze vier Tage damit hätte auskommen sollen, dann hat sie nicht ›einfach zuviel zu tun gehabt‹«, sagte Robin. »Sie wußte von vornherein, daß sie nicht würde nach dem Rechten sehen können. Es klingt so, als wäre sie genau die Tage fort gewesen, die auch ihr unterwegs wart.«

»Du hast recht, so klingt es.« Wie konnte ich etwas derart Offensichtliches nur übersehen haben!

»Wie wäre es denn mit diesem Szenario: Dung hat Kait mit nach Orange County genommen, und sie mieteten einen Wagen von der R-&-J-Autovermietung, um damit Drogen zurückzutransportieren.«

»Die Verleihfirma, von der wir glauben, daß sie als Tarnung für die Versicherungsbetrügereien benutzt worden sein könnte?«

»Das ist eine unserer Theorien gewesen, aber wir haben sie nie beweisen können. Vielleicht war R & J ja auch ein völlig legales Unternehmen und nur zufällig die Firma, wo Dung den Wagen für den Drogentransport gemietet hat.«

»Die übrigen Vietnamesen können genau dasselbe getan haben!«, rief ich aus. »Als Kait und Dung im März nach Kalifornien gereist sind, ist An Le mit ihnen dorthin geflogen. Er sollte eigentlich auch mit demselben Flug wie sie zurückkommen, aber als ich sie am Flughafen abholte, war er nicht bei ihnen. Kait sagte, er hätte sein Ticket zurückgegeben und wäre statt dessen mit dem Wagen heimgefahren.«

»Ich wette, er ist mit einem Mietwagen zurückgefahren!«

»Und Tuan könnte auch genau dasselbe getan haben! Er war nämlich auch dort. Kait hat gesagt, er wäre Erster Klasse geflogen und nur eine Nacht geblieben.«

»Wenn sie dir das erzählt hat, dann hatte sie von den Drogentransporten noch nichts mitbekommen, denn sonst wäre sie nicht so offen gewesen, was Tuan anbelangt. Sie hat es vermutlich herausbekommen, nachdem Dung bei ihr eingezogen war und sie entdeckte, daß er jede Nacht bis zum Morgengrauen unterwegs war. Noreen hat gesagt, daß Kait etwas für einen Mann erledigt hatte, der in einer Disco arbeitet, die ihm zum Teil gehörte. Ist es möglich, daß die Arbeit darin bestand, Drogen zu liefern?«

»Vielleicht wollte Kait aussteigen, aber Dung wollte sie nicht lassen«, sagte ich, indem ich ihr Szenario aufnahm. »Sie hat mir erzählt, daß vietnamesische Männer von ihren Frauen erwarten, daß sie gehorchen. Das könnte dasjenige gewesen sein, was ›Dungs Männlichkeit bedrohte‹.«

»Vielleicht hat er sie beruhigt, indem er ihr versprach, anständig zu werden«, sagte Robin. »Als dann Laura und ihr Freund kamen, um sich ein paar Videos anzusehen, und Dung sie einfach hat sitzen lassen, hat Kait gemerkt, daß er immer noch dealen mußte. Es kam zu einer weiteren Konfrontation, und bei dem Versuch, sie davon zu überzeugen, daß er überhaupt keine andere Wahl hatte, erzählte er ihr zuviel. Kait hat vermutlich so reagiert, daß sie ihm sagte, wenn er nicht aus der Drogenszene aussteigen würde, würde sie all das und dazu noch die inszenierten Unfälle verpfeifen.

Am nächsten Abend ist sie dann noch bei ihrer Wohnung vorbeigefahren, ehe sie zu Susan fuhr, um nachzusehen, was Dung machte. Sie hat gesehen, wie er sich mit jemandem auf den Weg machte, vermutlich An. Sie hatte Angst, ihnen allein zu folgen, und rief deshalb jemanden an, von dem sie meinte, sie könne ihm genug vertrauen, um sich von ihm dorthin fahren zu lassen. Ist dir inzwischen eine irgendeine Idee gekommen, wer das gewesen sein könnte?«

»Der einzige, auf den Noreens Beschreibung in allen Punkten paßt, ist ein Junge namens Rod«, sagte ich. »Das mit ihm war aber lange vorbei, Kait hatte ihn schon seit Jahren nicht mehr gesehen. Daher denke ich, daß es einer der Vietnamesen gewesen sein muß.«

»Nun, wer immer es war, sie trafen sich jedenfalls am Coronado-Einkaufszentrum und fuhren dann zum Wüstenschloß«, fuhr Robin fort. »Und wenn Dung und An gerade im Schloß waren und einen Drogendeal zum Abschluß brachten? Kait machte eine Szene – hat Noreen sie nicht zitiert, wie sie kreischt: ›Ich will nichts mehr damit zu tun haben!‹? Und jemand versuchte, sie einzuschüchtern, indem er sie mit einem Messer bedrohte. Dann hat der mysteriöse Freund sie zum Einkaufszentrum zurückgefahren, und sobald Dung außer Hörweite war, rief einer von den anderen die Killer an.«

»Diese Konstruktion bringt die Sache aber schrecklich schnell ins Rollen.«

»Nicht wenn die Räder bereits in Bewegung waren und dies nur als Katalysator diente, der sie noch beschleunigte. Mike hat dir erzählt, daß Dung mit einem Typen namens Adrian unterwegs gewesen war, immer irgendwo hinter Kait her, um festzustellen, ob sie von einem VW verfolgt wurde. Wenn er das gemacht hat, muß er sich darüber im klaren gewesen sein, daß ihr Leben in Gefahr war.«

In diesem Augenblick verschwand der Raum, und an seine Stelle trat ein blühender Obstgarten, dessen zarte rosa Blüten im Wind wogten. Dann war die Vision so schnell vorüber, wie sie gekommen war.

»Ich glaube, wir haben es«, sagte ich bewegt. »Kait hat uns einen Blumenstrauß überreicht. Was ich nur nicht verstehe, ist, warum sie nicht zu Daddy und zu mir gekommen ist.«

»Ich glaube, sie war auf dem Weg zu Daddy und dir«, sagte Robin. »Warum hätte sie sonst in der Nacht von Susan aus noch einmal nach draußen gehen sollen? Sie war nicht unterwegs zu ihrer Wohnung, sie war auf dem Weg zu euch. Betty hat gesagt, daß Kait im Begriff war, einen Entschluß zu fassen, der nicht nur sie selbst in Gefahr gebracht hätte, sondern alle, die sie kannte. Der Entschluß, den sie dann schließlich faßte, war der richtige, aber sie faßte ihn zu spät.«

An jenem Abend fand ich in der Zeitung einen Artikel über die Verurteilung von mehreren Mitgliedern einer Drogenorganisation aus El Paso, die seit 1987 in drei Staaten tätig gewesen waren. Diese drei Staaten waren New Mexico, Texas und Kalifornien. Die Drogen wurden von unverdächtigen Speditionen in großen Holzkisten transportiert, die mit Chlor behandelt waren, damit ihr Inhalt an der Grenze nicht von den Spürhunden erschnüffelt werden konnte, und die dann schließlich in Albuquerque in Lagerhäusern so lange aufbewahrt wurden, bis die Käufer mit ihren eigenen Lastwagen eintrafen, um sie abzuholen.

Nach der Aussage Nancy Czetlis war Kait über ein weitverzweigtes Netzwerk gestolpert, das drei Staaten umspannte, und wir wußten, daß zwei dieser Staaten Kalifornien und New Mexico waren. War es möglich, daß es sich bei dem dritten Staat um Texas handelte?

Ich beschloß, ein paar Recherchen über die Drogenszene in El Paso anzustellen.

27

Ich ging in die Universitätsbibliothek und arbeitete mich durch alte Nummern der *El Paso Times*. Ich war erstaunt, in welchem Ausmaß Albuquerque, El Paso und Los Angeles miteinander verknüpft waren, sobald es um Drogenhandel ging.

Ein Artikel mit der Überschrift »Die Polizei profitiert von beschlagnahmten Drogen« begann mit der Feststellung »Dank der Drogenhändler wurde die Polizei von El Paso um genau 325433 Dollar reicher« und berichtete im weiteren Verlauf über Gelder, die aus dem konfiszierten Vermögen und beschlagnahmten Besitz von Personen stammten, die in der Gegend von El Paso in illegale Drogengeschäfte verwickelt waren.

Ein anderer Artikel vom 15. Februar 1991 handelte von einem in El Paso wohnhaftem Mann, der wegen Drogenschmuggels festgenommen worden war. Dieser Mann hatte einem Informanten gegenüber damit geprahlt, daß er der wichtigste Geldwäscher für eine kriminelle Organisation sei, die allein 1990 sechzig Tonnen Kokain und achtzig Millionen Dollar zwischen El Paso und Los Angeles hin- und herbewegt hatte. Die Anklage rührte von dem Fund von 21 Tonnen Kokain her, den die Polizei bei Los Angeles im September 1989 gemacht hatte, gerade zwei Monate nach dem Mord an Kait.

Als ich mir über Mikrofilm weitere Artikel von diesem Datum heraussuchte, entdeckte ich, daß dieser Drogenfund einen Weltrekord dargestellt hatte. Ein Sprecher der DEA, der Drogenfahndung, wurde wie folgt zitiert: »Das ist nicht das Pulver auf einem Tisch, es ist eher wie das Pulver auf einem ganzen Fußballfeld. Dieser Drogenfund sollte allen Spekulationen ein Ende machen, ob Los Angeles tatsächlich das größte Tor für Kokain darstellt, das von außen in unser Land gelangt.«

Dem Artikel zufolge hatte eines der Fahrzeuge, die man für den Transport des Kokains benutzt hatte, Nummernschilder aus New Mexico.

Dieser Bericht brachte nicht nur Albuquerque, L.A. und El Paso in eine Drogen-Dreiecksbeziehung (Betty hatte gesagt, es gebe »eine Art Dreieck«); der selbsternannte Supergeldwäscher wurde auch als der *Geschäftsführer und Mitbesitzer einer Disco* bezeichnet.

Konnte dies der Discobesitzer sein, für den Kait gearbeitet haben sollte?

Ich machte Kopien von den Artikeln und nahm sie mit nach Hause zu Don, damit er sie auch lesen konnte.

»Das ist zu eindeutig, um eine zufällige Übereinstimmung sein zu können«, sagte er. »Wenn Dung Kait dazu gezwungen hat, ihn auf einer Drogenkurierfahrt nach L.A. zu begleiten, dann konnten sie die Ware genausogut in El Paso oder in Albuquerque abliefern.«

Das Büro der Staatsanwaltschaft hatte uns mitgeteilt, daß der Prozeß gegen Miguel Garcia für Montag, den 11. März, angesetzt sei, und man hatte uns versichert, daß man uns benachrichtigen werde, falls es zu einer Verschiebung kommen sollte. An dem angegebenen Tag fuhren Don und ich zum Gericht, um die Auswahl der Geschworenen zu beobachten, und man sagte uns, daß der Prozeß verschoben worden war. Don rief beim Büro der Staatsanwaltschaft an, um nachzufragen, was geschehen war, aber er konnte niemanden finden, der irgend etwas darüber wußte. Am Dienstag kam er zu Susan Riedel durch, die ihm erklärte, daß noch keine der beiden Seiten soweit war, vor Gericht zu gehen, und daß der Prozeßbeginn daher provisorisch auf Anfang April verschoben worden war.

Etwas war im Gange, aber wir wußten nicht, was es war. Sowohl aus dem Büro der Staatsanwaltschaft als auch von seiten der Verteidigung, wurden unsere Kinder immer wieder angerufen und über Kaits Aktivitäten, ihre Persönlichkeit und ihre Freundschaften befragt. Ein Ermittlerin vom Büro der

Staatsanwaltschaft rief mich an und fragte mich, ob Kait uns die Ausgaben zurückgezahlt habe, die sie über unsere Kreditkarte gemacht hatte, aber sie war nicht bereit, mir zu erklären, warum sie diese Information benötigte. Brett bekam einen Anruf von einem Freund, der im Gefängnis arbeitete und ihm berichtete, daß Gerüchte umgingen, Miguel Garcia solle freigelassen und an seiner Stelle Dung verhaftet werden.

Einen weiteren Anruf bekam er von einem ehemaligen Zimmergenossen, der in Kaits alte Wohnung eingezogen war und sich mittlerweile mit ihren Nachbarn angefreundet hatte.

»Die Nachbarn sagen, an dem Tag nach den Schüssen auf Kait, als sie im Koma lag und Dung bei uns im Krankenhaus war, hätten die anderen Vietnamesen in der Wohnung eine Party gegeben«, erzählte uns Brett. »Ihr werdet niemals raten, worin der Partygag bestand. Alle waren draußen auf dem Parkplatz und lackierten mit Spraydosen einen beigefarbenen VW-Käfer schwarz.«

»In dem Polizeibericht gibt es irgend etwas darüber, daß sie einen Wagen umgespritzt haben«, sagte ich. »Da heißt es, es sei ein kleiner Wagen gewesen, aber von einem VW war nicht die Rede, und außerdem stand da, der Zwischenfall habe eine ganze Woche vor dem Mord stattgefunden.«

»Der Wagen war ein beigefarbener VW«, wiederholte Brett. »Und nach dem, was Kaits Nachbarn sagen, haben sie ihn am Tag nach den Schüssen umgespritzt.«

Es wurde April, und immer noch war keine Rede von einem neuen Prozeßtermin. Als Don anrief, um danach zu fragen, sagte man ihm, der Prozeßbeginn sei verschoben worden, aber die näheren Einzelheiten lägen auf dem Schreibtisch von Staatsanwalt Charlie Brown, den man leider nicht stören könne, weil er in seinem Büro gerade Gäste habe. Niemand sonst hatte Zugang zu dieser Information, und jedes Mal, wenn Don anrief, war Brown mit Gästen beschäftigt.

Endlich, am 22. April, wurden wir in das Büro der Staatsanwaltschaft gerufen, zu einem Treffen mit den Staatsanwälten Bob Schwartz, Charlie Brown und Susan Riedel.

Schwartz eröffnete uns, daß die Anklage gegen Miguel Garcia und Juve Escobedo fallengelassen werden würde.

»Die Verteidigung hat neues Beweismaterial ausgegraben«, sagte er. »Wir haben uns mit den Kollegen aus Kalifornien in Verbindung gesetzt und werden auch noch Sergeant Lowe ein paar von den Dingen überprüfen lassen, für die Sie sich besonders interessieren. Wir würden Sie gern nächste Woche noch einmal hier haben, damit wir zusammen überlegen können, wie wir weiter vorgehen sollen.«

Als sich dann aber Schwartz wegen einer anderen Verabredung verabschiedete und Charlie Brown das Reden übernahm, wurde sogleich klar, daß sich die beiden nicht vorher über die Marschrichtung geeinigt hatten.

»Wir sind sicher, daß Garcia schuldig ist, aber unser Fall ist uns immer mehr weggebröckelt«, sagte Brown. »Die beiden Kinder, die ursprünglich ausgesagt hatten, sie hätten Garcia sagen hören, er hätte Kait umgebracht, erklären heute, sie hätten ihm nicht geglaubt, ›Mickey hat sich immer solche Sachen zusammengelogen‹. Und die Nachbarin, die behauptet hat, sie habe gesehen, wie Garcia seiner Mutter oder seiner Schwester durch das Küchenfenster eine Waffe hineingereicht hat, ist, wie sich herausgestellt hat, höchst anfechtbar. Sie haßt die ganze Familie Garcia und würde ihnen alles mögliche in die Schuhe schieben.

In der Zwischenzeit hat sich die Verteidigung eine lächerliche Geschichte zusammengebastelt, in der Art, ihre Tochter hätte dubiose Verbindungen zur vietnamesischen Mafia gehabt. Das ist natürlich absurd, aber da unser Fall sowieso nur noch auf schwachen Füßen steht, braucht es nicht mehr allzuviel, um unter den Geschworenen Zweifel zu säen. Wenn aber ein Verdächtiger einmal wegen eines Verbrechens angeklagt und für ›nicht schuldig‹ befunden worden ist, kann er nicht mehr wegen desselben Verbrechens zur Verantwortung gezogen werden, selbst wenn er es gesteht. Daher ziehen wir die Anklage lieber vorläufig zurück, um keinen Freispruch zu riskieren. Sobald wir über neue Beweise verfügen, werden wir erneut Anklage erheben.«

»Das heißt doch, daß Sie weiterhin Nachforschungen anstellen oder?«, fragte Don ihn.

»Der Fall ist noch nicht abgeschlossen und bleibt in Arbeit.«

Ich beschloß, diese Gelegenheit zu nutzen, um den Anklägern von den fehlenden drei Stunden zu erzählen, die in dem Polizeibericht durch das falsche Zitat kaschiert worden waren, demzufolge ich gesagt haben sollte, Kait hätte bei uns zu Abend gegessen.

Browns einzige Reaktion hierauf betraf den Ausdruck *kaschiert.*

»Die Polizei macht andauernd Fehler dieser Art«, sagte er. »Oft stehen in ihren Berichten Aussagen, die nicht exakt zutreffen, aber das bedeutet nicht, daß sie absichtliche Eingriffe darstellen.«

»Ich hatte auch nicht die Absicht, der Polizei etwas zu unterstellen«, sagte ich hastig. »Ich wollte nur auf folgendes hinaus: auch wenn dieses falsche Zitat auf einem vollkommen unbeabsichtigten Fehler beruht, folgte am Ende daraus doch, daß es die Tatsache kaschierte, daß es über drei Stunden von Kaits letztem Abend keine Erkenntnisse gibt. Sie ist irgendwohin gefahren und hat irgend etwas getan, von dem niemand etwas wissen sollte, und wir haben das Gefühl, daß dies durchaus eine Bedeutung hat.«

Weder Brown noch Riedel erwiderten etwas darauf.

Dann – ich hatte begriffen, daß dies womöglich unsere letzte Chance war, etwas in die Akten einzubringen – erzählte ich ihnen, daß wir eine Kopie von Bao Trans Scheck besaßen.

Sie zeigten keinerlei Interesse daran, diese Kopie zu sehen.

»Bitte halten Sie uns auf dem laufenden«, sagte ich, als wir aufstanden, um zu gehen. »Wir haben uns so ausgeschlossen gefühlt, weil niemand mit uns reden wollte.«

»Wir werden Sie alle zwei Wochen anrufen und Ihnen über unsere Fortschritte berichten«, sagte Riedel. »Im Gegenzug müssen Sie uns versprechen, nicht mit irgendwelchen Reportern zu reden. Es wird für die Medien ein gefundenes Fressen sein, wenn Garcia freigelassen wird, und es wäre uns lieber, wenn sie keine Kommentare von der Familie des Opfers zitieren könnten.«

Don und ich versprachen, keine Interviews zu geben, und wir hielten unser Wort. Tatsächlich verbrachte ich die nächste Woche in Dallas bei Kerry und ihrer Familie, um zu vermeiden, den Fragen von Freunden aus den Medien ausweichen zu müssen.

Wie erwartet berichteten unsere örtlichen Zeitungen unter großen Balkenüberschriften über Garcias Freilassung:

Albuquerque Tribune, 24. April 1991:
Polizei versagt im Arquette-Fall

Zwei Verteidiger erklären, daß die Polizei von Albuquerque im Fall der tödlichen Schüsse auf Kaitlyn Arquette eine »schlampige« Untersuchung angestellt hat.

Die Ermittlungen konzentrierten sich auf zwei Unschuldige und ließen eine mögliche Verbindung zu den Aktivitäten vietnamesischer Gangs außer acht, sagen die Anwälte Joseph Riggs und Michael Davis.

Bezirksstaatsanwalt Bob Schwartz gab bekannt, die Entscheidung, die Anklage fallenzulassen, basierte zum Teil auf den Nachforschungen der Anwälte Garcias. Sie fanden heraus, daß Arquettes Verbindungen zu einer Gruppe von Vietnamesen, gegen die wegen Versicherungsbetruges in zweistelliger Millionenhöhe ermittelt wird, zu ihrem Tod geführt haben könnte.

Wäre der Fall, wie geplant, in der nächsten Woche verhandelt worden, hätten Garcias Anwälte »kurzen Prozeß mit der Staatsanwaltschaft gemacht«, sagte Davis.

Der Anwalt erklärte, der Versicherungsbetrug sei unter anderem mit fingierten Ansprüchen auf Entschädigung nach absichtlich herbeigeführten Unfällen mit Mitwagen begangen worden. Ein Fahrzeug, das mit Arquettes Kreditkarte gemietet worden war, soll in Kalifornien in einen solchen Unfall verwickelt gewesen sein. Nach dem Unfall verzeichnete ihr Konto einen Eingang von zweitausend Dollar.

Schwartz lehnte jeden Kommentar zur Qualität der polizeilichen Ermittlungsarbeit ab.

Albuquerque Journal, 24. April 1991:
Staatsanwaltschft läßt Anklage wegen Todesschüssen auf Arquette fallen

Juan Garcia, 19, einer der Männer, die wegen des Mordes an Kaitlyn Arquette vor Gericht gestellt werden sollten, verließ heute gegen 16 Uhr das Bernalio-County-Gefängnis als freier Mann.

nachdem er dort fünfzehn Monate verbracht hatte. Garcia, der eine Bibel und einen Müllbeutel mit seinen Besitztümern mit sich führte, erklärte, er sei glücklich, wieder frei zu sein.

Gefängniswärter und Insassen winkten ihm zum Abschied hinterher, als er seine Mutter Maggie und andere Mitglieder der Familie umarmte.

»Ich danke dem Herrn und zwei großartigen Anwälten«, sagte Garcia mit bewegter Stimme.

Bezirksstaatsanwalt Schwartz sagte, er zöge die Anklage zurück, weil »die Sache der Anklage einige Schwachstellen aufwies ... und es dann noch diesen anderen Gesichtspunkt zu geben schien, während unsere Position immer schwieriger wurde«. Er erklärte, dieser neue Gesichtspunkt sei »das Auftauchen jener Fakten, die ihre Verbindung mit dieser vietnamesischen Gruppe betreffen. Sie hat eindeutig mit dieser Gruppe in engem Kontakt gestanden«.

Er sagte weiterhin, er habe Sgt. Ruth Lowe von der Mordkommission am Dienstag darüber informiert, daß er die Anklage fallenlassen wolle, worauf sie gesagt habe, »sie seien stark daran interessiert, diesem neuen Gesichtspunkt nachzugehen«.

Riggs stellte fest, daß es den Privatdetektiven Douglas und Terri Hanson gelungen sei, neues Beweismaterial ausfindig zu machen, und er deutete an, daß es die Polizei versäumt habe, auch andere Spuren zu verfolgen.

»Unsere Nachforschungen haben ergeben, daß Kaitlyn Arquettes Freund Dung Nguyen einen Liebesbrief gefälscht und der Polizei erklärt hat, sie habe ihn geschrieben«, sagte Riggs. »Ich bin der Ansicht, die Staatsanwaltschaft erspart der Polizei eine Menge Peinlichkeiten wegen der schwerwiegenden Fehler, die sie in einem Prozeß offenbaren müßten.«

Die Polizeibehörde von Los Angeles ließ erklären, daß jeder Kommentar allein von der Staatsanwaltschaft kommen könne.

Albuquerque Tribune, 25. April 1991:

Ehemalige Angeklagte im Mordfall Arquette immer noch unter Verdacht

Obwohl die Mordanklage gegen zwei Männer im Falle Kaitlyn Arquette zurückgezogen worden ist, bleiben sie nach Auskunft der

Polizei weiterhin im Verdacht, die tödlichen Schüsse abgegeben zu haben.

Arquettes ehemaliger Freund Dung Ngoc Nguyen gilt ebenfalls als Verdächtiger, sagte der stellvertretende Polizeichef Nick Alarid am Mittwoch.

Auf die Frage, warum Garcia und Escobedo weiterhin als verdächtig angesehen werden, erklärte Alarid: »Jeder gilt als verdächtig. Es geht um eine noch nicht abgeschlossene Morduntersuchung, und da ist jedermann verdächtig.«

Er weigerte sich, dies näher auszuführen.

Die Verteidigung warf der Polizei vor, »schlampig« ermittelt zu haben, weil sie sich auf – so die Verteidiger – zwei unschuldige Männer konzentrierte und eine mögliche Verbindung zu den Aktivitäten vietnamesischer Gangs außer acht ließ.

Doch die Polizei verteidigte ihre Art, die Ermittlungen zu führen.

»Die Untersuchung ist ordentliche Polizeiarbeit«, sagte Alarid.

Er wußte nicht, ob es in Albuquerque vietnamesische Gangs gibt.

Alarid sagte, die Hinweise der Verteidigung auf die Machenschaften solcher vietnamesischer Gangs seien möglicherweise reine Ablenkungsmanöver.

Das *Journal* brachte ein Bild von Miguel Garcia, der unter Tränen die Schwester umarmte, die, wie wir glaubten, die Drohanrufe bei uns gemacht hatte. Das Kind, das wir während dieser Anrufe im Hintergrund hatten brabbeln hören, schmiegte sich in ihre Arme.

Am 25. April erschien in der *Tribune* ein Artikel, in dem beschrieben wurde, wie Garcia während seiner Haft zu Gott gefunden hatte. »Ich habe mein Leben dem Herrn überantwortet, und er hat mir gesagt, sorge dich nicht, er würde mich schon von da fortholen«, sagte Garcia. Er erklärte außerdem, er habe vor, Prediger zu werden. Er berichtete, nach seiner Entlassung aus dem Gefängnis sei er hinausgegangen, habe seine Familie umarmt, den größten Teil des Abends im Gespräch mit seiner Freundin verbracht und seinen elf Monate alten Sohn besucht, der geboren worden war, während Garcia im Gefängnis saß; dann habe er sich im Fernsehen eine Gospel-Show angesehen und sei um halb elf eingeschlafen.

Garcias Entlassung versetzte die Zeugen der Anklage in helle Angst.

»Wir haben solche Furcht«, sagte die Frau, die angegeben hatte, sie habe gesehen, wie er die Waffe durchs Fenster hineingereicht habe. »Es hat schon Drohungen gegen mich und meine Mutter gegeben.«

Sie sagte, Garcias Familie habe ihr erklärt, man werde ihr Haus mitsamt ihrer zweiundsiebzig Jahre alten Mutter darin niederbrennen.

Eine andere Zeugin, die anonym bleiben wollte, sagte, sie habe schreckliche Angst um ihre Kinder, da einer der Verdächtigen wisse, in welche Schule sie gingen.

»Er hat unsere Adresse«, sagte sie. »Ich weiß nicht, was ich tun soll.«

Am 26. April wurde auch die Anklage wegen Einbruchs gegen Garcia zurückgezogen. Der stellvertretende Bezirksstaatsanwalt Charlie Brown lehnte jeden Kommentar über die Gründe hierfür ab.

Zwei Wochen vergingen, und der versprochene Anruf vom Büro der Staatsanwaltschaft kam nicht. Es verstrichen vier Monate, und niemand setzte sich mit uns in Verbindung.

Endlich verlor Kerry die Geduld und rief Terri Hanson an, die zu den privaten Ermittlern der Verteidigung gehörte.

Nachdem sie mit Terri gesprochen hatte, rief Kerry mich an, um mir zu berichten.

»Sie ist eine sehr nette Frau und hat mir eine Menge erzählt«, sagte sie. »Der Grund dafür, daß die Verteidiger nie mit dir und Daddy gesprochen haben, ist eine Warnung der Polizei. Es wurde gesagt, die Arquettes wären – und ich zitiere sie wörtlich – ›feindselig und unkooperativ, und alles, was sie sagen, ist vollkommen absurd‹.

Und dann ist da noch etwas, von dem die Polizei nicht will, daß wir es erfahren. Ein vietnamesischer Informant hat den Hansons erzählt, daß An Le in Oklahoma wegen Mordes festgenommen worden ist. Terri sagt, der Informant habe ihr erzählt, es sei dieselbe Art gewesen wie bei Kait, die Schüsse wurden aus einem fahrenden Wagen abgegeben.«

28

»Ich denke, damit ist tatsächlich das eingetreten, womit wir gerechnet haben«, sagte ich. »Sowohl Betty als auch Nancy hatten ja einen weiteren Mord vorausgesagt.«

»Und die Tatsache, daß der Hinweis darauf von einem vietnamesischen Informanten stammt, stimmt mit Bettys Vorhersage überein, daß derjenige, der am schuldigsten ist, von seiner Gemeinschaft geopfert werden würde«, sagte Kerry. »Die Hansons sind dieser Information nicht weiter nachgegangen, weil sie zu dieser Zeit schon nicht mehr für Miguels Anwälte arbeiteten. Solange sie allerdings mit dem Fall befaßt waren, haben sie eine ganze Menge herausgefunden.

Terri glaubte, daß Kait wegen der Geschichte mit dem Versicherungsbetrug umgebracht worden ist. Diese kriminellen Machenschaften haben um die fünfzig Millionen Dollar pro Jahr eingebracht! Terry sagte, daß Bao Tran in der asiatischen Mafia ganz oben an der Spitze sitzt und Leute anheuert, um Unfälle zu inszenieren, und dann deren Fälle an Anwälte weiterverkauft, die ihre Rechnungen an die Versicherungsgesellschaften schicken und ihren Anteil von Kliniken kassieren, die Fantasiegutachten über angebliche Verletzungen erstellen. Sie sagt, es wäre eine ungeheuer abgeschlossene Gruppe, und sie glaubt, die Mitglieder der Gang haben den Befehl erhalten, alle Rundaugen zu beseitigen, die von dem Betrug wußten. Sie vermutet, Dung könnte versucht haben, das zu umgehen, indem er Kait mit nach Kalifornien nahm und damit vermutlich hoffte, sie soweit selbst in die Sache zu verwickeln, daß sie keine Bedrohung mehr darstellte.

Terri hat über Dungs Freunde dort dasselbe gesagt, was Dungs Freund Ray über sie gesagt hat: daß sie nämlich auch noch Kokaindealer sind. Sie sagt, Los Angeles ist einer der Hauptwege, über die das Kokain ins Land kommt. Die Methode, mit der das gemacht wird, nennt man ›das Trampolin‹. Der Koks wird von Kolumbien nach Mexiko geschafft und dann von den Mexikanern über die Grenze gebracht.«

»Und Juve Escobedo ist Mexikaner!« rief ich aus. »Als Betty gesagt hat, einer der Verdächtigen hätte Verwandte in der Gegend von L. A., haben wir daraus geschlossen, das müßte Miguel sein, aber vielleicht ist Juve ja derjenige, der dort Verwandte hat. Wenn Kait auf einen dieser Kerle gestoßen ist, als sie mit Dung in Kalifornien war, würde das auch erklären, wieso Betty gesagt hat: ›Es wird zu einer anderen Zeit eine andere Art der Begegnung gegeben haben‹, und ›Sie werden scheinbar in einer gewissen Weise fürchten müssen, daß sie etwas über sie weiß, was somit nun auch andere wissen könnten‹.«

»Terri sagt, sie hätte eine Videoaufnahme, auf der man sieht, wie Dung Drogen verkauft«, sagte Kerry. »Er ist ausstaffiert wie ein asiatischer Pate, flankiert von ein paar Gorillas, die jederzeit bereit sind, die Kunden auseinanderzunehmen, wenn sie nicht bezahlen wollen. Sie sagt, er ist ein ziemlich übler Geselle, aber ein exzellenter Schauspieler. Ihr Mann ist ein Vietnam-Veteran, und als er Dung befragt hat, hatte Dung keinerlei Sprachprobleme, weil er genau wußte, daß Douglas Hanson sonst einfach vietnamesisch mit ihm gesprochen hätte. Bei dem Verhör im Büro des Staatsanwalts konnte Dung aber dann plötzlich kaum noch Englisch. Er hat Susan Riedel so leid getan, daß sie nicht zuließ, daß ihn irgendwer unter Druck setzte, und sie hat ihm noch extra eingeschärft, daß er keinerlei ›unangenehme‹ Fragen zu beantworten brauchte.

Die Hansons verstehen nicht, was mit der Polizei von Albuquerque los ist. Terri sagt, sie hätte Dung eines Nachts beschattet, als er loszog, um Drogen zu verkaufen, und ihn dabei beobachtet, wie er direkt unter einer Straßenlaterne Stoff verkaufte. Ein paar Meter weiter parkte ein Polizeiwagen, und der Cop saß bloß da und schaute zu und rührte keinen Finger.

Dung hat der Polizei erzählt, in der Nacht, als Kait erschossen wurde, wären er und seine Freunde im Firehouse-Restaurant gewesen. Terri sagt, das sei nicht wahr. Das Firehouse ist ein ganz kleiner Laden, in den nur selten Vietnamesen kommen, und die Barkeeperin hat ihr erklärt, wenn diese Kerle in der Nacht dagewesen wären, hätte sie das mit Sicherheit bemerkt.

Terri sagt weiter, daß sie und Miguels Anwalt, Joe Riggs, sich mit den Anklagevertretern zusammengesetzt haben und das ganze Material durchgegangen sind, das sie gegen Dung haben. Das war dann der Moment, wo die Staatsanwaltschaft beschloß, die Anklage gegen die Hispanos fallenzulassen. Riggs hat ihnen daraufhin angeboten, alles der Polizei von Albuquerque zu übergeben, damit die es dazu verwenden könnte, eine neue Untersuchung zu starten. Niemand hat sich je die Mühe gemacht, zu ihnen zu kommen und sich die Bänder und das übrige Zeug zu holen, und das betrachtet sie als Zeichen dafür, daß die Untersuchung abgeschlossen ist.

Oh, und dann gibt es da noch ein anderes, nettes kleines Detail, von dem dir speiübel werden dürfte – Miguel hat vor, die Polizei von Albuquerque wegen ungerechtfertigter Festnahme zu verklagen.«

Als ich diese Nachricht Don weitererzählte, fing er tatsächlich an zu lachen.

»Er sollte besser Betty Muench zu Rate ziehen, bevor er das versucht«, sagte er. »Wenn Juve erneut verhaftet wird und mit allen möglichen Geständnissen herausrückt, wird Miguel sich noch wünschen, er hätte die Dinge auf sich beruhen lassen.«

»Wie kann Juve denn erneut verhaftet werden, wenn die Anklage zurückgezogen worden ist?«

»Sie können ihn kriegen, weil er die Bewährungsauflagen verletzt und sich einem Haftbefehl entzogen hat, und diese Anklagepunkte könnten sie dann zurückziehen, wenn er sich bereit erklärt, das zu sagen, was sie von ihm hören wollen. Sie müssen irgendeinen Grund dafür gehabt haben, sich ihn so lange aufzuheben, denn sonst hätten sie ihn sich schon vor einem Jahr gegriffen.«

»Glaubst du, die Polizei würde tatsächlich einen Deal mit ihm machen?«

»Sag mir nicht, es gibt noch irgend etwas in der Akte, das du nicht gelesen hast?«

Er suchte die Mitschrift einer Bandaufnahme heraus, auf der Detective A.V. Romero Robert Garcia befragt, den »Zeugen, der nicht da war«.

»Wir könnten vielleicht mit Juve zu einer Vereinbarung kommen«, erklärte da Romero dem Teenager in dem Bestreben, ihn dazu zu bringen, gegen Miguel auszusagen. »Es ist gut möglich, daß wir uns mit ihm arrangieren und ihn laufen lassen, daß er also überhaupt nicht erst angeklagt wird.«

»Das klingt so, als wäre das ihr As im Ärmel gewesen«, mußte ich zugeben.

»Ihr anderer Plan war, uns zu manipulieren«, sagte Don. »Es ist doch offensichtlich, daß Bob Schwartz gar nicht vorhatte, uns zu einem wirklichen Gedankenaustausch einzuladen, und Susan Riedel hat uns nicht einen einzigen Bericht über die weitere Entwicklung des Falles gegeben. Sie haben diese Versprechen gemacht, um uns davon abzuhalten, mit der Presse zu reden und dabei durchblicken zu lassen, daß die ›neuen‹ Informationen, die die Polizei angeblich so eifrig verfolgt, nichts anderes sind als genau die Informationen, die wir ihnen an dem Tag gegeben haben, nachdem man Kait erschossen hatte.«

»Ich glaube, es ist Zeit, daß wir uns einmal mit den Hansons zusammensetzen.«

Wir verabredeten, uns mit den Detektiven in einem Restaurant zum Mittagessen zu treffen, aber alle vier waren wir so mit Reden beschäftigt, daß wir zum Essen überhaupt nicht kamen. Es war offensichtlich, daß sie sich auch emotional in Kaits Fall engagiert hatten und nun frustriert und wütend darüber waren, daß die Polizei von Albuquerque ihr Beweismaterial nicht verwenden wollte.

»Wir begreifen es einfach nicht«, sagte Terri. »Sechs Monate nach den Schüssen hat es noch keine Verhaftung gegeben, in der ganzen Zeit waren diese Vietnamesen die einzigen Verdächtigen, und doch hat Steve Gallegos im Büro der Staatsanwaltschaft zugegeben, daß er nicht *das geringste bißchen* in Kalifornien nachgeprüft hat.«

»Aber Sergeant Lowe hat mir doch gesagt, sie hätte alles überprüft, was in meinem Brief stand!« rief ich aus.

»Sie hat absolut nichts von dem überprüft, was mit den Aktivitäten der Vietnamesen zu tun hatte.«

»Nicht einmal die Telefonnummern, die von Kaits Wohnung aus angerufen worden sind?«

»Die nicht und auch sonst nichts. Wir haben ihre Aussage auf Band.«

»Was hat die Polizei von Albuquerque denn dann die ganze Zeit über getan?« wollte Don wissen.

»Wer weiß?« fragte Terri. »Es hat während dieser Zeit keine offiziellen Verhöre gegeben, und nachdem er seinen Bericht abgefaßt hatte, hat Gallegos seine sämtlichen Notizen vernichtet. Als Joe Riggs ihn nach dem Gespräch gefragt hat, in dem Dungs Freund Adrian beschrieben hatte, wie Kait von einem beigefarbenen VW verfolgt wurde, sagte er, er könne sich an nichts erinnern. Er hat das Gespräch nicht auf Tonband aufgenommen; der Bericht taucht nicht in der Akte auf; Adrian ist verschwunden, gleich nachdem er befragt worden war; und da die Notizen vernichtet sind, gibt es keine Möglichkeit mehr, den Inhalt von Adrians Aussagen zu belegen.«

»Hat er denn jemals die vietnamesischen Briefe übersetzen lassen?«

»Er hat gesagt, das hätten seine Vorgesetzten nicht genehmigt, weil es das Budget gesprengt hätte.«

»*Das Budget gesprengt!*«, explodierte Don. »Es hätte sie keinen Penny gekostet! Wir haben zwei volle Jahre lang versucht, diese Briefe zurückzubekommen, damit wir sie *auf unsere eigenen Kosten* hätten übersetzen lassen können! Und was war mit dem Kollegen, der vietnamesisch spricht? Der einzige Grund, weshalb Lois der Polizei diese Briefe überhaupt gegeben hat, war deren Behauptung, es gebe einen Kollegen, der sie übersetzen könnte!«

»Das ist Blödsinn«, sagte Douglas. »Es gibt niemanden bei der Polizei, der genug Vietnamesisch kann, um diese Briefe zu übersetzen. Aber um das Thema zu wechseln – haben Sie jemals den Unfallbericht für das Mal gesehen, als Kait gefahren ist?«

»Nein«, sagte Don überrascht. »Wollen Sie damit sagen, daß es einen solchen Bericht gegeben hat? Gallegos hat uns das zwar erzählt, aber er hat ihn nie vorzeigen können, und daher haben wir das als eine weitere von seinen Schlampereien abgetan.«

»Nach dem, was man uns gesagt hat, gibt es diesen Bericht«, sagte Douglas. »Er ist allerdings nicht bei der Akte, und es ist uns nicht gelungen, irgendwelche Unterlagen über diesen Unfall ausfindig zu machen.«

»Wenn Kait einen solchen Unfall gebaut hat, dann nicht im März«, sagte ich. »Wenn sie das während der Frühjahrsferien gemacht hätte, als auch Dung seinen Unfall fingiert hat, dann hätte Trans Scheck über dreitausend gelautet und nicht über fünfzehnhundert. Es ist möglich, daß Dung sie noch einmal im Mai dorthin mitgenommen hat. Wenn sie tatsächlich einen weiteren Unfall arrangiert haben, wird das vermutlich zu diesem Zeitpunkt gewesen sein.«

»Da gibt es noch etwas, das uns neugierig macht«, sagte Terri. »Es geht darum, warum Dung wieder nach Albuquerque zurückgekommen ist, nachdem er sich von seiner Stichverletzung erholt hatte. Warum hat er sich nicht in ein ›Sicheres Haus‹ geflüchtet?«

»Was ist ein ›Sicheres Haus‹?«, fragte ich.

»Es ist ein Versteck für vietnamesische Flüchtlinge. Die Mafia hat sie über das ganze Land verstreut. Wenn Bandenmitglieder in Schwierigkeiten geraten, verkriechen sie sich in solch einem sicheren Haus, bis sie eine neue Identität annehmen können und neue Sozialversicherungsnummern bekommen. Das wäre für Dung kein Problem gewesen, und doch ist er nach Albuquerque zurückgekommen und hat enge Verbindung zur Polizei gehalten. Nach Aussage von Gallegos hat er mehrfach dort angerufen und sich nach dem Stand der Untersuchung erkundigt.

Noch eine Frage: Warum hat Dung gesungen, als es um den Versicherungsbetrug ging? Man hatte ihm seine Rechte vorgelesen, und er hätte gar nichts zugeben müssen, aber er sprudelte mit Namen und Adressen heraus, als wäre er in einem

Fernsehquiz. Er hat sogar Bao Trans neue Geschäftskarte abgegeben, auf der steht, daß er mittlerweile Vizepräsident eines Unternehmens namens Japan Life Sleeping Systems ist.«

«Ist Dung noch immer in der Stadt?« wollte Don wissen.

»Wir haben keine Ahnung. Die Polizei hat ihn einfach zur Tür hinausspazieren lassen, und jetzt kann ihn niemand finden. Das ist noch so eine merkwürdige Sache – wenn Dung vorhatte, sich aus der Stadt abzusetzen, warum hat er dann die Sache mit dem Versicherungsbetrug gestanden, bevor er sich davongemacht hat? Warum ist er nicht abgehauen, ehe er zum Verhör bestellt wurde?«

Auf dem Heimweg im Wagen sagte ich zu Don: »Ich habe eine Theorie darüber, warum Dung nach Albuquerque zurückgekommen ist. Erinnerst du dich an Carla Wallendas Geschichte über ihre Großeltern? Wenn sie merkten, daß die Wölfe immer näher kamen, erschossen sie ein Pferd und ließen es zurück, um sie so lange abzulenken, bis der übrige Zirkus davongekommen war.«

»Du glaubst also, man hat Dung extra hier plaziert, um die Nachforschungen zu behindern, und er hat die Sache mit dem Versicherungsbetrug deshalb zugegeben, damit die Aufmerksamkeit von den Drogengeschäften abgelenkt wurde?«

»Wenn es so war, dann hat es jedenfalls funktioniert«, sagte ich. »Bei den Hansons und sogar bei Mike. Sie alle glauben, Kait sei umgebracht worden, damit sie den Versicherungsschwindel nicht auffliegen ließ. Alle waren sie so sehr auf diese fingierten Unfälle fixiert, daß sich niemand die Mühe gemacht hat, sich die vermuteten Drogengeschäfte einmal näher anzuschauen.«

»Was hältst Du von Gallegos' Aussage, seine Vorgesetzten wären diejenigen, die nicht wollten, daß die vietnamesischen Briefe übersetzt wurden?«

»Ich würde ihm das sogar abnehmen«, sagte ich. »Er ist nur ein kleines Rädchen in der Hierarchie. Wir wissen nicht, was für ein Druck auf ihn ausgeübt worden ist.« Ich erinnerte mich an den Tag, an dem ich Gallegos die Sachen von Kaits Schreibtisch gebracht und er gesagt hatte: »Können Sie sich vorstellen, daß es Leute in dieser Abteilung gibt, die immer noch darauf beharren, daß die Schüsse auf Ihre Tochter purer Zufall waren?«

Sein ungläubiger Tonfall hatte klargemacht, daß diese Vorstellung absurd war. Danach mußte irgend etwas geschehen sein, das alles geändert hatte, und da der Mann auf der persönlichen Ebene so sympatisch war, wollte ich gerne glauben, daß er während dieser verpfuschten Untersuchung auf Anweisung weniger anständiger Vorgesetzter gehandelt hatte, die vielleicht nicht wollten, daß die Aktivitäten von Dung und seinen Freunden Gegenstand intensiver Nachforschung wurden.

Als wir nach Hause kamen, rief ich Mike an, um zu hören, ob ihm irgend etwas über An Les Verhaftung zu Ohren gekommen war. Er erzählte mir, daß er von dem Gerücht erfahren und versucht hatte, dem nachzugehen, doch ohne Erfolg geblieben sei, da An so viele Alias-Namen besaß.

»Ich bin sicher, das FBI könnte ihn finden«, sagte Don, als ich ihm das erzählte. »Ich würde eine Menge darum geben zu wissen, warum sie es vorgezogen haben, sich aus dieser Geschichte herauszuhalten.«

Plötzlich kam mir eine Idee.

»Ich wette, Gary könnte das für uns herausbekommen!«

»Wer?«

»Gary Miller, der mit mir auf meinen ersten Schulball gegangen ist. Erinnerst du dich nicht mehr? Du hast ihn auf meinem Treffen mit meinen alten Mitschülern von der High School kennengelernt.«

»Der lange dünne Kerl mit den roten Haaren?«

»Ja, das ist er. Es hätte mich bald umgehauen, als er mir erzählte, daß er FBI-Agent ist. Ich hatte immer geglaubt, er würde so etwas Zerbrechliches wie ein Dichter werden.«

»Weißt du denn, wo er lebt?«

»Nein, aber irgend jemand vom Bund Alter Schüler wird es wissen.«

Ich machte ein paar Anrufe; bekam Garys Adresse und schrieb ihm einen Brief, in dem ich ihm unsere Situation darlegte und ihn bat, er möge versuchen herauszufinden, warum das FBI sich nicht in die Untersuchung hatte einschalten wollen.

Gary antwortete mit einem Telefonanruf.

»Ich habe mich mit dem FBI-Büro in Albuquerque in Verbindung gesetzt«, erzählte er mir. »Sie wußten genau über den Fall Bescheid und wollten sich ursprünglich auch einschalten. Sie haben der Polizei von Albuquerque erklärt, daß sie in jeder erdenklichen Weise zu helfen bereit seien, daß es aussähe wie ein wichtiger Fall, bei dem umfangreiche Nachforschungen erforderlich sein würden, und daß sie ihre Leute und ihre technischen Einrichtungen gern zur Verfügung stellen würden. Die Mordkommission hat ihnen gesagt, sie sollten sich da raushalten. Das FBI kann sich nicht von allein in einen Fall einschalten, Lois. Wenn wir unsere Bereitschaft zur Mitarbeit signalisiert haben, obliegt die Entscheidung den örtlichen Behörden.«

»Warum sollte die Polizei sich weigern, diese Hilfe zu akzeptieren?«

»Es gibt jede Menge politischer Eifersüchteleien zwischen örtlichen Polizeibehörden und der Bundespolizei«, sagte Gary. »Die örtlichen Behörden haben es nicht gern, wenn die Bundesbeamten ihnen bei ihren Fällen helfen, weil sie fürchten, das Bureau könnte sie lösen und den ganzen Ruhm einstreichen. Es ist sogar schon vorgekommen, daß sie Beweismaterial eher verheimlicht oder vernichtet haben, als das FBI einen Fall für sie lösen zu lassen. Wenn die Bundesbeamten den Ruhm beanspruchen, gibt es keine Statistiken für die Ortsbehörden.«

»Statistiken?«

»Statistiken darüber, wie viele Verbrechen sie aufgeklärt haben. Jeder Polizeibeamte muß Ergebnisse vorweisen. Das ist, als wenn man in einer Fabrik arbeitet und nachweisen muß, wie viele Hundehütten man jeden Monat zusammengebaut hat. Diese Kerle kriegen Druck von ihren Vorgesetzten, entweder ordentliche Statistiken zu liefern oder sich schleunigst einen neuen Job zu suchen. Deswegen haben sie auch keine Lust, komplizierte Fälle zu bearbeiten. Keine Polizeibehörde im ganzen Land hat genügend Geld, und wenn sie einen Fall nicht sofort lösen können, bekommen sie jede Menge Druck, ihn so abzuschließen, damit sie ihre Mittel nicht für eine langwierige Untersuchung ausgeben müssen.«

»Glaubst du, daß die Polizei von Albuquerque deshalb darauf bestanden hat, daß es eine Zufallstat war – daß sie einfach mit einem Minimum an Aufwand ihre Statistik aufpolieren wollten?«

»Das mag in diesem speziellen Fall so gewesen sein oder auch nicht«, sagte Gary. »Aber es gibt auf alle Fälle Gelegenheiten, bei denen einfach irgendwelche Gimpel festgenommen werden, und selbst wenn die FBI-Leute davon wissen, können wir nichts unternehmen, außer vielleicht einen anonymen Anruf beim Verteidiger des Verdächtigten.

Bei diesem Stand der Dinge allerdings, wo der Fall der Ortsbehörden schon den Bach hinuntergegangen ist, könnten du und dein Mann vielleicht doch noch von euch aus etwas auf die Beine stellen. Habt ihr irgendwelche Beweise dafür, daß es ein Verbrechen gegeben hat, bei dem die Staatsgrenze überschritten worden ist?«

»Ja, und wir haben das Material auch schon an das FBI in Orange County geschickt«, sagte ich. »Sie haben niemals auch nur bestätigt, daß sie es bekommen haben.«

»Ihr hättet es an das Büro in L.A. senden sollen«, erklärte Gary mir. »Solche kleineren Außenstellen sind so etwas wie kleine Königreiche, und sie werden manchmal von Typen geführt, die nicht unbedingt dorthin gehörten. Setzt euch doch einmal mit dem verantwortlichen Special Agent des FBI-Büros in Los Angeles in Verbindung und erzählt ihm das, was du mir erzählt hast. Dann mach eine Verabredung mit dem Special Agent eures örtlichen FBI-Büros und erzähl ihm dieselbe Geschichte.

Ich garantiere dir, wenn du dich an den Special Agent in L.A. wendest, wirst du irgendeine Reaktion bekommen. Sie können keine Untersuchung beginnen, wenn es nicht eindeutig ein Fall für die Bundesbehörden zu sein scheint, aber der verantwortliche Special Agent ist derjenige, der das entscheiden kann. Wenn du ihm handfeste Beweise dafür vorlegen kannst, daß diese Leute Staatsgrenzen überqueren, um einen Versicherungsbetrug zu begehen oder illegal Drogen zu transportieren, dann wird sich das Bureau für den Fall zuständig erklären. Wenn der Special Agent entscheidet, daß es ein FBI-Fall ist, kann sich unsere Behörde einschalten, ohne erst die Erlaubnis der Polizei von Albuquerque einzuholen. Aber eins mußt du verstehen: Ihr vorrangiges Ziel wird es nicht sein, den Mord an eurer Tochter zu untersuchen, weil das kein Bundesverbrechen ist. Sie werden Drogenhandel und Versicherungsbetrug über die Staatsgrenzen hinaus untersuchen, und wenn sie dabei auf Informationen über Kaits Ermordung stoßen sollten, wäre das die Sahne auf dem Kuchen.«

Wir wußten nicht, wieviel Beweismaterial der verantwortliche Special Agent benötigen würde; daher dachten wir, es sei besser, soviel wie möglich zusammenzutragen. Wir hatten einen widerwilligen Respekt für Miguel Garcias aggressive Anwälte entwickelt, und da Joe Riggs die Hansons als seine Ermittler ausgewählt hatte, beschlossen wir, seinem Beispiel zu folgen und sie gleichfalls zu engagieren. Ich vermutete außerdem, daß sie auch diejenigen waren, denen Mike seine Ergebnisse mitgeteilt hatte, und zwar an jenem Punkt, von dem Betty gesagt hatte, er würde scheinbar seine Nachforschungen einstellen. Der Grund für meine Vermutung war die Tatsache, daß beide Zeitungen die Verteidiger mit der Aussage zitiert hatten, die an den fingierten Unfällen Beteiligten hätten eine Bezahlung von 2000 Dollar erhalten – ein Ungenauigkeit, die auch in meinem Brief an Mike gestanden hatte. Später hatten wir dann erfahren, daß die tatsächliche Summe 1500 Dollar betrug, aber die irrtümlichen 2000 Dollar tauchten in den Äußerungen der Verteidiger immer wieder auf, und diese konnten sie nur aus meinem Brief haben. Ich vertraute Mikes Urteilsvermögen, und wenn er zu den Hansons genug Vertrauen hatte, um Informationen an sie weiterzugeben, damit sie weitere Nachforschungen anstellen konnten, dann war das für mich genug, um sie für anständige, zuverlässige Leute zu halten, die uns nicht absichtlich in Gefahr bringen würden.

Da wir wußten, daß die Detektive ursprünglich Riggs verpflichtet waren, hätten wir es nicht für richtig gehalten, sie darum zu bitten, uns die Telefonrechnungen der Garcias zu besorgen. Daher beschränkten wir unsere Fragen auf Informationen über die Aktivitäten der Vietnamesen. Wir trugen ihnen auf zu versuchen, An Les vermutete Verhaftung zu bestätigen, Informationen über Dungs Freunde in Kalifornien zu besorgen und weiter nach dem fehlenden Unfallbericht zu suchen. Die Tatsache, daß gerade dieser Bericht auf mysteriöe Weise verschwunden war, während die anderen Unfallberichte in den Polizeiakten verblieben waren, legte die Idee nahe, daß er Informationen enthielt, die die Polizei nicht bekannt werden lassen wollte. Hatten Kait und Dung ihren Wagen bei der R-&-J-Autovermietung gemietet? War der Name des Unfallgegners von Bedeutung?

»Es ist zu schade, daß wir den Namen dieses Jungen nicht haben, der sich bei Riggs gemeldet hat«, sagte Terri am Ende unseres Treffens beiläufig zu ihrem Mann.

»Von welchem Jungen?«, fragte Don.

»Da ist einmal ein junger Mann in Riggs' Büro aufgetaucht und hat seiner Sekretärin erklärt, er müsse ihn sprechen. Er sagte, er sei ein früherer Freund von Kait, und nur ein paar Wochen vor dem Mord hätten sie wieder begonnen, miteinander auszugehen. Der Junge weinte und klang nicht sehr zuverlässig, und da Riggs schon das hatte, was er brauchte, um Miguel freizubekommen, machte er sich nicht noch die Mühe, sich mit ihm zu verabreden. Es ist aber zu vermuten, daß das sowieso nicht viel gebracht hätte.«

»Hat der Junge gesagt, daß er Kait in ihrer High-School-Zeit kannte?« fragte ich und versuchte, mir meine Erregung nicht an der Stimme anmerken zu lassen. Sollte das die Person sein, die Kait im Coronado-Einkaufszentrum getroffen hatte – die Liebesbeziehung, die weitergegangen war, ohne daß ich davon gewußt hatte?

»Davon hat Riggs nichts gesagt«, meinte Terri. »Aber eine Sache hat er erwähnt – der Junge trug ein silbernes Armband, auf dem sein Name und der von Kait eingraviert waren.«

29

Jedesmal, wenn sich eine der Aussagen unserer spiritistischen Medien als zutreffend erwies, war ich wieder genauso verblüfft, wie ich es damals gewesen war, als ich im Telefonbuch von Orange County die R-&-J-Autovermietung entdeckt hatte. Ganz gleich, wie viele Beweise für die reale Existenz von Psychometrie, Telepathie und Clairvoyance ich auch bekam, ein ganzes Leben voller Skepsis hatte meinen Geist so vorstrukturiert, daß ich immer neue Bestätigung dafür brauchte, daß mein Glaube an diese Phänomene gerechtfertigt war. Wenn ich zu Lebzeiten Christi gelebt hätte, dann hätte ich verlangt, die Löcher in seinen Handflächen zu sehen, nur um dann über die Löcher in seinen Füßen wieder genauso erstaunt zu sein.

»Es ist Rod!« sagte ich zu Don, als die Hansons gegangen waren. »Ich erinnere mich an das Armband! Ich war dabei, als Kait es gravieren ließ!«

»Erinnerst du dich auch noch an seinen Nachnamen?«

»Nein, das ist zu lange her.«

»Was für einen Wagen fuhr er? War es ein Wagen mit Vierradantrieb?«

»Seinen Wagen habe ich nie gesehen. Kait sollte nicht mit Jungs ausgehen, die schon alt genug waren, um selbst zu fahren, und daher hat er den Wagen nie zu uns mitgebracht.«

Wenn mir nur Rods Nachname einfiele, dann könnten die Hansons ihn für uns ausfindig machen, und er würde uns womöglich alle die Antworten geben, nach denen wir suchten!

Mutter würde ihn nicht mögen.

Mutter hat ihre Meinung geändert, Kait!

Ich konnte sehen, daß sie ihn mißbilligte.

Aber jetzt billigt Mutter ihn!

Die Tatsache, daß Rod zu Miguels Anwälten gegangen war, wo es doch näher gelegen hätte, gleich zur Polizei zu gehen, legte die Vermutung nahe, daß was immer er auch an Beweismaterial zu bieten hatte, jemanden anders als Miguel und Juve belasten würde. Vielleicht war er aber sogar schon zur Polizei gegangen, und die hatte ihn abgewiesen, so wie sie es vermutlich schon mit etlichen Beinahe-Informanten getan hatte, deren Geschichten nicht in das vorgefertigte Szenario mit den aufs Geratewohl abgefeuerten Schüssen gepaßt hatten.

Ich fuhr zu Kaits alter High School hinüber und durchforstete die alten Jahrbücher aus der Zeit, in der Rod dort als Schüler gewesen sein mußte, aber auf keinem der Bilder konnte ich sein Gesicht entdecken. Die Tatsache, daß er älter war als die meisten seiner Klassenkameraden, hatte vermutlich sein Interesse an den gesellschaftlichen Aktivitäten in der Schule stark eingeschränkt, und offensichtlich hatte er sich nicht einmal die Mühe gemacht, auf dem Abschlußbild zu erscheinen. Ich ging die Hunderte von Namen in diesem Zeitraum eingetragener Schüler durch, aber die einzigen beiden Rodneys, die auftauchten, waren nicht älter als Kait. War es möglich, daß »Rod« entweder nur sein zweiter Name oder ein Spitzname war? Kaits Freunde aus dieser Zeit waren inzwischen weit versteut, aber ich machte mich daran zu versuchen, sie über Lehrer oder Eltern ausfindig zu machen, in der Hoffnung, irgend jemand würde sich noch an Rods Nachnamen erinnen.

In der Zwischenzeit grub Douglas Hanson, der früher bei der Polizei von San Diego gewesen war, immer mehr Material in der Umgebung von Los Angeles aus.

»Ich weiß jetzt, warum Dung mit diesen Namen und Adressen so freigebig gewesen ist«, sagte er uns nach seiner Rückkehr aus Kalifornien. »All die Informationen, mit denen er Gallegos gefüttert hat, waren falsch. Zu dem Zeitpunkt, als Dung endlich befragt wurde, im Juli 1990, war Bao Tran von der South-Fairview-Adresse weggezogen, und Minh Duy, dessen Kanzlei auf Trans Geschäftskarte gestanden hatte, war umgezogen, ohne eine Nachsendeadresse zu hinterlassen. Als ich ihn endlich in seinem neuen Büro in Van Nuys aufgestöbert hatte, benutzte der den Namen Minh Buy Nguyen und bestritt, jemals von irgendwem mit dem Namen Bao Tran gehört zu haben.

Die andere Geschäftskarte, die Dung Gallegos gab, wies Bao Tran als Vicepräsidenten der Japan Life Sleeping Systems aus, die eine Zweigniederlassung mit dem Namen San Diego Dream Life Corporation auf dem Mesa College Drive 7530 unterhielt. Das städtische Handelsregister zeigte, daß diese Gesellschaft niemals eingetragen worden war, und im November 1989 wurde sie das Opfer anonymer Brandstiftung. Und stellen Sie sich vor: Die Firma unter dieser Mesa-College-Adresse hatte zwei Identitäten! Sie nannte sich nämlich Van Video: ein Laden, der einem Mann namens Hong Phuc Van gehörte, der unter derselben Anschrift eingetragen war wie Bao Tran.«

»Hong Phuc Van«, wiederholte ich. Das klang irgendwie vertraut. Dann plötzlich kam mir die Erleuchtung. »Mike hat mir erzählt, daß Trans Telefonnummer im Telefonbuch bei dem Namen ›Van Hong Phuc‹ auftaucht! Wer immer ihm diese Information gegeben hat, muß das Komma ausgelassen haben! Mike hat nicht gemerkt, daß er den Nachnamen zuerst genannt hatte!«

»Dung hat der Polizei erzählt, bei Tran hätte niemand anders als seine Freundin gewohnt«, sagte Douglas. »Das scheint darauf hinzudeuten, daß Tran und Van dieselbe Person sein könnten. Wenn das so ist, dann ist Tran nach Kaits Tod schon im Gefängnis gewesen und wieder rausgekommen. Vier Monate nach ihrer Ermordung hat Hong Phuc Van zwei junge Vietnamesen angeheuert, die seinen Videoladen abbrennen sollten. Während sie dieses Feuer legten, gerieten sie selbst in Flammen. Van wurde verhaftet und wegen Brandstiftung mit Personenschaden verurteilt. Er saß von November 1989 bis August 1990 in Haft.

Zu der mysteriösen R-&-J-Autovermietung habe ich nicht viel herausfinden können, außer daß sie vier Tage nach Kaits Tod aufgehört hat zu existieren. Niemand scheint zu wissen, wohin die Besitzer verschwunden sind. Wie die Leute, die inzwischen unter derselben Adresse einen Autoverleih betreiben, gesagt haben, muß die Polizei schon mindestens ein Dutzend mal vorbeigekommen sein und nach R-&-J-Angestellten gefragt haben, ohne aber jemals zu sagen, was sie von ihnen wollten.

Ich habe sämtliche Adressen von den Unfallberichten überprüft, die zu Personen gehörten, die Ansprüche wegen Verletzungen nach Unfällen angemeldet haben, an denen Dung oder An Le beteiligt waren. Nicht einer von ihnen wohnte tatsächlich unter der Anschrift, die er der Polizei gegeben hatte. In Wirklichkeit existiert eine ganze Reihe von diesen Adressen überhaupt nicht.

Trotz alledem habe ich meine Meinung geändert, was das Motiv für den Mord an Kait angeht. Ich glaube, sie war auf etwas gestoßen, das sogar noch ernster war als Versicherungsbetrug. Nach ihrem Tod scheinen Dungs Freunde in Orange County in Panik geraten zu sein. Sie haben ihre Wohnungen und ihre Jobs aufgegeben und sich ganz einfach in Luft aufgelöst, was für mich darauf hindeutet, daß sie fürchteten, Kait könnte Informationen hinterlassen haben, die explosiv genug waren, daß man sie deswegen des Landes verweisen konnte.

Ich glaube mittlerweile, daß Kait etwas über einen umfangreichen Kokainring herausgefunden hatte und daß Dungs Freunde als Kuriere zwischen L.A. und Albuquerque fungierten. Als Terri mit Ans Vermieter gesprochen hat, erzählte er ihr, daß gleich nach Kaits Tod in diesem Apartment-Komplex die Hölle losbrach. Es wurde so laut und gewalttätig, daß er An Le hinauswarf. Er sagte, solange An sein Mieter war, sei er kaum je dort gewesen; er muß all seine Zeit damit verbracht haben, zwischen L.A. und Albuquerque hin- und herzupendeln, und jedesmal, wenn er zurückkehrte, hatte er ein dickes Bündel Scheine bei sich.

Als die Polizei von San Diego mitbekam, worüber ich meine Nachforschungen anstellte, boten sie mir an, mir die Genehmigung zu erteilen, eine verdeckte Waffe zu tragen. Sie sagten, diese spezielle Gruppe sei als derart gefährlich bekannt, daß es einen das Leben kosten könne, wenn man seinen Kopf auf ihr Territorium steckt. Sie befassen sich nicht nur mit Versicherungsbetrug, sondern auch mit Erpressung, Brandstiftung und

Auftragsmorden, und sie betreiben eine der größten Crack-Dealer-Organisationen im ganzen Land. Detective Franks von der Abteilung für Organisiertes Verbrechen bei der Polizei Westminster hat mir erzählt, daß er telefonisch mit einer Kollegin aus Albuquerque gesprochen und versucht hat, ihr zu erklären, wie aktiv und weitverzweigt die vietnamesischen Gangs sind; aber er hatte den Eindruck, daß sie ihn nicht sonderlich ernst nahm.

Die Polizei von Albuquerque scheint die Nachforschungen wegen Kaits Tod fallengelassen zu haben. Die Polizei von Los Angeles sagt, man sei niemals wegen des Versicherungsbetrugs an sie herangetreten, und darüber sind sie alles andere als glücklich, da sie sich Dung sehr gerne einmal vorgenommen hätten. Sie steckten gerade mitten in einer großen Undercover-Aktion gegen Ärzte und Anwälte, die die Versicherungsgesellschaften ausnehmen, und die Namen, die Dung ihnen hätte verschaffen können, wären für sie höchst wertvoll gewesen.

Nachdem Douglas gegangen war, erklärte ich Don: »Ich denke, jetzt ist es an der Zeit, mein Buch zu beenden. Ich werde es an Kaits einundzwanzigstem Geburtstag für abgeschlossen erklären.«

»Aber das ist ja nächste Woche!« rief Don aus. »Die Geschichte ist noch nicht vorbei!«

»Vielleicht wird uns das Buch zu einem Ende führen«, sagte ich. »Wir sind in einer Sackgasse angelangt, was unsere privaten Ermittlungen angeht, und es gibt doch noch so viele Fragen, auf die wir eine Antwort bekommen müssen.

Wer war für den Mord an Kait verantwortlich, und wer hat die Schüsse abgegeben? Wenn Miguel Garcia auf Kait geschossen hat, wie die Polizei so sicher annimmt, haben ihn dann die Vietnamesen angeheuert? Ist es möglich, zwischen diesen beiden Gruppen eine Verbindung herzustellen? Hatten Dung und An Le mit einem Drogenring zu tun, und wenn ja, hatte das irgend etwas mit Kaits Tod zu tun? Haben Miguel oder Juve Verwandte in Kalifornien? Wo ist die Statue mit dem Schlangenkopf, ›unter dem viele Treffen abgehalten werden‹, und welcher asiatische Clan hat diesen Schlangenkopf zu seinem Symbol gemacht? Ist An wegen Mordes verhaftet worden? Wenn ja, wo ist er dann? Wer war die bedeutende Persönlichkeit, die Kait beim Kauf von Drogen beobachtete? Hat Dung wirklich versucht, sich umzubringen, oder hat ihn irgend jemand niedergestochen?

Es muß da draußen Menschen geben, die uns einige Antworten geben können, aber zuerst einmal müssen sie wissen, nach welchen Informationen wir suchen. Es ist sogar möglich, daß Rod das Buch liest und mit uns in Verbindung tritt oder daß der ›gute Mann, der Angst hat‹ den Mut bekommt, sich zu erkennen zu geben.

Kait möchte, daß wir ihre Sache zu Ende bringen, damit sie in die nächste Dimension wechseln kann.«

»Hat sie dir einen neuen Traum geschickt?« wollte Don wissen.

»Sie hat mir einen kurzen Abschiedsbrief geschrieben.«

Ich wußte, wie lächerlich das klang, aber Don lächelte nicht; er nickte bloß und wartete darauf, daß ich fortfuhr.

»In dem Traum saß ich an einem Pult im Klassenzimmer einer Schule und blätterte ein Buch über den Bürgerkrieg durch. Ich schlug eine neue Seite auf, und es fiel eine Notiz in Kaits Handschrift heraus. Sie war ganz klein zusammengefaltet, wie eines dieser Origami-Papier-Puzzles, und als ich sie endlich aufbekommen hatte, standen dort nur vier Sätze:

Ich wollte dir eine Nachricht hinterlassen, um dir auf Wiedersehen zu sagen. Es tut mir leid, daß sich die Dinge so entwickelt haben. Ich habe dir nie gesagt, wie sehr ich dich mochte. Du warst meine allerliebste Lehrerin.

Zuerst dachte ich, sie hätte die Nachricht für eine ihrer Lehrerinnen dagelassen. Dann wurde mir klar, daß sie für mich bestimmt war.«

»Das klingt nicht sehr gefühlsbetont.« Ich konnte mir denken, daß Don mehr für mich gewollt hätte, etwas Überschwenglicheres, an das ich mich klammern konnte, wenn der Kummer mich übermannte.

»Kait war meine Schülerin, ehe sie meine Tochter war.«

»Warum hat sie deiner Meinung nach diese Nachricht in einem Geschichtsbuch hinterlassen?«

»Ich glaube, die Bedeutung liegt in dem Krieg zwischen den Staaten«, sagte ich. »Im Bürgerkrieg war unsere Nation gegen ihren eigenen Willen zerrissen. Genau das aber ist mit Kait in ihren letzten Tagen geschehen – sie wurde zwischen ihrer Liebe zu Dung und der inneren Verpflichtung hin- und hergerissen, das zu tun, was sie in ihrem Herzen als richtig erkannt hatte.«

Als ich das nächste Mal mit Robin sprach, erzählte ich ihr, daß das Buch fast fertig sei, und sie sagte, es gebe noch etwas, das ich hinzufügen müsse.

»Die Art, wie Kait starb, stand schon geschrieben«, sagte sie. »Es gab nichts, was du oder Daddy hätten tun können, um es zu verhindern.«

»Wenn wir sie nicht hätten losgehen lassen – wenn wir sie mit physischer Gewalt daran gehindert hätten ...«

»Nichts, was ihr hättet tun können, hätte irgendeinen Unterschied gemacht«, sagte Robin. »Wenn es nicht in dieser Nacht geschehen wäre, dann wäre es in der darauffolgenden Nacht geschehen. Ich habe das Loch in ihrem Gesicht gesehen, als ich ihr auf Wiedersehen gesagt habe, Mutter. Die Kugel, die sie dort getroffen hatte, war mitten durch Gottes Fingerabdruck gegangen.«

Es ist der 18. September 1991.

Kait ist heute einundzwanzig Jahre alt.

Ich habe meine Geschenke auf den Friedhof mitgebracht – einen großen Topf gelber Chrysanthemen und den Karton mit dem Manuskript, das ihre Geschichte enthält.

»Das Ende wird kommen«, erkläre ich ihr. »Es wird ein Ende geben.«

Ich habe auch einen Zettel mitgebracht, den ich auf den Grabstein klebe: *Rod – setz dich mit Kaits Eltern in Verbindung!* Er wird sich vermutlich nicht an das Datum ihres Geburtstages erinnern, aber es besteht immerhin die Chance, daß er wieder einen Blumenstrauß vorbeibringt. Ich öffne den Karton und lese laut Bettys Vorhersage:

Es wird der Augenblick kommen, daß der Schleier fällt, der die Wahrheit verhüllt. (...) Da wird es jene geben, die gefaßt und durchschaut werden, und dieser Familie wird es bestimmt sein, am Ende zu sehen und zu erfahren, was jenes war, dem sie an ihrem letzten Tag ausgesetzt war.

»Du hast deine Sache gut gemacht«, sage ich zu Kait. »Du hast ein paar Fehler begangen, aber du hast hinter dir alles in Ordnung gebracht. Ich bin stolz darauf, deine Mutter zu sein.«

Die Bestimmung von Kaitlyn ist nicht verloren in dieser Zeit (. . .) Sie wird am Ende sich selbst treu gewesen sein, und dies muß auch sie akzeptieren.

»Es ist Zeit für dich, dorthin weiterzugehen, wo immer deine nächste Bestimmung liegen mag.«

Kann ich wirklich in einer Welt existieren, in der es Kait nicht gibt?

Ich kann es schaffen, sage ich mir selbst.

Da ich keine Wahl habe, kann ich es schaffen.

Ein Windhauch, noch ganz lau von der letzten Süße des Sommers, fährt durch die Äste der Ulme, die ihren Schatten über Kaits Grab wirft, und ein Blatt löst sich und segelt herab, um auf dem Manuskript zu landen.

Nur ein weiterer kleiner Tod zur falschen Zeit.

Ich gebe mir alle Mühe, um das Trällern von Kaits Stimme in der Brise zu hören, aber natürlich höre ich nichts. Das einzige, was ich vernehme, ist das Dröhnen der Wagen auf der Schnellstraße – das heisere Krächzen einer nichtsnutzigen Schar Krähen – das Rasseln eines Plastikwindrades auf einem benachbarten Grab.

Ich verfüge nicht über die Kraft eines Mediums; ich bin nur eine Mutter, deren spiritistische Fähigkeiten an den Grenzen ihres Herzens enden.

Aber eines habe ich; ich bin eine Schriftstellerin, und ich besitze die Fähigkeit, Szenen erstehen zu lassen. Ich schließe meine Augen, und vor dem dunklen Hintergrund meiner Augenlider schaffe ich mir das Bild meiner Tochter, so wie ich sie am liebsten sehen möchte. Groß und stark und lieblich steht Kait vor mir; ihre Augen funkeln vor unbezähmbarer Lebensfreude, ihr grandioses honigfarbenes Haar wird vom Sonnenlicht überflutet, Gottes Fingerabdruck ist wieder bloß ein unschuldiges Grübchen, das merkwürdigerweise mitten auf ihrer weichen braungebrannten Wange thront.

Sie hebt ihre Hand in der komischen Andeutung eines Grußes, so wie sie es in der Nacht tat, als sie aus unserem Leben ging.

Bis später! Ich seh euch dann später!

»Auf Wiedersehen!« sage ich zu ihr. »Versuch dich von allem Ärger fernzuhalten, mein Schatz! Ich möchte, daß du das nächste Mal auf die Wölfe achtest!« Ich verschwende meinen Atem, denn sie bewegt sich schon fort von mir, und meine Worte flattern hinter ihr her wie ein Schwarm Schmetterlinge. Begierig auf neue Abenteuer, fegt sie den Dunstschleier beiseite und schreitet frohgemut und voller Vertrauen ins Licht hinein, ohne noch einen Blick auf ihre Lehrerin zurückzuwerfen.

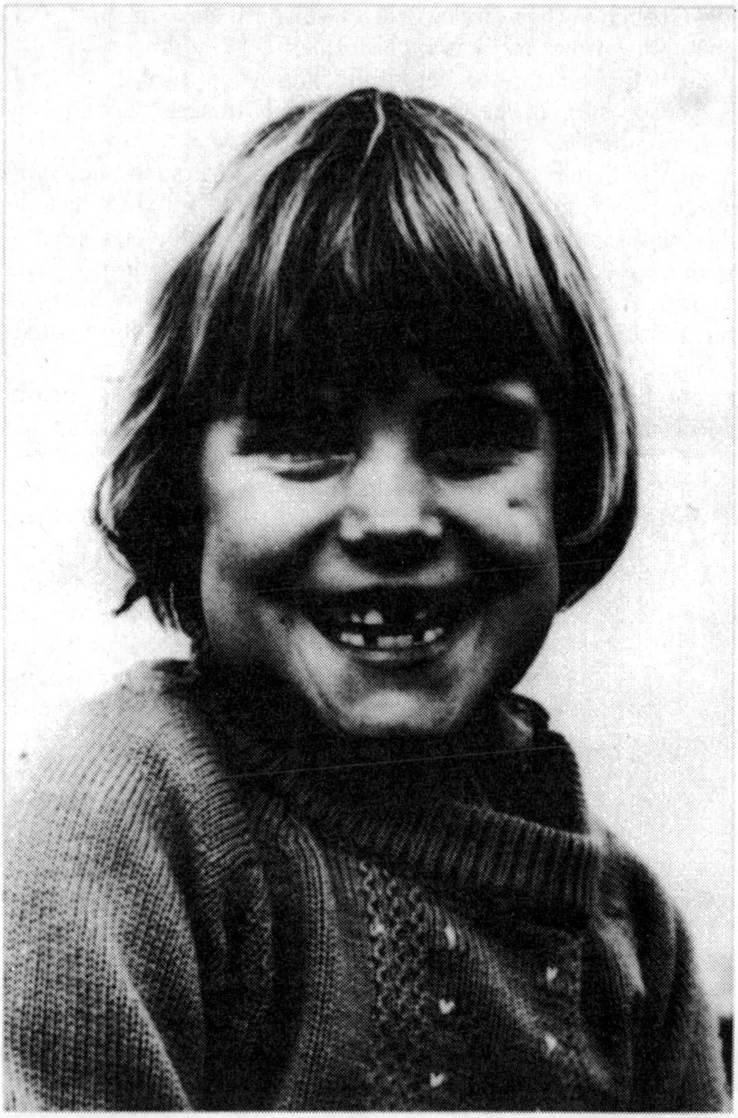

Kait Arquette im Alter von fünf Jahren. »Gottes Fingerabdruck«, das Mal auf dem linken Wangenknochen – die Stelle, wo die erste Kugel sie traf.

Epilog

Wenn man ein fortgeschrittenes Alter erreicht und über die Spanne seines Lebens Rückschau hält, kann es so wirken, als habe es einen konsequenten Plan und eine Ordnung gehabt, ganz als sei es von einem Romanautor erdacht worden. Ereignisse, die zu der Zeit, als sie sich zutrugen, zufällig erschienen und von geringer Tragweite, erweisen sich nachträglich als unabdingbare Faktoren für den Aufbau eines in sich stimmigen Handlungsgerüstes. Wer also hat dieses Handlungsgerüst ersonnen? ... So wie unsere Träume von einem Aspekt unserer selbst bestimmt werden, von dem unser Bewußtsein nichts weiß, so wird unser ganzes Leben von unserem inneren Willen bestimmt. Und genauso wie Menschen, die wir getroffen haben, scheinbar aus reinem Zufall zu bestimmenden Faktoren für die Struktur unseres Lebens werden, so werden auch wir selbst unwissentlich zu einem Faktor geworden sein, der dem Leben anderer Bedeutung gab ...

Es ist sogar so, als stünde hinter alldem eine einzige Intention, die immer irgendwie Sinn macht, wenngleich niemand von uns weiß, worin dieser Sinn liegen mag, oder genau das Leben gelebt hat, das er zu leben beabsichtigte.

Joseph Campbell

Nachher

Who Killed My Daughter? wurde in den Vereinigten Staaten im Juni 1992 veröffentlicht, und Lois Duncan ging mit dem Buch im ganzen Land auf Lesereise, trat im Radio und im Fernsehen auf, erzählte Kaits Geschichte und bat um Informationen.

Und Informationen trafen ein, wenn auch nur zögernd und nicht wesentlich genug, um das Verbrechen endgültig zu lösen, aber doch so nützlich, um einige der Lücken im Szenario der Familie Arquette zu schließen.

Der Besitzer eines Apartment-Komplexes im Vietnamesenviertel von Albuquerque meldete sich schriftlich, um mitzuteilen, daß einer der Hispanos Dung und seine Freunde von Parties her kannte, die in einem der Apartments dort abgehalten worden waren. Er erklärte auch, daß der Mieter, in dessen Apartment die Parties stattgefunden hatten, zu der Zeit von Kaits Ermordung einen VW-Käfer ohne Motorhaube gefahren hatte, auf den die Beschreibung des Wagens paßte, der bei der Flucht vom Tatort gesehen worden war.

Lois gab diese Informationen an die Polizei weiter, da sie auf eine mögliche Verbindung zwischen den Vietnamesen und den hispanischen Mietkillern hinzuweisen schien.

Ein Angestellter einer Bank in Albuquerque wandte sich an Lois, um ihr von einer Anzahl vietnamesischer Kunden zu berichten, die Konten besaßen, bei denen man an Geldwäsche denken mußte. Diese Kunden machten beträchtliche Bareinzahlungen und ließen das Geld dann in Länder der Dritten Welt überweisen. Lois gab dicse Information sowohl an die

Bezirks-Staatsanwaltschaft in Albuquerque als auch an die Drogenfahnder der DEA weiter.

Im Juli 1992 rief Marty Martinez die Polizei an und gestand, daß er und seine Freunde von den Vietnamesen angeheuert worden seien, Kait umzubringen. Die Polizei sagte, sie könnten sein Geständnis nicht verwenden, da Marty getrunken hatte. Als er wieder nüchtern war, widerrief er.

Nachdem sie das Buch gelesen hatten, setzten sich Fahnder vom National Insurance Crime Bureau und von der Betrugsabteilung der California State Insurance Agencies (Behörden, die speziell gegen Versicherungsbetrug vorgehen) mit Lois in Verbindung, um mehr Informationen über die fingierten Unfälle zu bekommen. Versicherungsdetektive von zwei Versicherungsgesellschaften, gegen die nach Dung Nguyens und An Les arrangierten Unfällen Ansprüche angemeldet worden waren, wandten sich gleichfalls an sie.

Am 13. Januar 1993 kam es in Südkalifornien zu der alle Rekorde brechenden Zahl von mehr als vierzig Verhaftungen; betroffen waren Personen, die in vier locker miteinander verbundenen Betrugsringen organisiert waren, die sich auf Versicherungen spezialisiert hatten. Viele der Verhafteten waren vietnamesische Ärzte und Anwälte aus Orange County. Die Kanzleiadresse eines der renommiertesten Anwälte lautete Brookhurst 14541, Westminster, Kalifornien – dieselbe Adresse, die Bao Trans Geschäftskarte als das Hauptbüro der Japan Life Sleeping Systems auswies.

Im Januar 1993 lief in der erfolgreichen landesweiten Fernsehserie *Unsolved Mysteries* (Ungelöste Fälle) eine dramatisierte Version von Kaits Geschichte. Für alle Rollen hatte man in Albuquerque Schauspieler gefunden, nur nicht für Kaits Freund. Obwohl bei den Agenturen in Albuquerque viele vietnamesische Schauspieler registriert waren, meldete sich keiner zum Vorsprechen, und die Rolle von Dung Nguyen mußte in Hollywood besetzt werden.

Lois wurde in der Sendung interviewt, ebenso Detective Steve Gallegos und Mike Gallagher.

Sie sagten folgendes:

DETECTIVE GALLEGOS: »Ich glaube nicht, daß die vietnamesische Connection mit diesem Fall zu tun hat. Bis jetzt habe ich noch keinerlei Informationen bekommen, die mit Sicherheit darauf hinweisen, daß die Vietnamesen in diesen Mordfall verwickelt wären.«

MIKE GALLAGHER: »Ich denke, es ist wichtig, daß die Polizei und jeder andere, der diesen Fall betrachtet, sich vor Augen hält, daß die Freunde von Kaitlyns Freund in Los Angeles mit kriminellen Aktivitäten in großem Maßstab und einem Multi-Millionen-Versicherungsbetrug zu tun hatten. Ich glaube nicht, daß die Polizei das jemals ernstgenommen hat.«

LOIS: »Unsere Familie weiß nicht mit Sicherheit, wer die Kugeln auf Kait abgefeuert hat. Was wir aber ganz deutlich spüren, ist die Tatsache, daß sie nicht einfach zufällig von irgendwelchen Leuten auf einer Spritztour erschossen worden ist, die Spaß daran hatten, auf ein hübsches Mädchen in einem roten Auto zu schießen.

Wir glauben, daß Kait umgebracht wurde, weil sie im Begriff war, ungesetzliche Machenschaften ans Licht zu bringen, in die ihr Freund und seine Kumpane verwickelt waren. Es wäre möglich, daß sie von den Vietnamesen erschossen worden ist; es wäre auch möglich, daß sie jemand anderen engagiert haben, um sie zu erschießen. Aber worüber wir uns absolut sicher sind, ist die Tatsache, daß dies nicht irgendwelche aufs Geratewohl abgefeuerten Schüsse waren – Kait wurde ermordet.«

Leseprobe

aus dem Bastei-Lübbe Taschenbuch 61302

Sarah Aziz, Ich leb' nicht mehr in eurer Welt

Mit 16 Jahren wird Sarah von ihrer jordanischen Familie an ihren Cousin Samir verheiratet. Sie ist in Deutschland aufgewachsen und bringt es nicht über sich, ihrem Mann wie einem »kleinen Gott« zu dienen und seine Befehle und Mißhandlungen widerspruchslos hinzunehmen, wie ihre traditionsbewußte Familie dies verlangt. Die Ehe wird für sie zur Hölle. Bei Frank, einem jungen Deutschen, findet sie zum ersten Mal Liebe, Verständnis und Unterstützung. Als sie Samirs Terror nicht mehr erträgt, flieht sie mit ihrem kleinen Sohn Farid. Sie muß damit rechnen, daß ihre Angehörigen versuchen werden, sich für die Schande, die sie durch ihr Verhalten über die Familie gebracht hat, zu rächen. Deshalb verwischt sie alle Spuren und versteckt sich. Ein Leben auf der Flucht...

Ich lebe auf der Flucht. Seit sieben Jahren schon. Ich bin mehrmals untergetaucht, beim letzten Mal habe ich sogar meinen Namen, meine Identität geändert, damit mich meine Familie nicht noch einmal aufspüren kann. Würde es ihnen gelingen, wäre ich bald tot. Denn mich zu töten ist seit Jahren das oberste Ziel meiner Verwandschaft, sie sind beseelt von diesem Wunsch, er ist die treibende Kraft ihres Lebens.

Ich lebe auf der Flucht, weil ich die Familienehre verletzt habe. Ich habe meinen Mann verlassen und lebe heute mit meinem Freund zusammen. Seit kurzem haben wir sogar ein gemeinsames Kind. Ein schweres Vergehen in den Augen meiner Verwandten, die sehr orthodox nach islamischen Glaubensregeln und Traditionen leben und auch mich nach diesen Werten erzogen haben.

Ich lebe auf der Flucht, denn die verletzte Ehre wieder herzustellen ist nur möglich, wenn wir drei sterben: ich, die Sünderin, mein Freund, der Ungläubige, unser gemeinsames Baby, das unreine Kind einer verbotenen Liebe. Mein Sohn aus erster Ehe soll nach Jordanien zur Familie seines leiblichen Vaters gebracht werden.

Ich lebe auf der Flucht. Seit sieben Jahren schon. Ich werde verfolgt von Menschen, die mir nahe stehen sollten, die jedoch verblendet sind von religiösen Idealen, denen sie blind gehorchen. Die Opfer ihres Glaubens geworden sind, da sie die Menschlichkeit nicht mehr als das oberste Prinzip im Leben achten.

Ich lebe auf der Flucht. Und ich hoffe, meine Verfolger werden mich und meine Familie niemals finden.

13. November 1981

Ich war fünfzehn Jahre alt. Eines Tages kam ich mittags von der Schule nach Hause. Ich schloß die Tür zu unserer Wohnung auf – und bekam im selben Moment eine Ohrfeige, die so saftig war, daß sie mich ins Badezimmer am Ende des Flures katapultierte. »Du Schlampe!« schrie meine Mutter und schoß wie eine Furie hinter mir her. Sie schimpfte über meinen Aufzug, und jetzt riß sie mir beinahe den Pulli und die engen Jeans vom Leib. »Dein Verlobter sitzt im Wohnzimmer.«

So plötzlich wie ihr Wutausbruch gekommen war, war er auch wieder vorbei. Ganz ruhig sagte sie: »Dein Cousin Samir hat um deine Hand angehalten.« Zufrieden und sogar ein wenig stolz lächelte sie mich an. »Ich freue mich, daß wenigstens du in meiner Familie bleibst, nachdem deine älteren Schwestern Männer aus anderen Sippen geheiratet haben.«

Ich war wie betäubt. Alles, was sie sagte, nahm ich wie durch einen Nebel wahr. Diesen Cousin hatte ich nur einmal in meinem Leben gesehen, das war ungefähr sechs Jahre her. Und jetzt sollte ich mit ihm verlobt werden! Mit einem Fremden, der noch dazu elf Jahre älter war als ich.

Ich zog mich um, wie meine Mutter es mir befohlen hatte, und ging in die Küche, um Kaffee und Tee zu kochen. Wenn der zukünftige Bräutigam seinen Antrittsbesuch bei den Eltern der Braut macht, muß das Mädchen ihm Getränke servieren. Während dieses Rituals kann der Mann seine Braut ausgiebig begutachten. Ich durfte dabei allerdings kein Wort mit dem Mann wechseln, der da auf unserem Sofa saß und mein Ehemann werden sollte.

An diesem Novembernachmittag entschieden meine Eltern über meine Zukunft: In der kommenden Woche würde Samir sie noch einmal besuchen, um die Höhe des Brautpreises auszuhandeln.

Nachdem er gegangen war, rief mich mein Vater zu sich. »Sarah, heute war dein zukünftiger Ehemann bei und zu Gast«, sagte er. »Ich frage dich jetzt offiziell, ob du deinen Cousin Samir heiraten willst. Bevor du antwortest, denk daran, daß in unserer Familie noch nie eine Tochter den Mann, den ihre Eltern ausgewählt haben, abgelehnt hat. Also, willst du Samir heiraten?«

Mir blieb nichts anderes übrig, als ihnen das zu antworten, was sie erwarteten: »Ja.«

20. November 1981

Der Tag begann wie jeder andere. Doch es lag eine besondere Spannung in der Luft. Heute wollten meine Eltern mit meinem zukünftigen Ehemann über den Brautpreis und den Termin unserer Verlobung verhandeln. Ich putzte die Wohnung, wie es mir meine Mutter befohlen hatte. Wenn am Abend Samir mit der gesammelten Verwandschaft kommen würde, sollte alles ordentlich und sauber sein. Außerdem mußte ich noch verschiedene Besorgungen machen, einen Anzug meines Vaters bügeln, das Essen vorbereiten... Ich war so beschäftigt, daß mir gar keine Zeit blieb, über die Dinge nachzudenken, die bald mein Leben verändern sollten.

Punkt 18 Uhr standen die Verwandten vor der Tür. In den arabischen Ländern ist es nämlich so Sitte, daß die Familie des Mädchens neben dem Bräutigam auch dessen Familie zu den Verhandlungen über den Ehevertrag einlädt. Die Geschwister der Brauteltern, Tanten, Onkels, Schwager und Schwägerinnen, also die gesamte engere Verwandschaft debattiert dann bei Tee und Kuchen stundenlang über die anstehende Heirat. Wobei es die Männer sind, die die eigentlichen Entscheidungen treffen; ihre Frauen beteiligen sich mehr oder weniger der Form halber und um sich um die Braut zu kümmern.

Unser Besuch ließ sich also im Wohnzimmer nieder, und wie in der vergangenen Woche servierte ich Kaffee und Tee. Diesmal nahmen mich neben Samir auch mein künftiger Schwiegervater und die Schwiegermutter genau unter die Lupe. Dann begann der geschäftliche Teil. Die sogenannte Morgengabe, der Preis für die Braut, hängt davon ab, wie gebildet und hübsch das Mädchen ist. Das Wichtigste und Entscheidende ist aber ihre Jungfräulichkeit. »Gebraucht« ist eine Frau nur noch halb so viel wert...

Stundenlang feilschten die Verwandten. Meine Mutter ging immer wieder ins Nebenzimmer zu den Männern, um zu sehen, wie die Verhandlungen standen.

Schließlich einigte man sich darauf, daß Samir meinen Eltern zehntausend Mark für mich bezahlen müsse. Von diesem Geld sollte mein Vater wiederum den traditionellen Goldschmuck für die Braut kaufen, sozusagen meine Aussteuer. Für Möbel und eine gemeinsame Wohnung veranschlagten sie ebenfalls zehntausend Mark; eine eventuelle Scheidung würde Samir weitere zehntausend Mark kosten – allerdings nur dann, wenn er die Scheidung zu verantworten hätte. Die sogenannte Spätgabe.

Nachdem die Familie sich auf diese Konditionen geeinigt hatte und alle zufrieden waren, wurde eine Sure aus dem Koran angestimmt. Dann öffnete mein Vater die Wohnzimmertür. Aus der Küche, wo ich gerade frischen Tee kochte, hörte ich seine Schritte im Flur. Sekunden später gellte ein ohrenbetäubendes »Lulululu!« aus dem Nebenzimmer. Er hatte meiner Mutter und den anderen Frauen im Nebenzimmer die Entscheidung verkündet: Samirs und meine Ehe war beschlossene Sache. Ich hielt mich am Herd fest. Mein Kopf dröhnte und meine Knie waren butterweich.

Im Laufe des Abends besprachen die Verwandten dann bei Süßigkeiten und Gebäck auch noch die Kosten für die Feier und setzten die endgültigen Termine fest: Am 15. Januar 1982 sollte die offizielle Verlobung sattfinden, am 13. März die Trauung. Zu diesem Zeitpunkt würde ich sechzehn sein; darauf hatte mein Vater streng geachtet, denn einerseits erleichterte das den Papierkrieg mit den deutschen Behörden, andererseits bildete er sich etwas darauf ein, seine Töchter nicht bereits mit dreizehn oder vierzehn Jahren »an den Mann« zu bringen, so wie andere Väter das taten.

Es war schon spät, als sich Samir und die anderen Verwandten auf den Heimweg machten. Meine Mutter schloß die Tür hinter ihnen. »Lulululu!« – ihr Freudenschrei bohrte sich in meinen Schädel. Einmal in ihrem Leben hatte sie ihren Willen durchgesetzt. Sie hatte mich mit dem Schwiegersohn ihrer Träume verkuppelt.

Die Wochen bis zu meiner Verlobung erlebte ich wie in Trance.

Band 61302

Sarah Aziz

Ich leb' nicht mehr in eurer Welt

Mit 16 Jahren wird Sarah von ihrer jordanischen Familie an ihren Cousin Samir verheiratet. Sie ist in Deutschland aufgewachsen und bringt es nicht über sich, ihrem Mann wie einem »kleinen Gott« zu dienen und seine Befehle und Mißhandlungen widerspruchslos hinzunehmen, wie ihre traditionsbewußte Familie dies verlangt. Die Ehe wird für sie zur Hölle.

Bei Frank, einem jungen Deutschen, findet sie zum ersten Mal Liebe, Verständnis und Unterstützung. Als sie Samirs Terror nicht mehr erträgt, flieht sie mit ihrem kleinen Sohn Farid. Sie muß damit rechnen, daß ihre Angehörigen versuchen werden, sich für die Schande, die sie durch ihr Verhalten über die Familie gebracht hat, zu rächen. Deshalb verwischt sie alle Spuren und versteckt sich. Schließlich wird sie doch gefunden: von der Kriminalpolizei, denn Samir ist ermordet worden.

BASTEI LÜBBE

Band 61351

Christel und Isabell Zachert

Wir treffen uns wieder in meinem Paradies

Isabell ist gerade 15 Jahre alt, als sie die grausame Diagnose erfährt, die für sie das Todesurteil bedeutet: Krebs. Ihr Leben ändert sich radikal und der Wettlauf mit dem Schicksal beginnt. Mit beispielloser Energie, mit Mut, Kraft und Liebe kämpfen ihre Familie und Freunde um ihr Leben.
Durch die Krankheit reift Isabell zu einer außergewöhnlichen Persönlichkeit heran, wächst über sich hinaus und hat trotz des Leids, das sie immer wieder erfahren muß, nicht zuletzt durch ihren Glauben genug Kraft, ihr Leben positiv zu sehen, und die Hoffnung, daß sie diese schwere Prüfung überstehen wird.

Mit zahlreichen Abbildungen

Ergänzte und erweiterte Ausgabe

BASTEI LÜBBE